┃ 프라 필리포 리피, 〈통나무의 성모 마리아〉, 1452~1453년경, 시립미술관, 프라토.
토스카나의 거상 다티니는 죽으면서 10만 플로린의 막대한 유산을 남겼고 그 돈을 빈민 병원을 짓는 데 쓰도록 했다. 필
리포 리피가 그린 이 그림은 아기를 안은 성모 마리아의 발밑에서 다티니가 네 명의 '모범 시민'을 마리아에게 소개하고
있는 장면이다.

▌ 카라바조, 〈성 마태오의 영감〉, 1602, 산루이지 데이 프란체시 성당, 로마.
회계사와 은행가와 향수업자의 수호신 성 마태오는 재무에 관한 모순적인 메시지로 기독교 세계에 커다란 도덕적 수수께끼를 남겼다. 돈을 벌고 관리하는 것이 과연 비도덕적인 일인가, 그렇지 않은가? 마태오는 재산을 적절하고 정직하게 관리해야 한다고 주장하는 동시에 그것이 세속적이며 죄라고도 주장했다. 이러한 도덕적 모호함은 오늘날 우리에게도 여전히 존재한다.

▍안드레아 델 베로키오, 〈로렌초 데 메디치〉,
1478, 내셔널갤러리, 런던.
황금기 피렌체의 지도자였던 코시모의 손자이
자 피에로의 장자인 로렌초 데 메디치(Lorenzo
de' Medici, 1449~1492년). 로렌초는 뛰어난 통
치 기술을 통해 부상한 정치가였지만 경영자는
아니었다. 그는 은행 경영에 필요한 회계 훈련
을 받지도 않았고, 피렌체 시의 장부 결산을 감
독하는 데 필요한 엄격한 기준도 몰랐다. 그는
피렌체 공화정의 시민인 척해야 했지만, 실상
제왕 교육을 받았다.

▍도메니코 기를란다요, 〈프란치스코
수도회 회칙을 승인하는 교황 호노리우
스 3세〉 부분, 1485, 산타트리니타 성
당, 피렌체.
사세티는 엄격한 회계와 은행 관리에
집중하기보다 기를란다요의 사세티 예
배당 작업을 후원하는 데 몰두했다. 피
렌체 산타트리니타 성당에 있는 이 개
인 예배당은 신플라톤주의 시민 예술의
걸작으로 꼽힌다. 이제 스스로를 회계사
로 보지 않고 신앙심 깊고 학식 있는 귀
족으로 보기 시작한 사세티는, 그림 속
에서 자신의 위치를 자기 고용주이자
피렌체의 통치자인 로렌초 데 메디치의
옆자리에 배치했다.

▌ 도메니코 기를란다요, 〈신전의 사가랴에게 천사가 나타나다〉 부분, 1486~1490년, 산타 마리아 노벨라 성당, 피렌체.
사세티 예배당의 프레스코화 중 하나인 〈신전의 사가랴에게 천사가 나타나다〉에는 신플라톤주의자인 피치노, 크리스토포로 란디노, 폴리차노, 데메트리오스 칼콘딜레스의 모습이 담겨 있다. 기를란다요는 피렌체에서 가장 학식 있는 신플라톤주의자들의 위대함과 중요성을 보여주기 위해 이들을 최대한 실물에 가깝게 그렸다고 한다.

한스 멤링, 〈최후의 심판〉 가운데 부분, 1467~1471년경, 포모르스키에 박물관, 그단스크, 폴란드.

메디치 은행의 브뤼허 지점장 토마소 포르티나리의 의뢰로 한스 멤링이 그린 그림. 그림에서 대천사 미카엘은 저울을 들고 영혼의 무게를 재서 누구를 지옥에 보낼 것인지 결정하고 있다. 1477년 포르티나리는 위험한 투자로 메디치 은행에 막대한 손실을 입히고 스스로도 가난과 불명예 속에 던져졌으니, 그의 삶도 이 작품과 꼭 닮았다.

| 도메니코 기를란다요, 〈프란체스코 사세티와 그의 아들 테오도로〉, 1488년경, 메트로폴리탄 미술관, 뉴욕.

기를란다요가 그린 〈프란체스코 사세티와 그의 아들 테오도로〉의 초상은 모델의 실제 모습과 닮지 않은 것으로 유명하다. 이 그림은 사세티가 없는 상태에서 그려졌다. 당시 사세티는 리옹 지점의 위기를 책임지기 위해 리옹으로 떠나면서 아들을 위한 기념품으로 이 그림을 남겼다. 한때 유능하고 존경받던 회계사였던 사세티는 결국 메디치 은행의 몰락을 재촉했고 영락한 몸으로 피렌체로 돌아오게 된다.

▌ 야코포 데 바르바리, 〈루카 파치올리 수사의 초상〉, 1495, 카포디몬테 미술관, 나폴리.

야코포 데 바르바리가 그린, 최초의 복식부기 편람을 출판한 루카 파치올리의 유명한 초상. 수학과 회계 교사였던 파치올리의 지위를 반영하여 그가 전면에 나와 있고 그의 후원자이자 제자인 우르비노 공작 귀도발도 다 몬테펠트로가 그의 뒤에 서 있다. 이처럼 회계사가 귀족과의 관계에서 우월한 존재로 묘사되는 그림은 이후 다시 없었다.

┃ 캥탱 마시, 〈대금업자와 그의 아내〉, 1514, 루브르 박물관, 파리.
캥탱 마시의 그림은 상인들이 어떻게 돈을 잘 관리하는 동시에 독실한 신앙 생활을 통해 경건한 삶을 영위할 수 있었는
지를 보여주는 완벽한 예다. 대금업자의 아내는 기도서에서 성모 마리아의 초상이 그려진 페이지를 붙잡고 있으며, 뒤쪽
의 선반 위에는 회계장부와 환어음이 놓여 있다.

❙ 마리뉘스 판 레이메르스바얼러, 〈환전상과 그의 아내〉, 1539, 프라도 국립미술관, 마드리드.

캥탱 마시의 그림을 개작한 이 그림에서, 판 레이메르스바얼러는 종교적 요소를 없애고 기도서 대신 회계장부를 그려 넣음으로써 플랑드르 사람들의 회계술과 관리자의 책무를 기렸다.

▌ 캥탱 마시, 〈징세 청부인들〉, 1520년대 후반, 리히텐슈타인 박물관, 빈, 오스트리아.

1520년대에서 1540년대에 캥탱 마시와 마리뉘스 판 레이메르스바얼러 같은 화가들은 회계를 사기성이 농후하고 비윤리적일 수 있는 경제 활동으로 묘사하기 시작했다. 마시와 레이메르스바얼러 모두 이 신뢰할 수 없는 유대인 '환전상' 또는 '징세 청부인'의 이미지를 여러 버전으로 그렸다.

| 마리뉘스 판 레이메르스바얼러, 〈두 징세 청부인〉, 1540년경, 내셔널갤러리, 런던.

계산을 하고 있는 징세 청부인들을 그린 이 그림에서 판 레이메르스바얼러는 장부와 환어음, 인장, 서류 상자에 이르기까지 회계 도구들을 생생하게 묘사하고 있다. 그러나 그는 재정 관리를 일그러진 얼굴과 풍자적인 모양의 모자와 연관 지음으로써 재산을 관리하려는 인간의 어리석은 탐욕과 자만심을 지적하려는 것처럼 보인다. 이런 그림들은 회계와 상업을 기리기보다, 재정적 계산과 관리라는 인간적 도구를 지나치게 신뢰하는 태도의 위험성을 경고한다.

▌ 얀 호사어르트, 〈상인의 초상〉, 1530년경, 내셔널갤러리오브아트, 워싱턴 DC.

1500년대 초에 이르러, 안트베르펀과 주변 도시는 국제 무역과 회계의 중심지가 되었다. 얀 호사어르트가 그린 이 유명한 초상화는 성공한 네덜란드 상인 얀 야콥스존 스누크(1510~1585년경)의 부와 회계 도구를 기리고 있다.

| 얀 더 바언, 〈더 빗 형제의 시신〉, 1672~1675년경, 국립박물관(Rijksmuseum), 암스테르담.
얀 더 빗의 재무 및 회계 능력과 네덜란드 공화정 모델을 향한 헌신은 근대 정치에서 전문성의 모델이 되었음에도 불구하고, 1672년 그는 동생인 코르넬리스와 함께 오라녀 공에 의해 추방되었다. 공작의 명령에 따라 폭도들은 그들의 배를 가르고 손가락과 발가락을 자른 뒤 나무에 매달고, 그들의 내장을 먹었다.

▌ 윌리엄 호가스, 〈현대 결혼 풍조 2: 둘이서 나란히〉, 1743~1745, 내셔널갤러리, 런던.

〈결혼 직후〉 또는 〈둘이서 나란히〉로 알려진 호가스의 이 그림은 로버트 월폴 시대에 영국 엘리트 계급과 회계의 양면적 관계를 생생하게 묘사한다. 그림은 매춘부 혹은 정부와 외박을 하고 들어온 뒤 술에 취해 의자에 널브러져 앉아 있는 자작, 그리고 집에서 오랜 카드놀이를 마친 후에 기지개를 켜며 잠에서 깨어나는 그의 아내를 묘사한다. 영수증 뭉치와 대차 균형이 맞지 않을 것이 뻔한 회계장부를 손에 든 집사가 그 광경에 넌더리를 내며 걸어간다. 어차피 이 부부에게 회계 장부 따위는 안중에도 없다.

| 토머스 히키, 〈현지 중개상과 함께 있는 존 모브레이〉, 1790년경, 대영도서관.

18세기 중반 무렵, 영국 실업가들과 제국주의자들은 회계를 잘 이용해서 유례없는 부를 쌓았다. 그들이 재무 관리 기술을 얼마나 대단히 신뢰했던지, 회계장부 앞에서 미소 짓고 있는 영국 상인을 그린 일련의 초상화가 그려졌다. 그러나 한 세기 뒤인 디킨스 시대에 회계에 대한 이러한 행복한 신뢰는 희미해진다.

┃ 조사이어 웨지우드와 그의 아들들이 제작한 자크 네케르 초상을 담은 진청색 벽옥 메달, 1770~1800년경, 메트로폴리탄 미술관, 뉴욕.

조사이어 웨지우드의 값비싼 벽옥 도자기. 이 메달형 장식은 프랑스 재무총감이자 『보고서』의 저자인 자크 네케르의 초상이다. 웨지우드의 급진적인 반체제 인사 친구들은 네케르가 불어넣은 정치적 이상을 위해 싸운 반면, 웨지우드는 정치적 인물들의 카메오를 판매하여 짭짤한 수익을 챙기고 장부를 결산하는 데 만족했다.

┃ 얀 프로보스트, 〈죽음과 수전노〉, 16세기 초, 그뢰닝게 미술관, 브뤼허.

네덜란드와 플랑드르 거장들은 시민들의 회계 실력을 찬양하는 동시에 인간은 결코 자신의 장부에 온전하게 대차 균형을 이룰 수 없음을 경고하는 이미지를 그렸다. 그래서 인간은 늘 최후의 결산을 신에게 보고해야 했다.

회계는 어떻게 역사를 지배해왔는가

르네상스부터 리먼사태까지 회계로 본 번영과 몰락의 세계사

회계는 어떻게
역사를 지배해왔는가

제이컵 솔 지음 · 정해영 옮김 · 전성호 부록

THE RECKONING:

FINANCIAL ACCOUNTABILITY AND THE RISE AND FALL OF NATIONS

메멘토

회계는 어떻게 역사를 지배해왔는가
르네상스부터 리먼사태까지 회계로 본 번영과 몰락의 세계사

초판 1쇄 발행 2016년 4월 18일
초판 9쇄 발행 2024년 4월 17일

지은이 | 제이컵 솔
옮긴이 | 정해영

펴낸이 | 박숙희
펴낸곳 | 메멘토
신고 | 2012년 2월 8일 제25100-2012-32호
주소 | 서울시 은평구 연서로26길 9-3(대조동) 동양오피스텔 301호
전화 | 070-8256-1543 팩스 | 0505-330-1543
이메일 | memento@mementopub.kr

번역 저작권 ⓒ 정해영
ISBN 978-89-98614-32-4 (03900)

신은 우리에게 빚을 갚게 할 것이다.
어떤 벌을 받게 될지 생각하지 말고 그 뒤에 올 것을 생각하라.
벌이 아무리 중해도 최후의 심판을 넘어갈 수는 없을지니.

—

단테, 『연옥』, 제10곡

차례

루이 16세는 왜 단두대로 보내졌는가

태양왕 루이 14세의 수첩

2008년 9월, 나는 프랑스 국왕 루이 14세의 유명한 재무총감 장 바티스트 콜베르에 관한 책을 읽다가 한 가지 주목할 만한 사실을 발견했다. 콜베르가 '태양왕' 루이 14세가 주머니에 넣고 다닐 수 있는, 금박으로 장식한 자그마한 회계장부를 의뢰했다는 것이었다. 1661년부터 루이 14세는 수입과 지출, 자산을 기록한 이 새로운 회계장부를 1년에 두 번씩 받았다. 이처럼 회계에 관심을 보인 전제군주는 루이 14세가 처음이었다. 언제라도 나라의 재정 상태를 확인할 수 있도록 늘 회계장부를 가지고 다니는 국왕. 당시에 이런 행위는 근대 정치와 재무 책임성의 출발점으로 보였다.

그러나 이 실험의 수명이 얼마나 짧았는지 알고 나자 나는 적잖이 놀랐다. 1683년에 콜베르가 죽자마자, 막대한 비용이 드는 전쟁과 베르사유 같은 호화로운 궁전을 애호한 탓에 늘 재정 적자에 시달리던 루이 14세는 회계장부 기록을 중단했다. 그는 이제 회계장부를 행정을 성공으로 이끄는 도구가 아니라 국왕으로서 자신의 결점을 여실히 보여주는 예증으로 보기 시작했다. 회계(accounting)와 책임성(accountability) 시스템을 도입했던 그가 이제 왕국의 중앙 행정을 분산시키기 시작했다. 이로써 콜베르가 했던 것처럼 모든 부서의 회계 기록을 단일한 중앙 등록부로 통합하는 일이 어려워졌다. 또 대신들이 왕의 재정 관리를 효과적으로 비판하는 것은 고사하고 그것을 이해하는 일도 불가능해졌다. 아마도 루이 14세는 상황이 좋지 않은 시기에 건전한 회계가 드러내는 내키지 않는 진실에 직면하기보다 차라리 모르는 게 약이라고 생각했던 듯하다. "짐은 곧 국가다"라는 유명한 문구는 분명 그의 진심이었을 것이다. 그 말은 아마도 국가가 사신의 개인적 의지를 막아서도록 놔두지 않겠다는 의지의 표명이었을 것이다. 1715년에 임종을 앞둔 루이 14세는 자신이 과도한 지출로 사실상 프랑스를 파산시켰음을 인정했다.

태양왕의 금박 수첩 관련 우화를 곱씹는 동안, 내게는 루이 14세의 흥망성쇠에 관한 이야기가 단순히 지나간 시대의 유물로 느껴지지 않고 아주 익숙하게 다가왔다. 그해 9월, 바로 그 주에, 리먼브라더스 은행의 몰락과 함께 놀랍도록 유사한 이야기가 실제로 펼쳐지고 있었다. 미국과 세계 자본주의의 기념비적 존재였던 리먼이 갑자기 신기루나 다름없는 존재로 드러난 것이다. 루이 14세가 건전한 회계의 불씨를 꺼버리고 권력에 매달렸듯이, 미국의 투자은행들은 무가치한 서브프라임 모기지(subprime mortgage: 신용도가 일정 기준 이하인 사람들을 대상으로 비교적 높은 이자를 받기로 약정하고 주택을 담보로 빌려주는 대출—옮

긴이)와 신용부도 스와프(credit default swap: 채권을 발행하거나 금융기관
에서 대출을 받아 자금을 조달한 기업의 신용 위험만을 분리해서 시장에서 사고
파는 신종 금융파생상품 거래 — 옮긴이) 거래를 통해 장부를 조작함으로써
자멸해가는 와중에도 막대한 부를 쌓아올렸다. 회계사와 규제자 모두
가 건강하다고 생각했던 금융 시스템이 이제 설계에서부터 기능에 문
제가 있었던 것으로 드러났다.

리먼 쇼크와 세계 금융 위기

루이 14세가 차라리 아무것도 모르는 편을 선택했다면, 월스트리트
와 그 규제자들은 금융 시스템 전체를 위협하며 썩어 들어가고 있는
상황을 간과하기로 작정했다. 최소한 금융 시장에 대한 전문 지식을
가지고 있어야 마땅한 티머시 가이트너 뉴욕 연방준비은행 총재는 자
신의 사무실에서 불과 몇 블록 떨어진 곳에서 어떤 일이 벌어지고 있
는지 전혀 모르거나 거의 모르는 듯 보였다. 건전한 기업 회계를 이끌
책임이 있는 증권거래위원회(SEC)도 이른바 '빅 포'로 불리는 4대 거
대 회계 법인(딜로이트, 언스트앤드영, KPMG, 프라이스워터하우스쿠퍼스)과
마찬가지로 아무것도 모른 채 허를 찔리고 말았다. 이렇듯 누구도 은
행 장부를 효과적으로 감사하지 못했다. 모두들 리먼브라더스가 마치
지불 능력이 있는 것처럼 보이기 위해 분식회계(기업이 재정 상태나 경영
실적을 실제보다 좋게 보이게 할 목적으로 부당한 방법으로 자산이나 이익을 부
풀려 계산한 회계 — 옮긴이)를 이용하여 회계 기록을 조작한 명백한 사실
을 놓쳤다.[1]

2008년 9월 리먼브라더스의 파산 직후 미국의 다른 투자은행들도 도산하기 시작했고, 세계 금융 시스템은 붕괴 위기에 몰렸다. 그해 10월 부시 행정부는 은행들을 긴급 구제하고 금융 시스템을 유지하기 위해 나섰다. 부실 자산 구제 프로그램(Troubled Asset Relief Program, TARP)을 통과시켜, 부실 은행들에 막대한 구제 금융을 제공하고 미국 자본주의 경제에 인공호흡기를 달았다. 2009년 버락 오바마 대통령은 가이트너를 재무부 장관으로 지명했다. 그러나 오바마가 새로운 책임성의 시대를 주장했는데도 불구하고 월스트리트에서는 도덕적 해이가 만연했다. 세계 경제를 삼켜버릴 위험을 몰고 온 금융 혼란은 미국 은행들이 3,500억 달러의 자본을 확충함으로써 겨우 잠잠해졌다. 그러나 돈과 관련해서 아무런 통제 장치도 생기지 않았고, 은행이 어떻게 지출을 하는지 확인하기 위한 회계감사도 이루어지지 않았다. 미국 경제는 휘청거렸지만, 적어도 은행들은 심판을 면했다.

6년이 지난 오늘, 회계 부정이 가져온 금융 위기로 위협당한 쪽은 은행뿐이 아니다. 미국과 유럽 여러 나라, 중국 같은 주요 국가들 역시 회계와 책임성의 잠재적 위기에 직면한 상태다. 그리스, 포르투갈, 스페인, 이탈리아의 불투명한 은행들과 국가 부채부터 전 세계 지방자치단체의 재정 운영에 이르기까지, 대차대조표와 부채, 연금 채무에 관한 보고서들은 그다지 확실해 보이지 않는다. 민간 감사와 공공규제 기관에 대한 신뢰 역시 바닥까지 떨어졌다. 대차대조표를 평가하기 위해 꼼꼼한 회계감사가 어느 때보다 시급한 지금, 증권거래위원회는 여전히 한심할 만큼 재정이 부족한 데다 정부 규제로 빅 포 회계 법인이 적극적으로 기업들을 감사할 수 없게 되었다.

민간과 공공 부문 모두, 위험할 만큼 허약한 재무적 책임성에 대해 거의 항의한 적이 없다. 한쪽에서는 처벌받지 않는 은행에 대해 불평하고 다른 한쪽에서는 월스트리트의 자유에 간섭하는 정부의 태도에 발끈했지만, 재무적 책임성이 정확히 무엇이며, 그것이 어떻게 작동하며 어디에서 오는지, 어째서 근대 사회는 재무적 책임성뿐 아니라 정치적 책임성의 위기에 빠지게 되었는지를 두고 누구도 진지하게 논의를 벌이지 않았다. 정부와 시민사회는 기업과 스스로에게 책임을 물을 능력도, 의지도 없어 보인다.

회계와 책임성, 그리고 사회의 흥망성쇠

이 책은 700여 년에 걸친 재무적 책임성의 역사를 살펴본다. 그 과정에서 재무적 책임성을 달성하기가 왜 그렇게 어려운지 돌아보고 우리가 처한 난국을 타개하는 데 도움을 얻으려 한다. 사업체와 국가와 제국을 구축하는 그 기초에는 회계가 있다. 회계는 지도자들이 정책을 만들고 권력을 가늠하는 데 도움을 주었다. 그러나 2008년 우리가 금융 위기에서 분명하게 목격했듯이, 회계는 잘못 사용하거나 등한시하면 체제 파멸의 길로 이끌게 된다. 이탈리아 르네상스에서 시작하여 스페인 제국, 루이 14세의 프랑스, 네덜란드 공화정, 대영제국, 초기 미국에 이르기까지, 효과적인 회계와 정치적 책임성은 사회의 흥망성쇠를 갈랐다. 누차 말하지만 건전한 회계 관행은 안정적인 정부와 약동적인 자본주의 사회를 건설하는 데 꼭 필요한 높은 수준의 신뢰를 낳았고, 부실한 회계와 그로 인한 책임성의 부재는 재정 혼란과 경제 범죄, 사회 불안을 낳았으며, 때로는 그보다 더 심각한 결과를 낳았다. 메디치가의 피렌체와 네덜란드의 황금기, 대영제국의 전성기와 1929년의 월스트리트에서도 그랬고, 수조 달러에 달하는 부채와 대규모 금융 스캔들이 난무하는 우리 시대에도 마찬가지다. 자본주의와 정부는 재무적 책임성이 제대로 기능하는, 드물고 제한된 기간에만 큰 위기 없이 번영을 누린 듯하다. 사람들은 거의 천 년 동안 건전한 회계를 수행하는 방법을 알고 있었지만, 많은 금융 기관과 금융 제도는 그런 방법을 선택하지 않았다. 성공적인 사회는 회계와 상거래 문화가 풍부한 사회일 뿐 아니라, 회계를 무시하고 날조하고 등한시하는 인간의 습성에 대처하기 위해 견고한 도덕적·문화적 틀을 구축하는 데 노력해온 사회다. 이 책은 우리가 그동안 왜 이처럼 간단한 교훈을 얻지 못했는지를 짚어본다.

성공적인 초기 자본주의 사회들은 회계 시스템과 그에 상응하는 재무적·정치적 책임성의 시스템을 개발했다. 1340년 제노바 공화정은 중앙정부 관청에 대형 등록부를 두고 도시국가 제노바의 재정을 복식부기로 기록했다. 회계는 정치적 정당성에 대해 근본적으로 다른 사고방식을 가져왔다. 대차 균형이 이뤄졌다는 것은 사업을 잘했을 뿐 아니라 통치를 잘했음을 뜻했다. 이 항구 도시는 나라의 재정 상태를 빠짐없이 알고 있었고 미래의 난관에 대비한 계획까지 세워두었다. 제노바, 베네치아, 피렌체를 비롯한 상업 공화정들, 적어도 그 지배 계층은 그에 걸맞은 책임성을 어느 정도 완수하리라 기대가 되었다. 이것이 우리가 이상적으로 상상하는 근대 정부, 곧 어느 정도 합리적이고 질서정연하며 전반적으로 책임 있는 정부의 시초였다.[2]

전제군주들은 왜 두명한 회계를 두려워했나

　책임 있는 정부와 사회를 유지하기란 결코 쉬운 일이 아니었다. 16세기에 들어와 이탈리아 도시공화정이 쇠락하고 거대한 절대군주제가 등장하자 회계에 대한 관심은 희미해졌다. 상인들은 복식부기 회계에 점차 익숙해지고 있었지만, 절대군주제 시대에 공화정의 요새였던 스위스와 네덜란드를 제외하면 정치적 행정 도구로서 복식부기 회계는 사라졌다. 르네상스와 그 뒤에 등장한 과학혁명의 절정기인 1480년과 1700년 사이에 왕들은 회계에 관심을 가졌다. 잉글랜드의 에드워드 7세와 스페인의 펠리페 2세, 엘리자베스 1세, 오스트리아 황제들, 프랑스의 루이 14세, 그리고 독일과 스웨덴과 포르투갈의 국왕들은 회계를 검토하고 회계 담당자와 회계장부를 두었다. 그러나 어느 왕도 14세기의 제노바와 여러 북이탈리아 공화정에서 꼼꼼하게 관리했던 만큼 안정적이고 중앙집중화된 복식회계 시스템을 만드는 데 성공하지 못했고, 궁극적으로 그러기를 바라지도 않았다. 사실 장부를 성실히 기재한다는 것은 국왕이 재정 상태를 설명할 책임이 있음을 스스로 인정하는 꼴이었다. 많은 전세군주들이 행징 체계를 개혁하려 했지만 결국은 자신이 설명해야 할 책임이 있는 대상은 부기 담당자가 아닌 신이라고 생각했다. 이처럼 군주제와 재무적 책임성 간의 내재적 충돌은 수백 년간 이어진 유럽의 재정 위기에 한몫했다.

　전제군주들은 투명한 회계 관행을 위험하다고 여겼고, 실제로 위험한 경우도 있었다. 프랑스 대혁명이 일어나기 8년 전인 1781년, 루이 16세의 외무대신 베르젠 백작 샤를 그라비에는 미국 독립전쟁 때문에 프랑스가 부채에 허덕이고 있음을 알아챘다. 그러나 그는 이 부채를 절대 공개해서는 안 된다고 경고했다. 왕실의 회계장부를 공개하면 군주제의 가장 핵심적인 신조인 비밀성이 훼손될 것이 불을 보듯 뻔하다는 이유에서였다. 사실 프랑스는 이 시점에 거의 부도 상태였다. 베르젠 백작은 재무에 대해 아는 바가 별로 없었지만 결국 군주제에 대한 그의 판단은 옳았다. 장부를 공개하자 책임성의 수문이 활짝 열려버린 것이다. 1780년대에 왕실 회계장부와 정부의 재정난이 공론화되자, 루이 16세는 제왕의 신비감을 잃고 급기야 이와 관련된 일련의 이유들로 결국 목숨까지 잃게 된다.

명목상 공개적인 선거제 정부가 등장한 19세기에도 회계 책임성이 달성되지 못한 경우가 많았다. 잉글랜드가 제국을 지배하고 세계 금융의 중심이었던 시기에도 부패와 무책임이 재무 행정을 괴롭혔다. 한편 이 시기에 미국은 재무적 책임성의 메커니즘을 세심하게 설계했으나, 이 또한 이른바 '도금 시대'(Gilded Age: 1865년 남북전쟁이 끝나고 자본주의가 비약적으로 발전하면서 탐욕과 부패와 허례가 만연한 시기를 일컫는 말로 마크 트웨인의 소설에서 유래했다—옮긴이)의 강도귀족이라 불린 악덕 자본가와 관련한 대규모 분식회계, 재정 스캔들과 재정 위기의 수렁에 빠졌다. 언제나 책임성이 담보되는 완벽한 모델은 결코 없었다. 기업 차원에서건 정부 차원에서건, 재무적 책임성은 민주주의 사회에서도 여전히 달성하기 힘들다.

자본주의와 근대 정부가 가진 내재적 약점

지속적인 재정 위기에 위협당하고 있는 지금, 재무 책임성의 역사를 되짚어보는 것은 무척 시기적절한 작업으로 보인다. 그런데 이상하게도 실제로 이 작업에 뛰어든 역사학자는 거의 없다. 국가 재정의 역사를 검토한 역사학자가 더러 있었지만, 이들은 강대국들의 흥망성쇠에서 회계와 책임성이 차지하는 역할을 좀처럼 인정하지 않는 듯하다. 진정한 서양의 발명품인 복식부기 회계를 유럽과 미국 경제사의 중심에 두는 것은 지극히 자연스러워 보인다. 회계와 책임성을 연구하면 가장 기본적인 차원에서 제도와 사회가 어떻게 성공하고 실패하는지 이해할 수 있다. 우리는 물론 메디치 은행과 네덜란드의 상업적 지배, 대영제국이 모두 성공적이었음을 인정하지만, 그런 사회와 제도 중에 지금까지 남아 있는 것은 하나도 없다. 따라서 그것들이 엄청난 성공을 경험했다면 마찬가지로 커다란 쇠락도 경험했을 것이며, 이 모든 이야기의 중심에는 바로 회계가 있었다. 그렇다면 재무적 책임성의 역사라는 렌즈를 통해 보이는 자본주의의 역사는 단순히 상승의 역사도 아니며, 호황과 불황의 주기도 아니다. 오히려 자본주의와 근대 정부는 내재적 약점을 안고 있다. 회계와 책임성의 장치는 (위기 자체를 초래하지는 않더라도) 결정적인 순간에 고장 나서 재정적·정치적 위기를 악화시킨다. 적어도 재정적인 측면에서 볼 때 한 사회의 성공은 대부분 회계 숙련도와 책임성, 그리고 그것을 성공적으로 관리하려는 노력에 달려 있다.

애덤 스미스와 마르크스는 회계를 어떻게 보았나

복식부기 회계가 없었다면 근대 자본주의도 근대 국가도 존재할 수 없었을 것이다. 복식부기 회계는 이익과 손실을 계산하는 필수적인 도구이며, 재무 관리의 근간이기 때문이다. 복식부기는 1300년 무렵 토스카나와 이탈리아 북부에서 처음 등장했다. 그때까지 고대와 중세 사회는 복식부기 없이 유지되었다. 실제로 복식부기 회계의 도래는 근대 정치와 자본주의 역사의 시작을 의미한다.

그렇다면 정확히 복식부기 회계란 무엇인가? 단식부기 회계는 수표책을 결산하는 것과 마찬가지로 단일 계정의 출납만을 기록한다. 반면 복식부기 회계는 이익과 손실과 자산 가치를 빈틈없이 관리하고 정확히 계산하는 방법이다. 이 방법은 장부의 페이지 중앙에 수직선을 그어 차변(借邊)과 대변(貸邊)을 구분한다. 한 계정에 들어오는 모든 대변에는 그에 상응하는 차변이 있어야 한다. 수입과 지출은 각각의 칸에 넣어 합산한다. 차변은 대변과 일치해야 한다. 예를 들어 염소를 팔 때마다 수익은 왼쪽에, 판매된 상품은 오른쪽에 기입한다. 그런 다음 이익이나 손실의 합을 계산하여 즉석에서 결산한다. 결산을 기록하면, 하나의 거래가 끝나고 양쪽 면에 걸쳐서 줄을 긋는다. 이렇게 하면 이익과 손실을 한눈에 알 수 있다.[3]

자본주의에서 복식부기는 회계사들이 회계의 기본 등식이라고 부르는 용어로도 이해할 수 있다. 다시 말해 한 조직이 관리하는 자산은 항상 채권자 소유의 것과 조직 소유의 것, 곧 부채와 자본의 합과 동일하다는 뜻이다. 그렇기 때문에 기업과 정부는 자산과 채무를 추적하여 절도를 방지하고 억제할 수 있다. 이러한 성과 측정 지표—부와 소득, 그리고 무엇보다 이익—덕분에 복식부기 회계는 재정 계획과 관리와 책임성을 위한 도구가 된다.[4]

애덤 스미스에서 카를 마르크스에 이르기까지, 근대 경제사상의 창시자들은 복식부기 회계를 성공적인 경제와 근대 자본주의의 발전에 필수적인 것으로 보았다. 1923년 선도적인 독일의 사회학자이자 자본주의 이론가인 막스 베버는, 근대 기업은 회계와 밀접하게 결부되어 있으며 자본주의적 기업은 "근대 부기에 따른 계산과 대차대조를 통해 수익성을 결정한다"라고 썼다. 베버는 회계를 복잡한 자본주의의 성장에 필수적인 문화 요소의 하나로 보았다. 또 초기 미국인들이 자본주의 문화에 숙달할 수 있게 해주었다고 그가 믿었던 프로테스탄트 직업 윤리의 근본적인 특징 중 하나로도 회계를 꼽았다.[5]

영향력 있는 독일 경제학자 베르너 좀바르트는 이런 점을 훨씬 더 직설적으로 표현했다. "복식부기 없는 자본주의는 상상도 할 수 없다. 이 두 가지 현상은 마치 형식과 내용처럼 긴밀하게 연결되어 있다." '창조적 파괴'라는 용어를 만들어낸 오스트리아계 미국인 경제학자이자 정치학자인 조지프 슘페터는 회계를 자본주의의 핵심으로 보았으며 경제학자들이 회계에 크게 관심을 기울이지 않는다고 한탄했다. 그는 회계 활동에 관한 역사를 이해해야만 효과적인 경제 이론을 구축할 수 있다고 썼다.[6]

회계는 정치다

이 사상가들은 회계를 경제적 성공의 필수 요소이자 경제사를 이해하는 열쇠라고 보았다. 그러나 그들이 보지 못한 것은 회계가 단지 경제적 문제뿐 아니라 정치에도 영향을 미친다는 사실이었다. 정치적 안전성은 책임성의 문화를 토대로 하며, 그런 책임성은 바로 복식부기 회계 제도에 의존한다. 복식부기가 중요했던 이유는 이익 계산을 위해서만이 아니라 그것이 행정부를 심판하고 책임을 묻기 위해 이용할 수 있는 '대차 균형'이라는 중심 개념을 가져왔기 때문이다. 중세 이탈리아에서 '대차 균형'은 하느님의 심판과 죄의 증거라는 신성한 측면을 반영할 뿐 아니라 견실한 사업과 훌륭한 통치를 의미했다. 물론 어떤 가치관을 갖는 것과 그것을 유지하는 것은 다른 문제다. 재무적 책임성을 유지하는 것은 예나 지금이나 끊임없는 투쟁이다.

이 책은 회계를 단순히 재정 거래의 일부로 보는 데 그치지 않고 도덕적·문화적 체계의 일부로 바라볼 때 재무적 책임성이 제대로 힘을 발휘했다는 사실을 보여주고자 한다. 중세에서 20세기 초에 이르기까지, 회계와 재무적 책임성과 신뢰의 장기적인 전통을 이용하는 데 성공한 사회들은 완전한 문화적 포용을 통해 그러한 성공을 거둘 수 있었다. 피렌체와 제노바 같은 이탈리아 도시공화정과 황금기의 네덜란드, 18~19세기의 영국과 미국은 모두 회계를 교육 과정과 종교·도덕 사상, 예술, 철학, 정치 이론에 통합시켰다. 회계는 단테와 네덜란드의 위대한 화가들부터 오귀스트 콩트와 토머스 맬서스, 찰스 디킨스, 찰스 다윈과 헨리 데이비드 소로, 루이자 메이 올컷, 막스 베버에 이르기까지, 신학적·정치적 저작과 위대한 회화와 사회적·과학적 이론과 소설의 주제가 되었다. 또 비즈니스를 목적으로 한 실용적인 수학과 고매하고 인본적인 사고가 서로 영향을 주고받았던 사회들은 회계의 이용을 극대화했을 뿐 아니라 복잡한 책임성의 문화와 그러한 문화를 구축하기가 왜 어려운지를 깨달을 수 있었다. 그리고 이러한 책임성의 문화와 함께, 자본주의와 대의정부가 등장했다.

회계와 책임성 간의 미묘한 상호작용은 한 기업, 그리고 실제로 한 국가의 운명을 좌우할 수 있다. 따라서 재무의 역사는 단지 수치로 나타난 순환적 위기나 경향만을 다루지는 않는다. 그것은 동시에 회계와 문화적 삶 사이에서 능숙하게 줄타기를 하지만, 종종 이러한 능력을 잃어버리고 예기치 못하게 불가피하고 종종 급격한 재정 위기에 빠지고 마는 개인과 사회에 관한 이야기이기도 하다. 이러한 긴 역사를 돌아보면 회계와 재무 책임성은 일상적인 동시에 제어하기 힘든 존재라는 것을 알 수 있다. 중세 이탈리아 회계가 준 기본적인 교훈은 회계는 부와 정치적 안정성을 위해 꼭 필요하지만, 믿기 힘들 만큼 어렵고 취약하고 아주 위험하기까지 한 존재라는 것이다. 놀랍게도 그 교훈은 700년 전과 마찬가지로 오늘날에도 여전히 적용된다.

제1장

회계장부는 어떻게 생겨났을까

『둠즈데이북』의 결정은
최후의 심판의 결정과 마찬가지로 바꿀 수 없는 것이다.
—
일리의 주교 리처드 피츠닐, 1179

아무도 주목하지 않았던 아우구스투스의 회계장부

아우구스투스 황제는 오늘날 건축물과 조각상으로 유명하며, 고대 역사서와 로버트 그레이브스의 소설 『나, 클라우디우스』에서 좀 지나치다 싶을 만큼 수수하고 자애로운 인물로 널리 알려져 있다. 그는 벽돌의 도시 로마를 발견하여 번쩍번쩍한 대리석의 도시로 만들었노라고 주장했다. 그러나 아우구스투스가 쥐었던 권력의 열쇠는 자신의 통치에 대해 손수 기록한 『아우구스투스 업적록(Res gestae divi Augusti)』(서기 14년경)에서 찾을 수 있다. 그는 많은 수치들을 대면서 건축물과 군대와 위업에 대해 이야기한다. 실제로 아우구스투스는 수치로 자신의 성공을 측정했으며, 전투에서 승리한 로마 군인들에게 자신의 금고에서 1억 7,000만 세스테르티우스를 지불했다고 자랑스럽게 썼다. 아우구스투스가 이룬 업적의 상징인 재무 수치는 기본적인 회계장부 기록에서 가져온 것들이었다. 율리우스-클라우디우스 왕조의 진정한 창시자이자 로마 제국의 아버지인 그는 회계와 수치의 투명성을 정치적 정당성과 업적에 결부시켰다.[1]

그러나 회계의 역사에서 흔히 있는 일이지만, 누구도 이 점에 주목하지 않았다. 회계를 하는 황제 아우구스투스에 대한 이야기는 거의 없다. 그리고 이 로마 제국의 아버지를 따르고 모방한 모든 군주와 왕 가운데 『업적록』의 형식을 그대로 따라 한 이는 한 명도 없었다. 그들은 회계장부의 수치를 알지 못했거나 이해하지 못했으며, 회계장부를 왕실의 힘을 보여주는 척도로서 발표하지도 않았다.

아우구스투스는 회계장부가 보편화되어 있어서 자신처럼 로마식 교육을 받은 지배 계급의 가장(pater familias)이 회계장부 사용법을 아는 것이 남부끄러운 일이 아닌 사회에서 살았다. 그러나 회계를 관리와 정당화의 도구로 이용했던 아우구스투스 이후에 등장한 다른 지도자들이 회계장부의 재무 수치를 발표함으로써 자신의 정치적 힘과 활동을 정당화하기까지는 무려 1,700여 년이나 걸렸다. 아우구스투스에게 좋은 방식으로 보였고 현재 표준으로 자리 잡은 방식이 뿌리를 내리기까지 천 년 이상이 걸린 것이다. 회계는 고대의 메소포타미아·그리스·로마에서 서서히 발전하여 마침내 중세 이탈리아인들에 의해 복식부기로 변모되었고, 이것은 자본주의 기업과 정부 행정에서 강력하고 이로운 도구가 된다.

'회계와 책임성' 시스템을 갖춘 아테네

수천 년 동안 고대 세계 구석구석에 회계가 스며들었지만 혁신은 거의 이루어지지 않았으며, 아우구스투스처럼 이 도구를 적재적소에 이용한 사람은 거의 없었다. 단식부기 회계는 고대 메소포타미아, 이스라엘, 이집트, 중국, 그리스, 로마에 존재했다. 그리스인들과 프톨레마이오스 시대의 이집트인들과 아랍인들은 놀라운 문명의 절정에 도달했고 기하학과 천문학에 필요한 수치에 능통했으나 정확한 손익 계산에 필수적인 복식부기 회계를 창안하지는 못했다.[2]

고대의 재무는 상점 회계, 곧 기본적인 재고 조사에 국한되었다. 막스 베버는 이런 한계가 사업과 가정 살림의 분리, 이익 개념의 결여, 그리고 일정 기간(예를 들어 1년)에 걸쳐 기업의 총 자산을 평가한다는 개념의 결여에서 기인한다고 믿었다. 그러나 자본과 이익에 대한 근대적 개념이 확립되지 않았음에도 회계 문화와 회계적 사고방식은 고대의 공적 생활에서 중요한 위치를 차지했다.[3]

문자 기록이 남아 있는 곳은 어디에서나 계수 표시(////이나 正 따위)나 원시적인 장부가 만들어졌다. 메소포타미아에서는 계약이든 창고와 거래 기록이든, 모두 이 계수 표시로 장부를 만들었고 종종 빵집의 재고를 기록했다. 회계는 주로 재고 조사를 목적으로 했으나, 잉여 곡물을 계산하는 목적으로도 이용되었다. 잉여 곡물은 말하자면 마을에 정착하는 생활과 농경과 시장을 가져온, 그야말로 문명의 부산물이었다. 수메르인들은 기원전 3500년에 주고받은 물건을 나타내는 회계용 점토 물표를 만들었다. 이 물표는 곧 기본적인 재고 기록을 위한 납작한 점토판으로 교체되었는데, 아시리아와 수메르 유물에서 흔히 발견된다. 바빌로니아의 『함무라비 법전』(기원전 1772년)은 '눈에는 눈, 이에는 이' 규정(가장 초보적인 형태의 회계)뿐 아니라 기본 회계 규칙과 상업 거래에 대한 국가의 감사 규정으로 유명하다. 법률 제105조는 돈을 받고 도장을 찍지 않거나 서명하지 않은 중개상은 회계장부에 그 거래를 기록할 수 없다고 명시한다. 국가는 필경사들이 국고의 역할을 하는 '은의 집'에 통화 보유고를 기록하도록 했으며, 기본적인 재고 기록을 통해 곡물과 빵 비축량까지 추적했다.[4]

국가가 회계와 감사에 개입하기 시작하면서부터 숫자와 도덕은 정치와 결합되었다. 고대 아테네인들은 회계를 정치적 책임성과 연결된 것으로 보았다. 처음부터 복잡한 부기와 공적 감사 시스템이 아테네 민주주의 정부의 중심에 놓여 있었다. 아테네 국고는 신성한 것으로 간주되어 델로스 섬에서 회계 담당자의 감시하에 관리되었고, 평민과 노예가 교육을 받아 회계장부 담당자로 고용되었다. 대다수 아테네인들은 공공 노예를 회계 감사관으로 쓰는 것을 선호했는데, 노예들은 심하게 고문할 수 있는 반면에 자유인들은 그럴 수 없었기 때문이다. 공공 회계를 감시하는 고위 관리와 장부 검토자도 있었다. 몇몇 세력가들에 의해 통치되고 재무 책임성 시스템이 갖추어지지 못한 과두제 정부와는 대조적으로, 민주주의 아테네 사회는 책임성의 시스템을 갖추고 있었다. 모든 아테네 공무원의 회계장부는 기본적인 민주주의 정치 철학에 따라 감사의 대상이 되었다. 아레오파고스(최고 재판소)의 원로들과 남녀 성직자들도 공금뿐 아니라 선물을 비롯하여 모든 자금을 철저히 기록해야 했다. 어떤 아테네 시민도 국가에 재산 내역을 신고하지 않으면 해외로 나가거나, 재산을 신에게 바치거나, 유언장을 작성하지 못했다. 아리스토텔레스는 아테네 헌법을 다룬 마지막 저서에서 공공 회계감사를 담당하는 관리인 로기스타(logista)에 대해 설명했는데, 이들이 공무원과 시장의 장부를 감사했다. 부패 혐의가 의심되면 이 회계 관리들은 해당 관리의 주장을 듣기 전에 장부부터 파헤

쳤다.[5]

그러나 이처럼 회계 기록과 정치적 책임성의 시스템이 있었음에도 불구하고 아테네에도 부패가 만연했으며, 사람들은 책임성이라는 개념과 갈등을 빚었다. 존경받는 장군이자 정치가였던 아리스티데스(기원전 530~468년)는 로기스타가 엄격하게 감사하는 것이 비정상적인 행위로 여겨지고 있다며 한탄했다. 사회적으로 어느 정도의 기만행위는 예측되고 용인되었으며, 공격적인 감사는 현상 유지를 위협하는 일로 보였다. 역사가 폴리비오스는 국가가 열 명의 감사관과 그 수만큼의 직인과 공증인을 두었다 한들 누군가의 정직성을 확실히 보장할 수는 없을 거라고 지적하며, 잔꾀가 밝은 사람들은 언제든지 장부를 조작할 수 있었음을 암시했다.[6]

장부 공개를 요구하다 원한을 산 키케로

정직하건 정직하지 않건, 회계는 로마에서도 번성하여 가정 경제의 토대를 이루었다. 아리스토텔레스는 공공 재정의 관리에 대한 개념을 갖고 있었으며 그것을 '오이코노미아(oikonomia)'라고 불렀다. 그리고 이것은 '경제학(economics)'이라는 용어의 뿌리가 되었다. 오이코노미아는 현대적 의미의 경제학처럼 이익을 목적으로 하는 재무 관리가 아니라, 정부와 가계를 잘 관리하는 것을 뜻했다. 로마인들이 아리스토텔레스의 개념을 도입함에 따라 이제 가정이라는 사적인 영역에서 회계가 시작되었고, 국가는 가장에게 가계부를 기록할 임무를 맡겼으며, 이 가계부를 세리들이 감사하게 했다. 가장은 매일 모든 출납을 일지에 기록했고, 월말에는 소득과 지출 기록부에 일지 내용을 기록하는 것은 물론이고 종종 미수금과 채무잔고, 잔고대출까지 기록했다. 대금업자들도 똑같이 기본적인 단식부기 장부를 기록했다. 대금업자뿐만 아니라 간혹 시민들도 장부를 결산하여 지역 정무관인 법무관에게 감사를 받아야 했다.[7]

로마 공화정과 초기 로마 제국은 국가 재원을 감시하는 관리들로 구성된 감사 집단(quaestores oerarii)에 의해 관리되었다. 대(大) 플리니우스는 『박물지(*Historia Naturalis*)』에서 카이사르가 루비콘 강을 건넌 해인 기원전 49년에 로마 국고에는 금 1만 7,410파운드, 은 2만 2,070파운드, 그리고 동전 613만 5,400세스테르티우스가 있었다고 진술했다. 국고 관리 회계원들은 조폐국 회계원이나 그 조수들과 연락을 주고받아, 국가 지출과 대부분의 군비 지출을 지불할 만큼 통화가 충분한지 확인했다.[8]

로마의 재무관은 국고의 열쇠를, 지금은 로마에서 가장 오래된 신전인 사투르누스 신전에 보관했는데, 이 신전에는 로마법이 기록된 서판도 보관되어 있었다. 또한 국고 내부에서 필경사들은 이름과 날짜, 각각의 거래 유형, 들어오고 나가는 현금 등록부를 기록하여 월 단위로 보관했다. 부채와 군대 및 지방 재무관들의 유동성 계성 혹은 현금 계정을 다룬 별도의 등록부도 있었다. 중앙 공문서 보관소인 타불라리움(tabularium)은 관리자의 감독을 받았으며, 감독관·필경사·회계원·출납원을 직원으로 두었다.[9]

아테네와 마찬가지로 로마의 국가 회계는 일관성이 없었고 기만행위가 만연했다. 키케로는 『필리피카이(*Philippicae*)』(기원전 44~43년)에서 부채와 수상한 재무 처리로 악명 높은 마르쿠스 안토니우스를 공격하며 부실 회계를 비난했다. 그는 안토니우스가 부실한 회계장부를 기록했고, 그럼으로써 카이사르에게서 훔친 '수없이 많은 돈을 탕진하고' 심지어 회계장부와 서명까지 날조했다고 주장했다. 키케로가 비난한 것은 부실 장부였는데도 부집정관 마르쿠스 안토니우스는 키케로를 붙잡아 그의 머리와 그 글을 쓴 손을 잘라 광장에 전시했다. 이러한 잔인성은 시공을 초월해 언제나 적용되는 한 가지 원리를 보여준다. 그것은 권력자들은 장부 공개를 요구하는 자들에게 호의적으로 반응하지 않는다는 사실이다.[10]

그러나 부실 회계는 결국 당사자에게 부메랑이 되어 돌아가는 법. 아우구스투스가 (군대 조직 실력도 장부 기록 실력 못지않았던) 마르쿠스 안토니우스를 제치고 권력을 차지하여 황제가 됨으로써 혼란스러운 제국에, 그리고 동시에 (이제는 황제의 것이 된) 회계장부에도 질서를 가져왔다. 그 적수와 달리, 아우구스투스는 회계장부인 라티오나리움(rationarium)을 제대로 기록하고 관리했다. 실제로 로마 역사가 타키투스는 아우구스투스가 황제(재위 기원전 27~서기 14년)가 된 뒤에도 장부를 손수 기록했다고 주장했다. 이 장부에는 제국의 재정 상태 요약, 군대와 건축 공사의 통계, 지방 국고에 남아 있는 현금 액수가 기록되어 있었다.[11]

로마 시대 회계의 중대한 결함

아우구스투스는 이 개인적인 회계 기록을 바탕으로 『아우구스투스

업적록』을 썼다. 『업적록』은 공공건물의 벽과 석판에 새겨져 전국 방 방곡곡에 게시되었다. 아우구스투스는 로마의 연 세입이 5억 세스테르티우스였는데도, 그가 이룬 업적의 큰 부분을 차지하는 건축과 군대, 가장 중요한 병사들에게 쓰인 돈이 모두 자신의 개인 금고에서 지불되었다고 애써 강조했다. 또한 병사들이 사용한 물품 대금을 해당 마을에 지불하는 등 자신이 개인 재산을 어떻게 처리했는지도 밝혔으며, 자신이 얼마나 통 큰 인물인지 선전하기 위해 총액도 밝혔다. 이처럼 아우구스투스는 제국을 어떻게 관리할 것인지 적극적으로 사고했고, 사업을 개념화하고 계획하는 도구이자 선전의 도구로써 회계장부를 이용했다.[12]

이후 제국 회계장부의 자료를 공개하는 것은 전통이 되었다. 티베리우스 황제는 이 전통을 계승하지 않았지만, 칼리굴라는 제국의 전반적인 회계 기록 상태를 발표했다. 황금에 대한 각별한 관심으로 유명한 네로(서기 37~68년)는 법무관 권한이 있는 원로원 위원을 임명하여 사투르누스 신전의 국고를 관리하게 했다. 또한 아우구스투스의 황제 재무관실이 적어도 디오클레티아누스가 집권(재위 244~311년)할 때까지는 계속 기능했다는 증거도 상당하다.[13]

이처럼 회계 시스템은 제국 관리의 중심 도구이자 정당화의 역할까지 했지만 여전히 중대한 결함을 가지고 있었다. 장부를 기록하고 회계감사를 했는데도 불구하고 기만행위가 예상되었다(그리고 특히 유력 인사가 관련된 경우에 체계적으로 용인되었다). 동시에 로마 제국의 경제적 관행은 복식부기의 주된 기능이라고 할 수 있는 이윤과 미래의 수입에 초점을 두지 않았다. 지중해는 해상 운송과 무역으로 로마 제국을 지탱했지만, 모든 무역 활동을 이론화할 포괄적인 개념이나 체계는 없었다. 한편 대출은 전당포 모델에 따라 이루어졌고, 따라서 신용 문화의 발전을 저해했다. 궁전과 축적된 금에서 나오는 부(富)가, 투자해서 이익을 내는 자본이라는 부 개념보다 우세했다. 이렇듯 이론적·실천적 작업이 많았음에도 불구하고 상거래를 위한 경제학이라는 개념은 아직 등장하지 않았다.[14]

시간이 흐르면서 중앙 재무관들은 황제의 이익을 반영하는 쪽으로 변질되었다. 제국이 쇠락해감에 따라 공공 회계는 점차 황제 개인의 영향권 아래로 들어가서, 에드워드 기번이 지적한 것처럼 모든 지출이 국가가 아닌 '군주의 하사금에서 나왔다'는 관념이 모든 이에게 주입되었다. 이후의 황제들은 국고를 신성하게 여겼고, 콘스탄디누스가 325년 보스포루스에 새로운 로마 수도(콘스탄티노플)를 건설한 무렵, 국고의 최고 관리자는 직업 관료가 아닌 귀족 계급의 백작이 차지했다.[15]

장부를 기록하되 공개하지 않았던 봉건 시대

서기 476년 로마의 몰락으로, 국가는 황제와 왕, 영주의 개인 봉토로 바뀌어갔다. 이제 귀족들이 관료 국가를 대신하게 되었고 이들은 오직 신에게만 해명의 책임이 있었으므로, 국가를 감사하는 일은 불가능해졌다. 그러나 서로마 제국이 무너졌을 때도, 그 계승자인 가톨릭교회와 대형 수도원들은 계속해서 회계와 감사를 통해 토지와 재산과 지불금을 관리했다. 그리고 고트족과 프랑크족, 바이킹족의 침략으로, 샤를마뉴 대제(742~814년)와 오토 대제(914~973년)부터 정복자 윌리엄(1028~1087년)(잉글랜드 노르만 왕조의 1대 왕인 윌리엄 1세—옮긴이)에 이르기까지, 새로운 왕들은 자신들이 정복한 땅을 관리하고 이익을 뽑아내기 위해 다시금 법규를 수립하려 했다. 게르만 왕국과 자치주들, 그리고 옛 로마의 부동산 제도의 융합으로 등장한 봉건주의는 영주와 봉신과 농노 들이 얽혀 끊임없이 변화하는 시스템이었다. 그런데 봉건주의가 지닌 커다란 역설 중 하나는 국유지가 개인 소유로 바뀌면서 더디지만 꾸준한 문서 작업과 회계의 증대를 가져왔다는 점이다. 중세 시대의 근간을 이룬 것은 교부(敎父: 역사적으로 기독교 초기의 교의와 교회 발달에 큰 공헌을 한 교사와 그 옹호자를 일컫는다—옮긴이)들에 의해 정립된 기독교 및 수도원의 전통과 아울러 샤를마뉴의 행정 기록인 『법령집(Capitularies)』에 담긴 세금과 재산의 개념이다. 이처럼 회계는 여전히 중심적인 통치 도구였지만, 부유한 수도원과 프랑크 왕, 영주들은 아우구스투스식 재정 공개를 하지는 않았다.

서기 1000년경 교역이 늘면서 기록과 법적 계약과 회계의 중요성도 커졌다. 1066년 정복자 윌리엄은 잉글랜드를 침략했을 때 절호의 기회를 얻었다. 한꺼번에 나라 전체를 통째로 인수하면서 봉건 관련 기록을 전부 처음부터 다시 쓸 수 있게 된 것이다. 이로써 그는 시간이 지남에 따라 왕가의 유산과 결혼 등으로 토지 소유권이 쪼개지면서 영토 분쟁을 낳았던 전통적인 봉건주의 모델의 복잡성을 피하면서 나라 전체에 대한 통치권을 얻었다. 노르만의 잉글랜드 정복은 행정 제도를 중앙집중화할 기회와 함께, 세속적 통치자와 기독교 통치자 모두에게 보다 분명하게 재무를 기록하도록 요구하는 새로운 봉건 토지 계약의 확산을 가져왔다. 윌리엄의 개인적 기록이자 재산권, 법적 특혜와 의무, 기독교 권리를 상세히 밝힌 장부인 『둠즈데이북 (Domesday Book)』(1086년)은 윌리엄이 이전 왕가의 합의에 따라 어떤 세금을 징수할 수 있었는지도 보여준다. 제목에 포함된 '둠즈데이'라는 표현은 왕실의 회계감사를 하느님의 최후의 심판과 동일시함으로써 누구도 피해갈 수 없는 것이라고 주장한다.[16]

1200년대에는 무역과 통화 흐름이 다시 활성화되면서 국가와 지주들이 회계장부를 기록하는 데 공을 들이기 시작했으며, 헌장과 법령, 증서와 서신, 영장, 재무 기록, 임대 계약서, 법적 기록, 연감, 연대기, 권리 증서 원장(봉건 증서 및 기독교 증서), 등록부(법적이거나 행정적인 서류로, 주로 법원과 의회가 보유), 그리고 학술 및 문학 작품을 비롯하여 육필로 쓴 기록들이 확산되었다. 이 문서들은 모두 회계장부 기록과 연관되어 있었다. 법과 재산과 조세를 관리하고 집행하려면 국가 정보망의 근간이 되는 모든 재정 거래 자료를 기록하고, 수집하고, 보관할 필요가 있었다. 잉글랜드에서 재무부 혹은 왕실 재무관은 소득과 지출과 벌금을 적은 상세한 회계장부를 작성하기 시작했는데, 이 기록은 양피지를 말아놓은 형태여서 '파이프 롤(pipe roll)'이라고 불렸다. 이것은 주로 투자나 노동에서 수익을 얻기보다는 왕실의 세금을 징수하려는 목적으로 쓰였다.[17]

국가 문서들은 재부관실과 시청뿐만 아니라 법원이나 의회 문서 보관소에도 보관되어 변호사의 자문을 받았고, 시장과 장관과 군주가 개인 소장 자료로도 보관했다. 봉건 지배와 중세 경제의 구심점이었던 장원 영주의 저택은 회계의 구심점이 되었다. 봉건 영주들은 머

릿속에 이익이라는 개념이 정립되어 있지 않았는데도 봉토를 운영하여 흑자를 내려 했다. 회계장부를 갖는 것은 일종의 특권이었다. 양피지는 값이 비싸서 규모가 크건 작건 기록하는 데 돈이 많이 들었기 때문이다. 숙달된 필경사도 드물었고 필경사를 훈련시키는 데에 비용이 많이 들었다. 많은 경우 회계는 단순히 매일매일의 지출을 관리하기 위해 이루어졌고 장기적인 기록으로 보존되지는 않았다.[18]

잉글랜드에서는 집행관이나 관리인 또는 법정 토지 관리자가 모든 채무 면제 증서를 집계하고, 거래와 재산에 적절한 제목을 달고[예를 들어 '말(馬)'], 기본적인 집계를 기록하는 업무를 비롯해 단식 회계를 배웠다. 집행관은 우선 체납금을 기록해야 했고 수입과 그 밖의 다른 형식의 재산도 기입해야 했다. 그런 다음 본인 소유 토지에서 구할 수 없는 물건에 대한 지출과 인건비를 나열했다.[19]

결산 보고는 오직 신에게

감사는 공증인과 주장관의 중심 업무였으며, 이들은 정부 관료, 특히 세리와 재무관의 회계 기록을 확인했다. '감사'를 뜻하는 'audit'이라는 단어는 통치자와 군주가 회계 기록을 눈으로 보기보다 귀로 듣던 시절에 나온 것이다. audit은 '청취'를 뜻하는 라틴어 'auditio'에서 유래했는데, 알현하는 동안 왕이나 군주는 말로 읊어주는 회계 기록을 확인했던 것이다. 13세기에 감사 업무를 담당한 관리는 국고 회계 감사관(Auditores comptorum scaccarii)이라고 불렸다. 잉글랜드의 재정 지출과 세수는 점차 의회의 감시 대상이 되었다. 다양한 정부 부처에서 국가 재정을 검증해야 했으니 헌법에 감사 활동이 규정되어 있었다고 말할 수 있을지도 모른다. 그러나 어마어마했을 국왕의 지출과 개인 수입은 대개 비밀로 남았다. 국왕이 기본적인 지출 기록을 의회에 제출한 적도 드물게 있었지만, 실효성 있는 감사 제도는 없었다. 에드워드 3세(재위 1327~1377년)는 국왕은 신을 제외한 누구에게도 결산 보고를 하지 않는다고 언명했다. 그리고 19세기까지 유럽의 왕들은 계속해서 이런 입장을 고수한다.[20]

책과 두루마리 형태로 된 회계장부들을 보면 '그런 장부들이 제대로 기능했을까?' 하는 의문이 생긴다. 분명 매일 기록을 관리하는 회계사는 회계장부에 어느 정도 숙달했다고 자신할 만큼 근면하고 유능했을 것이다. 현금과 재고 관리에서는 그런 편이었지만, 여기서도 완전히 정확하지는 못했다. 아라비아 숫자와 분수가 없었던 로마 숫자 체계에는 근본적인 어려움이 있었다. 회계사가 아무리 주의 깊어도 X나 C나 I가 무더기로 나와 속수무책이었다. 예를 들어 893은 DCCCXCIII로 길고 복잡하게 나타내는 식이었다. 그러니 분수라는 개념이 들어설 자리는 없었다. 복잡한 무역이 번성하고 발전하려면 새로운 숫자와 재무 회계 방식이 필요했다.[21]

북부 이탈리아의 도시 공화정과 복식부기

12세기 무렵 이탈리아 북부는 유럽에서 가장 부유하고 인구가 가장 많은 곳으로 부상했고, 피렌체와 제노바, 베네치아처럼 상인들이 운영하는 도시공화정이 주도권을 잡았다. 왕이 없고 도시화된 귀족들이 중심이 되어 도시정부의 권한을 인정하는 이탈리아 북부는 완전히 독특하고 새로운 존재가 되었다. 무역을 통해 재산을 모은 상인 귀족들이 통치하는 부유한 도시국가들의 조각보 같은 형태가 된 것이다. 동업 회사와 은행, 장거리 무역이 발전하고 그와 함께 자본주의적 이윤과 복식부기의 개념이 발전한 곳도 바로 여기였다.

이탈리아 북부는 동쪽에 위치한 비잔티움과의 접촉으로 많은 영향을 받았다. 비잔티움에는 황제와 궁정, 통화(노미스마, nomisma), 그리고 설탕 음료와 대추야자에서부터 아몬드, 실크, 고대 그리스의 지식을 담은 책자에 이르기까지 모든 것이 거래되는 호화로운 시장이 있었다. 로마 제국의 그리스 유산은 이탈리아인들에게 과거를 상기시켰고 호화로움으로 유혹했다. 베네치아와 제노바, 피렌체, 밀라노, 루카, 피사를 비롯한 무역도시는 상품을 가득 실은 선박을 보내 지중해 동부에서 풍요로운 무역 네트워크를 구축했다. 폰티펙스 막시무스(Pontifex Maximus), 곧 대제사장이자 로마의 세속적 통치자이기도 했던 교황은 추기경단과 군주들에게 세금을 걷고, 법을 만들고, 서유럽에서 비잔틴의 정교회까지 외교를 지휘했다.

이탈리아 도시들과 코뮌들은, 명목상으로는 신성로마제국 황제(독일인 또는 오스트리아인)의 신하였지만, 실상 길드위원회·평의회·원로원·총독에 의해 통치되는 철저히 독립적인 상업 공화정이었다. 관리들은 대개 선출직이었고 회사 경영자처럼 행동했으며 주어진 시간과 임금 범위 안에서 통치했다.[22] 이러한 상업 도시들을 중심으로 회계와 국가 관리 이론, 책임성에서 크나큰 진보가 이루어졌다. 상인들은 상업적 방식으로 스스로를 통치했는데, 단식부기의 흔적은 차고

넘친다. 1202년 피사 상인 레오나르도 피보나치(Leonardo Fibonacci, 1170~1240년경)는 계산 입문서인 『산반서(Liber abaci)』를 썼다. 그는 알제리의 항구 도시인 부지[Bougie: 오늘날의 베자이아(Béjaïa)]에서 산반(abacus) 기술과 아라비아 숫자를 배웠다. 상인이자 정부 관료의 아들이었던 피보나치는 종이 위의 숫자를 빨리 계산하는 방법을 다룬, 편람(便覽: 보기에 편리하도록 간추린 책—옮긴이)을 넘어서는 작품을 완성했다. 그 책은 재무 문제 해결에 도움이 되는 실용적 지침 모음으로, 이슬람의 발명품인 대수학을 동원하여 가령 '1년에 한 쌍의 토끼에게서 얼마나 많은 토끼가 번식될까?(377)'와 같은 복잡한 수학적 문제를 해결했다. 『산반서』는 '생강과 고추의 교환', '세 사람이 한 회사 세우기', 환율 계산 같은 다양한 문제들을 제시했으며 그것들을 처리하는 방식을 설명했다.[23]

아라비아 숫자의 도입과 수학의 발달

피보나치는 아라비아 숫자를 사용한 최초의 기독교인은 아니었지만, 그의 저서는 이탈리아 북부 상인 사회가 아라비아 숫자를 도입하는 데 중추적인 역할을 했다. 나중에 산반은 깊게 파인 홈이나 봉에 나무로 된 알을 움직여 계산을 하는 나무판(주판)을 뜻하게 되었다. 앞서 언급한 것처럼, 로마 숫자로는 분수를 계산하거나 복잡한 방정식을 풀 수 없었다. 아라비아 숫자는 정밀도와 속도를 가져왔고, 주판을 이용한 주산은 수학이 실생활과 직거래에 적용될 수 있음을 의미했다.[24]

13세기 말 무렵에 토스카나에서는 주산 학교가 일반화되었고, 대부분 피렌체〔토스카나 주의 주도(州都)—옮긴이〕에서 배출된 많은 교사들이 피보나치의 책과 아라비아 숫자뿐 아니라 주판 이용법도 보급하기 시작했다. 1277년 베로나의 한 공식 문서에서는 도시에 주산의 대가가 있다고 언급했고, 1284년에는 정부가 피렌체에서 온 공동 주산 교사 '마에스트로 로토(Maestro Lotto)'를 임명했다. 주산 학교는 이탈리아 도시공화국의 상인 시민들을 위해 자국어로 진행되는 실용적인 학교 교육의 중심지가 되었다. 이 학교에서는 응용수학, 알파벳, 산문 교육, 교리문답서 같은 과목도 가르쳤다.[25]

중세 이탈리아 상인들은 고대 그리스인도 페르시아인도 로마인도 아시아의 위대한 왕국과 봉건제 군주들도 하지 못한 일을 해냈다. 요란한 팡파레나 대중적인 인정 없이도 복식부기를 발명하여 이익의 계산으로 혁명적 도약을 한 것이다. 이에 대한 유일한 설명은, 이탈리아 상인들이 동업자 회사, 자본과 이익 등을 계산하기 위해 복식부기가 필요했으며 그 필요에 대한 반응으로 그것이 개발되었다는 것이다. 처음 발명한 사람이 누구인지 확실히 알 수는 없으나, 토스카나 상인들이 복식부기를 개발하기 시작한 것만은 분명하다. 기록을 보면 어느 정도 논란의 여지가 있지만, 유럽 전역의 풍물 장터에서 교역을 하던 리니에리 피니(Rinieri Fini) 형제의 회사(1296년)나 피렌체와 프로방스 사이에서 교역을 했던 파롤피(Farolfi)의 회사(1299~1300년) 거래 원장이 최초의 복식부기로 인정된다. 파롤피 고문서는 단순한 원장이라고 하기에는 특별하고 근대적인 면모를 보여준다. 그것은 사업상의 거래와 재산을 실시간으로 계산하기 위해 고안된 장부 체계다. 대변과 차변을 상호 참조하면 그 둘이 사실상 서로를 상쇄하고 있음을 알 수 있다. 그뿐 아니라 파롤피의 거래 원장은 미리 지불한 임차료를 이연 계정(移延計定: 원래는 비용이나 수익이지만 손익 계산상 필요하며 일시적으로 자산이나 부채로 처리하는 계정—옮긴이)으로 기록함으로써 복식으로 개념화하고 있다. 예를 들어 어떤 주택에 대하여 4년치 임차료로 16리브르(livre tournois)를 지불했는데, 첫해 말에 4리브르가 경상비 계정으로 상각되고, 차액 12리브르는 나중에 다뤄야 할 이연 비용으로 남아 있다.[26]

14세기 이탈리아에서 복식부기가 탄생한 이유

이 원장들을 제외하면 복식부기가 나타나는 문건이나 사례는 전혀 없다. 단일한 인물이 복식부기를 발명했을 것 같지는 않다. 그러나 1300년경에 이탈리아에서 복식부기가 왜 나타나게 되었는지에 대해서는 몇 가지 이론이 있다. 아라비아 숫자의 이용이 한 가지 이유다. 더욱이 교역이 증가함에 따라 보다 많은 자본이 필요해졌고 동업자 관계가 형성되었다. 중세 회계사는 부기를 재산을 측정하는 척도가 아닌 투자자들 간의 자본 계산과 분배의 방식으로 보기 시작했다. 상인들은 수입과 지출을 계산하고 기록하기 위해서뿐만 아니라 축적된 이익을 통합 계산하여 투자자들이 받을 몫을 파악하기 위해 부기를 이용했다. 복식부기가 없었다면 점점 복잡해지는 이익 배분을 측정할 수 없었을 것이다. 시간이 흐르면서 복잡한 회계만으로도 자본을 나눠서 계산할 수 있었다. 외상을 주고받을 필요성도 비슷한 역할을 했다. 부채를 할부로 갚을 경우, 시간이 지나면서 복식 기장은 주어진 시간에 얼마를 갚게 되어 있는지를 보여줄 수 있게 되었다.[27]

거래가 확대되면서 상인들은 더는 상품을 가지고 다닐 수 없었으며, 따라서 대리인에게 의존해야 했다. 상품이 창고를 떠나면 복식부기는 판매에서 수익이 확정될 때까지 그것을 손실로 판단했다. 상품을 내보내고 거기에서 수입을 잡는 활동을 기록할 방법은 오직 차변과 대변의 균형을 맞추는 것뿐이었다.[28]

최초의 복식장부는 하나의 문단을 이루는 문장 형식이었으며 차변 문단과 대변 문단이 상응했다. 그러던 것이 나중에는 문단과 서술 대신 순수하게 숫자만 이용해 나란히 붙은 두 개의 열에 기록하는 이원적(bilateral) 형식으로 바뀌었다. 최초의 복식 기장의 예는 1340년 제노바 중앙원장에 기록된, 제노바 상인 야코부스 데 보니카(Jacobus De Bonicha)의 수익성 좋은 후추 교역 거래에 관한 것이다. 이 기록은 복식 기장으로 기록된, 현존하는 최초의 정부 회계장부로 알려져 있다. 당시 제노바의 활발한 해상 무역과 비잔티움과의 풍부한 교역을 고려하면, 이러한 장부가 제노바에서 처음 등장한 것은 놀라운 일이 아니다. 이 자료는 이원직 형식과 충계가 일치하는 복식 기장이 어떤 모습이었는지 엿볼 수 있게 해준다.[29]

제노바의 놀라운 회계 시스템

부기 활동에서는 은행가들이 국가보다 훨씬 앞섰으나, 제노바 사람들은 세입과 국가 지출부터 국가 부채와 대출, 군대 급료 지불과 총독의 개인 회계장부에 이르기까지, 다양한 재무 거래를 관리하고 기록하기 위해 복식부기를 이용하는 법을 이해했다. 제노바 정부는 사업체와 마찬가지로 돈을 빌려주고, 거래를 기록하고, 그에 따라 투자를 하고, 비용뿐 아니라 무엇보다 중요한 손익 계산을 기록했다. 국가 회계사들은 엄격한 복식 기장 규칙에 따라 장부를 결산했을 뿐 아니라 실제 장부의 페이지 수 등이 표시된 참고 자료를 제공했는데, 각각의 거래는 원장에 기입하기 전에 우선 여기에 기입했다. 매년 원본 원장이 마감되었고, 이어지는 거래는 다음 원장으로 넘겨졌다.[30]

1340년 제노바 코뮌 재산 관리인	
1340년 8월 26일 원장 61페이지와 같이 야코부스 데 보니카가 안토니오 네 마리니스에게 지출. 49리브라 4솔도 마찬가지로, 9월 5일. 원장 92페이지와 같이 마르조코 피넬로에게 지출. 12리브라 10솔도 마찬가지로, 1341년 3월 6일. 정산하고 새 원장 100페이지로 이월함. 16솔도 합계: 62리브라 10솔도	1340년 8월 26일 원장 231페이지와 같이 제노바 코뮌을 대신하여 탁사롤리움(현재는 타싸롤로)의 군대에 투석기와 기타 필수품을 보급하기 위해 야코부스에게 지출. 이는 대공과 평의회의 명령에 따른 것이며, 그 결정은 1340년 8월 19일 공증인 란프란키 데 발레에 의해 기록되었음. 62리브라 10솔도

제노바 재산 관리인들의 원장은 재정 계산과 기록만이 아니라 내부적 책임성을 위해 고안된 것이었다. 부정한 재무 기록은 항상 골칫거리가 되었다. 따라서 재산 관리인들은 공증인을 증인으로 하여 모든 거래를 기록하도록 주문했다. 기록의 삭제는 허용되지 않았고, 원장의 모든 페이지에 번호를 매기고 거래를 원장에 입력하기 전에 먼

저 확인해야 했다. 가장 중요한 것은 이러한 재무 감사 시스템이 1327년에 '은행 방식을 따라 기록되어야 할 원장에 관하여'라는 법을 통해 공식화되었다는 점이다. 이 법은 코뮌 내의 모든 사업을 두 명의 공식 회계사가 기록하고 시 정부가 매년 감사할 것을 의무화했다.[31]

현대 재무와 통치를 공부하는 학생들은 아마 이 장부를 보면 경탄할 것이다. 이 장부들은 명료하고 수치가 맞아떨어지는 데다 부정한 기록에 대한 내부 점검도 이루어져 있다. 고대인들이 개발한 수준을 훌쩍 뛰어넘는 회계와 책임성의 시스템이 여기에 있었다. 그러나 이 시스템은 혁신적이고 효과적이었음에도 불구하고 르네상스의 이탈리아를 넘어 뻗어나가지 못했다. 북쪽의 전제군주들은 옛 상업 공화정의 재산 관리 방식을 채택하는 데 매우 더뎠다. 복식 기장이 중앙 정부의 원장과 종합적 국가 재무 감사를 위한 관리 도구로 다시 이용되기까지 무려 600여 년이 걸렸다. 유럽 정부들이 효과적으로 회계를 이용하기 전까지, 르네상스 사상가들은 재무 질서의 필요와 돈 계산을 부도덕하게 여기는 기독교적 사고방식 사이에서 균형을 잡아야 했다.

제2장

중세 상인들의 딜레마,
신이냐 이익이냐

신은 무한한 존재다
(Deus immensus est).

—

루스페의 성 풀겐티우스, 533

토스카나의 거상(巨商), 다티니

1383년 1월 10일, 프란체스코 다티니(Francesco Datini)는 교황의 도시 아비뇽에서 피렌체 북부인 고향 프라토로 돌아왔다. 당시 급성장하던 토스카나 지방의 부유한 상인과 은행가 계층이 대개 그랬듯이 다티니도 교황청과의 거래로 부(富)를 일구었다. 그는 환전에 손을 댔고, 프랑스와 잉글랜드가 벌인 백년전쟁에서 무기와 갑옷을 거래했으며, 모직 교역에 투자했다. 특히 모직 교역은 잉글랜드와 카스티야, 플랑드르, 샹파뉴, 피렌체의 수완 좋은 상인들에게 막대한 재산을 안겨주었다. 국제 교역의 수익률은 약 9퍼센트에 불과했지만, 다티니는 워낙 꼼꼼하게 사업을 관리하고 생활 태도가 수수했지만 이웃들에게 '부자'라는 평을 얻었다. 하지만 세리들은 그에 대해 깜깜했다. "우리야 (그의 재산을) 모르지만 신께서는 아시겠지." 당혹한 세리들이 한 말이다. 다티니는 겸손하고 독실하고 자제력 있는 사람이었다. 무엇보다 그는 회계에 능했다. 그러나 그는 이익을 만들어내는 자신의 수완 자체가 죄라는 생각에 사로잡혀 있었다.[1]

고향으로 돌아온 지 3년 만인 1386년에 그는 프라토에 있는 자신의 전 재산이 3,000플로린(florin)이라고 신고했다. 세리들은 당연히 그가 엄청난 재산을 다른 곳에 투자했을 것이라고 짐작하면서도 그 재산을 찾아낼 수 없다면 세금을 부과할 수는 없다고 생각했다. 당시 돼지 한 마리 가격이 3플로린이었고, 좋은 말 한 필이 16~20플로린이었으며, 하녀의 임금이 1년에 10플로린, 여자 노예(다티니는 당시 여자 노예를 두고 있었는데, 그녀와의 사이에 유일하게 인정된 친자가 있었다) 한 명이 50~60플로린, 그리고 다티니가 자신의 초상화에서 입고 있는 것 같은 진홍색 예복이 80플로린 정도였다. 다티니는 프라토에서 집을 짓고 결혼해서 살았고, 1389년에 피렌체로 이사하여 사업을 이어갔다. 그는 미술품도 거래했고 붉은 예복을 입은 그의 모습이 여러 차례 그려지기도 했다. 그중 가장 유명한 것은 아직도 프라토의 시립 미술관에 소장되어 있는 프라 필리포 리피의 걸작 〈통나무의 성모 마리아(Madonna del Ceppo)〉†에 등장하는 '고결한 남자'의 모습일 것이다[피렌체 지역에는 유독 통나무(Ceppo)와 관련한 중세 시대 자선 기관이 많이 있다. 혹독한 한겨울에 꽃을 피우고 있는 통나무를 발견하거든 그 자리에 병원이나 지친 여행사와 순례자를 위한 피난처를 세우라는 계시를 꿈속에서 받고 세웠다는 이야기가 전한다. 예배당에 빈자들을 돕기 위해 속이 빈 통나무를 두었다는 데서 유래했다는 이야기도 있다—옮긴이]. 다티니는 1410년에 사망하면서 약 10만 플로린이라는 어마어마한 재산을 남겼다.[2]

1383년에도 오늘날과 마찬가지로 부자가 되려면 특별한 기술이 필

---

† 표시가 된 부분은 화보를 참조할 것 — 편집자

요했다. 흑사병이 다티니의 양친을 포함해 유럽 인구의 절반을 앗아
간 지 40년이 채 지나지 않았고 교역로가 산적들과 해적들로 몸살을
앓았지만, 그 와중에도 경제 호황은 있었으며 그중 상당 부분은 이탈
리아 북부에 집중되었다. 1340년 무렵 이탈리아 사람들은 복식부기
와 환어음(어음 발행자가 지급인에 대하여 어음에 기재된 금액을 일정한 기일에
어음상의 권리자에게 지급할 것을 무조건적으로 위탁하는 증권─옮긴이)과 해
상보험을 발명했고, 장부 이체와 어음과 구두 계약을 통한 지불 방식
에 완전히 숙달했다. 돈과 모직이 잉글랜드와 플랑드르와 카스티야를
통해 지나치는 곳이 바로 여기였다. 피렌체는 금융의 중심지였고, 단
테 같은 문학인뿐 아니라 그 도시의 작은 '꽃', 곧 플로린으로도 유명
했다(피렌체의 금화인 플로린의 원래 이름은 'fiorino(백합)'였는데, 백합은 피렌
체의 문장이었다─옮긴이). 한쪽에는 백합이, 다른 한쪽에는 세례자 요한
이 새겨진(이 공화정의 동전은 왕이나 황제의 얼굴로 장식되지 않았
다) 5센트짜리 동전 크기의 플로린 금화는 24k 순금 3.53그램이었으
며, 오늘날과 마찬가지로 가치가 높은 동전이었다. 가장자리를 깎아
내는 식의 절도 행위를 방지하기 위해, 플로린은 공식적인 도장이 찍
힌 가죽 주머니에 담겨 통용되고 교환되었다. 플로린의 가치가 워낙
높아서 피렌체 은행가들은 그것을 유럽 전체의 표준 통화로 삼았다.[3]

　다티니가 맨 처음 재산을 모은 것은 아비뇽에서 교황청과 교역과
은행 거래를 하면서였다. 초기 은행 활동의 상당 부분은 교황청을 중
심으로 이루어졌는데, 교황청이 십일조와 세금으로 거둬들인 엄청
난 돈을 이체하고 환전하고 예치할 필요가 있었기 때문이다. 중세 최
고 재산가인 피렌체 은행가 페루치와 알베르티도 적어도 재산의 일부

는 교황의 필요를 충족시켜서 벌어들였다. 여신과 환전이라는 새로운 도구는 교황청 구성원들이 금융과 이자를 통해 짭짤한 이익을 챙기고 가족들에게 재산을 이체할 수 있게 해주었다. 다티니는 아비뇽에서 800플로린의 초기 투자로 동업자와 함께 1만 플로린을 벌어들인 대단치 않은 상인이었다. 실제로 다티니를 부자로 만들어준 것은 금융업뿐 아니라 당시 교황청을 중심으로 번성했던 온갖 종류의 국제 교역에서 그가 보여준 비범한 능력이었다. 다티니는 갑옷과 천, 노예, 향신료, 와인, 올리브오일을 팔았다. 1399년 4월 그의 딸 지네브라가 결혼했을 때, 성대한 결혼 피로연에 파스타, 송아지 고기, 파이, 오리 고기, 비둘기 고기를 비롯하여 50가지가 넘는 요리가 차려졌다. 그리고 다티니는 이 모든 것을 그의 장부에 일일이 기록했다.[4]

다티니 문서고는 지금까지 남아 있다. 그는 죽을 때 12만 4,549부의 상업 서신과 573권의 회계장부와 원장을 남겼다. 이 자료들은 중세 시대 최대의 개인 재무 기록 보관소인 프라토 박물관에 여전히 보존되어 있다. 이 자료들은 중세 이탈리아의 생활상과 당시의 사업이 얼마나 복잡했는지, 복식 기장을 하는 데 얼마나 큰 기술이 필요했는지를 아주 상세하게 보여준다. 또한 식품, 복식, 노예, 개, 마모셋원숭이, 공작 같은 가정생활과 관련된 지출 목록을 포함하고 있다. 가구에서 광범위한 보석 소장품, 와인 가격(현지 적포도주는 한 병에 1리라 또는 은화 20개)에 이르기까지, 그의 모든 개인 소유물의 목록이 만들어졌다.[5]

다티니가 죽은 지 600년이나 되었다는 점을 고려하면 그의 사업 감각은 놀랍도록 우리에게 익숙하다. 그의 성공은 동업 관계를 통한 투자자본 획득에서 비롯되었다. 그는 자신의 돈을 조금만 투자하고도 동업자와 투자자를 유치할 수 있었다. 이는 오직 전문적인 회계를 통해서만 가능했다. 각 사업 분야마다 기본적인 회계뿐 아니라 매 순간 각각의 동업자와 투자자의 자본과 이익 지분에 대한 계산이 필요했기 때문이다. 각 동업자의 지분과 최종 배당금은 투자액에 비례했다. 어떤 투자자는 7퍼센트나 8퍼센트의 고정 금리를 받았다.[6]

다티니의 비밀 장부

다티니 시대에 복식회계를 하려면 훈련과 수학적 기술, 많은 장부를 다루고 장부들 간에 정보를 기록하고 분석하고 이전하는 능력이 필요했다. 현대적 시각으로 보면 다티니의 시스템은 가죽과 양피지와 종이와 나무로 된 커다란 계산기와 같다. 다티니의 방법은 그의 사후 100년이 지나서야 회계 편람에서 설명되었다. 훗날 네덜란드 화가들은 다티니가 설명한 방식들을 그림으로 보여준다. 마리뉘스 판 레이메르스바얼러의 〈두 징세 청부인〉†(1540년경)에서는 회계장부와 종잇조각, 기본적인 공책, 종이를 넣어두는 나무 상자를 볼 수 있다. 다티니의 장부 중 상당 부분을 수석 관리자인 캄비오니와 다티니 자신이 손수 기록했으며, 장부에는 그의 트레이드마크가 표시되어 있었다.[7]

회계 과정은 스크랩북과 공책을 혼합한 형태의 것에다 수입과 지출, 수입금과 어음과 수표 등 해당 날짜의 거래를 적어 내려가는 것으로 시작했다. 노예 구입, 특별 만찬, 딸의 결혼식을 위한 심벌즈 연주, 개, 안경, 노새 구입 같은 일상생활의 거래들도 기록되었다. 그런 다음 이런 단편적인 정보를 '비망록(Memoriali)'이라고 부른 책에 질서 있게 시간순으로 나열했다. 그런 다음 '커다란 책(libri grandi)'이라고 하는 깔끔한 가죽 양장으로 된 원장에 모든 거래가 복식 형식으로 기록되었다. 이 장부 세트는 회사별로 만들어졌으며, 각 원장의 첫 페이지에는 항상 '성 삼위일체와 모든 성자와 천국의 천사의 이름으로'라는 문구, 혹은 좀 더 간단하게 '신과 이익의 이름으로'와 같은 종교적 문구가 적혀 있었다.[8]

회사의 일상적인 소액 거래의 경우, 다티니는 차변과 대변으로 이루어진 장부와 아울러 부채 관련 장부를 작성했다. 그의 회사, 거래, 매매 모두가 복잡했기에 이 장부들을 통합하는 일이 회사의 '거대한 현금 상자'를 관리하는 데에서 핵심이었다. 그 밖에 창고 재고 목록과 소유 부동산, 임금, 프라토에 있는 옷감 제조업 계정을 담은 장부도 있었다. 마지막으로 침구, 양초, 석탄, 식품, 임금 지출, 고급 의복에 쓰인 어마어마한 지출을 기록한 개인 가계부가 있었다. 이 모든 것을 묶은 한 권의 장부가 그의 '비밀 장부(libro segreto)'였다. 중규모나 대규모 상인들은 모두 이런 비밀 장부를 갖고 있었다. 부분적으로는 회계장부이고 부분적으로는 일기인 이 책은, 말하자면 재무 상태를 솔직하게 고백하는 안전한 장소였다.

다티니가 진짜 사업 거래(종종 세금이 부과되지 않은)를 기록한 곳도 여기였다. 비밀 장부에는 각 회사 동업자들의 증서와 지분, 인출액에 대한 기록과 아울러, 아이들의 출산과 선조들의 삶, 일상적인 생각 등을 담은 다소 사적인 일기 형식의 기록이 포함되었다. 이익의 세계와 신과 결부된 일상적 삶의 세계를 망라하는, 이보다 더 개인적인 글은 없었다. 한 가지 주된 기입 항목은 화려하게 채색된 값비싼 기도서와 무척 후한 교회 기부금, 빈민 구호품을 나열한 목록이었다. 그는 이익의 일부를 교회로 보냈고, 언제든 자신을 위해 청어나 오렌지나 와인 같은 사치품을 샀으며, 일부는 구호소나 수도원에 기부했다. 비밀 장부에는 또한 회사의 최종 결산이 포함되어 있었다. 이것은 원장의 공식 집계와 다를 수 있었다.[9]

다티니 장부의 범위와 수량은 어마어마했다. 그런 규모의 장부를 기록하는 것은 개인적인 자제력과 관리상의 기강이 필요한, 엄청나게 힘든 노동이었다. 다티니는 고급 와인과 옷, 자고새와 보석, 소녀 노예를 즐기는 사람이었지만, 또한 꼼꼼하게 일하는 사람이기도 했다. 그는 사업 관리인에게 편지를 써서, 밤낮으로 주어진 업무에 몰두하고 항상 필기를 하고 늘 장부를 이용해 상황을 상기하라고 주문했다.[10]

다티니는 집이 무너지고 사업이 몰락하는 악몽에 시달리곤 했다. 때로는 압박감으로 "골치 아프다"라고 썼다. 정상에 머물기 위해 잘 작성된 장부가 필요했지만, 그는 단지 종업원들에게 기록을 하라고 명령하는 데 그치지 않고 기강을 유지하기 위해 징계를 내렸다. 다티니는 돈을 받기 전에 장부에 액수를 기재해버린 점원에게 벌금을 물렸다. 또 기재 오류가 있을 때마다 점원에게 1솔도의 벌금을 물렸다. 그는 직원이 10솔도를 벌금으로 물고 나면 장부 기재 오류를 깨끗이 고칠 수 있을 거라 믿었다. 이러한 징계에는 종교적 참회의 측면이 있었다. 그는 일기장에다 징계를 '신성한 규칙'이라고 썼다. 실제로 그러한 방식은 효과가 있었던 듯하다. 모든 증거를 살펴보건대, 다티니

는 한 건의 대규모 거래로 재산을 벌어들인 것이 아님을 알 수 있다. 사소한 것들이 중요했다.[11]

이탈리아와 서유럽 자본주의의 발생

다티니의 모든 장부를 살펴보다 보면 마치 근대 금융과 정보 시대의 탄생을 보는 듯하다. 다티니의 장부는 그를 우리에게 익숙한 사람, 다시 말해 수치와 데이터, 서류 작성에 파묻힌 사업가로 만든다. 막스 베버는 자본주의가 자기절제와, 지그문트 프로이트가 '지연된 만족'이라고 말한 쾌락 제어 원칙에 바탕을 둔 프로테스탄트 노동 윤리에서 성장했다고 주장했다. 그러나 다티니는 소녀 노예와 자고새와 고급 옷에 대한 취향에도 불구하고, 애초의 서유럽 자본주의 윤리는 이처럼 절제되고 두려움을 알고 성자를 사랑하고 가톨릭적인 동시에 비잔티움 제국 및 오스만 제국과 연결되어 있었던 이탈리아 교역의 세계에서 성장했음을 보여준다. 이탈리아인들은 복잡한 동업자 회사와 은행, 강철 같은 노동 윤리를 요구하는 복식부기를 발명했다. 다티니는 아비뇽에서 동업자 중 한 명인 보닌세냐 디 마테오의 업무에 대해 '아무것도 하지 않고 오직 장부를 읽고 쓰는 일'로 묘사했다. 다티니는 그가 '모든 일을 마칠 때까지 의자에서 일어나지 않을 것'이라고 자신 있게 말했다. 모델은 단순했다. 모든 것을 성실하게 회계장부에 기입하고 분명하게 계산해야 했다. 그리고 항상 걱정하고 긴장해야 했다. 1395년에 다티니는 아내에게 보내는 편지에서 사업에서 받는 압박감 때문에 미쳐가는 듯하다고 하소연했다. 걱정은 다티니를 일로 내몰았고 그는 깔끔하게 장부를 기록해서 만사를 질서 있게 유지시켰다. 다티니의 한 관리인은 2년 내내 하룻밤이라도 온전히 잠을 자본 적이 없다고 불평하며 "따뜻한 침대에 눕는 기쁨을 누리게"라고 말하는 사람들에게 코웃음을 쳤다.[12]

그런데 이처럼 엄격했던 다티니는 복식회계를 이용하는 상인들이 적다는 사실에 놀라곤 했다. 다티니는 거래하는 도중에 비망록(memorandum)을 열어놓고 이용했으므로 그와 함께 사업을 한 많은 사람들이 그가 장부를 기록하는 모습을 당연히 보았을 것이다. 그는 프라토로 돌아오자마자 친구인 스톨도 디 로렌초에게 고향의 다른 상인들은 장부를 기록하지 않고 기억에 의존하려 한다고 한탄했다. "그네들이 어떻게 관리를 하는지는 신이나 아시겠지!"[13]

다티니는 복식부기가 정확성과 통제에 주효한 도구임을 알았지만, 주변의 많은 이들은 이 도구를 무시했다. 프라토의 약사 베네데토 디타코는 초보적인 부기 시스템, 곧 원장과 보충 장부를 이용했다. 원장에는 미수금과 미지급금을 기록했는데, 106명에게서 받아야 할 빚이 기록되어 있었다. '작은 책(libricciuolo)'에는 예를 들어 1솔도 4데나리온에 양가죽을 판매했다는 진술처럼 거래 내역을 자세히 적었다. 그런 다음, 거래 총액을 원장에다 옮겨 적었다. 그리고 줄을 그어 계산을 마감했다. 그는 표로 그린 장부를 쉽게 쓰고 지울 수 있는 칠판이나, 다른 사람들처럼 그냥 종잇조각 또는 아무 데나 팽개쳐둔 공책에도 기록해두었다고도 언급했다. 디 타코는 회계를 이용했지만 복식부기를 이용하지 않았기에 진정으로 정확한 기록을 할 수 없었고, 그의 계산은 다티니의 계산처럼 정확하거나 완전하지 않았다. 그는 초보적인 회계 방법을 이용했으나 그저 하나의 기록 시스템을 무계획적으로 이용했을 뿐이다. 많은 상인들이 단식부기와 기억에 의존한 회계로 성공적인 사업을 운영할 수는 있었다. 그러나 다티니는 자신의 부기 시스템 같은 데이터 관리 도구 없이 자신처럼 대규모 기업을 운영하는 것이 불가능하다는 것을 알았다.[14]

중세 상인들의 딜레마, 신이냐 이익이냐

다티니는 그의 직업과 회계 활동이 양심에 가책이 되는 일임을 한순간도 잊지 않았다. 대부분의 금융업은 교회법에 위배되었다. 교회법은 매우 융통성 있게 적용되었지만, 그럼에도 대부 행위만큼은 단호하게 비난했다. 그는 종교적으로 독실한 동시에 부의 추구에 철저했던 모범적인 토스카나 사람이었다. '신과 이익을 위하여'라는 그의 좌우명은 좀처럼 어울리지 않는 두 신구 개념의 결합을 꾀했다.

오늘날은 상상하기 힘들겠지만 중세 시대 은행가와 상인은 죄책감에 짓눌려 살았다. 성 암브로시우스(337~397년)는 이자를 받고 돈을 빌려주는 고리대금업과 자신이 준 것 이상을 취하는 일은 죄악이라고 경고했다. 1179년 제3차 라테란 공의회는 고리대금업자에게 기독교 매장지를 제공하기를 거부했다. 고리대금은 탐욕의 중죄와 관련되어 있었으며, 강도, 거짓말, 폭력, 추행과 같은 행위로 취급되었다. 단테는 대금업자를 두고 정직한 사람을 가난으로 내모는 도둑으로 묘사했다. 그는 『신곡』의 「지옥」 편에서 고리대금업자를 목을 죄는 돈주머니에 집착하는 모습으로 묘사했다. 유대인들은 이자를 받고 돈을 빌려주는 것이 허용되었으나, 구약 성서에서는 공동체 외부의 사람에게만 돈을 빌려주도록 제한했다. 대금업자들은 어떤 경우에도 수익은 좋았지만 미움을 사는 역할일 수밖에 없었다.[15]

언제나처럼 교회 도덕주의자들은 그러한 금지를 우회할 방법을 찾아냈다. 토마스 아퀴나스는 '정당한 가격'이라는 개념을 예외로 만들어, 상인들에게 어떤 손해에 대해서건 배상을 청구할 수 있도록 허용했다. 말이란 워낙 여러 방식으로 정의할 수 있는 것이어서, 예나 지금이나 좋은 변호사가 필요한 법이다. 단테 시절에 잘 알려진 전도사였던 야코포 파사반티 수사는 대부업이 **예금, 저금, 구매, 판매** 같은 단어들로 은폐되고 있다고 한탄했다. 이름을 무엇이라고 부르건, 상업적 돈거래는 '혐오스러운' 짓이라고 그는 경고했다.[16]

상인들은 물론이고 종종 교회도 고리대금법을 우회하는 방법을 찾았다. 다티니는 중세 은행업의 기초인 환전을 통해 돈을 벌었다. 은행가는 파리나 런던, 제네바, 또는 브뤼허에서 외화와 교환할 수 있는 수표를 제공했다. 환율은 대금업자에게 유리하게 계산되었다. 본질적으로 그것은 이자를 노린 대출이었던 만큼 교회법에 위배되었다. 어쨌든 교회는 돈을 빌릴 필요가 있었고 부유한 고위 성직자는 재산을 투자하고 보관할 곳이 필요했다. 추기경과 교황들은 '자유재량으로(discrezione)' 은행에 돈을 맡기는 데 문제가 없었다. 이는 은행가가 예금자에게 자유재량으로 보답이나 선물을 줄 수 있음을 뜻했고, 사실상 이것은 이자였다. 액수는 은행 수익에 따라 결정되었으며, 어떤 해에는 지불되지 않기도 했지만 모호한 경우는 거의 없었다. 다티니와 메디치 가문 같은 은행가들은 많은 사업체를 운영하고 있었고, 이자를 위한 대부도 그중 하나였다.

이익은 재산과 독실함을 모두 추구하는 중세 상인에게 문젯거리였다. 중세 이탈리아인들은 회계장부를 기록했지만, 결국 어떤 인간도 최종 결산을 할 수 없다는 점을 결코 잊지 않았다. 그것은 하느님의 일이었다. 그러나 인간은 선행을 하려고 애쓸 수 있으며, 하느님의 심판에서 자신의 위치가 어느 정도인지 감을 잡기 위해 자신이 행한 죄와 선행을 기록할 수 있었다. 실제로 교회는 그렇게 하도록 도와주었다. 죄책감은 회계의 발전에서 필수적이라고 할 만큼 회계와 긴밀하게 얽혀 있었다.

다티니는 자신이 신을 위해 돈을 벌고 있다고 믿지 않았으며 편지에도 그렇게 썼다. 그는 자신의 재산과 죄, 그리고 자신이 신에게 빚졌다고 생각하는 부채를 모두 기록했다. 그리고 생을 마감하면서 비로소 그 모든 것을 연결했다. 도덕적 부채를 갚는 것을 속죄라고 불렀고, 여기에는 일종의 회계가 관련되어 있었다. 복식부기가 등장하기 전까지 회계는 도덕적 계산을 기록하는 문화와 밀접하게 관련되어 있었다. 그것이 바로 영적 삶의 본질이었다. 많은 장점이 있는데도 왜 어떤 이들은 회계장부를 기록한 반면에 어떤 이들은 장부 기록에 의문을 제기하고 심지어 거부하기까지 했을까. 부에 대한 중세 기독교의 태도는 이를 설명하는 데 도움이 된다.

종교는 계약을 토대로 한다. 인간은 신에게 조공을 해야 하며, 그것을 잊거나 게을리하면 심판의 순간에 벌을 받을 것이다. 이 심판에서 주어지는 상은 이익이 아니라 이승에서의 삶과 영혼의 영생이다. 다신교에서는 공물이 부족하면 길가메시의 홍수처럼 직접적인 징벌이 내려질 수 있다. 히브리인들의 경우, 아브라함은 하느님과 약속을 맺었지만 모세도 그랬다. 모세가 시나이 산에서 받아온 십계명에서 하느님은 인류를 위한 규칙을 제시했다. 인간이 만일 따르지 않으면 벌을 받게 될 터였다. 율법과 그것을 담은 복잡한 법전은 도덕적 계산의 모델이었다. 신봉자들은 도덕적·영적 계산을 통해 하느님이 자신들에게 기대하는 바를 파악해야 했다. 탈무드 율법에는 모든 행동에 상응하는 도덕적 부채가 있다.

그러나 유대교도와 기독교도가 장부 기록에 힘써야 하는지는 분명치 않았다. 인간이 자신의 행동을 정리할 수 있는가? 아니면 하느님이 그들을 위해 장부를 기록하고 있으니 무의미한 일일까? 생명의 책에는 의인의 이름을, 죽음의 책에는 하느님의 적들을 기록하는 건 결국 하느님이 아니시던가.

기독교에 회계 문화를 도입한 성 마태오

성 마태오는 새로운 기독교적 전통 속에 히브리와 그리스 전통을 융합하여 회계 문화를 기독교에 도입했다. 그러나 마태오의 메시지 역시 분명하지가 않다. 그는 의인은 정직하고 장부를 잘 기록해야 하며 돈을 낭비하지 말아야 한다고 주장했지만, 재물과 세속적 유혹을 거부해야 한다고도 주장했다. ('레위'라고도 알려진) 마태오는 헤롯 왕과 로마인들을 위해 일하던 유대인 세리였다. 예수는 세관에 앉아 있던 마태오에게 자신을 따르라고 초대하고 함께 음식을 먹으며 그를 개종시켰다. 예수는 자신은 "의인을 부르러 온 것이 아니라 죄인을 부르러 왔다"라고 하며 그의 개종을 옹호했다(「마가복음」 2:17). 예수는 마태오가 받은 수학 및 회계 교육과 그의 다양한 언어 지식의 유용성을 알아보았다. 마태오는 다른 사도들이 갖지 못한 기술을 갖고 있었다. 마태오는 예수의 열두 제자 중 한 명이자 최초의 복음서 저자였으며, 오늘날까지 은행가와 세리와 회계사와 향수 상인의 수호성인으로 통한다(그가 자신의 나무 지팡이를 향기 나는 과일나무로 바꾸어놓았다는 이야기가 있다).

중세와 르네상스 시대 화가들은 마태오가 자기 본분에 걸맞게 복음서를 들고 있거나 계산 테이블에 앉아 있는 모습을 표현했다. 그의 역할은 셈을 하거나 비유를 만들어내는 것이었다. 이미지들은 비슷했다. 카라바조의 〈성 마태오의 영감〉†(1602년, 로마, 산루이지 데이 프란체시 성당)은 복음을 쓰고 있는 마태오의 모습을 보여주는데, 이 모습은 계산 테이블에 앉아 있는 그의 모습을 닮았다. 다른 화가들도 회계장부를 들고 있거나 회계 테이블에 앉아 있는 그를 묘사했다.[17]

마태오는 재산을 정직하게 처리해야 한다고 일깨워주는 한편, 재산이 세속적이며 죄라는 점도 일깨워준다. '달란트 비유'에서, 그는 신도들에게 힘든 노동을 통해 돈으로 이익을 만들라고 촉구했다. 한 남자가 외국으로 나가면서 하인들에게 재산을 맡기며 자신이 여행하는 동안 잘 보관하고 관리하라고 일렀다. 가장 나태한 하인은 달란트(금화)를 받아 땅에 묻었다. 그가 돌아왔을 때 주인은 돈을 투자해 재산을 창출하지 않았다는 이유로 그를 꾸짖었다. "그러면 내 돈을 은행가에게 맡겼다가 내가 돌아와서 본전과 이자를 받게 했어야지."[18]

마태오는 지상에서 수익을 얻는 것이 인간의 의무인지 아닌지 명확한 태도를 보이지 않았다. 그는 경고했다. "하느님과 재물을 동시에 섬길 수 없다." 인간은 근면하게 일하고 돈을 벌어야 하지만 결국 그 것이 재물이나 죄 많은 탐욕일 뿐임을 인식해야 한다는 것이다. 마태 오는 죄인들의 세속적인 세계와 하느님만이 줄 수 있는 진정한 자양 분 사이의 분리를 거듭거듭 강조했다. "인간은 빵만으로 사는 것이 아 니며, 하느님의 입에서 나오는 모든 말씀으로 산다." 마태오는 훗날 아우구스티누스가 반물질적·영적 시각으로 발전시키게 되는 이분법 을 규정했다. "그러면 카이사르의 것은 카이사르에게 돌리고 하느님 의 것은 하느님께 돌려라 하고 말씀하셨다." 그의 메시지는 혼란스럽 다. 중세 교회는 달란트를 갈망했을 수도 있지만 어쨌든 재물에 반대 하는 설교를 했다.

어쩌면 마태오는 회계의 비유와 은유를 통해 파트모스의 요한에게 종말론적이고 생생한 「계시록」을 써서 생명의 책과 죽음의 책에 대해 이야기하도록 영감을 주었을지도 모르겠다. 하느님은 회계장부를 가 졌다. 하느님은 누가 살고 누가 죽을지 결정했고, 천국에 가는 자와 지옥에 던져지는 자를 최종적으로 기록했다.

> 나는 또 죽은 자들이 인물의 크고 작음을 막론하고 모두 그 옥좌 앞에 서 있는 것을 보았다. 많은 책들이 펼쳐져 있고 또 다른 책 한 권이 펼 쳐져 있었다. 그것은 생명의 책이었다. 죽은 자들은 그 많은 책에 기 록되어 있는 대로 자기들의 행적을 따라 심판을 받았다.(「요한계시록」 20:12)

이 생명의 책에 그 이름이 올라 있지 않은 사람은 누구나 이 불바다에

던져졌다.(「요한계시록」 20:15)

기독교 사상에서 회계의 은유는 계속 이용되었다. 400년대 초기 중
세 교회의 아버지 아우구스티누스는 그리스도가 결산의 측면에서 인
류를 구원했다고 묘사했다. 아우구스티누스에게 그리스도는 인류의
거듭남과 영생을 산 상인이었다. "그리스도는 우리의 몸값을 지불하
기 위해 십자가에 매달리셨다."[19]

전직 수사학 교수이자 와인과 매음굴 애호가였던 아우구스티누스
는 자신이 한때 경험했던 육체의 세계에 대한 청교도적 거부를 설파
하게 되었다. 그는 육체와 땅을 악으로 보고 오직 영적인 것만을 선으
로 보는 마니교도적인 시각으로, 신자들에게 세속적인 지식과 아리스
토텔레스의 위대한 과학에서 눈을 돌리라고 요구했다. 대신 인류가
바라봐야 할 곳은 하느님의 도성이며, 거기서 스스로를 투자하여 자
신들의 죄에 대해, 그리고 그들을 구원하기 위해 그리스도가 흘린 피
에 대해 부채를 갚아나가야 했다.

흑사병이 창궐한 직후 온통 경건함에 물들어 있던 세상에서, 하느
님이 최후의 심판을 한다는 것은 지배적인 관념이었으며, 「계시록」
의 이미지가 그리 공상적인 것만은 아니었다. 『데카메론』에서 조반니
보카치오는 1348년에 흑사병이 피렌체를 휩쓸어 잘 관리되던 부유한
도시가 파괴되고 거리에 시체들이 쌓여가는 상황을 묘사했다. 도망친
자들은 인간이 하느님에게 진 빚을 죽은 자들로 갚기를 희망했다. 보
카치오는 삶은 순간이며 무엇보다 죽음은 항상 존재한다고 독자들을
일깨웠다.[20]

돈으로 도덕의 빚을 결산한다는 발상

다티니가 동쪽에서 다가오는 흑사병에 대해 아내에게 쓴 편지에서는 하느님의 분노 앞에서 그가 진정으로 무력감을 느꼈음을 알 수 있다. 1348년의 흑사병 이후 피사의 성당 안에 그려진 프란체스코 트라이니의 프레스코화 〈죽음의 승리〉(1350년경)는 인간이 아무리 노력해도 절대로 죽음에서 탈출할 수 없다는 당시의 사고방식을 보여준다. 당대의 위대한 문학이나 설교와 더불어, 이런 이미지들은 무력한 상태에 빠진 인간의 모습을 그렸다. 특히 단테와 보카치오 같은 위대한 작가들이 덧없이 짧은 인생과 인간의 불완전함과 인간이 죄 때문에 지불해야 하는 대가를 상기시켜준 피렌체에서는, 모두들 자신이 지옥을 벗어나 연옥의 산을 기어오르며 정상에 있는 천국에 이르기 전에 자신이 지은 죄 때문에 고통을 겪어야 한다는 것을 알았다. 단테는 그 것이 하느님의 심판의 일부이므로 그 여정을 거쳐야만 한다고 썼다.

그러나 독자여, 하느님께서 어떻게 빚을 갚게
하실 것인지 듣고서 행여
좋은 의도에서 벗어나지 말기를 바라오.
형벌의 형태에 신경 쓰지 말고 그 뒤를
생각하고, 최악의 경우일지라도 최후의
심판 너머까지 가지 않음을 생각하시오.[21]

1300년대 무렵 신앙과 선행과 죄는 회계의 은유에 딱 맞아떨어졌다. 단테가 말한 대로 '빚'은 갚을 수 있는 것이었다. 연옥의 산을 기어오르기 전에 하느님의 책의 기록을 바꿀 수 있는 방법을 교회가 고안한 덕분이었다. 진정한 신자는 먼저 자신의 죄를 고백하고, 일단 죄가 기록되면 속죄, 다시 말해 선행을 통해, 또는 역설적이지만 훗날 루터가 비판했듯이 돈으로 하느님에게 진 빚을 갚아 도덕의 장부를 결산해야 했다. 교회는 영혼과 법과 윤리에 관련된 것을 제외한 모든 것을 다 하는 곳이 되었다. 말하자면 죄를 씻는 세례 욕조이자, 교섭하고 흥정하는 기관이자, 돈 세는 기계였다. 교황청 홀에는 회계사들이 가득했으며 진정한 신자들이 죄에 대해 면벌을 구하고자 현금을 지불함에 따라 숫자는 거룩함의 척도가 되었다.[22]

다티니 역시 속죄를 함으로써, 그리고 재산의 상당 부분을 빈자들을 위해 맡김으로써 빚을 갚았다. 그의 이익과 기록 시스템은 이런 도덕적 기록의 세상에 정확하게 일치했다. 흑사병과 백년전쟁과 로마와 아비뇽 사이를 오갔던 교황권, 이런 조건들로 인해 교회 사상가들 사이에는 속죄가 무자비한 죽음의 공포와 불확실한 사후세계에 대한 위안을 제공할 수 있다는 인식이 있었다. 면벌, 곧 **면제, 사면, 감형**은 연옥에 머무는 시간을 단축시키기 위해 참회와 기도에 보내야 하는 시간을 줄여주는 것으로 해석되었다. 교회는 자신의 권능을 이용해 개인을 대신해 선처를 호소할 수 있었다.[23]

회계의 기독교적 개념은 단순히 죄에 대한 빚을 갚는다는 것보다 심오했다. 그리스도의 피는 인간을 구하기 위해 흘린 보배로운 피로 간주되었고, 베드로가 「베드로 전서」에서 가르친 대로, 그리스도는 이 보혈로 인간을 죄악에서 구원했다. 프랑스인인 도미니크회 생셰르

성당의 위그 추기경(Hugues de St. Cher, 1200~1263년)은 이 피가 '교회 금고 안에 보관되어 있으며 그 열쇠는 교회의 것'이라고 믿었다. 오직 교회만이 이 금고의 문을 열 수 있고 인류의 죄를 씻어줄 수 있었다. '교회가 얻은, 그리스도가 흘린 엄청난 피는 인간이 구원을 위해 의지할 수 있는 고갈되지 않는 자금'이었다.[24]

대다수 기독교인들은 사후에 연옥에서 한정된 시간을 보내는 대가로, 그리스도가 흘린 피와 함께 선행과 속죄가 죄를 청산해줄 수 있을 거라는 생각을 통해 회계의 개념을 접했다. 도덕적 차변과 대변, 대차 균형은 모두 구원을 위해 필요한 것들이었다. 1206년부터 1209년까지 파리 대학 총장으로 있었던 크레모나의 프라이포시티누스는 한 술 더 떠서 면죄를 위해 돈을 지불하는 자는 감형을 받을 것이라고 주장했다. 이제 죄의 부채를 은과 금으로 갚을 수 있게 되었다. 훗날 개신교는 중세의 전통이 외래의 상업적 요소를 기독교에 유입시켰다고 비판했지만, 구약 성서, 마태오, 아우구스티누스는 그런 요소가 항상 존재해왔음을 보여준다. 그것은 그리스도의 피와 신도들의 기도의 대가로 구원을 얻는다는 중심 사상에 뿌리를 두고 있었다.[25]

최후의 심판을 두려워한 다티니

디디니의 에가 보여주는 것처럼, 하느님에게 진 부채라는 개념과 최후의 심판에 대한 두려움은 개인적 책임성이라는 의식을 고취시켰다. 실제로 다티니는 끝까지 하느님과 이익 사이에서 갈등하고 힘겨워했다. 날마다 이익을 장부에 기록하면서도 그것이 자신을 하느님에게서 멀찍이 밀어낸다고 생각했다. 1420년대 시에나의 베르나르디노는 부모에게 효도하는 사람은 그 보상으로 하느님으로부터 부를 입을 것이며 그렇게 하지 않는 자들은 가난으로 고통받을 것이라고 설교했다. 그러나 다티니는 자신의 경영 능력이 자신을 하느님 가까이로 가게 해준다고 믿지 않았다. 그가 좋은 경영 성과를 올린 분야에는 대출도 포함되었기 때문이다. 실제로 그는 고리대금업에 종사했고, 그것이 죄라는 사실을 알았으며, 그래서 늘 근심했다.[26]

다티니의 장부가 그 자신에게 유리하게 결산되었다는 사실은 그가 하느님에게 진 빚이 점점 커지고 있음을 뜻했다. 따라서 다티니의 회계장부는 이익을 가늠하는 것일 뿐 아니라 그가 죄의 대가로 하느님에게 갚아야 할 빚을 가늠하는 것이기도 했다. 다티니는 특별히 독실한 신자는 아니었지만, 하느님에게 빚을 갚을 방법을 찾았다. 1395년 사순절 설교를 들은 후, 그는 아내에게 보내는 편지에서 이렇게 썼다. "나는 살아오면서 인간이 지을 수 있는 모든 죄를 지었소. 나 자신을 통제하지 못했으며 나의 욕망을 절제하는 방법을 배우지 못했소. …… 그리고 그 대가를 기꺼이 치를 셈이오." 그 시대의 다른 사람들과 마찬가지로 그는 최후의 심판을 두려워했고, 1400년에 흑사병이 다시금 동유럽을 황폐하게 만들며 피렌체에 접근해오자 그 공포의 영향으로 '백색 참회자들(Bianchi)'의 참회 순례에 참여하여 열흘간 모자달린 흰 예복에 맨발 차림으로 행진까지 했다.[27]

더욱이 수도사들은 다티니에게 가난한 사람들을 위해 재산을 맡기라고 권유했다. 그가 행하는 모든 선행이 피스토이아 주교의 주머니만 불릴 뿐이라며 친구들이 만류했다. 하지만 다티니는 자기 돈을 병자를 구제하거나, 가난한 여성들에게 남편을 찾아주거나, 가난과 싸우는 것과 같은 좋은 일에 쓰도록 프라토의 성직자들에게 맡겼다. 그는 자신의 유언장을 집행할 때 오직 가난한 사람들을 돕는 데에만 돈을 써야 한다고 강조했다. 그의 유지에 따라 10만 플로린이라는 막대한 재산이 '프란체스코 디 마르코의 빈민의 통나무집'이라는 빈민 병원을 짓는 데 쓰였다. 프라토의 시립미술관에는 필리포 리피 수사가 그린 〈통나무의 성모 마리아〉†(1452~1453년경) 속 다티니의 초상이 여전히 생생하게 남아 있다. 600여 년이 지난 후에도 다티니의 아동 병원은 여전히 존재하며 낡은 문 위에는 다티니를 '그리스도의 빈민의 상인'이라 칭하는 문구가 새겨져 있다. 오늘날 프라토 시는 여전히 그의 생일을 기념하는 미사를 연다. 그러나 결국 죽음의 순간에 다티니는 자신이 죽어야 한다는 사실이 이상하게 느껴졌다. 독실하게 하느님을 믿고 많은 봉헌을 했지만, 회계에 충실했던 만큼 다티니로서는 하느님의 결산을 받아들이기가 힘들었다.[28]

제3장

한 시대를 풍미한 메디치가(家),
신플라톤주의에 패하다

상인들의 손가락이
잉크로 얼룩져 있는 것은 좋은 징조다.

—

레온 바티스타 알베르티, 1437

권력을 위해 은행업을 포기한 메디치가(家)의 아이러니

피렌체는 오묘한 도시다. 화창한 늦은 오후에 건조한 공기 속에서 보면 세상에서 이보다 더 아름다운 곳도 없을 것이다. 또 흐린 닐 보면 육중한 돌들이 장밋빛을 내뿜고, 습기와 건조함이 뒤섞인 공기 때문에 마치 이 도시가 주변의 장엄한 언덕들과 피에솔레(피렌체 북동쪽의 언덕에 자리한 마을—옮긴이)의 지상 낙원까지 둥둥 떠가는 것처럼 보인다. 그러나 피렌체에는 또 다른 측면도 있다. 좀 더 혹독한 측면이다. 피렌체는 마치 요람처럼, 혹은 감옥처럼 계곡에 감싸여 있어서 여름이면 바람 한 점 없는 무자비한 무더위에 잠겨버린다. 그러고 나면 짧고 혹독한 겨울을 맞이한다. 북동쪽으로는 야생 멧돼지가 우글거리는 어두운 숲으로 덮인 험준한 무젤로 산에서 비바람이 세차게 불어온다. 이곳이 메디치 가문의 탄생지다. 아펜티노 산맥에서 악천후라도 닥쳐오면, 피렌체의 돌들은 갑자기 검게 변해 불쾌한 석탄의 분위기를 풍긴다. 떨쳐낼 수 없는 축축한 추위를 피할 피난처는 불길한 돌 뒤로 활활 타오르는 화롯가뿐이며, 케일스튜와 빵, 그리고 키안티 적

포도주가 유일한 구원이다. 이런 아름다움과 야만의 이중성이 바로 메디치 가문의 특징이다.

회계는 무언가를 성취하기 위한 힘인 동시에 자칫 덫이 될 수 있는 이중성이 있다. 이러한 회계의 본성을 이해하려면, 메디치가, 그들과 피렌체의 관계, 그리고 그들이 금융의 역사와 서양 문화에 미친 결정적인 영향을 이해해야 한다. 피렌체는 바로 메디치가가 탁월한 재무관리의 힘을 보여준 곳인 동시에 훗날 회계를 무시하려는 유혹에 빠지게 된 곳이다. 메디치 은행의 위대한 대가들은 회계를 이용해 금융장치를 만들어 문화적으로나 정치적으로나 그들 이전의 어느 가문과도 비교할 수 없을 만큼 시대를 풍미할 수 있었다. 그러나 한 세대 후에 그들은 그 모든 것을 잃었다. 단순히 부실 회계 탓이 아니라, 메디치가와 그 상속자들이 더는 회계를 필수적으로 갖추어야 할 지식으로 여기지 않았기 때문이다. 가장 큰 아이러니는, 결국 메디치가는 권력을 위해 은행업에 의존하지 않았다는 점이다. 그들이 이러한 변화를 선택했다고만 보기는 힘들다. 사실 위대한 메디치 가문은 자신들의 은행을 더는 쓰지 못할 때까지 소진해버렸다.

15세기 유럽 최고의 부자, 코시모 데 메디치

코시모 데 메디치(Cosimo de' Medici, 1389~1464년)는 콧대 높은 은행가였다. 대(大) 코시모(Cosimo il Vecchio)라고 불렸고 사후에 국부(pater patriae)라는 칭호가 주어진 그는 중세 은행가의 아들이었다. 메디치가는 피렌체의 핵심 가문이었으며 코시모의 아버지 조반니 디 비치 데 메디치는 피렌체 정부의 임시 대표자 격인 기수(gonfaloniere)라는 명예로운 관직을 맡았다. 메디치가는 분명 유서 깊고 중요한 가문이었다. 그렇지만 그때까지 피렌체에서 가장 부유하거나 가장 명망 있는 가문은 아니었다. 그들은 명민했던 덕분에 재산을 불렸고, 다른 성공적인 은행가들과 마찬가지로 교황청과 거래를 했다. 코시모의 아버지는 엄청난 재산을 축적하여 사망할 때 11만 3,000플로린 이상을 남겼다. 그것은 다티니의 유산보다도 많은 액수였다.[1]

코시모의 아버지가 메디치 가문을 부자로 만들었다면, 코시모는 은행을 국제적인 강자(强者)로 만들며 유럽을 통틀어 당대 최고의 부자가 되었다. 메디치가가 애써 모은 재산은 피렌체 르네상스의 예술적 영광과 메디치가의 정치권력을 위한 대가로 이용되었다. 그러므로 르네상스의 영광은 효과적인 부기라는 일상적인 토대 위에서 탄생한 셈이다. 코시모는 고전 문예부흥(르네상스)의 주요 옹호자이자 후원자로서 르네상스를 개념화하고 후원하고 영감까지 불어넣었다. 그러나 이처럼 새로운 세상을 건설할 때도, 코시모는 중세 상인이었던 아버지의 여러 습성을 답습했다.

코시모 역시 황금기에 태어났다. 1400년대 초 피렌체는 여러 측면에서 기독교 세계의 중심이었으며, 교역과 금융과 학문 분야에서 세상의 중심이었다. 피렌체 공화정의 수장이었고 그 자신이 명망 있는 르네상스 학자였던 콜루초 살루타티(1331~1406년)는 자신의 시대를 황금기라고 선언하며 이렇게 말했다. "피렌체 말고 어디에서 단테가, 페트라르카가, 보카치오가 나올 수 있겠는가?(Ubi Dantes? Ubi Petrarcha? Ubi Boccaccius?)" 이러한 당대의 결정적 작가들은 토스카나

어를 이탈리아의 지배적 방언으로 확립했을 뿐 아니라 근대 문학과 인문학 연구를 발명했다. 피렌체 사람들은 과거에 대한 연구를 통해 고대 그리스와 로마의 영광과 풍요로움을 되살릴 수 있을 거라고 생각했다. 르네상스, 곧 고전 문예부흥은 인문주의를 초기 자본주의와 산업에 연결하는 실용적 지식에 집중된다.[2]

피렌체는 금융과 상업의 중심지인 동시에 유럽 교육의 중심지였다. 토스카나는 식자율이 상당히 높은 지역이었는데, 읽고 쓰는 행위의 상당 부분은 상업적 기록과 관련이 있었다. 거주자 12만 명 중에 8,000명에서 1만 명 정도가 학교에 다녔는데 그 학교들의 절반이 주산 학교였다. 노동자와 장인까지도 읽고 쓰고 장부를 기재할 줄 알았다는 것을 보여주는 기록들도 많다. 인문주의자(우마니스타, umanista)는 문자 그대로 라틴 학자와 교사를 뜻했으며, 피렌체에는 예술가와 시인과 철학자 들이 가득했다. 은행가, 상인, 장인, 변호사 들은 자신들의 업종에 대해 배우는 한편, 철학과 아리스토텔레스와 피타고라스 같은 고대 학자들의 가르침도 배웠다. 1300년 이후에는 대다수 사람들이 주판을 사용할 줄 알았고, 실용적인 산술을 전문으로 하는 학교도 있었다. 엘리트를 위한 고등학교와 아카데미도 있었고, 1321년에는 스투디오(studio)라는 이름으로 대학이 설립되어 고대인들의 지혜를 배울 수 있었다. 콜루초 살루타티 같은 명망가들은 세속적 학습과 우주에 대한 이해, 윤리학이 인간을 신에게 더 가까이 갈 수 있게 해준다고 바라보는 플라톤의 이상에 바탕을 둔 아카데미를 세웠다. 살루타티는 교황이나 다른 도시들과 협상하는 능력 면에서 페트라르카에 맞먹었고, 키케로 스타일로 편지를 썼다. 초기 인문학자들의 정신

속에는 정치와 상업과 학식이 뒤섞여 있었다. 살루타티는 심지어 콘스탄티노플에서 비잔틴의 그리스어 학자 마누엘 크리솔로라스를 데려와 서양에서 잊힌 고전 시대의 언어인 그리스어를 부활시키고 플라톤과 아리스토텔레스의 저서를, 지혜를 잃어버린 자신들의 세상에 공개하려 했다.[3]

피렌체는 수완 좋은 상인이 부자가 되고 정치적 영향력을 행사할 수 있는 곳이었지만, 공화정의 전성기였던 다티니의 시절과 비교하면 점차 엘리트주의적으로 변해갔다. 플라톤은 철학자가 왕이 되어야 한다고 말했고 피렌체의 교육받은 엘리트들 사이에서는 플라톤 사상이 중심적인 역할을 했다. 그리고 당연히 이들은 점차 자신들의 문화적 성취를 통치에 필요한 도덕적·사회적 권위와 강하게 결부시켰다. 1398년에서 1406년 사이, 코시모의 청소년 시절 개인 교사였던 로베르토 데 로시는 도시의 지도층 가문의 자녀들을 위한 무료 아카데미를 열었다. 크리솔로라스와 함께 그는 장차 성장하여 피렌체를 이끌게 될 젊은이들에게 그리스어와 플라톤 철학을 가르쳤다. 그중에는 은행가이자, 플라톤을 배우는 철학도인 코시모 데 메디치도 있었다. 이 만남은 돈과 고대 철학의 자극적인 결합이었고, 당연한 일이지만 피렌체 엘리트들에게 권능감을 안겨주었다.[4]

피렌체 공화정을 약화시킨 무자비한 지배자

이러한 정황이 자수성가한 상인 다티니와 은행가 자손 코시모의 차이였다. 코시모는 르네상스 인문주의라는 새로운 문화, 성 프란치스코와 성모 마리아의 숭배뿐 아니라, 고대 세계의 이교도적 학문에도 푹 빠져 있었다. 메디치가는 피렌체의 평민들과 정치적으로 연결되어 있었고 코시모는 말보다 당나귀를 선호하는 소박한 위인으로 유명했지만, 그래도 그는 역시 문화적 엘리트주의자였고 역사상 대단히 위대한 문화 후원자 가운데 한 사람이었다. 그는 공공 집회에 참석하기를 꺼렸고, 노인들에게 길을 양보했으며, 대중 행렬의 맨 뒤를 따라 걸었다. 그러나 이 소박한 시민은 피렌체의 무자비한 지배자였다. 마키아벨리는 코시모가 신중하고 영악하게 권좌에 올랐다고 적절하게 묘사했다. 그러나 코시모는 돈을 이용해 피렌체 공화정의 자유를 약화시켰다. 마키아벨리는 이 돈이 "국가에 두려움을 가져왔다"라고 말했다.[5]

겸손하고 조용했고 소박한 옷차림을 즐겼으며, 예술가와 학자들을 돕기 위해 종종 부채까지 기꺼이 탕감해주며 무능한 은행 관리자 역할을 자처했던 코시모는 잔인함으로 비난을 듣기도 했다. 그도 그럴 것이, 당시에는 이탈리아에서 잔인하지 않고는 권력을 잡을 방법이 없었다. 피렌체에는 시민들의 공개 처형을 금지하는 법이 있었지만 그래도 그 도시는 여전히 폭력적인 곳이었다. 코시모는 한 교회 증축 사업에서 그 일을 온전히 자신의 영광으로 돌리기 위해 다른 후원자들을 모조리 쫓아냈다고 한다. 그는 협조하지 않는 가문을 추방하고 뿔뿔이 흩어지게 만들고 이들의 편지를 검열했으며, 이탈리아의 궁정과 광장에 돈으로 매수한 정보원들을 잔뜩 심어두었다. 심지어 적들을 고문했다는 말까지 있다.[6]

피렌체와 여러 이탈리아 지역과 유럽의 금융을 장악한 코시모는 자신의 책상을 재정적·정치적 제국의 중추부로 만들었다. 코시모의 책상에는 늘 편지와 소포, 암호로 된 비밀 메시지, 보고서, 회계장부가 넘쳐났고, 그는 런던의 은행 관리자를 임명하고 은행 지점, 동업자, 예금자, 차입자에게 지급할 현금 액수를 협상했다. 또한 직원들의 업무 효율성과 언어 능력, 개인적 관계까지 관리했다. 어떤 직원은 너무 잘생겨서, 또 어떤 직원은 사치스러운 복장이 문제가 되었다. 돈 문제에서는 개인적 안정성이 열쇠였다. 코시모는 성격과 위기의 흔적을 예리하게 파악했다. 그는 또한 동맹으로서 가치를 인정하여 베네치아 공화정에 교황의 파문을 피할 수 있도록 15만 플로린을 빌려주었다. 이 투자로 베네치아와 메디치가의 동맹이 성사되었다.[7]

가톨릭교회와 거래하는 은행가이자 해외 무역을 위한 환전 경로를 확보하고 있던 코시모는 유럽에서 가장 큰 부자였고 그의 은행은 영향력이 가장 큰 은행이었다. 십일조와 면벌부 헌금을 유럽 각지에서 로마로 운반하려면 멀고 위험한 길을 통과해야 했다. 그런데 메디치 은행은 이 일을 쉽게 만들었다. 런던이나 브뤼허에서 구입한 환어음을 피렌체에서 현금으로 찾을 수 있게 해준 것이다. 물론 이때의 환율은 메디치 은행에 유리했다. 로마에서는 교황과 고위 성직자들이 메디치가에다 금을 보관했다. 그리고 어떤 추기경이나 정치인 혹은 다른 상인이 가령 500플로린을 빌리고 싶다면, 코시모처럼 외국환 어음을 써줄 은행가를 찾아갔다. 어음 구매자가 그 금액을 메디치 은행에 갚기로 약속하면 메디치 은행은 해당 금액의 환어음을 써주었고, 이 어음을 런던이나 브뤼허에 가져가면 이익을 남기고 환전해주었다. 이런 환어음 거래를 통해 메디치가는 연간 13퍼센트에서 26퍼센트 사이의 이익을 챙겼다. 구매자는 원금을 갚았고 메디치가는 다른 이익을 챙겼다. 이 모든 일이 교회의 눈앞에서 합법적으로 이루어졌다. 메디치가는 환어음과 함께 피렌체 정부와 다른 정부에도 돈을 빌려주었고, 종종 상환금으로 피렌체와 토스카나에서 정부 세금을 징수하기도 했다. 그들은 또 부유한 인사들을 위한 예금 계좌를 유지하며 농장과 의류 생산에 투자하고 아몬드부터 일각고래 엄니에 이르기까지 온갖 물품을 거래했다.[8]

예술과 학문 후원으로 권력과 명예도 거머쥐다

1380년과 1464년 사이에 메디치가는 엄청난 부를 축적했다. 코시모의 아버지 조반니 디 비치가 사망하면서 코시모에게 가업을 맡기기 2년 전인 1427년에 메디치 은행의 거래표상 총 자산은 10만 47플로린에 달했다. 1451년에는 은행 수익만도 7만 5,000플로린을 초과했다 (물론 이 액수를 동업자들끼리 나눠야 했지만). 1460년 밀라노 지점의 자산은 58만 9,298플로린이었다.[9]

코시모는 자신의 돈을 이용해 토스카나 지방에서 피렌체의 힘을 확대했고, 교전 중인 북이탈리아 도시국가들 사이에서 평화를 유지하려는 시도까지 했다. 또한 이웃 도시 루카를 지배하기 위해 야만적이고 인기 없는 전쟁을 일으켰다. 그러나 궁극적으로 그는 피렌체 군대를 자신이 고용한 용병들로 대체함으로써 공화국을 약화시켰다. 1433년에 정적들은 그를 알베르게티노(Alberghetino)라고 불리는 시뇨리아 궁전의 탑 꼭대기 감방에 가두고 사형을 구형했다. 그러나 코시모의 처형에 대해 심의가 이루어졌고, 임시위원회(balia)가 소집된 3주 동안 그는 도시정부 지도자들에게 약속어음을 써주고 부채를 탕감해주느라 바빴다. 1,000플로린이 여기저기서 효과를 발휘했다. 자신의 목숨을 구하는 데 얼마나 적은 대가가 들었는지 알고 코시모 자신도 적잖이 놀랐으며, 훗날 만약에 자신을 붙잡고 있던 자들이 요구했다면 그 열 배라도 주었을 거라고 인정했다. 그는 또한 용병들에게도 돈을 지불하여 피렌체 외곽에 집결시켰다. 그가 사방에 플로린을 뿌리는 동안, 임시위원회는 그의 형량을 사형에서 추방으로 바꿨다. 코시모는 처음에는 파도바로 갔다가, 나중에는 동맹국인 베네치아로 탈출할 수 있었고, 그곳에서 은행 지점을 통해 망명 상태로 1년간 일하며 더 큰 부자가 되었다. 그는 모든 적을 매수하고, 교회와 영향력 있는 인문주의자와 예술가 친구들에게 막대한 돈을 기부했다. 결국 코시모는 적들을 매수하여 무력화하고 명실상부한 지배자로서 피렌체에 재입성했다.[10]

코시모 자신의 재산은 종종 그의 가문이나 은행 재산과 동일시되기도 하는데, 그 규모는 엄청났으며 그저 추산만 할 수 있을 뿐이다. 1427년 법에 따라, 피렌체의 토지 소유자나 상인은 복식장부를 기록해서 카타스토(catasto)라고 하는 정부의 세금 감사를 받아야 했다. 카타스토에 대한 기록은 지금도 존재한다. 거의 모든 상인이 두 세트의 장부를 두고 있었다. 하나는 자기들만 볼 수 있는 '비밀 장부(libro segreto)'였고, 다른 하나는 정부 감사를 받기 위해 그럴듯하게 꾸민 공식 장부였다. 1440년 코시모의 동생이 사망했을 때, 카타스토 감사 결과 그들의 합동 재산은 23만 5,137플로린이었다. 그러나 이 액수는 점점 더 늘어가던 그의 전 재산을 측정한 것이 아니었다. 카타스토에는 보석류와 미술품과 서적이 포함되지 않았고, 그의 소유물이 전부 포함되지도 않았다. 코시모의 손자이자 훗날 피렌체의 지도자가 되는 '위대한 로렌초'가 1434년에서 1471년 사이에 구호금과 공공건물에 대한 세금으로 지출한 돈이 66만 3,755플로린이었으며, 이중 40만 플로린은 코시모 시절에 지출되었다고 일기장에 기록되어 있다. 당시에 시에서 썩 괜찮은 궁전을 짓는 데 1,000플로린 정도가 들었고, 시 인구의 대다수가 가난해서 세금으로 1플로린도 못 내는 형편이었다. 반면 코시모는 왕의 몸값까지도 지불할 수 있었다. 그도 그럴 것이, 그는 웬만한 왕과 국가 전체가 가진 것보다 더 많은 돈을 갖고 있었다.[11]

코시모는 피렌체의 위대한 예술 프로젝트를 후원했다. 시민적 인문주의자[civic humanist: 시민적 인민주의(civic humanism) 혹은 고전적 공화주의는 르네상스 시대의 정부 형태와 고전 철학자들에게서 영감을 받아 피렌체를 비롯한 이탈리아 도시국가에서 발전하기 시작한, 능동적이고 참여적이고 애국적인 시민의식과 정신 및 교육적 이상을 가리키는 철학 용어다—옮긴이]의 한 사람으로서 그는 사비를 들여 브루넬레스키 같은 예술가들과 당대의 가장 근대적인 대규모 건축 프로젝트였던 산로렌초 성당을 비롯한 많은 건물을 세웠고, 공공 예술과 학문을 후원했다. 그리고 그런 후원으로 호의와 권력과 명예를 얻었다. 많은 피렌체 시민과 마찬가지로, 예술가와 인문주의자 들은 그를 사랑했다. 코시모가 진정으로 문화적인 사람일 뿐 아니라 종종 대출금까지 탕감해주는 관대한 사람이었기 때문이다. 인문주의 조언자와 궁정 예술가는 유럽 군주에게 부러움을 사는 대상이 되었고, 코시모를 향한 그들의 호감은 그를 국제적인 권력자로 만드는 동시에 국내에서도 더 큰 영향력을 안겨주었다.

돈이 곧 권력이다

코시모에게 돈은 권력이었다. 그는 돈을 버는 데 능했고, 상당 부분 이것은 그가 돈을 관리하는 방법을 알았던 덕분이다. 코시모는 당대 최고의 인문학 교육을 받았을 뿐 아니라, 교황의 계좌를 다루는 아버지의 은행 로마 지점에서 훈련도 받았으며, 사업의 모든 측면에 익숙했다. 수많은 장인 길드의 규정들은 구성원들이 복식장부를 기록하도록 요구했고, 이런 사항은 카타스토 세금을 걷기 위해 국가가 의무화하기도 했다. 원장은 또한 재정 분쟁에서 법적 계약서로 간주되었다. 피렌체 판사들은 재정 권한을 결정할 때 장부를 뒤지는 습성이 있었다. 부실 장부는 자신의 정당성을 입증하는 데 도움이 되지 않았다.[12]

상인의 교육은 부기에 뿌리를 두고 있었고, 코시모 같은 지도자들은 어린 나이부터 부기를 배웠다. 어느 가업에서건 어렸을 때부터 가문의 상점이나 해외 지점에서 도제 생활을 했다. 실제 부기는 경험을 통해서만 배울 수 있었다. 피렌체가 교역과 부기에 관한 법률과 더불어 그처럼 풍부한 회계 전통을 창조할 수 있었던 것도 그런 점에서 연유했다. 회계의 전통은 문화와 법 모두에 깊이 배어 있었다. 상인들은 교환 서신을 작성하고 옮겨 적는 작업부터 장부 기록에 이르기까지 상점 운영의 기본 사항을 전부 기계적으로 고스란히 외웠다.

나중에는 관리자들에게 임무를 넘겨주긴 했지만 코시모는 실질적인 감독자였으며, 그런 일이 가능했던 가장 큰 이유는 그가 어린 나이에 회계에 통달했기 때문이다. 피렌체 기록보관소를 살펴보면 코시모 자신이 장부를 기록하고 종종 농장을 직접 관리했음을 일 수 있다. 1448년에 작성된 장부는 코시모가 무젤로에 있는 농장 운영을 위해 차변과 대변이 병치된 단순한 복식부기 방식을 이용하여 기본적인 회계를 했음을 보여준다. 회계는 코시모가 개인적으로 행한 올리브오일 생산부터 광범위한 거대 금융 기관 운영에 이르기까지 모든 것을 정리하기 위한 친숙한 도구였다. 회계가 없었다면 상점이나 지점의 활동을 관리하거나 이해할 수 없었을 것이다. 그러나 코시모는 실제 사업 거래와 사무실 관리에서 회계를 실시간으로 배워야 했다. 실제 사업은 현장에서만 배울 수 있었고, 복식부기는 실시간 기록 방법이었기 때문이다.[13]

복식부기는 은행업의 필수가 되었다. 다른 어떤 방법도 이익을 얻기 위해 벌이는 수많은 복잡한 거래를 실시간으로 계산하고 기록할 수 없었기 때문이다. 상계 방식(예금으로 수표 발행을 담보하는 것)이 일반화되면서 복식부기만이 다양한 계정을 통해 움직이는 돈을 추적할 수 있었다. 이것은 단순한 통화 교환의 대안이었지만, 계산하고 기록하기가 훨씬 어려웠다. 많은 사업에서 부채와 신용 거래와 이체가 이루어졌고, 따라서 재산이 늘 유동적이어서 날마다 계산해야 했다. 인쇄업자와 포도주 상인, 재단사와 포목점, 은 세공업자, 치즈 제조업자, 육가공업자, 문구점, 숙박업체, 식료품점, 국제 무역상, 은행가, 정부와 재무 기관까지 모두가 거래와 회계원장에 거미줄처럼 엮여 있었다.[14]

다티니의 사업과는 달리, 메디치 은행은 중앙집중화한 조직이 아니었다. 각 지점은 동업자 한 명을 경영자로 하는, 그 자체로 하나의 회사였다(그러나 경영자는 항상 메디치 가문의 사람이었다). 지점 하나가 파산하거나 계약 위반으로 소송을 당한다 해도 그런 일이 반드시다른 지점에 영향을 미치지는 않았다. 토마소 포르티나리(Tommaso Portinari)가 양모 아홉 뭉치를 속여서 포장한 사건으로 소송을 당했을 때, 그는 그것을 런던 지점에서 포장했으니 브뤼허 지점은 책임이 없다고 주장했다.[15]

코시모는 피렌체의 은행 본점부터 양모와 실크 제조업체, 유럽의 다양한 메디치 지점에 이르기까지 열한 개 기업의 경영자였다. 그가 이러한 권한을 누리는 데 근간이 된 것은 주요 투자자와 주요 감사관이라는 그의 역할이었다. 메디치 브뤼허 은행의 제휴 관계를 규정하는 회사 정관 제1455조는 이를 분명히 규정했다. 메디치가는 지점을 경영하는 동업자들에게 사업적 결정의 자유를 주었지만, 또한 그들에게 통제권도 행사했다. 가령 제7조는 아뇰로 타니에게 회의실에서 카드놀이나 주사위 놀이를 하며 여자들을 접대하는 행위를 금지했다. 제8조는 결산 보고를 위해 언제라도 그를 피렌체로 소환할 수 있으며, 1년에 한 번 3월 24일에, 혹은 필요하면 더 자주 장부를 결산한 뒤 코시모와 그의 수석 회계장부 담당자에게 보고서를 보내 피렌체에서 확인을 받아야 한다고 명시했다.[16]

회계 감사 시스템을 개발한 벤치

조반니 디 아메리고 벤치(Giovanni di Amerigo Benci)는 코시모에게 가장 신망을 얻은 관리자이자 회계 담당자로, 열다섯 살 때부터 메디치 은행의 사환으로서 훈련을 시작한 뒤, 제네바 지점으로 옮겨 1424년에서 1435년까지 성공적으로 근무했다. 이러한 경험을 체득한 벤치는 1435년에 코시모의 주요 조력자이자 관리자이자 회계장부 담당자로서 피렌체로 돌아왔다. 스무 살의 나이에 그는 복식부기 회계에 통달함으로써 코시모의 귀중한 직원이자 심복이 되었다. 그는 은행의 모든 환어음을 쓰고 회계장부를 집계, 감사하고 비밀 장부까지 썼다. 현재 남아 있는 세 권의 비밀 장부 중에 세 번째 권은 1435년부터 1455년까지 기간에 해당하는데, 온전히 벤치의 손으로 기록된 것이다. 이때가 메디치 은행이 가장 성공한 시기였다. 벤치는 교회에 막대한 유산을 남겼고 레오나르도 다 빈치에게 의뢰해 자기 딸 지네브라를 그리게 했지만, 그럼에도 그는 항상 절제하는 사람이었다. 그는 언제나 빠진 항목 없이 모든 장부를 꼼꼼히 기록했으며, 훌륭한 감독관인 코시모는 그 점을 잘 알고 안심했다. 벤치의 사후 2년 뒤에 카타스토에서 벤치가의 재산이 메디치가의 재산에 이어 두 번째로 많은 것으로 드러났다.[17]

벤치와 힘께 코시모는 검사 및 집행 통제 시스템을 개발했다. 매년 각 지점의 지점장은 회계감사를 위해 장부를 준비하여 벤치에게 보내야 했다. 동업자들이 회사의 일부를 소유하고 있었지만 코시모는 여전히 집행 통제력을 유지했다. 그는 종종 벤치와 함께 장부를 감사했으며, 최종 원장과 비밀 장부 기록을 확인했다. 메디치 기록보관소의 많은 장부에서는 최종 감사 확인 표시를 볼 수 있다. 연말 원장에서 손실이나 부정이 발견되면 해당 지점의 지점장은 피렌체로 소환되어 개인적인 감사를 받았다. 나중에 브뤼허 지점장 토마소 포르티나리 같은 인물들은 메디치가의 리카르디 궁전으로 소환되어 코시모와 벤치 앞에서 한 줄 한 줄 꼼꼼한 감사를 받으며 거래에 대한 질문에 빠짐없이 답변해야 했다.

한 발은 중세에, 한 발은 르네상스에

코시모는 두 세상에 속한 남자였다. 한 발은 중세에, 그리고 다른 한 발은 자신이 일구어낸 르네상스 시대에 담그고 있었다. 신플라톤주의자들 중에는 격식을 갖춘 지식이면 나름대로 다 신성하다고 보는 이들도 있었지만, 많은 이들이 어떤 학문은 열등하며 고상한 플라톤주의 엘리트의 관심을 받을 자격이 없다고 믿었다. 상업적 가치와 고상한 가치가 충돌하기 시작한 것이다. 플라톤은 동굴의 비유를 통해서 동굴에 사는 저속한 자들이 공화국의 선을 추구하는 엘리트의 지혜로 통치되는 것을 묘사했다. 이 비유는 세속적 교육과 문화의 표본일 뿐 아니라 정치적 엘리트주의의 표본이기도 했다.[18]

신플라톤주의는 예술적·문화적·정치적 성취를 토대로 하는 인간의 영광을 이상으로 삼는다. 따라서 종종 불쾌한 현실을 적나라하게 보여주는 실질적 비즈니스의 문제들에는 관여하지 않았다. 코시모는 아들이 자신처럼 세속적인 중세 비즈니스의 세계에 뛰어드는 것을 원치 않았다. 그래서 르네상스 정치라는, 고상하지만 잔인한 승부가 그들의 영역이 된다. 코시모가 르네상스에 돈을 대는 데 도움을 준 도구였던 회계는 이제 저속하고 심지어 비도덕적인 것으로 여겨지기 시작

했다.[19]

르네상스는 중세 교회의 가르침과는 반대 방향으로 나아갔다. 아우구스티누스는 신도들에게 세속적 학습을 멀리하고 스스로 완벽해지려는 욕심을 버리라고 명시적으로 요구했다. 인류를 구원해줄 것은 오직 신앙뿐이었다. 그러나 코시모가 후원한 인문주의자들은, 그리스어로 쓰인 플라톤의 『공화국』을 라틴어로 처음 번역한 비잔틴 학자 마누엘 크리솔로라스와 1400년대 초반에 피렌체로 건너온 사람들이 가져온 플라톤과 아리스토텔레스를 비롯해 그동안 잊혔던 그리스 저작들을 연구했다. 플라톤의 작품은 인간의 학문과 문화적 성취를 완벽함이나 신성과 연결했다는 점에서 세속적인 피렌체 사람들에게 매력적으로 다가왔다. 신이 창조자라면, 플라톤의 인간은 신의 지혜를 모방하거나 추구함으로써 신에게 더 가까워진다는 생각이었다.

코시모는 권력과 명성을 좇으면서 금융과 정치에만 의존하지는 않았다. 그는 권력을 공고히 하기 위해 예술과 종교 방면의 후원을 이용했고, 1439년 로마 교회와 동방 정교회의 연합을 추진한 피렌체 공의회에 자금도 댔다. 또한 교황 에우게니우스 4세와 성직자뿐 아니라 아리스토텔레스와 플라톤의 잊힌 언어, 그리고 그들의 알려지지 않은 저작들을 다시 소개하기를 간절히 원하는 그리스 학자들을 포함한 비잔티움의 파견단을 초대했다. 게오르기우스 게미스투스 플레토와 크리솔로라스는 서양에 알려지지 않은 플라톤의 작품을 피렌체로 가져와서 그리스어로 가르쳤다. 인문학자들은 처음으로 플라톤의 저작을 원어로 읽을 수 있었다.

피렌체에서 플레토와 크리솔로라스가 배출한 최고의 제자는 코시모 가문 사람인 마르실리오 피치노였다. 피치노는 코시모 주치의의 아들이었는데, 의사가 죽자 코시모는 피치노를 양자로 들였다. 이제 이탈리아 최고의 그리스어 학자가 된 피치노는 코시모가 가장 좋아하는 시골 별장 카레지에 플라톤 아카데미를 세웠다.

르네상스의 가장 영향력 있는 철학 운동은 그렇게 시작되었다. 이 운동은 기독교에 인간의 이상과 세속적 성취를 도입함으로써 기독교를 변모시켰다. 피치노는 종교적 묵상을 촉구했지만, 이러한 묵상이 학문과 결합된다면 지상과 사후 세계에서 인간적 완벽함과 행복 모두를 가져올 수 있다고 믿었다. 아우구스티누스와 달리, 그는 이교도적 학문과 기독교적 독실함 사이의 휴전을 꾀했다. 로마인들은 삶이 운명의 풍랑에 의해 좌지우지된다고 느꼈을지 모르지만, 피렌체의 교양인들은 지상에서의 삶을 자신의 손으로 변화시킬 수 있다고 믿었다. 피치노는 통찰력으로 예견할 수 있는 것들은 인간이 통제할 수 있다고 썼다. 아우구스티누스는 아리스토텔레스의 책을 멀리하라고 명령했지만, 피치노는 아리스토텔레스의 『니코마코스 윤리학』을 언급했다. 신의 피조물인 자연을 통제하려면, 자연을 '지성의 기초'로 간주해야 한다는 얘기였다. 피치노는 「요한복음」 19장 11절을 인용하여 그리스 철학을 기독교와 연결 지으며, 운명을 넘어서는 인간 지성의 힘은 하느님이 주시는 것이며, 따라서 그것은 덕이라고 주장했다.[20]

상업의 가치를 잠식한 귀족주의 철학

신플라톤주의는 단순히 신에게 가까워지기 위해 명상을 통해 지혜에 도달하는 것뿐 아니라 예술을 통해 창조 자체를 흉내 내려고도 했다. 도나텔로와 보티첼리는 고전석 주세들과 세속적인 초상화를 그렸다. 작품이 현실적이고 아름다울수록 더 신성했다. 그리고 코시모는 바로 이런 이유로 그런 작품들을 후원하고 찬미했다. 이러한 실리주의적 귀족들은 다티니와 마찬가지로 독실했지만, 고대 철학은 부유하고 총명한 자들이 신에게 가까워질 수 있는 길을 열어주었다. 피렌체 상업의 열매와 고급문화의 즐거움을 누린 이들에게는 참으로 매혹적인 생각이 아닐 수 없었다. 이것은 인간과 신의 관계에 대한 새로운 시각이었다. 인간과 신을 창작의 불꽃을 공유하는 동일한 무대로 옮겨놓았던 셈이다.

그러나 갈등도 있었다. 피치노의 추종자인 피코 델라 미란돌라(Pico della Mirandola, 1463~1494년)는 모데나 근처에 있는 에밀리아 로마냐의 귀족 가문 출신으로, 상업 윤리에 대한 공감대가 전혀 없었다. 그는 로렌초의 세대였고, 위대한 은행가들이 실용적 기술을 통해 피렌체에 영광을 가져왔던 시절을 알지 못했다. 피코는 본인의 귀족적 성향과 피치노가 가르친 플라톤 저작의 영향을 받았다. 그는 1484년에 로렌초와 피치노를 만났고, 두 사람 모두 그 총명한 젊은 학자의 후원자가 되었다. 피코의 '인간 존엄성에 대한 연설'(1486년)은 많은 면에서 볼 때 고매한 르네상스의 선언문이었다. 그도 그럴 것이, 이 연설은 인간을 스스로의 권능으로 창조 행위를 할 수 있는, 신의 고귀한 창조물로 정의했다. "오, 위대하고 놀라운 인간의 행복이여! 자신이 선택하는 것을 가질 수 있고 자신이 의도하는 존재가 될 수 있는 능력이 주어졌으니." 피코는 인간의 지성을 찬양하고 수학을 자연을 이해하는 신성한 학문으로 추앙했다. 그럼에도 피코에게 숫자는 불순한 세속적·사업적 이익을 넘어서서 순수한 것이 되어야 했다. '신성한 산술'을 '상인들의 산술'과 혼동해서는 안 된다고 그는 경고했다. 이런 반(反)상업적 관점은 문화적 변화였다. 신플라톤주의라는 귀족주의 철학이 상업의 가치를 잠식하기 시작한 것이다.[21]

코시모는 항상 장부를 기록했지만 장부는 이제 그의 기독교적인 영적 세계에 깊이 침투한 철학과 예술 창작이라는 고귀한 세계에 속하지 않았다. 다티니의 딜레마가 '신이냐 이익이냐'였다면, 코시모는 자신도 모르게 상업적 지식과 신성한 지식 사이, 재무 관리라는 저속한 활동과 플라톤주의 엘리트의 고매한 활동 사이에서 갈등했다. 그것은 코시모의 가족과 동료와 은행에 심각한 영향을 미친 딜레마였다. 이해할 만한 일이지만, 코시모는 아들에게 야심이 컸다. 그는 메디치가를 피렌체의 통치자로 보았다. 신플라톤주의 철학에 심취했던 탓인지, 아니면 단순히 왕가를 세우려는 야심의 발로였는지, 아니면 순간적으로 오만해졌던 탓인지, 코시모는 자식들에게 회계를 가르치지 않았다. 이러한 선택은 메디치 은행을 약화시켰을 뿐 아니라 피렌체 자체를 불안정하게 만드는 데 일조했다.

코시모에게는 두 명의 적자(嫡子)가 있었다. 장자인 피에로는 사업 감각이 있었지만 강도 높은 훈련을 받지 않았다. 대신 안젤로 폴리차노 같은 선생들의 인문주의 교육 과정을 따라 라틴어와 그리스어 연설 훈련에 집중했다. 피에로는 피렌체 공화정을 통치하게 된다. 차남인 조반니는 엄격한 사업 훈련을 받았다. 그의 역할은 은행을 관리하는 것이었고, 이를 위해 아버지가 그랬듯이 장부를 기록하고 감사하는 법을 배웠다. 문제는 조반니가 풍족한 삶의 즐거움을 탐닉했다는 것이다. 그는 장부를 기록하는 법을 알았시만 장부를 제대로 기록할 절제력이 부족했다. 그는 1463년에 34세의 나이로 죽었다. '통풍병자 (Il Gottoso)'로 알려진 피에로는 유능했지만 병약했다. 그는 코시모가 사망한 해인 1464년부터 1469년까지 은행을 이끌었다. 이 기간에 그는 아버지의 신중한 은행 전략을 이어가려 했다. 메디치 은행에는 피에로라는 수장이 있었지만 경영자가 없었다. 궁극적인 감사관도 없었다. 그리고 감사관 없이는 은행이 제대로 기능할 수 없었다.[22]

'위대한' 로렌초의 형편 없는 회계 실력

현대의 관광객들에게 르네상스 피렌체를 대표하는 상징적인 얼굴 중 하나는 황금기에 피렌체의 지도자였던 코시모의 손자이자 피에로의 장자인 로렌초 데 메디치(Lorenzo de' Medici, 1449~1492년)다. 그는 당시에 지독한 추남으로 알려졌지만(마키아벨리는 그를 기형적인 매춘부에 비교했다), 그의 초상화[†]와 흉상은 관능성과 힘에 매혹된 피렌체 예술의 황금기를 확실히 보여주는 상징이다. 보티첼리와 브론치노, 베로키오, 바사리 같은 화가들은 초상화를 통해 로렌초의 울퉁불퉁한 긴 코와 덥수룩한 적갈색 장발, 강렬한 표정에 불멸성을 부여했다. 그는 시인이었고 신플라톤주의 철학도였고 보티첼리와 레오나르도 다 빈치와 미켈란젤로와 기를란다요의 친구이자 후원자였다. 그는 또한 전제군주였고 유럽의 실력자였고 콘스탄티노플의 새로운 주인 오스만튀르크족과 교역을 벌인 인물이었다. 그러나 그의 회계 실력은 형편없었다. 그는 피렌체의 공화주의적 자유를 짓밟고 도시 재정을 바닥내고 그 돈으로 가족을 위해 교황의 권력을 샀다. 한때 피렌체를 건설하는 데 도움을 주었던 메디치가가 이제 로렌초의 통치하에서 피렌체의 재정적 안정성과 공화주의적 자유를 차츰 무너뜨리고 있었다.

로렌초는 '위대한 자(Il Magnifico)'로 알려졌으며 전성기의 피렌체를 대표하는 인물이다. 그는 그 어느 정치적 인물보다 명성과 예술을 통해 불멸성을 달성하는 데 근접했다. 역사적으로 이탈리아에서 'magnifico'는 묘한 단어이며, 몇 가지 의미를 갖는다. 그 단어는 오늘날 로렌초의 반항적인 얼굴과 권력, 예술적 후원과 결부되지만, 1400년대에는 사실 은행장을 가리키는 기술적 경칭, 곧 '나의 위대한 사장님(magnifico major mio)'이었다. 군주의 호칭이라기보다 회사 내의 행정적 호칭이었던 것이다. 그러나 메디치가 이후로, 그 호칭은 사실상 군주의 지위로 발전했다. 이 호칭의 주인인 로렌초가 실제로 군주가 됨으로써, 그의 호칭은 보다 공식적인 형태인 '폐하(la Magnificenza Vostra)'로 발전했다. 이 칭호는 로렌초가 여전히 메디치 은행의 수장임을 일깨워줬어야 했지만, 실상 정반대의 효과를 가져왔다.[23]

로렌초가 스무 살에 은행을 넘겨받았을 무렵, 경영에 심대한 변화가 있었다. 로렌초는 명목상 수장이었을 뿐 진정한 경영자가 아니었다. 그는 정치 고수였다. 로렌초는 피렌체 통치 초기에 어려운 도전들을 뚫고 살아남아, 뛰어난 통치 기술을 통해 부상했고 가문을 위해 교황직까지 접수했다. 그러나 그는 은행을 경영하기 위해 회계 훈련을 받지도 않았고, 피렌체 시의 장부 결산을 감독하는 데 필요한 엄격한 기준도 몰랐다. 여전히 피렌체 공화정의 시민인 척해야 했지만, 실상 그는 제왕 교육을 받았다. 공화주의자 마키아벨리가 그를 면밀히 지켜본 것도 그 때문이었다.[24]

훌륭한 교육을 받은 로렌초의 능력은 동시대인들에게 인정을 받았다. 인문주의자 알라만노 리누치니는 전제군주 로렌초를 비난했지만 로렌초가 춤추고, 노래하고, 활을 쏘고, 승마를 하고, 게임을 하고, 악기를 연주하고, 시를 쓸 줄 아는 '다재다능한 영혼'이라는 점은 인정했다. 외국의 군주들에게 로렌초는 하나의 모델이었으며, 그는 자신의 교사들을 보내 왕들과 통치자들을 훈련하기까지 했다. 그리고 그는 여전히 메디치 은행의 수장이었다. 그러나 그에게는 은행을 운영할 기술도, 실은 그러려는 의지도 없었다. 마키아벨리는 그를 능력 있는 군주였으나 형편없는 은행가라고 평가했다. 그 결과 로렌초는 은행의 파산을 막기 위해 피렌체의 국고를 약탈했다. 애덤 스미스는 여기에서 군주와 국가가 전문 재정가에게 재무를 맡겨야 한다는 결론을 도출했다.[25]

신플라톤주의에 빠진 회계사, 사세티

로렌초에게는 과거에 벤치가 했던 역할과 최종 감사관인 할아버지 코시모의 역할까지 해줄 믿음직한 좋은 회계사가 필요했다. 재정적으로 재능 있는 가족 구성원들이 죽자, 메디치가는 당시 은행의 모든 중대한 결정을 내리던 지점장들 중에 가장 성공적이고 믿을 만한 프란체스코 사세티(Francesco Sassetti, 1421~1490년)에게 눈을 돌렸다. 그는 은행의 회계장부를 감독하고 온갖 재무 감사를 실시했다. 로렌초의 말에 따르면 사세티는 동업자로서가 아니라 '우리의 재무장관'으로서 은행을 경영하는 인물이었다. 이것은 회사의 경영자가 아닌 군주의 입에서 나온 말이다. 사세티는 코시모처럼 엘리트 교육의 혜택을 누리지 못했다. 오히려 그는 다티니와 비슷한 유형으로 성장했다. 말하자면 사세티는 유능한 장부 기록자요, 은행 관리자요, 메디치 금융 시스템에 성실한 서비스를 제공하여 부자가 된 상인이었다. 사세티는 제네바 지점을 유능하게 경영하여 메디치가의 신망을 얻었다. 훈련된 회계사였던 그는 어느덧 르네상스 피렌체 예술을 뒷받침했던 귀족의 후원과 신플라톤주의에 관심을 갖기 시작했다. 사업과 문화를 잘 배합할 수 있었던 코시모와 달리, 사세티의 문화적 관심은 그를 회계장부로부터 멀어지게 했다.

1458년 제네바에서 피렌체로 돌아온 사세티는 새로운 삶을 살기 시작했다. 이제 그는 일개 지점장이 아닌 전체 메디치 은행의 최고 경영자이자 부자가 되었다. 그는 절대적인 신뢰를 받았다. 그럼에도 코시모가 사망하고 한참 뒤인 1470년대에 메디치 가문의 최측근으로서 사세티가 영위한 삶은 과거에 벤치가 살았던 삶과는 사뭇 달랐다. 사세티는 회계를 생각하기보다 당대 최고의 인문학 교사 안젤로 폴리차노와 공부를 하는 데 점점 더 많은 시간을 쏟았으며 피치노와 가까운 친구가 되었다.

사세티는 사적인 생활에 몰두했고 곧 산타마리아 디 노벨라 성당과 분쟁에 휘말리게 된다. 성당 측은 가문의 명망과 우선순위를 이유로 사세티에게 교회의 지하 제실(祭室)을 후원할 수 있는 권한을 주기를 거부했다〔당시에 돈과 권력을 쥔 상인들은 수도원 후원 권한을 얻는다는 명분으로 명당 묏자리나 다름없는 제대(祭臺)가 놓인 예배당을 독점하러 했다─옮긴이〕. 피렌체에서 매우 중요한 성당 중 하나인 이 명예로운 장소를 포기할 수밖에 없게 되자, 사세티는 자기 소유의 집이 여러 채 모여 있는 지역에 자신의 예배당을 직접 짓기로 작정했다. 여기에서 그는 자신의 영향력과 재산, 독실함, 정교함을 보여줄 수 있었다. 그는 위대한 화가 기를란다요와 함께 작업했고 그의 주요 후원자가 되었다.

사세티는 예배당 구상에 열정을 불태웠다. 후대로서는 감사할 일이었다. 사세티 예배당은 기를란다요의 걸작 가운데 하나이며 유명한 프레스코화로 장식되어 있다. 그중 하나인 〈신전의 사가랴에게 천사가 나타나다〉†(1486~1490년)에는 화가 자신의 모습뿐 아니라 피치노와 크리스토포로 란디노, 폴리차노, 데메트리오스 칼콘딜레스(그리스인 데메트리오스) 같은 신플라톤주의자들의 모습이 담겨 있다. 사세티 예배당의 구상은 화가와 회계사의 합작품이었다. 그들의 목표는 독실한 기독교적 종교화인 동시에 신플라톤주의의 가치와 피렌체의 시민적 위계질서에서 사세티의 위치를 찬미하는 그림을 완성하는 것이었다. 바사리는 『미술가 열전』에서, 기를란다요가 피렌체에서 가장 학식 있는 신플라톤주의자들의 위대함과 중요성을 보여주기 위해 그들을 최대한 실물에 가까운 모습으로 그렸다고 말한다. 그중 한 장면에서 기를란다요는 사세티와 로렌초, 폴리차노, 그리고 성 프란치스코가 성은을 입는 모습을 그렸다. 또 다른 장면에는 무릎을 꿇고 있는 사세티와 그의 아내를 그렸다. 이 그림들과 함께 〈아우구스투스 황제에게 예수 탄생을 알리는 무녀〉와 그리스도 성탄화도 있다. 피치노는

사세티의 예배당을 보고 신플라톤주의 이상이 고스란히 구현되었다며 찬사를 보냈다.[26]

그러나 피치노는 철학적 식견은 뛰어났지만 사업은 잘 몰랐다. 사세티 예배당이 완공된 1485년 무렵, 사세티는 재정적 어려움에 직면해 있었다. 1488년 「아들을 위한 유언장」에서 그는 리옹 지점에서 벌어진 부실 경영의 '슬프고도 위험한 결과'로 사세티 가문의 재산과 그들의 유명한 몬투이 대저택이 위태로워졌다고 솔직하게 밝혔다. 피치노는 건물이 몰수당하거나 사라지지 않도록 믿을 만한 교회 친구들에게 기부하라고 권했다. 그의 좌우명이 '운명이여, 나를 보살피소서(Mitia Fata Mihi)'였으며 그의 선행과 교양에도 불구하고, 운명은 사세티에게 등을 돌렸고 그는 자신이 살아남을 수 있을지 걱정해야 했다.[27]

재앙의 시작이 된 에드워드 4세의 부채

사세티는 리옹 지점의 '부실하고 태만한 경영'을 지점장 리오네토 데 로시 탓으로 돌렸다. 그러나 엄밀하게 말해 사세티는 리옹 지점의 경영 동업자였으므로 그에게도 책임이 있었다. 게다가 그가 최종 감사관이었으니 상황이 그렇게 되도록 그 자신이 방치한 셈이나 마찬가지였다. 사세티는 지점장들이 모험을 하노록 허용했을 뿐 아니라, 자신의 본업인 엄격한 회계장부 관리도 하고 있지 않았다. 그의 개인 비밀 회계장부 중 한 권이 남아 있는데, 결정적인 시기였던 1462년에서 1472년까지 작성된 것이었다. 이 장부는 사세티의 실패를 보여준다.

사세티는 복식부기로 은행의 회계장부를 기록했고, 처음 몇 년은 본분을 지키며 열심히 기록했다. 그는 자신의 임청닌 자산(1466년에 5만 2,047플로린)과 아비뇽 지점을 비롯한 은행 지점들의 자산을 기록했다. 모든 것이 훌륭한 복식부기 형태였다. 그러나 1472년부터 사세티의 기록은 산발적인 모습을 보인다. 기록이 뭉텅이로 빠져 있기도 한다. 회계 학교에 다닐 때 엄격한 절제와 기강 훈련을 받았으나, 그는 그런 절제와 기강을 더는 유지하지 못했다. 더욱이 지점에 대한 엄격한 통제력도 유지하지 못했다. 그는 지점장에게 더 큰 자유재량을 주어 직접 회계감사를 실시하도록 허용했다. 이는 사실상 관리의 고삐를 내던지는 것을 뜻했다. 지점장들은 외국의 군주들에게 돈을 빌려주기 시작했다. 코시모가 살아생전에 금지했던 행동이었다. 1469년에 에드워드 4세가 장미전쟁(1455년부터 1485년까지 잉글랜드의 랭커스터가와 요크가 사이에서 벌어진 왕위 쟁탈전－옮긴이) 때 진 부채를 갚지 않음으로써 런던 지점에 처음으로 재앙이 닥쳤다. 그러나 결정적으로 메디치 은행이 무너지게 된 시기는 1479년이다.[28]

부르고뉴의 샤를의 대출과 포르티나리의 파산

이미 로렌초는 브뤼허 지점장 토마소 포르티나리가 채무 불이행으로 유명한 부르고뉴 공작 '대담공' 샤를에게 막대한 대출을 해주도록 허용했었다. 코시모는 포르티나리를 높이 평가하지 않았지만, 그럼에도 그가 더 높은 수준의 동업자로 승격하도록 허용했다. 포르티나리가 소유한 은행 지점의 지분은 겨우 13.5퍼센트 정도였고 메디치가는

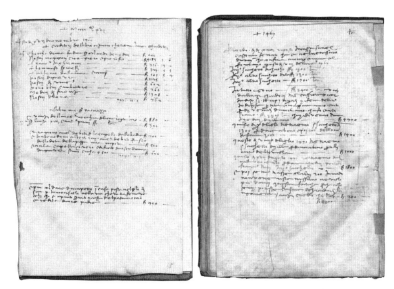

▌ 프란체스코 사세티의 '비밀 장부(Libro Segreto)', 1470년대(피렌체 국가기록보관소, 이탈리아).
메디치 은행 수석 회계사인 사세티의 비밀 장부 내용은 회계사로서 그의 결함을 보여준다. 1470년대 초 이 장부가 만
들어졌을 무렵, 사세티는 장부 기록과 감사를 소홀히 했으며, 은행은 재정 파탄의 위기에 처했다.

60퍼센트를 소유했는데도, 사세티는 그에게 무제한의 자유를 주었다. 그리고 포르티나리는 샤를 공작의 궁전에서 왕실 측근의 지위를 부여받고 그것을 한껏 즐겼다. 사실 포르티나리가 형편없는 지점장이었던 것은 아니다. 지점의 회계장부 담당자 카를로 카발칸티는 엄청난 원장들 앞에서 허리도 펴지 못한 채 온종일 주산을 했다. 사세티와 로렌초가 부르고뉴 공작에게 대출을 승인한 것은 정치적 고려 때문이었다. 위대한 프랑스 역사가이자 정치가, 필리프 드 코민은 포르티나리가 수중에 얼마나 많은 현금을 가지고 있었던지 놀랄 정도였다고 했다(그 역시 이자를 내지 못해 메디치 은행과 오랫동안 마찰을 빚은 바 있다). 포르티나리는 샤를 공작에게 6,000플랑드르그로트의 융자를 제공했다. 브뤼허 지점 전체 자본의 두 배에 해당하는 액수였다. 만약 공작이 채무를 변제하지 않으면 손실이 막대하리라는 점은 불을 보듯 뻔했다. 그러나 아마도 로렌초는 부르고뉴 영토 내에 있던 명반 광산과 관련한 메디치가의 이권에 공작의 지원을 확보하려는 욕심이 있었던 듯하다.[29]

이유가 무엇이건, 대출 때문에 수지가 안 맞게 되었으니 그것은 은행 징책에 위배되는 행위였다. 부르고뉴의 샤를은 대출금을 갚지 않았다. 1477년 사망 당시 그는 은행에 9,500그로트를 빚졌다. 브뤼허 지점 자본의 세 배에 해당하는 액수였다. 추가 대출도 있었지만, 공작의 궁전에서는 이자조차 지불하지 못했다. 환율이 들쭉날쭉하긴 했으나 브뤼허 지점의 손실은 자그마치 7만 플로린에 달했다(코시모 사망 당시 그의 재산이 12만 플로린 이상으로 평가되었음을 생각해보라).

1478년에 로렌초는 포르티나리에게 특사를 보내 그가 거절할 수 없는 제안을 했다. 메디치가의 지분을 청산해서 갚아야 한다는 제안이었다. 유럽 금융계와 정치계의 거물이었던 포르티나리가 하루아침에 빈털터리가 된 것이다. 또 다른 예술적 아이러니가 있다. 1467년에서 1471년 사이에 포르티나리가 〈최후의 심판〉†이라는 그림을 되찾으려는 장기 소송에 연루되었다는 사실이다. 원래 이 그림은 브뤼허 지점의 의뢰로 한스 멤링이 그렸으나 폴란드 해적선에게 강탈당했던 그림이었다. 그는 이제 그 그림에 대한 권리도 포기해야 했다. 그림에서 저울을 손에 든 대천사 미카엘은 영혼의 무게를 재서 어느 영혼을 지옥으로 보낼지 결정하고 있다. 그것은 한 회계사의 삶이 예술 작품 속에 고스란히 반영된, 그야말로 최후의 결산이었다. 저울 위의 인간은 다름 아닌 토마소 포르티나리였던 것이다.

리옹 사태는 메디치 은행에 그저 고만고만한 실패들 중 하나가 아니었다. 이번에는 사세티 자신이 동업자였고 자신의 전 재산을 잃을 위험에 처했다. 경험 많은 경영자이자 회계사였던 사세티는 자신의 회계장부에 명백하게 드러난 위험을 분명히 인식했을 것이다. 1462년에서 1468년 사이, 리옹 지점의 수익률은 70~105퍼센트였다. 당시 은행 평균 수익은 8~10퍼센트 정도였고, 실적이 좋은 메디치 지점의 경우 부유한 권력자와 우호적인 관계를 유지하면서 대출 이율이 높았기에 15~30퍼센트까지 수익률을 기대할 수 있었다. 그러니 수익률이 105퍼센트라는 것은 뭔가 비정상적인 일이 있었음을 보여준다. 의심스러운 신용 거래가 오랫동안 장부에 기록되어, 마치 이익이 발생한 것 같은 그릇된 인상을 심어주었음이 분명했다. 감사관의 임무는 이러한 부실 신용 거래를 식별하여 재평가하는 것이었다. 그런

데 사세티는 지점장을 감사관에게 소환하지 않았으며, 출장 감사 시스템도 갖추고 있지 않았다. 사세티 자신이 말한 것처럼, 한때 믿을 수 없을 만큼 자산이 많았던 리옹 지점과 사세티 자신의 '부도덕하고 태만한 부실 경영' 때문에, 1488년 그는 예순여덟의 나이에 프랑스로 출장 가서 감사를 수행해야 했다.[30]

한때 메디치 은행과 피렌체 문화계에서 사세티가 누린 최고의 지위를 칭송하는 걸작들을 그렸던 기를란다요는 이제 실패한 회계사의 고별 초상화를 그렸다. 기를란다요의 걸작 〈프란체스코 사세티와 그의 아들 테오도로〉†(1488년경)는 뉴욕 메트로폴리탄 미술관에 전시되어 있다. 토스카나 전원을 배경으로 한 남자와 어린 아들이 서 있는 평화로운 그림이다. 그 그림에 대한 미술관의 설명은 '메디치 은행 제국의 위대한 경영자' 사세티가 60대 후반의 나이임에도 젊어 보인다고 지적한다. 모든 정황을 보면 사세티가 없는 상태에서 기를란다요가 이 그림을 그렸음을 알 수 있다. 실제로 1488년 무렵에 사세티는 리옹 지점의 위기를 해결하기 위해 피렌체를 떠나 있었다. 그는 자신이 다시 돌아오지 못할 것을 염려하여 마지막 유산으로 유언장과 함께 이 그림을 남겼다.

신플라톤주의에 패한 메디치가

1488년에 리옹에서 돌아왔을 때 사세티는 막대한 재산과 함께 피렌체 대소사에서 그의 가문이 누렸던 선두적인 지위를 잃었다. 메디치 은행은 이제 더는 권력을 누리지 못했다. 애덤 스미스가 지적한 대로, 개인적인 영광을 견실한 사업 감각보다 우위에 두려는 유혹이 언제나 존재하기에 군주들은 은행가들을 가난하게 만든다. 로렌초는 은행 재산의 상당 부분을 잃었지만, 여전히 공적 자금을 이용해 가족 사업에 돈을 댈 수 있었다. 1494년에 메디치가가 피렌체에서 추방되고 (복식부기를 할 줄 알았던) 마키아벨리를 서기관으로 세운 공화정이 복원되었으나, 메디치가는 남은 재산으로 용병을 고용해 피렌체를 다시 접수했다. 로렌초의 손자 로렌초 디 피에로 데 메디치는 돌아와서 공화정을 전복하고 1513년에서 1519년까지 피렌체를 통치한다. 그는 마키아벨리를 수감하고 고문했다. 한편 로렌초의 차남 조반니 데 메디치는 1513년에 교황 레오 10세로 즉위한다. 그리고 그의 한 증손자는 1605년에 토스카나 대공 코시모 1세로 즉위해, 전에 비해 영향력이 훨씬 줄어든 피렌체를 다시 통치하게 된다(불과 26일 후에 죽음을 맞게 되지만). 그러나 로렌초의 부실 경영은 은행을 거의 빈껍데기로 만들었고, 그의 정치는 한때 강력했던 공화정을 절뚝거리게 만들었다. 피렌체 공화정은 사라졌지만 자료보관소에 보존된 회계장부 속에는 메디치가의 오만함이 피렌체에 얼마나 큰 대가를 치르게 했는지를 보여주는 흔적이 남아 있다.

코시모 데 메디치는 신플라톤주의 철학을 후원하고 자신의 세속적 영광을 추구하는 데 재산의 일부를 썼다. 그의 가족이 오랫동안 권력을 유지했다는 점에서 그는 성공했다. 메디치 가문 사람들은 교황이 되었고, 토스카나 대공이 되었고, 프랑스 왕의 선조가 되었다. 메디치가와 그들의 불운한 회계사 사세티의 이야기는 피렌체의 부기처럼 오래되고 뿌리 깊은 전통이 순식간에 증발해버릴 수 있음을 보여준다.

당대의 위대한 은행가였던 코시모는 플라톤 철학에 매혹된 일이 수백 년간 회계와 책임성 문화를 침식시킬 것이라고는 상상도 못 했을 것이다. 실제로 회계는 그의 가장 강력하고 지속적인 유산 중 하나였다.

제4장

'해가 지지 않는' 스페인 제국은
어떻게 몰락했는가

나는 지금도 이해할 수 없고
평생 이해할 수 없었던 무언가를 이해하기 위해
머리가 쪼개지고 싶지 않다.
—

스페인 왕 펠리페 2세, 1574

100년간 외면당한 복식회계의 교과서

인쇄된 복식부기 편람이 최초로 등장한 때가 유럽에서 이탈리아의 힘이 쇠퇴하기 시작한 시점이라는 사실은 참으로 역설적이다. 1494년 도미니크회 수사이자 인문주의자이자 수학자였던 루카 파치올리(Luca Pacioli, 1445~1517년)는 『산술, 기하, 비율 및 비례 총론(*Summa de Arithmetica, Geometria, Proportioni, et Proportionalita*)』을 출판했다. 이때는 이탈리아에 대한 침략이 시작되어 공화정 체제가 무너지고 이탈리아 반도에 프랑스와 스페인 왕권이 수립된 시기다. 복식회계는 200여 년을 존속했지만 르네상스 상인들의 힘이 약화된 바로 이때 회계 방법이 접근 가능한 편람으로 인쇄된 것이다. 파치올리의 이야기는 책으로 출간된 최초의 회계 편람에 관한 것에서 시작한다. 그러나 이것은 또한 이 편람이 어떻게 거의 100년 동안 상인들과 사상가들 모두에게 홀대를 당했는지에 대한 이야기이기도 하다. 기사도 정신과 신플라톤주의의 세례를 받은 군주에 의해 통치된 16세기 전제군주 시대에 비록 왕과 군주들이 재정 관리를 위해 성실한 회계사를 찾으려고 애썼음에도 불구하고, 회계 자체는 저속한 상업적 기술로 멸시를 받았다. 회계에 대한 이런 선입견은 스페인 제국의 계속되는 파산에 심대한 영향을 미친다.

이탈리아 인문주의의 극치, 파치올리

파치올리는 회계의 아버지로 간주되며, 그의 편람은 회계의 초석이 된 저서다. 르네상스에서 근대까지 발표된 주요 회계 편람들은 모두 부분적으로 파치올리의 편람에 바탕을 두었기에 그는 회계의 역사에서 중심 저자가 되었다. 그러나 프란체스코 다티니의 복식부기 이용이 보여주었듯이, 파치올리의 책은 회계와 그 문화가 영광을 잃어가고 있던 게임의 끝자락에야 등장했다. 이 책은 인문주의의 틈바구니를 파고들어 가 르네상스 시대의 위대한 책의 자리를 차지하지는 못했다. 1500년대의 위대한 학자와 사상가, 특히 정치가 중에 그 책을 아는 인물은 극히 드물었고 그것을 정부 행정에 이용한 인물은 더더욱 드물었다.

토스카나 출신 프란치스코회 수사이자, 기하학과 대수학 전문가이자, 신플라톤주의 학도였던 파치올리는 코시모 데 메디치와 마찬가지로 비즈니스가 정치력의 토대였던 세계에서 살았다. 그는 회계가 시민적 인문주의와 긴밀하게 연관되어 있다고 믿었다. 비즈니스와 고전 학문과 도시의 문화적 후원이 결합하여 피렌체 같은 도시를 상업과 학문, 예술과 건축의 풍부한 전시장으로 만들었다는 생각이었다. 성직자이자 수학자였던 파치올리는 이러한 위대한 존재의 사슬이 신의 언어인 수학에 의해 결합된다고 믿었다. 복식부기는 아주 세속적이지만 꼭 필요한 수학적 방법이요, 일상적인 재정 생활을 규제하기 위한 철학이었다.[1]

파치올리의 삶은 남다른 직업 궤도를 따랐다. 수학에 능했던 그는 고향인 토스카나 지역 아레초 근처의 보르고 산세폴크로라는 마을에서 주산 학교에 다니며 상인이 되기 위한 훈련을 받았다. 그러다가 위대한 화가이자 유명한 수학자인 피에로 델라 프란체스카의 작업실에서 일자리를 얻게 되었다. 델라 프란체스카는 유클리드의 기하학 저서를 부활시켰고, 〈그리스도의 수난〉(1455년경)과 같은, 뛰어나지만 원근법과 비율 면에서 불완전한 그림을 남긴 인물이었다. 독창적 사상가는 아니었지만 설명에 능했던 파치올리는 당대의 위대한 예술가들과 친분을 쌓는 재주가 있었다. 델라 프란체스카는 파치올리에게 상당한 관심을 보이며 그를 밀라노로 데려와 당대의 중요한 인문주의자이자, 저명한 엔지니어이자, 건축가이자, 철학자인 레온 바티스타 알베르티에게 소개해줬다. 이전의 인문주의자들과 마찬가지로 알베르티는 실용적이고 기능적인 지식을 공식적인 철학과 접목하기를 좋아했다. 실제로 그는 피렌체에서의 가정과 가정생활에 대한 철학을 담은 논문 「가정에 관하여」(1434년)에서, 회계와 가정 경제의 중요성을 강조했다. 알베르티는 파치올리를 로마로 데려왔고, 여기서 파치올리는 성직자 겸 유명한 대학 교수가 되어 젠틸레 벨리니와 조반니 벨리니, 보티첼리와 기를란다요, 피에트로 페루지노와 루카 시뇨렐리, 그리고 (아마도) 뒤러 같은 예술가들과 교류하게 된다.[2]

야코포 데 바르바리가 그린 파치올리의 초상†(1495년)은 회계사를 묘사한 그림 중에 가장 유명한 작품이다. 대수학과 비례의 대가인 파치올리가 제자인 우르비노 공작 귀도발도 다 본테펠트로(1472~1508년)와 함께 있는 모습을 묘사한 그림이다. 여기서 파치올리는 대수학 문제를 풀고 있고, 오른쪽 하단에는 장부가 보인다. 1474년에 파치올리는 우르비노 공작 아들의 개인 교사가 되었는데, 이탈리아의 인문주의의 중심이었던 우르비노에서도 꽤 유력한 직책이었다. 군주와 함께 수학을 통해 인간의 비율을 이해하고 표현하기 위한 방법을 계산하고 있는 프란치스코회 수도사, 이는 이탈리아 인문주의의 극치였다. 우르비노 공국은 이탈리아에서 가장 세련된 곳이었지만, 여전히 길드 장인들과 도시 지배층이 귀족으로 연결되는 중세 상업의 과거에 한 발을 들여놓고 있었다. 실제로 공작 자신은 파치올리의 회계 교육을 권장했다. 우르비노는 다른 이탈리아 도시국가들과 마찬가지로 교역에 의존하여 재정을 조달했던 탓이다.

가장 눈에 띄는 사실은 파치올리가 레오나르도 다 빈치의 가까운 친구였다는 점이다. 레오나르도는 비례적 그림과 기하학 연구의 일환으로 십육면체 스케치를 남겼는데, 이것이 앞서 언급한 데 바르바리가 그린 파치올리의 초상에 등장한다. 레오나르도는 또한 플라톤의 다섯 가지 정다면체(흙, 물, 공기, 불, 하늘)도 그렸다. 파치올리는 레오나르도를 '인간 중에 으뜸'이라고 표현했다. 레오나르도는 파치올리와 삼차원 회화에 대해 오랜 대화를 나누었고, 실제로 원근법과 비례의 이용을 긴밀하게 상의하여 〈최후의 만찬〉(1495~1498년)을 그렸다.[3]

정치경제학의 초석이 된 파치올리의 책

파치올리는 고전적 인문주의자와 정치 지도자들이 복식부기를 지식의 필수 형태로 평가하던 세계에서 살았다. 파치올리는 베르길리우스와 성 바울, 성 마태오, 단테를 인용하며 나태하지 않고 이웃에게 베풀고 근면하며 계산을 할 줄 아는 일꾼을 신께서 보살펴줄 거라고 강조했다. 회계장부에서의 균형은 신의 도덕적 평형을 상징했다. 다티니가 종업원들에게 조언을 했다면, 파치올리는 하나의 세계관을 제시했다. 근면한 노동과 회계와 이윤은 신성한 가치였다. 『산술, 기하, 비율 및 비례 총론』(이하 『총론』)에서 회계에 관한 장인 「계산에 관하여(De computis)」는 훗날 정치경제학의 초석이 되는데, 이는 재무의 기초 원리를 명시하고 왜 그것이 공화정을 유지하는 데 필수적인지를 설명했기 때문이다. 파치올리는 상업과 산업과 이익이 건강한 국가와 공공 재무 행정의 기초임을 암시했다. 그 책은 이탈리아 중세와 르네상스의 도구를 품고 근대를 내다본 책이었다.[4]

500여 년 전에 파치올리가 『총론』을 출판한 이래로 회계의 기본은 크게 바뀌지 않았다. 이 토스카나 수도사는 자신이 새로운 것을 한다고 주장하지 않았다. 그러나 그는 '질서정연한 회계장부 기록'에 대한 체계적인 안내서가 없다는 사실을 인식했다. 그는 공작의 백성들이 좋은 상인이 되는 데 회계가 도움이 될 거라고 생각했고, 책에 공작의 영토에서 신용과 거래가 번성할 거라고 헌사를 썼다. 거래를 충실하게 기록한다면 상인들에게 도움이 될 뿐 아니라 신에게도 큰 도움이 될 터였다. 그것은 '믿을 만하고 올바른' 일이니까. 그는 수학의 명료성과 정보를 장부에 기록하는 방식을 통해 신뢰와 선(善)으로 가는 길에 이를 수 있다고 믿었다. 파치올리의 말에 따르면 베네치아 시스템은 차변과 대변의 균형을 바탕으로 이익과 손실을 측정했으며, 이를 통해 인간 세상에 신적 질서가 도달할 수 있게 했다.[5]

파치올리의 회계는 상인들에게 자본주의의 기본적이고 필수적인 도구, 곧 자신의 자산과 부채를 언제라도 계산할 수 있는 능력을 주었다. 건전한 회계의 첫 단계는 집과 토지와 보석류에서 현금, 은식기, 리넨, 침구, 향신료, 가죽 등등에 이르기까지의 자산 목록(bilancio)을 만드는 것이다. 자산은 차변과 대변으로 이루어진 자본이다. 그런 다음 장부를 기록해야 하는데, 수입과 지출을 자본 소유와 관련하여 기록한다. 이때 네 가지 장부가 필요한데, 자산 목록과 비망록(memorandum, memoriale), 분개장(journal, giornale : 비망록에 기록한 거래를 질서정연한 규칙대로 옮겨 적은 장부—옮긴이), 원장(ledger, quaderno : 분개장의 기록을 받아 각 요소마다 정리, 요약한 것—옮긴이)이 그것이다.[6]

비망록에는 상인이 당일의 거래를 적고 영수증을 붙였는데, '시시각각' 자신이 '사고판 것을 모두' 상세히 열거했다. 비망록은 정보의 실시간 기록을 위해서뿐만 아니라 여러 가지 통화로 이루어질 수 있는 다양한 금전 거래를 빼놓지 않고 기록하기 위해서도 꼭 필요했다. 이런 다양한 통화들은 나중에 단일한 통화 가치로 계산해야 했다. 하루를 마감하면서 상인은 비망록의 기록과 영수증, 거래 요약을 분개장에 차변과 대변으로 나누어 체계적으로 옮겨야 했다.[7]

분개장은 날짜, 대리인, 상품, 통화를 비롯해 각각의 거래와 관련된 모든 정보를 일어난 시간순으로 기록한 것이었다. 모든 것이 차변

(per)이나 대변(avere) 항목에 기입되어야 했다. 그런 뒤 시간순으로 된 이 차변과 대변 기록은 원장으로 옮겨진다. 거래를 원장에 옮길 때마다, 해당 거래를 해당 장부 어디에서 찾을 수 있는지 표시하기 위해 문자(A, B, C)가 기입되었다. 그런 다음, 대변이 옮겨졌음을 표시하기 위해 해당 거래에 빨간 줄을 긋고, 상응하는 차변으로 균형이 맞춰지면 두 번째 빨간 줄을 그었다. 원장은 '생강' 같은 특정 제품이나 특정 사업별로 제목을 정해 체계적으로 정리했다.[8]

파치올리는 복식부기가 무엇인지 설명했을 뿐 아니라 구체적인 거래 유형의 예를 제시했다. 따라서 독자들은 특정 형태의 계정을 기록하는 방법을 정확히 볼 수 있었다. 예를 들어 가계, 출장, 합자 회사, 시 공공 계정을 관리하는 방법과 약국 대출금을 처리하는 방법을 설명했다. 그는 기존 회사의 장부 기재를 예로 제공하며 메디치가가 깬 규칙, 곧 소유자가 경영자를 감사해야 한다는 규칙을 강조했다.

모든 거래는 예수의 이름으로

파치올리는 회계가 더 나은 사회를 만들기를 희망했다. '상인들이 공화정을 유지, 관리'하기를 바란 것이다. 그는 회계사는 변호사보다 더 많은 기술과 자제력이 필요한 직업이라고 주장했다. 실제로 파치올리는 상인들을 공화정에서 핵심적인 인물들로 보았다. 그들이 풍요와 전쟁, 기아와 역병을 헤아리고 계산하고 관리할 수 있었기 때문이다. 공화정은 늘 절제되고 늘 경계심을 유지하며 사업체와 정부를 관리하는, 잘 교육받고 자제심 있고 도덕적인 상인을 필요로 한다. 게으

름은 재앙을 가져올 수 있다고 파치올리는 경고했다.[9]

회계는 공화정의 책임성에서 중추적인 요소였다. 파치올리는 좋은 상인은 시 관리들이 쉽게 감사할 수 있도록 장부를 잘 기록하고 관리한다고 주장했다. 곧, 좋은 상인이나 점원은 기록이 거짓일 것이라는 의심의 여지가 없도록 장부를 기록했고, 필기를 통해서나 관리에게 직접 장부를 제시함으로써 필적을 확인해야 했다. 파치올리는 또 세금이나 세무 관리와 관련하여 회계를 처리하는 방법과 관리들에게 장부를 제시하는 방법도 설명했다. 그는 회계 관리들이 종종 훈련이 부족해 장부를 뒤죽박죽 섞어놓는다며 한탄했다. "이런 사람들과 어떤 식으로든 결부될까 심히 걱정스럽다." 사업가는 '늘 가게에 몰두하고' 모든 세무 조사나 감사에 명료하게 기록된 장부를 제시해야 한다. 더욱이 세무 관리들도 회계를 완벽하게 해야 할 책임이 있었다. 그는 베네치아가 비행을 저지르거나 부실 장부를 기록하는 세무 관리들을 처벌한다는 점에서 멋지다고 언급했다.[10]

현실적인 사람이었던 파치올리는 모든 사람이 장부 기록에 적합하지는 않다고 인정하면서, 엄격한 절제력이 필수적이며 어떤 것도 기록에서 빼놓아서는 안 된다고 경고했다. 사업상의 대화까지도 거래 계정 옆에 써넣어야 했다. 그는 "상인은 너무 평범해서는 안 된다"라고 지적했다. 파치올리는 부정행위가 문제라는 점을 인식하고 있었다. 이중장부를 둘 가능성은 언제나 있었다. "불행히도 장부를 이중으로 기록하여 하나는 구매자에게, 하나는 판매자에게 보여주는 상인들이 많다. 게다가 그들은 그 장부를 가지고 맹세까지 하고 위증을 한다." 심지어 회계사들은 종종, 그리고 체계적으로 비밀 장부를 만들어 세리들과 경쟁자들에게 자신의 사업을 숨겼다. 다티니도 그랬고 코시모도 그랬다. 파치올리는 모든 장부 기록자가 모든 회계장부에 십자가를 그려 넣음으로써 모든 사업 거래를 "예수의 이름으로 해야 한다"라고 권장했다. 다티니와 코시모도 비밀 장부에 십자가를 그려 넣었지만, 현실에서는 '신과 이익을 위하여'라는, 투명함과 기만의 이상한 조합의 모토에 의존했다. 파치올리는 건실한 종교적 이념에 기초한 조기 훈련이 질서 정연하면서도 도덕적인 회계 형식을 만들 거라고 희망적으로 생각했다.[11]

파치올리의 책은 다티니와 코시모가 사용한 방법을 모든 사람이 보고 따라할 수 있도록 처음으로 공개적으로 설명했다. 그것은 단순히 상인들을 위한 본보기 이상이었다. 또한 좋은 공공 재무를 위해 필요한 기본적인 방법과 윤리적 통제의 개요를 제시했다. 현실적인 이탈리아 독자들은 파치올리의 책을 번영하는 공화정 관리를 위한 완벽한 안내서로 보았을 것이다. 지극히 흔하지만 가장 개인적인 이탈리아의 지식이었던 것이 이제 모든 이에게 공개된 것이다. 회계실의 비밀은 벗겨져 곧 국제화되었다. 마음만 먹는다면 이제 어떤 도시나 군주도 파치올리의 책으로 회계 학교를 세우고 파치올리가 묘사한 행정 엘리트를 훈련시킬 수 있었다.

상거래는 이제 수사법, 다시 말해 논증과 증명의 방식을 갖게 되었다. 인문주의자들은 논증을 펼치고 증명을 제시하는 수사법이 위대한 시민적 덕목이라고 주장한 로마의 법률가 키케로를 추종했다. 좋은 시민은 공개적으로 자신을 표현하고 자신의 논점을 증명했다. 그렇게 하는 것이 시민의 의무였다. 회계장부도 도덕적 목적을 지닌 논증과 같았다. 장부의 정보가 제시되고 집계되었으며, 그 최종 합계가 성패를 위한 논증이었다. 계산은 복잡할 수 있지만, 최종 집계는 의심할여지 없는 주장으로 볼 수 있었다. 그것은 재무적으로나 법적으로나권위를 가졌다. 잠재적으로 파치올리의 인쇄된 편람은 모든 독자에게수학과 비율 이론과 회계를 가르칠 수 있었다. 파치올리는 자신의 책이 성공하리라는 희망을 품었다.[12]

공화국의 시대에서 기사도의 시대로

그러나 파치올리의 책은 인기를 끌지 못했다. 르네상스 기준으로 볼 때 파치올리의 『총론』 자체는 특별히 성공적인 책은 아니었다. 1494년 판본은 현재 희귀본으로, 굉장히 제한된 부수가 인쇄된 듯하며, 두 번째 판본은 1524년에 나왔다. 당시 상류 엘리트층과 귀족 계층은 상업주의적인 가까운 과거에 여전히 한 발을 담그고 있었지만, 그렇다고 이들이 회계 편람을 사기 위해 시장에 나가지는 않았다. 메디치가의 교황들은 메디치 은행가의 손자들이었다. 가령 로마의 권세가인 키지(Chigi) 가문의 인물들은 상인들이었으나 그들은 인문주의자이자 성직자이기도 했다. 그들의 삶 속에서는 상업과 수학과 대수학이 부와 예술과 지혜의 추구와 얽혀 있었기에, 파치올리의 책은 그들에게 호소력이 있었을 것이다. 그러나 이탈리아 상인들, 나아가 부유한 지주들 사이에서도 회계란 집이나 사무실이나 회계 학교에서 경험을 통해 배우는 것이라는 인식이 있었다.[13]

어쨌거나 이탈리아에서는 집에서 만든 회계 편람을 쉽게 구할 수 있었다. 파치올리 책에서 회계에 관한 장은 당대에 흔하게 유통되던 베네치아 회계 편람 필사본의 인쇄본이었다는 증거도 충분히 있다. 이런 점이 파치올리 책의 이탈리아어 번역본이 많지 않았던 이유를 설명해줄 수 있다. 위대한 인문주의 전통에서 파치올리의 책은, 그에게 직접 공을 돌린 경우는 한 번도 없었지만, 다른 저작들을 위한 토대로 이용되었다. 「계산에 관하여」의 상당 부분을 그대로 가져온 최초의 인물은 도메니코 만초니로, 그는 자신의 저서 『복식 기장 장부와 분개장』(1540)에다 해당 부분을 실었다. 만초니는 유명한 회계 교사 안토니오 마리아피오르와 함께 훈련을 받은 베네치아의 주산 고수였다. 만초니의 책은 파치올리 책의 상당 부분을 그대로 옮겨온 것이었다. 그는 또한 어떤 항목이 차변이고 어떤 항목이 대변인지, 살아 있는 생물을 어떻게 평가해야 하는지(오늘날의 통계 확률에서도 항상 까다로운 문제다)와 같은 많은 질문을 명확하게 설명하려 했으며, 300개의 기장을 예로 보여주는 회계장부 세트도 포함시켰다. 따라서 상인들은 만초니의 책에서 거래를 분개장에 기입하는 방법을 참고할 수 있었다.[14]

『총론』과 「계산에 관하여」의 첫 출판 이후 약 15년 동안 가장 인상적인 부분은 그 책이 전재되는 경우가 무척 드물었다는 점이다. 회계 지식은 대부분 베네치아에서 유입되었지만 뚜렷한 유입 궤적은 없었다. 환율과 시장, 사업의 흐름, 항구, 교환 시류, 세금에 대한 책은 필사본이나 인쇄본으로 생산되어 사업 편람으로 유포되었다. 집에서 상업 편람과 필사본 책을 만드는 오랜 전통이 있었기에 이런 책들은 배와 수레로 옮겨졌고, 항상 책상과 계산대 및 교환대 가까이에 비치되었다. 이 책들은 '아르스 메르카토리아(ars mercatoria)'라고 불렸는데, 비즈니스 기술이라는 뜻이나. 대부분의 상인들은 그런 책들을 회계장부의 일환으로써 손수 만들었다.[15]

파치올리의 책은 복식부기 이론을 널리 확산시키는 데 성공하지 못했다. 그러나 그것은 전적으로 파치올리의 탓만은 아니었다. 파치올리의 책이 출판되는 순간, 이탈리아 상인들의 세계는 스페인과 프랑스 전제군주들에 의해 문자 그대로 공격을 받고 있었다. 『총론』이 발표된 해인 1494년에 프랑스와 스페인이 연이어 이탈리아 반도를 침략해, 이탈리아에서 가장 부유한 지역을 무려 60여 년 동안 피비린내 나는 전쟁터로 만들어버렸다. 이탈리아 공화국 시대가 기사도의 시대로 이행했다고 흔히들 이야기하지만, 그러한 이행은 잔인했다. 그와 함께 시민적이고 상업적인 인문주의도 무력에 의해 귀족적 이상, 나아가 제국주의적 이상에 의해 무너져버린 것이다. 이 떠오르는 왕국과 제국의 새로운 시대에, 건강한 공화국과 좋은 상인에 대한 파치올리의 오랜 격언 같은 이야기는 그다지 반향을 일으키지 못했다. 사업과 금융과 회계장부의 윤리는 신권을 부여받은 전제군주에게도 군대에게도 궁정인에게도, 이탈리아 상업 경영자에게 그랬던 것만큼 큰 도움이 되지 않았다.

카스틸리오네의 『궁정인』과 상업 지식의 경멸

우르비노 공국의 귀도발도 공작은 파치올리의 초상[†]에서 귀족적인 자세를 취하고 있다. 그러나 데 바르바리의 그림에서 중심은 분명 공작이 아닌 회계사 파치올리다. 귀도발도는 인문주의에 안목은 있었으나 형편없는 통치자였고, 성적으로 무력하고 병약한 데다 전쟁에서 운도 따라주지 않았다. 그는 교황 알렉산데르 6세의 사생아였던 체사레 보르자에 의해 왕궁에서 축출되었다. 그러나 스페인이 지속적으로 이탈리아를 통치했음에도 불구하고, 귀도발도는 1504년에 운 좋게 다시 집권할 수 있었다. 귀도발도가 돌아오자마자 그를 보필한 사람은 30명의 병사를 통솔한 만투아 출신의 젊은 군인 발다사레 카스틸리오네(Baldassare Castiglione)였다. 그는 1529년 톨레도에서 사망할 당시 교황 사절이었다. 그러나 카스틸리오네는 군인이나 교황 사절이 아닌 르네상스 시대의 위대한 문인으로 우리에게 기억된다. 그의 책 『궁정인(Cortegiano)』(1528년)은 서양 문학에서 결정적인 작품이 되었다. 그러나 그 책은 이상적인 귀족을 복잡한 재무 문제에 손대지 않는 사람으로 묘사함으로써 회계의 가치를 떨어뜨렸다.[16]

카스틸리오네는 완벽한 궁정인을 '어떤 단점도 없는' 인물로 묘사했다. 여기서 기독교적 겸손함보다 기사도가 접목된 신플라톤주의자가 엿보인다. 카스틸리오네가 생각하는 기사도적이고 인문주의적인 기독교 세계의 꽃은 개인적 규율과 자제력은 물론이고 교황과 프랑스 국왕, 신성로마제국 황제의 궁정이 필요로 하는 모든 지식을 갖춘 전문가일 것이다. 위대한 궁정인은 모름지기 독실해야 하며, 섬기는 법, 대화하는 법, 노래하는 법, 춤추는 법, 사랑하는 법, 싸우는 법, 게다가 소네트를 짓는 법까지 알아야 한다. 전설적인 기사 아마디스 데 가울처럼, 정중하고 덕망 있는 기사여야 한다. 무엇보다 신중해야 하며 (이것은 아리스토텔레스와 세네카, 타키투스, 플라톤, 키케로가 설파

한 고대 윤리였다), 감정과 동기를 숨기고 선택안을 저울질하고 궁정이라는 비굴함과 권력의 세계를 헤쳐 나가야 한다. 더욱이 카스틸리오네의 책은 '스프레차투라(sprezzatura)'라는 개념을 설파했다. 스프레차투라는 딱히 뭐라고 설명하기 힘든 좋은 것, 또는 노력 없이 이루는 성취에 대한 귀족적 환상이라고 말할 수 있다. 차가운 숫자와 가차 없는 회계 기록에 스프레차투라 따위는 있을 수 없었다.[17]

여기서 흥미로운 사실은, 카스틸리오네가 코시모가 이용하고 파치올리가 명백하게 설명한 관리 기술을 결코 언급하지 않는다는 점이다. 그는 국정 운영의 기본 요소인 회계와 장부를 기록하거나 감사한다는 개념은 고사하고 재무에 대해서도 전혀 언급하지 않는다. 그런데 상업 문화를 회피한 숫자 없는 책『궁정인』은 결국 귀족은 물론이고 상인 독자들에게까지 받아들여진다. 귀족 출신인 카스틸리오네는 처음에는 자신의 책을 출판하기를 주저했기에 필사본이 유통되었다. 그러나 수요가 높아지자 그는 결국 베네치아에 있는 알두스 마누티우스의 인쇄소에 출판을 의뢰했다. 1528년에 초판 1,030부가 나왔다. 이 책은 16세기에 총 50가지 판본이 출판되어 당대 최고의 베스트셀러가 되었다. 판본이 두 개뿐인 파치올리의 책과는 상당히 대조적이었다. 『궁정인』은 스페인의 통치자이자 오스트리아-헝가리 제국 내의 합스부르크 영토, 네덜란드, 부르고뉴, 밀라노, 이탈리아 남부, 그리고 태양이 지지 않는 제국을 통치한 신성로마제국 황제 카를 5세(1500~1558년)도 읽었다는 증거가 있다. 1529년 카스틸리오네가 사망했을 때 황제는 이렇게 말했다. "세상에서 가장 훌륭한 신사가 죽었다고 말하겠노라." 세상의 절반을 통치한 대단한 인물의 입에서 나온 대

단한 찬사였다.[18]

신플라톤주의는 사업과 교역을 통한 돈벌이에 대해 부정적 선입관을 불어넣음으로써 카스틸리오네뿐 아니라 영향력 있는 인문주의자들 사이에서 회계의 명예를 실추시켰다. 가장 유명한 신플라톤주의 철학자 피코 델라 미란돌라가 상업적 지식을 경멸했을 때, 그가 이끄는 귀족적 인문주의 학파는 유럽의 엘리트들에게 공감을 얻었다. 저명한 인문학자 로테르담의 에라스뮈스와 예수회의 창립자 이냐시오 로욜라 같은 15세기 후반과 16세기 초반 거장들의 인문주의적 교육 과정은 절제와 필기와 기록을 강조했으나, 그 목적이 재정적 이득을 위해서는 아니었다. 에라스뮈스의 『기독교도 군주의 교육』(1516년)에서 재무는 언급되지 않는다. 1534년에 창립된 예수회는 교육 과정에서 수학을 강조했으나 교역을 위해서는 아니었다. 사실 예수교는 회계장부를 직접 기록했다. 이탈리아 예수회 신자들은 수도회를 운영하기 위해 가계 관리와 방대한 사업의 재정적 관리에 쓰이는 회계를 가르쳤다. 그들은 또한 죄와 선행이 '영적 회계장부'에서 계산된다는 정교한 도덕적 회계 시스템을 창조했다. 예수회 신자들은 응용기하학과 항해술, 천문학과 공병술까지 가르친 것으로 유명했다. 그러나 그들의 공식 교육 과정에는 회계가 포함되지 않았다. 그들은 왕들을 가르쳤지만, 왕들은 자신의 왕국에 대해 어떤 결산도 할 수 없었다. 문화적으로 상업 회계는 금기시되었다.[19]

스콜라주의 사상가들은 오랫동안 금전 대출을 비난했다. 12세기의 위대한 법률 사상가 그라티아누스는 성 히에로니무스를 인용하며 분명하게 선언했다. "상인은 하느님을 기쁘게 하지 못한다." 이러한 중세적 관점은 르네상스 시대에도 지속되었다. 라블레는 진정으로 고귀한 군주는 수중에 한 푼도 없으며, 돈을 저축하는 것은 진실로 비천한 짓이라고 지적했다. 심지어 몽테뉴도 『수상록』에서 한 사람의 이익이 어떻게 다른 사람에게 피해를 주는지를 설명했다. 귀족들은 싸움도 하고, 기도도 하고, 호화롭게 살기도 하고, 사업도 했다. 그러나 돈을 세는 일만은 결코 하지 않았다.[20]

부도덕과 속임수의 이미지를 입은 회계

회계, 적어도 부정한 회계는 탐욕과 죄에 연루되었다. 캥탱 마시의 그림 〈대금업자와 그의 아내〉†는 돈을 세고 계산하는 것에 대한 이런 뿌리 깊은 불편함을 느끼게 한다. 1514년에 그려져, 현재 루브르 박물관이 소장하고 있는 이 그림은 동전의 무게를 재고 있는 대금업자를 보여준다. 나머지 동전들은 테이블 위에 놓여 있다. 바로 옆에는 대금업자의 아내가 기도서의 한 페이지를 붙잡고 앉아 있다. 미술사가인 어윈 파노프스키는 마시가 종교적이고 경건한 장면과 르네상스 시대 사무실 풍경에 대한 현실적 묘사를 어떻게 혼합했는지를 서술했다. 이 작품은 돈을 다루는 것에 비판적이라기보다, 한 신중한 상인과 신앙심 깊은 아내의 진지함을 묘사한 것으로 보인다. 당시에 그 그림의 액자에는 「레위기」 19장 36절의 한 구절, "공평한 저울과 공평한 추와 공평한 에바(고체 부피 단위)와 공평한 힌(액체 부피 단위)을 사용하라"가 쓰여 있었다고 한다.[21]

마시가 묘사한 돈을 취급하는 것과 경건함의 이미지는 마리뉘스 판

레이메르스바얼러가 1519년부터 같은 제목으로 그리기 시작한 여덟 점의 인기 연작에 영감을 불어넣는다. 그런데 아주 중요한 차이가 있다. 환전상 아내의 손에 기도서 대신 회계장부가 들려 있다(〈환전상과 그의 아내〉, 1539년).† 이러한 변화는 중요한 의미를 가진다. 환전상과 그의 아내는 성모 마리아와 아기 예수가 그려진 책을 잃어버렸다. 이제 그들에게 있는 것은 금전적 숫자들이 적힌 책뿐이다. 성경이 없으니, 이제 그 장면은 순수하게 상업적이며, 물질적 욕망만을 보여줄 뿐 경건한 관리는 보이지 않는다. 이 그림들은 도덕 관념이 결여된 직업을 향해 보낸 판 레이메르스바얼러의 냉혹한 경고였다.[22]

루뱅 대학교 출신 가톨릭교도였던 판 레이메르스바얼러는 한 발 더 나아가, 두 명의 징세 청부인을 묘사한 마시의 또 다른 그림†을 복제한 것으로 보인다. 그는 그 그림을 최초의 반(反)회계 이미지로 바꿔놓았다. 그의 〈두 징세 청부인〉†(1540년, 런던 내셔널갤러리)은 대금업자의 탐욕스러움에 대한 공격일 뿐 아니라 공식 징세 청부인과 세금, 회계라는 저속한 수단에 대한 노골적인 공격이다. 이 그림은 회계 도구들을 보여준다는 점에서 이례적이다. 장부, 영수증, 교환 증서, 서류 상자가 방 안에 어질러져 있다. 회계사는 깔끔하게 묶인 회계장부에 충실하게 기록을 한다. 인상을 찌푸리고 있는 그림 속 두 번째 인물은 구두로 주문하는 의뢰자로 보인다. 회계장부가 그림의 한가운데에 있고, 두 번째 인물이 그것을 가리키며 인상을 찌푸린 채 히죽거리고 있는 모습이 기록 중인 거래가 부정직한 거래라는 인상을 분명히 심어준다. 비즈니스를 묘사하고 있건 세금 징수를 묘사하고 있건, 이 그림은 재정 관리와 장부 기록을 부도덕성과 속임수, 비기독교적 행동과 연관시킨다.[23] 비즈니스에 대한 이러한 비판적 시각 탓에 파치올리의 편람도 덩달아 오명을 얻었다.

여기서 왕이 군대와 해군과 궁전을 운영하기 위한 수입을 올리려면 은행가와 상인이 필요하다는 도덕적 딜레마에 봉착하게 된다. 때로는 비열한 행위로 인식되었지만, 회계는 언제나 꼭 필요한 행정 도구였다. 왕은 회계가 필요했지만, 상업 공화정에서 그토록 흔했던 회계 지식도 없었고 숙달된 관리자도 없었다. 회계 문화의 결여는 많은 나라들, 심지어 스페인 제국에서도 재무 행정을 약화시키고 만다.

스페인 제국의 엉성한 식민지 경영

1530년대 후반 무렵, 신성로마제국 황제 카를 5세(스페인 왕으로는 카를로스 1세—옮긴이)는 스스로를 세계 최고의 신사로 볼만한 근거가 충분했다. 스페인 제국과 합스부르크 제국의 통치자였던 그는 프랑스를 물리치고 교황권을 접수했으며, 나폴리 왕국을 통해 밖으로는 밀라노와 우르비노를, 남으로는 시칠리아에 이르기까지 이탈리아를 통치했다. 그는 신세계 소유권을 확보하여 남아메리카 전역에 합스부르크 정부를 세웠다. 그리하여 페루(현재는 볼리비아)의 포토시 은광이라는 전설적인 재산이 스페인 왕국의 수중에 들어왔다. 카를 5세의 조부모 페르디난도와 이사벨라는 가장 이국적이면서도 가장 익숙한 보물을 차지하고 있었다. 1492년 그라나다의 칼리프가 항복하면서 안달루시아의 재산이 700여 년 동안 이웃에 살았던 스페인 사람들의 손에 들어온 것이다. 그러나 카를 5세는 알람브라 궁전의 재산이나 페루의 은보다 훨씬 값진 보물을 소유하고 있었다. 열대와 지중해에서 막대한 권력을 행사한 그였지만, 부르고뉴 유산의 밑바탕이 된 것은 벨기에와 네덜란드였다. 실제로 카를 5세는 지금의 벨기에 서북부에 위치한 겐트에서 출생했다. 끊이지 않는 국제 무역으로 네덜란드는 세계에서 가장 부유한 곳이 되어가고 있었다. 인구가 100만 명도 안 되는 네덜란드 시민이 기여하는 세수가 무려 그보다 열 배나 되는 인구를 가진 스페인 제국이 거두어들이는 세수의 40퍼센트를 차지했다.[24]

카를 5세에게는 충성스러운 조신(朝臣)만이 아니라 유능한 회계사도 필요했다. 그는 그 점을 알고는 있었지만 이를 효과적인 정책으로 옮길 방법은 알지 못했다. 제국은 상상도 할 수 없는 부의 원천이었으나, 제대로 계산해보면 전 세계에 산재한 지역과 항구와 식민지를 유지하는 비용이 벌어들이는 액수보다 큰 경우가 많다는 점이 제국이 떠안은 문제였다. 이것은 카를 5세가 떠맡은 문제였고, 그가 건설한 위대한 제국의 영속적인 유산이 된다. 카를 5세는 부자이기 전에 채무자였다. 스페인 제국은 많은 영토를 정복하여 통치하려 했기 때문에 막대한 수입과 엄청난 지출을 처리할 재무 관리자가 필요했다. 황제는 모든 것에 세금을 부과해야 했고, 부유한 부르고뉴 출신이었는데도 제국의 강력한 법률에 의지해 모든 거래에 대해 누구나 알카발라(alcabala: 세율 5~14퍼센트의 매매세)를 납부하도록 요구했다.

스페인에는 은행가가 부족했다. 그래서 카를 5세는 독일·이탈리아·네덜란드·스페인 출신 은행가의 손에 운명을 맡겼고, 스페인의 재무 행정을 재조직하는 데 착수했다. 스페인 제국은 이탈리아와 네덜란드에 소유 재산이 있고, 제노바와 아우크스부르크에 은행가가 있고, 대규모 선단이 금과 은과 향신료와 희귀 목재와 식물, 그리고 노예 독점 무역과 설탕과 담배 농장에서 나오는 이익을 세비야로 실어 나르는 상업 제국이었다. 그러니 당연히 회계장부는 도처에 있었다. 그러나 낡은 제국의 기사였던 카를 5세는 그것을 이용하는 방법을 몰랐다.[25]

스페인 행정 조직 일부와 스페인 상업 공동체, 특히 세비야에는 회계와 감사라는 개념이 존재했다. 1503년 가톨릭 왕족인 페르디난도와 이사벨라가 설립한 '무역관(Casa de la Contratación)'은 거대한 기록소이자 스페인과 아메리카 간 무역을 위한 행정의 중심이었다. 무역관은 전 세계와 교역을 하고 이탈리아인과 긴밀하게 협력했던 세비야 상인들이 관리했는데, 이들은 대개 복식부기에 능했다. 기본 회계장부인 '출납부(Libros de cargo y data)'는 복식으로 기장했다. 기관 부칙을 보면 무역관은 상품을 아메리카로 수출입하기 위한 창고여야 하며, 그러므로 세관 역할을 해야 한다고 명시하고 있다. 정부는 주요 관리자 세 명을 임명했다. 행정관, 국고관, 회계관이었다. 출납부는 독특하게 제본되어 있었는데, 회계관은 국고관이 받은 것과 지출한 것을 모두 상세히 기록하도록 되어 있었다. 제노바에서처럼 속임수를 막는 시스템도 있었다. 모든 계산을 중앙 장부에 기록해야 했으며, 기입 항목마다 세 관리가 서명해야 했다.[26]

16세기 제국과 식민지의 복잡한 활동들은 적어도 이론적으로는 재정적으로 관리되었다. 예를 들어 신세계에서 죽은 사람의 소유물은 관에 넣어 무역관으로 이송되었다. 관마다 내용물(종종 귀금속과 보석류)에 대한 꼼꼼한 장부가 만들어졌으며, 상속인이 되찾지 않은 내용물은 수입으로 계산되었는데, 사실 이것이 정부의 중요한 수입원이었다. 복식부기는 이처럼 상속인에게 곧바로 지불될 수도 있고, 국가 수입으로서 임금이나 정부 지출에 쓰일 수도 있는 유동 재산을 계산하는 데 유용했다.[27]

막대한 부채를 남기고 죽은 카를 5세

카를 5세는 무역관의 재무 시스템을 국가 행정 시스템으로 만들 필요가 있었다. 그런데 그러한 도전은 생각보다 쉽지 않았다. 1523년 카를 5세는 국가 행정과 세금 징수를 한 계정에서 처리함으로써 '부동산(Real Hacienda)' 관리를 통합했다. 1552년에 황제는 국사 조직에서 상인과 관리자의 모든 회계장부를 복식으로 기재하거나, 적어도 수입액과 지출액을 기록하는 장부로 기록해야 한다고 선포했다. 1556년에는 제국 전체를 대상으로 출납부 기록을 책임지는 '스페인 국왕의 총행정관'이라는 직위를 만들었다.[28]

그렇다고 황제가 직접 재무 관리를 했던 것은 아니고, 숙련된 관리자에게 자신의 정책을 이행하도록 맡기지도 않았다. 황제는 좋은 행정 회계를 원했지만, 이를 위해 필요한 개혁을 단행하지는 않았다. 황제와 각료들은 황제의 수입과 지나치게 큰 제국의 부채를 가지고 단순히 곡예를 부렸을 뿐인데, 이런 방식은 유럽의 전제군주들에게 전통이 된다. 귀족적 윤리관을 가진 카를 5세는 회계장부에 관심이 없었다. 1556년 그가 퇴위할 무렵, 제국은 3,600만 두카트(ducat)의 부채에 매년 100만 두카트의 적자를 기록했고, 총 수입의 68퍼센트가 외국 은행가들에게 받은 대출을 갚는 데 쓰였다.[29]

'서류왕' 펠리페 2세의 무관심 영역

카를 5세의 아들 펠리페가 왕좌에 올랐을 때, 펠리페(펠리페 2세)는 신성로마제국의 황제가 아니었다(그 칭호는 그의 삼촌 페르디난트 1세가 물려받았다). 대신 펠리페 2세는 스페인과 포르투갈의 왕이자 스페인 제국의 통치자가 되었다. 펠리페 2세는 최초의 실천적 관료주의 국왕이었지만, 그 역시 회계를 하는 것은 거부했다. 그의 정보 시스템은 무척 방대하고 복잡했으며, 어떤 경우는 베네치아 대사가 보고서를 보낼 때조차 스페인 왕실 우편국을 통해 다시 베네치아로 보냈다. 해가 지지 않는 제국을 통치한 이 왕은 여기저기 돌아다니기를 좋아하는 편이 아니었다. 오히려 속달 우편과 보고서가 산더미처럼 쌓인('서류왕'이라는 별명이 붙었다) 거대한 수도원 겸 궁전인 '엘에스코리알(El Escorial)'의 구중궁궐 속 자신만의 세계에 틀어박혀 살았다. 엘에스코리알은 왕이 책상에 앉아 세계 곳곳에 배치되어 있는 자신의 하수인들이 보낸 온갖 보고서를 읽고 답하는, 동굴처럼 휑한 권력의 중심지였다. 매년 10만 부가 넘는 문서가 그의 책상을 거쳐 갔다. 그가 효과적으로 관리할 수 있는 수준을 훨씬 넘어서는 어마어마한 양이었다. 펠리페 2세는 방대한 기록보관소를 유지했다. 그중에 특히 시만카스 성 내부의 기록보관소와 무역관 내에 있던, 빠르게 팽창하는 제국 무역 및 산업 관련 기록보관소가 눈에 띄었다. 그러나 결국 펠리페 2세의 정보 시스템은 그것이 관리하려던 제국만큼이나 덩치가 커져서 감당하기가 힘들었다. 펠리페 2세의 영토는 워낙 커서, 예를 들어 필리핀처럼 멀리 있는 우편국에서 보낸 서신에 회신하려면 자그마치 7년이 걸리기도 했다. 스페인의 행정을 다룬 연구들을 보면, 한 사람이 너무 많은 세부 사항을 통제함으로써 초래된 좌절을 엿볼 수 있다. 펠리페 2세는 자신의 시스템에 대해 전반적 통제력을 유지할 수 있었지만, 그가 미처 관심을 기울이지 못한 문제와 사업이 많았다. 그리고 그중에 가장 중요한 것은 회계 기록이었다.[30]

그토록 데이터와 관리에 집착한 사람이라면 당연히 회계에 지대한 관심을 가졌으리라고 누구라도 예상할 것이다. 실제로 파치올리의 기독교식 회계는 펠리페 2세에게 매력적으로 다가왔다. 카를 5세와 마찬가지로 펠리페 2세는 돈 걱정으로 오랜 시간을 보냈다. 그는 마치 수수한 상인처럼, 또는 그의 표현을 빌리자면 수도사처럼 검은 옷을 입고 다녔다. 그는 이익보다 '정당한 가격'의 개념을 이해하기 위해 토마스 아퀴나스를 연구했다. 펠리페 2세는 수도자-왕이라는 정체성을 유지했으나, 그의 아버지보다는 훨씬 실천적인 행정가였다. 그럼에도 그는 '자신의 재정 문제에 대한 무지'와 회계에 대한 무지를 인정했다. "나는 회계장부나 재무 보고서를 볼 때, 잘 작성된 것과 그렇지 않은 것을 구분하지 못한다. 그리고 지금도 이해할 수 없고 평생 이해할 수 없었던 뭔가를 이해하기 위해 머리가 쏘개지고 싶지 않다." 펠리페 2세는 재무에 대해 좌절과 경멸만을 느꼈다. 아주 사소한 것까지 관리하는 집착에 가까운 습성을 가졌던 그이지만 제국의 장부를 이해하려 하지 않았고, 국가 회계장부를 관리하는 절대적으로 필수적

인 과업을 다른 누군가의 손에 맡겼다.[31]

펠리페 2세는 1571년 레판토 해진에서 오스만튀르크 군대를 물리친 지중해 신성동맹 연합함대에 돈을 지불해야 했다. 가톨릭 왕인 그에게는 참으로 영광스러운 일이었지만, 거기에는 엄청난 대가가 따랐다. 이 전투 이후에도 1571년과 1573년 사이에 함대를 유지하는 데 700만 에스쿠도(escudo)가 들었다. 그와 동시에 스페인은 네덜란드 반군과도 싸우고 있었다. 그 때문에 제국 세수의 거의 절반이 위험에 처했을 뿐 아니라, 양민을 상대로 한 야만스러운 전투도 마다하지 않는 군대를 유지하는 데 1572년과 1575년 사이에 1,100만 두카트가 들었다. 이 금액을 아메리카 대륙과 카스티야 소유 재산에서 정부가 거둬들이는 500만~600만 두카트의 소득과 비교해보면, 펠리페 2세의 입장을 옹호할 수 없음이 분명해진다. 파산이 눈앞에 다가왔고 펠리페 2세는 뭔가 조치를 취할 필요가 있었다.[32]

오반도의 대차대조표로 드러난 부채 규모

1573년 펠리페 2세는 후안 데 오반도(Juan de Ovando, 1515~1575년)를 임명해 신설된 재무참사회를 감독하고 파산을 피하기 위한 개혁을 실행하도록 지시했다. 세비야 종교재판소 재판관이었던 오반도는 스페인 제국의 막강한 통치 기구인 '스페인 제국 참사회'의 실세이자 '인도 참사회'의 의장이기도 했다. 재판관은 단순히 이단 척결자일 뿐 아니라 고도로 훈련된 행정가이기도 했다. 그들은 교회의 종교 교리와 법과 재무를 감독했다. 오반도의 임무는 국가 재정을 재조직하는 것이었다. 그는 왕이 자신에게 어려운 임무를 맡겼음을 인식하고 '무엇이 개입되어 있는지 아는 사람이 거의 없는 상황이어서 (특히 정부에서는) 재무는 특별한 공포의 대상'이라고 언급했다.[33]

오반도는 국가 재무 보고와 감사의 효율성을 연구했다. 그 결과 정부의 주요 재무 기관 세 곳이 필수 정보를 공유하지 않는다는 사실을 발견했다. '재무회계실'은 일상적인 국고 운영과 세금 징수(민간 징세 대행)를 담당하고, '회계기록실'은 장부를 점검하여 결과물을 정부에 제출하고, '재정자문실'은 왕실의 소득 증대를 목표로 하는 재정 정책을 개발하는 곳이었다. 이 세 기관은 서로 간에 소통이 부족하고 종종 맡은 기능이 겹치기도 했으며, 끊임없이 불협화음을 내고 상황을 제대로 파악하지 못했다. 오반도는 이를 두고 '머리가 여럿 달린 히드라' 같다고 표현했다. 재무 정보 역시 정확하지 않았다. 그는 정부 수반들이 "너무 바빠서 …… 아무도 재정 문제를 자신의 일로 간주하지 않는다"라고 불평했다.[34]

오반도는 복식부기를 몰랐지만 복식부기의 중앙집중 원리와 대차균형 원리는 이해했다. 그가 임무를 수행하려면 재무참사회에서 모든 결정을 내릴 수 있는, 훈련된 전담 행정가들의 조직이 필요했다. 오반도는 나폴리 주재 스페인 총독과 국왕재정참사회를 본보기로 떠올렸다. 들리는 이야기에 따르면 이 참사회에는 "[회계와 재무를] 이해하지 못하는 이가 한 명도 없었고, 마치 자기 가계 예산처럼 훤하게 꿰뚫고 있었다"라고 한다. 나폴리에는 주산과 복식부기를 가르치는 학교가 있었을 뿐 아니라, 파치올리 자신이 그곳에서 한동안 수업을 하면서 회계 고수들의 훈련을 도왔다. 다른 이탈리아 도시에서와 마찬가지로, 복식부기는 통치 계급에게도 소중한 지식 형태였다. 스페인의 나폴리 총독 돈 페드로 데 톨레도는 나폴리의 기존 시스템을 통해 세금을 징수했는데, 이 시스템은 혼란스러웠지만 적어도 국가의 재무 기록은 중앙집중화되어 있었고 관리자들은 강도 높게 회계 기술을 훈련했다.[35]

오반도의 서신은 스페인에서는 사정이 그렇지 못했음을 분명히 보여준다. 그는 참사회에 필요한 건 '성직자와 법률가'가 아니라 훈련된 '사무원과 회계원'이고 이들이 감사관으로 승진해야 한다고 경고했다. 그런 방식이어야만 스페인 정부가 완전한 회계장부를 만들 수 있다는 생각이었다. 한 내부 기록은 국제 조세와 재무 업무를 담당하는 관리들이 제노바와 독일의 은행들과 효과적으로 협상하기 위한 재무 도구를 갖추지 못한 상태라고 지적했다. 마침내 오반도는 아주 본질적이며, 그 당시로서는 혁명적인 주장을 내놓았다. 이 중앙 참사회는 왕의 직접적인 지원과 관심이 필요하다는 것이었다. 오직 왕만이 최종 감사관이 될 수 있었다. 그렇지 않고서는 오반도의 국가 회계 조사관이라는 개념은 실질적인 권위를 가질 수 없었다.[36]

1574년 4월 11일, 오반도는 펠리페 2세 정부 재정의 대규모 대차대조표를 만들었다. 비록 불완전한 재무 보고와 원시적 회계에 기초하고 있었지만, 그 보고서는 주목할 만한 성취였다. 다만 거기에 적힌 수치들은 이론의 여지 없이 비참했다. 정부의 총 수입은 564만 2,304 두카트로 추산되었다. 그런데 부채가 7,390만 8,171두카트를 훌쩍 넘어섰다. 필수적인 연 지출은 약 300만 두카트였다. 설사 전혀 지출을 하지 않고 모든 수입을 부채를 갚는 데 쏟아붓는다 하더라도 정부가

부채를 다 갚을 때까지 무려 15년이 걸릴 것으로 예상되었다.[37]

개혁 대신 식민지 원정에 돌입한 왕

오반도와 왕은 그런 총체적인 재정 위기를 주체하기 힘들었다. 네덜란드가 반기를 들고 있는 데다 제국 곳곳에서 자금 요청이 쇄도하고 있는 상황이었기에, 오반도는 정부가 세금을 올려야 한다고 생각했다. 그러나 세수를 늘리려면 정부에 더 나은 회계 담당자와 재무 관리가 필요했다. 이때야말로 펠리페 2세가 스페인 정부를 근대화하고 중앙집중화할 시점이었다. 애초에 펠리페 2세의 지시에 따라 오반도가 중앙집중적 회계를 필수 행정 도구로 제안했다. 그러나 펠리페 2세 자신이 인정했듯이 복식부기는 매우 위협적인 도구였다. 오반도는 서신에서 "폐하가 나도 다른 재무대신들도 신뢰하지 않으며", 그래서 재무 문제는 종종 자신이 보기에 재무에 무지한 펠리페 2세의 몇몇 고위 관리들이 결정한다고 한탄했다.[38]

오반도에게 위협을 느낀 고위 관리들이 반격에 나섰다. 펠리페 2세의 자문관 중 한 명인 안토니오 데 파디야 이 메네세스는 이미 늙은 오반도가 재무 문제에 대해 과연 무엇을 알고 있겠냐며 의문을 제기했다. 게다가 오반도는 능력 있는 대신도 아니고 정식 훈련을 받은 것도 아니지 않은가? 나이를 먹을 만큼 먹은 사람이 재무를 기초부터 제대로 배운다는 게 과연 가능한가? 재무는 일종의 과학이며, 의사나 법률가와 마찬가지로 진정한 전문직이라고 파디야는 주장했다. 파디야는 자신 역시 재무를 배울 수 없다고 인정했다. 그는 숫자를 능수능

란하게 다루는 능력과 복잡한 회계장부를 날마다 기록하는 절제력을 갖춘 좋은 회계원이 되려면 어린 나이부터 훈련을 받아야 한다는 것을 알았다. 그러나 정부는 행정에 필요한 회계원을 교육시키지 않고 있었다.[39]

오반도의 개혁을 철저히 실행하기를 거부함으로써, 펠리페 2세는 정부의 재정 문제를 악화시켰다. 그렇게 함으로써 정부에 대한 통제력을 유지하려는 펠리페 2세의 개인적 집착은 충족되었을 것이다. 펠리페 2세는 국가 회계장부를 만들고 중앙집중화하는 대신, 재정적 마녀사냥에 돌입했다. 그는 1575년에 행정부에 일련의 감사를 실시함으로써, 오반도가 국가적 파산을 막기 위해 어느 때보다 정부를 동원해야 한다고 생각했던 바로 그 시점에 오히려 정부를 수렁에 빠뜨렸다. 펠리페 2세는 서류 작업과 관리에 집착했지만, 사실 그에게는 깊은 관음증 성향이 있었다. 그는 정보원들로부터 입수한 비밀 문건을 무척 좋아했고, 무엇보다 대신들이 왕실의 자금을 횡령하고 있다는 오반도의 주장에 고무되었다. 그러나 이런 행위는 미친 짓이었다. 왕은 이제 제국을 통치하기 위해 세수를 올리기가 훨씬 더 힘들어졌다. 네덜란드의 봉기로 제국의 최고 부자들이 떨어져 나가고 있었다. 그 어느 때보다 이 시점에서 스페인 군주국이 안고 있던 위기는 회계와 책임성의 위기로 보였다.[40]

펠리페 2세는 결국 회계 담당자를 해고할 수 있다는 사실을 깨달았지만, 문제는 사라지지 않았다. 그리고 그는 파디야가 옳았음을 깨달았다. 펠리페 2세에게는 재정을 제대로 관리하기 위해 훈련된 회계사가 필요했다. 상인들은 제국 행정 장치의 일부였고, 종종 상업 집산

지인 세비야로부터 환영을 받았다. 무역과 국가 행정을 혼합하는 방법을 배운 이들은 무역관을 거쳐 효과적인 행정 전문가가 될 수 있었다. 펠리페 2세의 관심은 페드로 루이스 데 토레그로사(Pedro Luis de Torregrosa, 1522~1607년)에게로 향했다. 그는 오반도에게 결여된 실용적 상업 경험을 갖춘 데다 질투심 많은 왕에게 크게 행정적으로 위협이 되지 않는 인물이었다.

1559년부터 1562년까지, 토레그로사는 제국 무역을 담당하는 국가기관인 무역관을 위해 일했다. 그곳은 복식장부를 기록하는 극소수의 정부 기관 가운데 하나였다. 훌륭한 관리와 신세계의 귀금속 재산에 힘입어, 토레그로사는 정부를 위해 반가운 수익을 냈다. 그는 1573년 무렵부터는 판매세를 관리하기 시작했다. 펠리페 2세에게 신임을 얻은 그는 정부 감사관이 되었고 왕실 조폐국 관리를 도왔다. 1580년에 이르러, 펠리페 2세는 오반도의 조언을 따라야 한다는 점을 분명하게 인식했다. 그래서 토레그로사에게 중앙 정부 회계장부를 복식으로 기록하라고 주문했다. 그렇게 되면 다른 국가 관리들이 토레그로사에게 자신의 장부를 보여줘야 한다는 얘기였으니, 이러한 개혁에 대한 저항이 무척 거세서 황제 자신이 '이 회계장부 작성에 반대하는 자들'에 대해 불평할 정도였다.[41]

그러나 또다시 재무 행정에 대한 펠리페 2세의 관심은 원대한 야심과 이리석음에 압노뇌었다. 1588년에 펠리페 2세는 그때까지 유럽이 목격한 가장 처참한 해군 원정, 곧 스페인 무적함대 원정에 돌입했다. 그 일은 회계와도 깊게 연관되어 있었다. 함대를 구성하고 선박을 유지, 보수하고 일지를 기록하는 것은 모두 숙달된 회계를 필요로 하는 일이었다. 원정이 대실패로 돌아간 사실은 잘 알려져 있다. 함대의 선장은 미숙했고, 날씨도 스페인군에 불리하게 작용했다. 잉글랜드의 작은 배들이 공해에 떠 있는 대형 스페인 선박들을 궤멸시켰다. 스페인은 배 10여 척을 잃었으며 수만 명의 병사가 죽거나 포로로 잡혔다. 여기에 네덜란드의 반란이 계속되면서 세수가 막대하게 줄었다. 무적함대 원정은 재정적 재앙이었고, 펠리페 2세는 개인적 속죄로 이 문제를 해결해야 했다. 어쩌면 스페인의 암담한 상황(펠리페 2세는 하늘의 형벌이라고 보았다)은 어째서 그가 결국 주요 회계 개혁을 묵묵히 지지하게 되었는지를 설명해줄 것이다.

토레그로사의 사회·정치 개혁

토레그로사는 이 재앙을 극복하려면 스페인 정부에 제대로 기능하는 회계 시스템이 있어야 함을 인식했다. 스페인어로 된 복식부기 편람 없이는 오반도가 꼭 필요하다고 주장해온 회계원을 훈련시키는 일은 고사하고 필요한 개혁을 설명하는 일조차 불가능했다. 토레그로사는 자신의 대지이자 세비아에서 활동하던 국제 상인, 바르톨로메 살바도르 데 솔로르사노와 함께 작업하여, 복식부기에 관한 최초의 스페인어 논문을 출간했다. 솔로르사노는 상인 신분으로 인도 제국을 여행한 경험이 있었고, 세비야의 부유한 시민이 된 이탈리아 상인 조반니 안토니오 코르초 빈첸텔로 데 레카를 위해 일하며 그에게 복식부기를 배웠다. 파치올리의 『총론』 이후 96년 만에, 그리고 세 번이나 재정이 파탄 난 뒤에야 솔로르사노는 『상인과 그 밖의 사람들을 위한

현금출납부와 회계 편람』을 출간했다.[42]

이 편람은 파치올리에게서 영향을 받았음이 분명한데, 토레그로사는 이것을 사회·정치 개혁에 이용하려는 원대한 계획의 숨은 지휘자였다. 토레그로사는 파치올리보다 한 발 더 나아가, 펠리페 2세에게 바치는 헌사에서 복식부기가 상업뿐만 아니라 '왕과 군주와 대영주'의 국정 운영을 위해서도 꼭 필요한 방법이라고 설명했다. 그는 이 편람이 특히 공정한 통치를 하려는 왕에게 적합하다고 강조했다. 그것은 왕과 군주의 역할에 대한 선구자적 관점을 보여준 주목할 만한 주장이었다. 토레그로사가 볼 때 왕과 군주는 사업과 이익, 재정 관리의 결정권자이므로 그들에게는 계산과 감사라는 도구가 필요했다. 더욱이 그는 장부 조작을 방지하기 위해 원장을 묶고 페이지를 매기는 방법까지 설명했다. 어쩌면 이런 측면이 본능적으로 뭔가 캐내기를 좋아하는 펠리페 2세에게 매력적으로 느껴졌는지도 모른다.[43]

1580년대에 토레그로사는 자신의 이론을 실천에 옮기기 시작했다. 왕은 그에게 왕실 재정 장부 관리국을 만들도록 허락했다. 토레그로사는 국가의 모든 '경상 및 특별' 수입과 지출을 네 권의 회계장부와 수많은 분개장에 복식으로 기재했다. 토레그로사는 중앙 원장을 관리하기 위해 다양한 재무 행정 부문에 대한 10여 권 이상의 장부를 기록했다. 심지어 외부에서 종이가 몰래 유입되지 않도록 특별히 구멍을 뚫은 특수 용지를 쌓아놓고 사용했다. 토레그로사는 1600년대 초까지 왕실의 출납을 기록한 두 권의 중앙 정부 원장을 작성하고 관리했다.[44]

처음에는 성공적이었던 토레그로사의 개혁은 격렬한 반대에 맞닥

뜨렸다. 중세적 사고에 젖어 있는 대회계실 관리들이 토레그로사에 대한 스물다섯 가지 불만 사항 목록을 왕에게 보냈다. 수입과 지출 장부를 기록하던 관리들은 회계감사를 받는 것이 내키지 않았다. 게다가 사업가들마저 이제 토레그로사의 정책이 지나치게 효과적이어서 결코 만족할 줄 모르는 국가에 자신들의 수익이 그대로 노출될까 우려했다. 펠리페 2세는 1598년에, 토레그로사는 1607년에 사망했다. 국가는 여전히 재정 혼란에 빠져 있었고 또다시 파산을 선언했다. 좋은 회계 담당자가 할 수 있는 일은 딱 그 정도였다. 새로운 왕 펠리페 3세(재위 1598~1621년)가 총애하던 대신 레르마 공작은 중앙 정부 원장을 기록하긴 했으나, 내용이 형편없었고 결산도 제대로 하지 않았다. 결국 토레그로사의 개혁은 실패했다. 그는 자신의 부서에 기용할만한 유능한 일꾼을 찾지 못했고, 복식부기 훈련을 받은 행정가도 거의 없었다. 스페인에는 효과적인 회계 교육 기관이 없었다. 파치올리의 편람과 회계 개혁가들이 기울인 온갖 노력은 스페인과 그 제국에 큰 영향을 미치지 못했다.

개혁의 실패와 스페인 제국의 몰락

펠리페 2세의 손자 펠리페 4세가 즉위한 1621년 무렵, 스페인은 여전히 부채에 허덕였고 유럽을 황폐화시킨 30년전쟁의 수렁에 깊이 빠져 있었다. 토레그로사의 회계국은 맥없이 기능을 멈추었고, 같은 해에 국가는 회계국을 해산했다. 세르반테스 같은 스페인 작가들은 국가가 쓸모없고 게으르다고 생각했다. 개혁은 시들해졌고 아메리카의 금과 은은 고갈되기 시작해서 전성기였던 16세기 중반에 비해 금은괴의 수송이 5분의 1로 감소했다.

1628년에 쿠바 북부에서 1,100만 길더(guilder)가 넘는 금과 은을 실은 스페인 보물선이 네덜란드 해군 제독 피트 헤인과 네덜란드 유대인 해적 모세스 코헌 헨리케스에게 나포되었다. 그 정도면 8개월간 네덜란드 군대를 유지하고 네덜란드 동인도회사 주주들의 돈궤를 채우기에 충분한 양이었다. 당연한 일이지만, 그것은 스페인에게 금전적 재앙이었다. 스페인은 이제 소득이 나올 곳이 없었다.『돈키호테』에서 세르반테스는 이제 더는 메마른 카스티야 땅에서 소득을 짜낼 수도 없고 정부에 연금을 기대할 수도 없는 스페인 귀족과 병사와 학생과 직업인 들의 초라하고 비참한 빈곤 상태를 묘사했다. 국가이 부패가 어찌나 심각했던지, 부유한 대귀족이 민중을 굶주리게 하고 엄청난 이자의 국채로 국가를 압박하는 일이 일상화되었다.

펠리페 2세의 역사적인 회계 개혁은 카스티야의 뜨거운 흙먼지 속으로 조용히 사라져 역사에서 잊혔다. 그러나 훈련된 행정가도 없이, 회계에 대한 편견에 맞서 개혁이 시도되었다는 사실에 주목해야 한다. 펠리페 2세의 개혁 실패는 그저 한 번의 기회를 놓쳐버린 것을 넘어, 아무리 강력한 왕이라도 정치적 책임성을 가져올 수 있는 재무 개혁을 실행한다는 것이 얼마나 어려운 일인지 여실히 보여준다. 파치올리의 책은 결국 왕이나 황제 치하가 아닌 다른 곳에서 호의적인 독자를 찾았다. 그들은 바로 절대군주국에 반대하고 상업 공화정에 공감하는 네덜란드의 시민들이었다.[45]

제5장

네덜란드 황금시대를 만든 복식부기

모든 것이 여전히 모호했고
모두들 내놓으라는 회계장부는 내놓지 않고
뭉그적거리며 변명만 늘어놓았다.
아마도 베이컨 기름을 장부에 발라서
개가 물어가게 한 모양이다.
—
네덜란드 동인도회사 주주의 불평, 1622

16세기 국제 경제의 중심지, 네덜란드

16세기 초 합스부르크 스페인 제국에 속한 유럽에서 가장 부유한 지방 네덜란드는 이탈리아 북부를 대신해 국제 경제의 중심지가 되었다. 1567년에 한 피렌체 무역상은 부유한 안트베르펀(현재는 벨기에의 도시로 안트베르펜으로도 불린다—옮긴이) 상인들의 엄청난 재산과 아름다운 상점과 고급 융단과 웅장한 저택과 마흔두 채의 교회와 증권거래소와 한자동맹 상업관을 묘사했다. 그 피렌체인은 그곳이 세상에서 가장 부유하고 가장 아름다운 도시라고 언급했다. 향신료를 가득 실은 포르투갈 선박과 은을 실은 스페인 선박들이 북유럽에서 두 번째로 큰 도시인 안트베르펀에 입항했다.

안트베르펀은 또한 유럽 회계의 중심이 되었다. 파치올리의 회계 저작이 마침내 쓸모 있게 활용되고 대규모로 확산된 곳도 바로 여기였다. 이곳 네덜란드의 회계장부는 회계에 대한 국제적 관심을 촉발시켰다. 그러나 네덜란드인들은 회계 기술을 터득하고 대중화하고 국정 관리에 이용하는 와중에도 복식회계의 엄격한 요구 사항에 힘겨워했고 재무적·정치적 책임성을 유지한다는 어려운 도전과 씨름해야 했다. 어쩌면 네덜란드 황금기가 가르쳐준 교훈은 바로 이것일 것이다. 책임성을 원하는 이들은 회계를 배우고 회계의 정당성을 옹호하기 위해 무진 애를 써야 했다. 네덜란드의 이야기는 네덜란드 사람들이 책임성 있는 정부와 재무를 발명했을 뿐 아니라 그것을 유지하기 위해 얼마나 노력했는지를 보여준다.[1]

스페인 제국의 과중한 세금과 네덜란드 반란

경제적으로는 풍요로웠어도 1567년 네덜란드는 자유 국가가 아니었으며 스페인 국왕 펠리페 2세의 지배를 받았다. 네덜란드는 원래 펠리페 2세의 부친인 카를로스 1세(신성로마제국 황제로서는 카를 5세)의 영토였다. 합스부르크 왕조가 통치하는 플랑드르와 네덜란드의 국민들은 국제 금융과 무역으로 (그리고 고래 기름과 어업과 치즈 생산으로) 번영을 누렸지만, 또한 스페인 제국의 과중한 세금을 견뎌내야 했다. 강압적인 제국의 감사관들은 늘 파산 상태인 스페인 제국을 지탱하기 위해 네덜란드 사람들의 주머니를 쥐어짜려 했다. 네덜란드 사람들은 스페인 정부의 필요를 충족시키기 위해 여러 가지 제도를 마련했다. 채권(공채)이 필요한 다른 나라들과 마찬가지로, 그들은 부유한 시민들에게 종신연금(복지수당처럼 매년 지불하여 만기가 되면 생명보험이나 연금을 받는 형태)을 강제 판매하여 공적 기금을 조성하는 방법을 고안했다. 네덜란드는 여기서 나오는 돈을 스페인으로 보냈다.[2]

이자가 붙는 종신보험은 새로운 점이 전혀 없었다. 이탈리아 도시

국가와 프랑스, 영국도 그런 제도를 시도했다. 다른 점이 있다면, 네덜란드에는 효과적인 지방세 징수 시스템인 '네덜란드 제무국(Kantoor van de Financie van Holland)'이 있었다는 점이다. 네덜란드 사람들은 정부가 이자를 지불할 거라고 믿었다. 당시 유럽의 금리(4~5퍼센트)는 네덜란드 채권에 연동되었는데, 네덜란드의 지방세 수입이 믿을 만하다고 생각되어서 그랬던 것이다. 조세 수입은 종종 복식부기로 관리되었고, 더 나아가 공적 조사의 대상이었다. 환금성뿐 아니라 책임을 물을 수 있다는 가능성 자체가 신뢰를 낳았다. 그러나 누구도 지방세 징수원이나 중앙 정부의 회계 담당자에 대한 감사를 요청하지 않았다. 그들이 자기 일을 잘하고 있는 것처럼 보였기 때문이다.[3]

네덜란드 경제가 성장하면서 특히 안트베르펀에 많은 회계 학교가 생겨났다. 합스부르크 영토는 고대 부르군트 왕국의 일부였기 때문에 네덜란드 세법은 불어로 작성되었으며, 따라서 네덜란드 회계 학교는 '불어 학교'라고 불렸다. 네덜란드 국민들은 신성로마제국 황제이자 스페인 왕인 카를 5세에게 세금을 지불하기 위해 불어와 복식회계를 배웠다.

그런데 네덜란드 반란(1568~1648년)으로 이 모든 것이 바뀌었다. 네덜란드 북부 개신교 지역 열일곱 군데가 반란을 일으켜 마침내 억압적인 합스부르크 지배자로부터 독립하여 1581년에 사실상 공화국을 세운 것이다. 네덜란드로부터 거둬들이는 직접적인 세수를 상실하자 스페인은 또 한 차례 파산을 맞았다. 그러나 펠리페 2세는 부유한 백성들에게서 세금을 받아내는 데 그치지 않고, 그들이 가톨릭교도로 남도록 억압하려 했다. 그는 백성의 종교가 왕의 종교와 다른 일은 있을 수 없다고 생각했다. "그래서 나는 이에 합의하느니 차라리 나의 왕국 전체를 잃는 쪽을 택하겠다." 펠리페 2세의 말이다. 황제는 자신의 의지를 부분적으로 관철시켰다. 지중해에서 벌어진 오스만튀르크와의 전쟁, 이탈리아에서의 봉기, 그리고 전 세계에 걸친 제국의 관리와 관련한 많은 도전에 직면한 펠리페 2세는 네덜란드인들을 그들의 땅에 조용히 눌러 앉힐 수 없었다. 국토의 20퍼센트가 해수면 아래에 있고 또 40퍼센트는 조류와 범람에 노출되어 있으며 인구가 100만 명도 채 안 되는 이 연방 개신교 국가는 강력한 가톨릭교도 스페인 황제와 맞붙었고, 1570년대의 군사적 승리로 1581년에 마침내 전쟁에서 황제를 패배시키고 독립을 선언했다.[4]

1585년에 어마어마한 규모의 스페인 제국 군대가 네덜란드 남부의 도시 안트베르펀을 무력으로 포위했다. 안트베르펀이 함락되자 개신교 주민들은 자유로운 북쪽으로 도주했다. 한때 10만 명이던 안트베르펀 인구는 4만 명으로 감소했고, 부유한 장인들과 상인들은 암스테르담으로 향했다. 이로써 암스테르담은 공화국 제일의 도시이자 세계 무역의 중심지가 되었다.[5]

암스테르담은 또한 전문 회계 지식의 세계적 중심지가 되었다. 훗날 한 시인은 네덜란드가 누린 부의 비밀이 복식부기라고 썼다.

이것은 베네치아와 제노바와 피렌체를
부유하게 만든 유명하고 신속한 발명품이로다.
(모든 면에서) 저지대인 곳이
이제 이 기술로 높고 강한 네덜란드가 되었도다.

네덜란드 동인도회사가 이룩한 상업 제국

17세기 중반, 암스테르담 시장은 투자금을 보증하는 '암스테르담은 행'을 설립했다. 훗날 애덤 스미스는 대차 균형을 이룬 계정들이 암스 테르담은행이 원활하게 운영되도록 만들었다고 언급했다. 네덜란드 공화국은 또한 세계 주식 거래의 본고장이기도 했다. 네덜란드 은행 들은 선물(先物) 매매에 투자할 수 있는 대출을 제공했다. 네덜란드 사 회의 모든 차원으로 비즈니스가 확산됨에 따라, 복식회계는 꼭 필요 한 지식이라는 일반적인 합의가 형성되었다. 노점상과 매춘부에서 상 인과 귀족에 이르기까지, 네덜란드인들은 상업과 관용의 작은 오아시 스를 항해하기 위해 복식회계를 알 필요가 있었다. 주식 거래의 복잡 성과 함께, 네덜란드 상인들의 재무 지식은 이탈리아 선배들이나 독 일 이웃들보다 더 정교해졌다.[6]

공적으로 거래되는 동업자 회사들이 전 세계적인 해상 무역을 조직 함에 따라, 네덜란드의 부는 가히 전설적인 수준에 이르렀다. 네덜란 드 동인도회사는 브라질 목재와 아시아 작물, 북극 고래 같은 화물을 들여오는 상업 제국을 경영했다. 이러한 부의 상당 부분은 스페인 제 국에서 왔지만, 스페인 사람들보다 네덜란드인이 훨씬 더 수익성 있 게 활용했다. 암스테르담의 시장은 보물 같은 상품들로 가득했다. 세 계 곳곳에서 들어온 어류와 과인, 후추와 육두구, 산더미처럼 쌓여 있 는 계피, 정향 꾸러미, 반짝이는 붕사 결정, 대황 줄기와 사탕수수 줄 기, 화약과 초석, 밀랍, 고무, 생강도 있었다. 각종 꽃과 나무, 유향과 몰약 냄새가 사방에서 진동했다. 그곳은 외국인 방문객에게는 압도적

인 상업적 경이의 전시장으로 보였다.[7]

상품들과 함께 온갖 것들도 세계 곳곳에서 흘러들어 왔다. 보고서와 회계장부, 일지, 과학과 자연사 서책, 정세 평가와 교역 경로, 물가 변동에 대한 정보 등이었다. 네덜란드 영사관은 네덜란드 북극의 고래 기름 공장과 서인도 제도의 농장과 유럽, 브라질, 수리남, 맨해튼, 아덴의 교역소에서 보고서를 받았다. 네덜란드의 교역소는 세계의 어느 거리에서나 찾을 수 있었다. 심지어 낭트와 라로셸처럼 네덜란드인들이 싫어하는 프랑스의 이웃 도시에도 있었다.[8]

16세기에 급증한 회계 학교

회계는 네덜란드 교육의 중심 요소가 되었다. 네덜란드 엘리트는 긴밀하게 짜인 소규모 집단을 형성했다. 그들은 문해력뿐 아니라 재무 능숙도의 중요성도 인식하고 있었다. 문해력은 네덜란드 칼뱅파와 가톨릭의 핵심이었다. 성서를 읽고 이해하는 것 자체가 하느님과 개인의 관계, 그리고 구원의 일부였다. 17세기 무렵 네덜란드는 유럽에서 문학적·회계학적 소양이 가장 높은 곳이었다.[9]

1500년대에는 네덜란드에 회계 학교가 (종종 라틴어 학교와 함께) 급증했으며, 영향력 있는 도르드레흐트 라틴어 학교의 창립자인 이사크 베크만 같은 명망 있는 교육자들과 학자들도 회계 지식을 상세히 알고 있었다. 1503년 4월 26일에는 브뤼허 출신 야코프 판 스혼호번이 암스테르담 시장으로부터 '관심 있는 누구에게나' 읽기와 쓰기, 산술, 불어를 가르칠 수 있는 면허장을 받았다. 판 스혼호번에게는 도량

형과 조세와 환율을 비롯해 '상인들에게 유용한 모든 것을 가르칠' 법적 권리가 주어졌다. 1509년 무렵에는 암스테르담에 복식부기를 가르치는 '불어 학교'가 도입되었다. 대중들은 시 정부에 부기 학교를 재정적으로 지원해달라고 요구했다. 15세기 후반부터는 레이던, 델프트, 하우다, 로테르담, 미델뷔르흐, 데벤터르, 나이메헌, 위트레흐트, 베르헌옵좀에서 상업 학교를 찾을 수 있었다.[10]

회계 편람도 급증했다. 플랑드르의 얀 임핀 더 흐리스토펄스(Yan Ympyn de Christoffels, 1485~1540년)는 처음으로 파치올리의 책을 네덜란드 회계 편람으로 개작했다. 안트베르펀의 직물 상인이었던 그는 해외를 두루두루 돌아다니며 포르투갈을 방문하고 베네치아에 10년 이상 살았다. 임핀의 사후에야 그의 아내 안나는 『칭찬할 만한 회계장부 기술에 대한 새로운 가르침과 증명』(1543년)을 안트베르펀에서 출판했다. 이 책은 재고에 관한 장이 없다는 점에서 파치올리의 편람과 달랐지만, 각종 장부와 환어음의 예, 그것들의 계산 방법에 대한 소개가 포함되어 있었다. 임핀의 책은 모든 면에서 파치올리의 책을 뛰어넘지는 못했다. 그 책은 이익과 손실의 대차대조표를 체계화하지 못했고 장부를 정기적으로 마감하는 대신에 장부가 채워지면 마감하라고 권장함으로써 보다 체계적인 관리를 불가능하게 만들었다. 그럼에도 임핀의 편람은 네덜란드어와 영어, 불어, 독일어로 복식부기를 전달하는 데 중요한 도관이 되었다.[11]

발란테인 멘허르와 클라스 피터르스존 같은 영향력 있는 수학자들도 파치올리를 따라 정식 수학 교육과 상업 부기를 접목했다. 이것은 네덜란드에서 좋은 교육을 완성하는 마무리 작업 같은 것이었다. 멘허르는 1549년에 안트베르펀으로 이주한 바이에른 사람이었다. 그는 수학과 복식부기를 가르쳐서 유명해져 길드의 대표가 된다. 멘허르는 1550년과 1564년 사이에 부기에 관한 책 네 권을 발표했는데, 정기적으로 같은 날 비즈니스의 모든 부문에 대해 회계감사를 실시함으로써 이익을 계산할 수 있다고 독자들에게 장담했다. 1570년대부터 1606년 사망할 때까지, 클라스 피터르스존은 암스테르담에서 산술 개인 교습을 실시했을 뿐 아니라 1576년에는 암스테르담에서 이탈리아 부기에 관한 두 권의 편람을 발표하며 부기가 상인들에게 매우 유익한 활동이라고 말했다. 그중 한 권은 『지식으로 가는 길(The Pathway to Knowledge)』(1596년)이라는 제목으로 영어로 번역되었다.[12]

　네덜란드가 세계 상업의 중심이며 그 바탕에는 숙련된 복식부기가 있다는 생각은 독일의 인쇄업자이자 서예가이자 회계 교사였던 대(大)요한 노이되르퍼와 스위스 화가이자 판화가 요스트 아만이 함께 만든 유명한 독일 목판화 〈상업의 알레고리〉(초판 1585년)에서도 암시하고 있다. 이 대형 판화는 세부적인 디테일뿐 아니라 상업적 성공이 복식부기에 달려 있다는 대중적 의식을 보여준다는 점에서도 주목할 만하다. 더욱이 그것은 장부를 기록하는 법까지 보여준다. 판화는 세 부분으로 나뉜다. 상부에서는 상업의 수호신 헤르메스가 오른쪽 손에 저울을 들고 있다. 두 개의 저울판에는 각각 책이 올려져 있는데, 이 저울판들은 '차변'과 '대변'이라고 표시된 두 선으로 연결되어 있다. 이 저울 아래에는 재물의 여신이 기둥 꼭대기에서 '분개장'이라고 표시된 커다란 책 위에 서 있다. 상업의 모든 것이 재물에 의존하지만, 그것은 회계의 산물인 절제와 세심함에 보상을 해준다.[13]

요한 노이되르퍼와 요스트 아만의 목판화 〈상업의 알레고리〉, 1585(국립박물관, 영국).

판화의 상부에는 상업의 수호신 헤르메스가 오른손에 저울을 들고 있고, 저울 아래에는 재물의 여신이 커다란 책 위에 서 있는데, 책에는 '분개장'이라고 쓰여 있다. 판화의 아래쪽에는 안트베르펀의 중심지와 스헬더 강에 떠 있는 배들이 보이고, 상인들이 복식장부를 기록하는 모습도 보인다.

판화의 아래쪽 두 부분은 세속적이다. 판화의 중심부는 안트베르펀을 표현하는 사업 중심지와 스헬디 강에 떠 있는 배들을 보여준다. 이제 상업과 회계의 자리가 생겼고, 그곳은 베네치아나 피렌체가 아니다. 그 이미지의 제일 아래쪽 부분에서 메시지는 한층 더 분명해진다. 거기에서는 상점과 회계실에 있는 상인들뿐 아니라 복식장부를 기록하는 부분을 볼 수 있으며, 기본적 회계 작업이 설명되어 있다. 작업장 중앙에는 '비서(秘書)'라는 제목의 책이 놓인 감실(龕室)이 있다. 아래에는 복식으로 장부를 기록하는 방법을 설명하는 세 세트의 그림이 있다. 제일 위에는 거래를 실시간으로 기록하고 있는 모습을 보여주는 메모가 있다. 아래에는 한 회계사가 일지에 항목을 기입하는 모습과 함께 "매일 나는 일지에 쓴다"라고 장부를 기록하는 방법이 적혀 있다. 최종 원장의 기록을 묘사하는 장면 아래에는 복식부기의 기본 가르침이 적혀 있다. "차변은 왼쪽에／대변은 오른쪽에."

〈상업의 알레고리〉의 메시지는 분명하다. 상업적 성공은 복식부기를 숙달하는 데 달려 있다는 것이다. 그러나 그것은 또한 이 세속적 과학의 한계와 재정적 자만심에 대한 중세적 경고도 분명히 한다. 해골과 연기를 내뿜는 화병은 인생과 부귀의 덧없음을 상징한다. 그것들 옆에는 "경건하라, 신을 두려워하라, 그리고 뉘우치라"라는 문구가 있다.

오라녀 공작 빌럼의 암살과 정치적 혼란기

네덜란드인들은 독실한 신자였으나 한편으로는 엄청난 모험을 감행했고 주식에 투자했고 선박을 치장했고 막대한 재산을 쌓았다. 네덜란드는 이웃 국가들에 비해 종교적 관용과 평등주의적 사회를 옹호했음에도 불구하고(농민들이 토지를 소유하고 치즈를 만들어 부자가 되고 가축을 살 수 있었다), 여전히 근대 초기에 속해 있었고 따라서 잠재적으로 폭력적인 곳이었다. 반란이 일어나자 알바 공작의 스페인 병사들은 네덜란드를 황폐화시키고 아기들을 창으로 찌르고 농민들을 마치 죽은 사냥감처럼 나무에 매달았다.

한편 1584년에 델프트에서 펠리페 2세를 지지하는 프랑스인 가톨릭교도에 의해 개신교도인 '침묵공' 오라녀 공작 빌럼이 암살당했다. 홀란트 주의 명망가 오라녀-나사우 가문이 배출한 최초의 군주였던 빌럼은 저녁 식사 자리를 뜨다가 권총에 가슴을 맞았다. 공작은 죽어가면서 사신의 영혼과 불쌍한 백성들에게 신의 자비를 구하는 유언을 남겼다. 델프트 시장은 자비롭지 못했다. 그는 암살자의 손을 자르고 배를 가르고 사지를 찢어 처형했다.

빌럼의 아들 마우리츠 공은 네덜란드 정부 수반인 총독이 되었다. 정식으로 하이델베르크와 레이던에서 대학을 다닌 그는 당대에 가장 학식 있는 군주가 되었다. 그는 고전과 수학, 그리고 스페인과 전쟁을 수행하기 위해 공학을 완벽하게 익혔고, 실제로 전쟁에서 비상한 솜씨를 보였다. 또한 복식회계 강의도 수강하여 훗날 활용하기도 했다.

마우리츠는 실질적으로 홀란트의 재상이었던 요한 판 올덴바르네벨트(Johan van Oldenbarnevelt)와 권력 투쟁을 벌였다. 32년간 독립 투쟁이 벌어지는 동안, 군인이었던 올덴바르네벨트는 홀란트의 주요 지도자로 활약했다. 마우리츠 공과 사이가 틀어지는 계기가 된 종교

분쟁의 와중에 1617년 올덴바르네벨트는 개신교도가 주를 이루는 홀란드 북부 주들 대부분이 가톨릭 주로 이루어진 스페인령 네덜란드의 남부로부터 독립을 선언할 것을 요구했다. 투쟁 과정에서 올덴바르네벨트와 그의 지지자들이 체포되었는데, 그 가운데는 국제법의 아버지 휘호 흐로트위스도 포함되었다. 올덴바르네벨트는 처형 집행관에게 "짧게 해달라"라는 부탁과 함께 결국 광장에서 참수되었다. 마치 17세기 네덜란드의 정물화처럼 네덜란드는 둔감한 평화의 인상을 주지만, 정치적 위기의 순간에는 잔혹한 피바람과 처참한 시신들을 피할 수 없었다.

복식회계를 정치 행정에 이용한 최초의 군주, 마우리츠

정치적 혼란과 폭력의 와중에도 네덜란드는 여전히 상업적 성공을 거두었고, 종교적 절제력으로 부기에 몰두했다. 마우리츠 공은 레이던 대학에서 알베르티와 파치올리의 실용적 전통을 숭배한 네덜란드 최고의 인문주의자 시몬 스테빈(Simon Stevin, 1548~1620년)을 만났다. 스테빈은 피코 델라 미란돌라의 고매한 신플라톤주의의 경고를 무시하고 형이상학적 학문과 상업적 기술을 접목했다. 군주와 비천한 태생(그는 사생아였다)의 공학도가 대학에서 만나 친구가 된다는 것 자체가 이미 유럽에서 이례적인 사건이었다. 스테빈이 군주에게 복식부기를 가르친 것도 마찬가지였다.[14]

스테빈은 언어학, 천지학(cosmography), 원근법, 대수학, 소수 연구와 숫자 이론, 물리학, 항해술, 천문학에 능통했다. 또한 복식부기를 깊이 연구했다. 그는 파치올리를 훨씬 능가하는 업적을 남긴 시민적 인문주의자였다. 그의 연구는 특히 치수(治水)에 실제로 응용되었고, 그에게는 시민 행정에서 가장 신경 쓰이는 직책이 주어졌다. 제방 감찰관 및 네덜란드 육군의 최고 행정관이 된 것이다.[15]

스테빈은 수학과 통치를 연결하는 데 몰두했다. 그의 회계 편람인『군주를 위한 회계』(암스테르담, 1604년)는 몇 가지 판본으로 나왔다. 이 책은 기업의 자본과 소유주의 자본 간의 차이를 인식하고 있다는 점에서 혁신적이며, 다양한 거래를 더 큰 수로 결합하여 항목을 최소화하는 방법도 설명했다. 숫자의 세계를 굳게 믿었던 스테빈은 자신의 논문에서 신을 언급하지 않았다. 진정으로 과학적인 방식으로 그는 대차대조표를 '증명서'라고 불렀다. 스테빈의 편람은 시민적 재무 관리를 위해 회계를 권장한다는 점에서 혁명적이었다. 복식부기는 단순히 정부 관리에게만 유용한 것이 아니라, 군주와 지도자들에게도 필수적이었다. 스테빈은 시 행정에서 복식부기의 유용성을 인정하지 않는 이들을 비난했다. 그는 이렇게 물었다. 어째서 정부 관리들과 집행관들은 부자가 되면서 그들이 일하는 기관에 부채와 재정적 혼란을 남겨놓는가? 책임성이 결여된 관리가 정부를 실패하게 만든다고 그는 주장했다. 복식부기를 배운 군주라면 회계 담당자의 말에만 의존하지 않고 회계장부를 직접 읽을 수 있어야 한다. 그는 상인들이 현재 군주가 고용한 관료들이나 조세 관리자들보다 디나은 회계 담당자가 될 거라고 주장했다. 마우리츠 공은 이러한 생각에 충격을 받았다. 그래서 부기가 이해하기 힘들다는 점을 인정하면서도, 부기를 좀 더 공부하기로 했다. 마우리츠는 개인 회계사에게 자신의 사적인 문제와 관련한 복식장부를 기록하도록 지시했을 뿐 아니라 행정부에서도 복식부기를 적용했다. 네덜란드는 스페인이 하지 못한 것을 달성했다. 마우리츠는 복식회계를 배워 정치 행정에 이용한 최초의 군주가 된 것이다(비록 공화정 군주이긴 했지만).[16]

마리 드 메디시스의 암스테르담 방문

1638년 9월 1일, 프랑스의 전 섭정 왕후이자 루이 13세의 모후인 마리 드 메디시스는 의기양양하게 암스테르담을 4일간 국빈 방문했다. 펠리페 2세가 네덜란드에 대한 불운한 탄압을 시작한 지 50년 만에 많은 것이 바뀌었다. 펠리페 2세가 이끄는 무적함대의 대실패는 스페인의 쇠락에 쐐기를 박았고, 그와 함께 네덜란드의 황금기가 시작되었다. 메디치 가문 출신의 프랑스 왕비는 풍요로운 문물을 구경하러 암스테르담에 온 것이 아니었다. 암스테르담의 대형 회사인 '네덜란드 연합 동인도회사(Vereenigde Oost-Indische Compagnie, VOC)'가 이루어낸 경이로운 기적을 눈으로 확인하기 위해서였다. 17세기가 시작할 무렵, VOC는 잉글랜드 동인도회사보다 선적 물품은 두 배, 자본 투자는 무려 열 배에 달했으며, 이익 면에서 비교할 수 없을 만큼 앞섰다. VOC는 암스테르담, 브라질, 맨해튼에서 중국에 이르기까지 대부분의 국제 교역 물품의 가격을 정했다. 또한 전함과 요새를 건설하고 군대를 배치했다. 민간 출자 회사였던 VOC는 네덜란드 정부의 국제 사업부였으며, 거의 100년 동안 작은 나라 네덜란드를 세계 무역의 중심지로 만들었다.

당시 메디치 가문의 왕후(비록 리슐리외 추기경에게 추방된 몸이었지만)가 종교적 관용 정책이 채택되고 상대적으로 정치적 자유가 보장되고 각종 물품을 가득 실은 선박이 가득한, 운하와 기업들의 활동으로 북적이는 은행과 증권거래소가 있는 암스테르담의 부유한 시장 도시를 방문한 것에는 대단한 상징성이 있었다. 돌이켜 생각하면, 마리 드 메디시스는 마치 미래를 방문한 것 같았다. 암스테르담은 유럽인들이 세계의 이국적인 물건들을 처음으로 볼 수 있는 경이로운 도시였으니 말이다.

네덜란드 인문주의자 카스파르 바를라외스는 왕후의 방문을 묘사하며 군주제의 위엄이 그와 상반되는 '산업'과 '국제 교역'의 위엄에 정면으로 대면한 사건이라고 주장했다. 피렌체와 한참 떨어진 암스테르담의 시장은 '코시모의 딸'(사실 그녀는 메디치 가문에서도 코시모와 다른 계통에 속하는 먼 친척뻘이었다)에게 가장 거대한 무역 도시를 보여주었다. 무엇보다 중요한 사실은 마리가 동인도회사를 방문한 점이다. 군주제가 군사적 위용에 기초했다면, 스페인과 그 제국을 파괴한 새로운 힘은 바로 여기에 있었다. 바를라외스는 이 위대한 '회사'가 '군주'와 같다고 자랑스럽게 말했다. 이 회사는 군사를 일으켜 세계 곳곳에서 전쟁을 벌였고 스페인의 왕으로부터 제국을 빼앗았다. 이것은 단순히 화려한 구경거리가 아니라 이데올로기이기도 했다. 바를라외스는 스페인의 주장을 패러디하여 "우리 공화정은 태양이 비추는 모든 곳에 이른다"라고 말했다. 군주제는 '상업'과 '일'과 '산업'에서 제대로 된 맞수를 만났다. 네덜란드 사람들은 이 모든 것이 건전한 회계에 의존한다는 것을 알았다.[17]

네덜란드의 회계와 책임성 문화의 바탕이 된 치수(治水)

　네덜란드 동인도회사는 네덜란드인들끼리 경쟁이 너무 심하면 교역에 독이 될까 우려한 올덴바르네벨트가 36년 전인 1602년에 설립했다. 그는 네덜란드의 모든 지역을 대표하는 단일한 연방 회사인 네덜란드 연합 동인도회사를 설계했다. 회사의 정관은 올덴바르네벨트가 공화정에 가장 도움이 된다고 생각했던 개인 자본과 국가 이익의 결합을 보여주었다. 회사는 독점 무역 회사로서의 임무뿐 아니라 네덜란드의 이익을 뒷받침할 의무가 있었다.[18]

　정관은 또한 모든 네덜란드 시민이 회사의 주식을 살 수 있으며 "화물 수익금이 현금화되면 그 즉시 5퍼센트를 배당금으로 지급해야 한다"라고 명시했다. 회사는 17인이사회(Heren Seventien)와 60여 명의 중역진(Bewindhebbers)에 의해 관리되었다. 주식은 암스테르담 증권거래소에서 거래되었다. 이로써 VOC는 자본주의 역사상 최초로 상장된 주식회사가 되었다. 네덜란드 시민들은 회사에서 투자자본을 직접 빼내는 방식이 아니라 단순히 주식을 사거나 파는 방식으로 자유롭게 회사에 투자하거나 투자를 회수했다. 회사에 대한 신뢰는 내부 회계에 기초한 것이었다. 정관은 회사가 전문 회계상부 담당자를 고용하고 회사 이사회는 정기적으로 모든 선박과 창고에 대한 회계장부를 감사할 것이라고 명시했다. 또한 열린 통치를 지향하는 네덜란드 정신에 따라 회사는 6년마다 회사의 모든 비용과 이익과 손실에 대한 전반적 기록을 보여주는 공적 회계감사 결과를 발표하도록 의무화했다. 기록을 제시하지 않는 관리자는 처벌 대상이었다.[19]

네덜란드 사람들이 회계를 선호하는 경향이 단순히 상업 윤리에서 나온 것은 아니었다. 그것은 물 관리라는 네덜란드 문화의 오랜 전통에서 나왔다. 제방이 무너져 물이 범람하기라도 하면 저지대 네덜란드는 사라져버릴 터였다. 따라서 충실한 지방 관리는 생사의 문제가 되었고, 이것이 네덜란드 사람들이 회계와 책임성을 그토록 진지하게 받아들이는 한 가지 이유가 되었다. 지역 물관리위원회(Waterschappen)가 관리하는 이러한 제방과 사구와 배수 시설과 수로가 없었다면 네덜란드는 생존할 수 없었다. VOC의 다른 지역위원회들과 마찬가지로, 물관리위원회의 수장은 지역 주민들에게 직접 설명할 책임이 있었다. 그래야 마땅했다. 만일 공공기금과 공공사업을 잘못 관리하면, 지역이 물에 잠겨 많은 사람이 죽게 될 터였다.

"피해를 입는 자가 물을 막는다(Wie het water deert, die het water keert)"라는 네덜란드 속담이 있다. 네덜란드 최고의 공학자이자 복식부기의 대가인 스테빈이 최고 감찰관이 된 것도 아마 그 때문이리라. 그것은 또한 지방 회계가 건전해야 하고 비교적 투명해야 하는 이유도 설명할 수 있다. 현지 감사(schouw)는 건전한 지방 행정과 치수(治水)를 보장하기 위해 필요한 '실용적 합의'로 인식되었다.[20]

세계 최초의 상장 회사, 그리고 최초의 주주 반란

네덜란드 사람들이 세계 최초의 상장 회사를 설립하고 주식을 구매할 수 있었던 것은 변함없이 충실한 시민적 재무 관리에 대한 신뢰가 있었기 때문이다. 그러나 이러한 신뢰는 동인도회사의 내부 활동에 의해 곧 시험대에 올랐고, 그 결과 최초의 근대 회사는 최초의 주주 반란을 경험하게 된다. VOC의 최대 투자자는 암스테르담에 정착한 플랑드르 출신 상인 아이작 르메르(Isaac Le Maire, 1558~1624년)였는데, 그는 프란체스코 다티니와 마찬가지로 물품 판매와 환어음 거래에서 해상보험 판매와 동방 무역에 필요한 항해 장비 조달에 이르기까지 많은 사업에 손을 댄 사람이었다. 그는 회계 작업을 회피하고 약탈적 상업 행위를 벌인 전력이 있었다. 르메르 자신은 사기꾼이었지만, 그는 자신이 투자한 기업에 기업 책임성을 요구했다. 1602년 그는 8만 5,000길더를 투자해 VOC 주식을 매입했다. 그러나 르메르는 단순한 투자자가 아니었기에 그저 수익금만을 원하지는 않았다. 그는 원하던 수익금을 받지 못하자 은밀히 원정 교역을 조직했고 VOC 주식의 손실에 대비해 주식을 공매도(말 그대로 '없는 걸 판다'라는 뜻으로 주식이나 채권을 가지고 있지 않은 상태에서 매도 주문을 내는 것을 말한다—옮긴이)했다. 그는 동인도회사로부터 재산을 횡령했다는 비난을 받았고, 이사회는 그를 고소했다. 르메르는 회사에 복수를 다짐하고 계속해서 경쟁적인 (그리고 실패한) 사업을 지원했을 뿐 아니라 동인도회사의 수석 회계사 바런트 람퍼를 매수하여 자신의 음모에 유리하도록 장부에 허위 주식을 기록하게 했다. 한편 1609년에는 올덴바르네벨트에게 항의 서한을 보내 공개 감사를 요구했다. 1607년에서 1609년 사이, 주가는 액면가의 212퍼센트에서 126퍼센트로 떨어졌다.[21]

르메르의 음모는 실패로 돌아갔으나 주주들의 두려움은 실재했다. 그러한 두려움을 불식시키기 위해 VOC의 17인이사회는 더 많은 배당금을 제공하겠지만 공적 회계감사에는 응할 수 없다고 선언했다.

그런 일은 스페인의 손아귀에 놀아나는 짓이며 국익이 위협받을 것이라는 주장이었다. 동인도회사는 네덜란드 제국주의의 무력 집단이었고, 따라서 그러한 손실을 감내할 리 없었다. 책임성은 모두에게 희생을 강요했다. 이사들은 이러한 주장을 성공적으로 밀어붙임으로써 VOC 설립 후 20년 동안 주주와 대중의 신뢰를 얻어 진정한 공적 감사를 피할 수 있었다. 어쩌면 이 조치 때문에 VOC가 초기에 복식부기 원장을 기록하지 않았을지도 모른다.

1620년까지 외부 감사가 이루어지지 않았고, 배당금도 전혀 지급되지 않았으며, 내부 거래의 의혹까지 있었다. 회사 내부에서 담합에 의해 이익이 발생하고 대차대조표에 주식 자본을 포함시키지 않음으로써 자산을 부풀리는 회계장부 조작이 있었다는 얘기다. 과거 평균 18퍼센트였던 수익률은 6.4퍼센트로 떨어졌다. 여론은 17인이사회, 대주주, 중역진에게 등을 돌리기 시작했다. 주식은 이제 재무 실적이 아닌 시장의 소문에 근거하여 매매되고 있었다. 비밀주의가 최초의 근대 자본주의적 투자 사업을 좀먹고 있었다.[22]

정보 공개를 요구한 주주들

결국 1622년 불만에 찬 주주들은 17인이사회와 중역진을 공격하는 『불가피한 담화』라는 팸플릿을 발표했다. 주주들은 국가 인보를 구실로 삼은 국가 비밀주의 논리를 거부하고 회사가 투명하게 운영되어야 한다고 주장했다. 그들은 회계감사가 전혀 이루어지지 않았으며 중역진이 회계장부(rekenboeck)를 내놓지 않는다고 불평했고, 불법 소득을 숨기기 위해 "개가 물어가도록 장부에 베이컨 기름을 발라놓았다"라고 주장했다. 또한 중역진이 신중한 상인답게 행동하지 않는다고 비난하기도 했다.[23]

주주들은 제대로 된 재무감사(reeckeninge)가 필요하다고 항의했다. 그리고 개인적 이익을 위해 이사들이 인디고 염료를 시가 이하로 팔았다는 구체적인 비난도 뒤따랐다. 이사들은 주가를 조작하고 대규모 사업에서 자기 몫을 떼어감으로써 사사로운 이득을 챙겼다는 비난을 받았다. 수치스러운 도둑질이 자행되었다는 얘기도 있었다. 한 이사는 배의 화물을 조사하는 과정에서 황금 십자가상을 발견하고 얼른 주머니에 넣었다고 한다. 그러나 크기와 무게 때문에 십자가상은 바지를 뚫고 삐져나왔다. 이 모습을 목격한 다른 이사가 이 도둑이 어차피 '십자가를 지고 갈 수 없다는 것'을 간파하고, 염치없이 그의 바지에서 십자가상을 낚아챈 뒤 유유히 걸어갔다. 과유불급이라 하지 않을 수 없었다.[24]

마우리츠 공의 행정관들은 마침내 해결책을 찾았다. 마우리츠는 행정 업무에 복식부기를 이용했지만 스테빈의 제자인 그는 회계의 논리와 책임성은 거부하고, 대신 국가 이성을 끌어안았다(그러나 네덜란드 스타일로). 공개 결산은 하지 않겠지만 그 대신 국가가 회사를 비공개로 감사하겠다는 생각이었다.

라이프니츠와 미적분을 개발한 암스테르담 시장, 후더

네덜란드는 회계와 정치적 책임성 면에서 유럽을 앞서 나갔지만,

투명한 정부와 재정을 유지하기 위해서 끊임없이 노력해야 했다. 요하너스 후더(Johannes Hudde, 1628~1704년)는 50년이 지났는데도 동인도회사의 총 잔액을 계산하기 위한 중앙 원장이 여전히 없다는 사실을 발견했다. 수학자이자 암스테르담 시장이었던 그는 1672년에 17인이사회의 회장으로 임명되었다. 그는 엘리트 관리자의 전형적인 인물로, 수학과 부기에 능통했을 뿐 아니라 그 재능을 통치와 내부 감사를 위해 이용할 의지가 있었다. 그는 도시 전역에서 운하의 최고 수위를 돌로 표시하는 시스템을 확립했는데, 그의 수위 관리는 여전히 유명하다. 그는 레이던 대학에서 수학을 공부했고, 프랑스 철학자 데카르트의 추종자였으며, 스피노자와 하위헌스, 뉴턴 같은 저명한 회의주의 철학자나 수학자와 서신을 교환하기도 했다. 그는 또한 라이프니츠와 함께 미적분학을 개발하여 두 개의 다항방정식 또는 서로 다른 두 방정식이 동일한 근을 갖는다는 '후더의 법칙'을 정립했다. 그 법칙은 VOC의 장부 결산 임무를 맡은 인물에게 아주 적절한 발견이었다.[25]

후더는 동인도회사의 재정 상태를 파악하려 했지만, 회사의 부기 방식이 이를 어렵게 만든다는 사실을 깨달았다. 한 가지 원인은 회사가 부채를 따로 계산하지 않는 것이었다. 그는 부채에서 자산을 분리하기 시작했다. 자산에는 모든 해상 물품(상품과 현금)과 선박, 장비, 전쟁 물자와 요새, 식품, 부동산, 그리고 탄약까지 포함시켰다. 부채를 가늠하기 위해 그는 채무와 미지불 임금, 주식 자본(매매 시 주식의 현금 가격), 그리고 난파로 입은 손실 같은 해상 위험을 고려했다. 배한 척을 잃으면 상인이나 회사 전체가 파멸할 수 있었기 때문이다. 그는 또한 국제 무역에 이용되는 모든 통화를 고려하고 우발적으로 일어날 수 있는 사고의 가능성을 감안하여 상품 가격에 위험 비용을 적용하려 했다. 그것은 결코 쉬운 작업이 아니었다. 그는 10년에 걸쳐서 통계 수치를 집계하려 했다. 그 일은 수학자이면서 동시에 상업 회계에 능통한 사람만이 할 수 있는 일이었다. 상업 회계에 확률 통계를 이용한 선구적인 순간이었다. 그는 잉여 물품을 유지하는 비용이 때로는 물품의 가치를 넘어선다는 점을 알아챘고, 따라서 예를 들어 세금과 선적 비용을 제하고 나면 비용이 가치보다 커지는 재고 향신료를 폐기 처분하라고 권했다. 그는 재고를 쌓아놓기보다 판매 촉진을 위해 수요를 창출할 필요가 있다고 판단했다. 이는 부채 계산과 신중한 거래, 개연성 있는 가격 통계에 기초한 이익 관념이었다.[26]

후더는 자신의 주장을 입증하기 위해 기본적으로 비용 계산의 초기 원리를 간략히 보여주는 철학적 원리와 예제를 VOC 경영진에게 제시했다. "한 상인이 100파운드어치의 정향 재고를 갖고 있다. 연 매출은 50파운드이고, 연 생산은 50파운드이다. 그렇다면 저장된 100파운드의 가치는 얼마인가?" 그는 이렇게 썼다. "답은 '없다'이다. 오히려 상인이 사들인 정향은 창고 대여료와 기타 비용이 들어가기 때문에 손실을 수반한다." 그가 추구한 올바른 가치 평가는 장부를 기록하고 이익을 창출하기 위해 절대적으로 필요한 과정이었다. 그는 또한 예상 가치와 실제 가치의 기록을 맞추려고 시도하기도 했다. 이는 오늘날에도 우리가 고전하는 부분이다. 이를 위해 그는 25년이라는 기간에 걸친 이익을 예측하기 위한 통계적 계산을 고안했다. 이는 수천 마일 밖에서 앞으로 몇 년 동안 판매 가격이 정해지지 않을 물품의 거래 가치를 계산할 수 있는 유일한 방법이었다. 후더의 원리는 모든 항목에 대한 차변과 대변 기입을 통해 가치와 손실을 할당하지 않고서는 어떤 거래도 기록할 수 없다는 것이었다.[27]

후더가 실제로 동인도회사의 유효한 대차대조표를 작성하는 데 성공했다고 결론 내릴 만한 충분한 증거는 존재하지 않는다. 17인이사회의 이사이자 암스테르담 시장이었던 그는 바쁜 사람이었다. 그는 회계장부 담당자를 임명하여 자신의 작업을 계속 이어가게 했다. 그러나 한 명은 난파선에서 사망했고, 1690년에 다니엘 브람스가 가치평가 원리를 고려해 회사 전체 차원의 회계 기록을 작성하도록 임명되었다. 그러나 그 역시 회계장부 초안을 발표한 직후 사망했다. 17인이사회는 또 다른 회계장부 담당자를 임명했지만, 애초의 임무는 완수하지 못했다. 회사 이사들은 충실한 장부를 기록하지 못했지만 후더의 교훈을 마음에 새겨 이익과 비용 예측에 무척 신중했다. 비록 건전한 회계의 실천까지는 아니지만 그 정신은 VOC의 경영진에 뿌리내렸다.[28]

VOC가 남긴 교훈은 간단하지 않다. 1800년대를 준비한 최고의 자본주의 기업은 복식부기를 알았고 복식부기를 할 수 있는 전문가가 많았는데도 그것을 제도화하지 못했다. 그럼에도 불구하고 회계의 정신은 회사에 영향을 미쳐, 내부 감사를 실시하고 모든 면에서 꼼꼼한 계산을 시도하고 가치와 이익과 손실을 계산할 때 신중을 기하노록 자극했다. 스테빈의 사상이 효과를 발휘한 셈이다.

자유와 정치적 책임성의 전통을 이어간 사람들

인문학과 과학, 상업적 수학에 능통한 후더 같은 인물들은 17세기 후반까지 네덜란드를 지배하며 국정 운영에 자신의 지식과 기술을 적용했다. 1662년 자유시장 공화주의 이론가 피터 드 라쿠르(Pieter de la Court, 1618~1685년)는 『네덜란드 공화정의 진정한 이익과 정치적 금언』을 썼다. 이 책에서 그는 군주제를 신랄하게 비판하고 회계와 자유시장을 통한 경제 관리가 네덜란드 경제에 어떻게 원동력이 되었는지 상세히 서술했다. 드 라쿠르는 정치와 경제 정책을 효과적으로 개발하려면 정치 이론과 윤리학, 역사학, 수학, 회계학, 상업과 무역에 관한 전문 지식에 능통해야 한다고 믿었다.

그는 네덜란드의 자유와 정치적 책임성을 군주 정치의 압제에 대한 대응으로 보았고, 네덜란드 시민들에게 "절대군주의 통치를 받는 것보다 더 큰 정치적 해악은 없다"라고 설명했다. 그는 이러한 전통이 이탈리아 공화정에서 왔음을 인정했다. 드 라쿠르는 산업과 상업, 자유 무역, 정치적 자유가 군주제의 힘을 이길 수 있다고 주장했는데, 이것은 존 로크가 아직 대의제 정치를 다룬 『통치론(*Treatises*)』을 쓰기 전이었다. 드 라쿠르의 저작들은 스페인과 프랑스가 네덜란드를 침략하여 위협적인 공화정 체제를 무너뜨리기 위해 벌인 전투에서 군주들에 맞선 상인들의 승리의 외침을 대변했다. 실제로 그의 메시지는 억압적인 절대군주에 대한 공개적 도전이었다. 정치와 경제의 자유, 책임성, 종교적 관용 없이는 산업과 상업의 성공이 불가능하다는 것이 그의 주장이었다.[29]

드 라쿠르는 홀란트 주의 대(大) 행정장관(총독 궐위 시 공화국 정부를 대표하는 2인자) 얀 더 빗(Jan de Witt)의 보호를 받았다. 더 빗은 드 라쿠르의 책을 출판하는 비용을 대주고 자신의 이름을 공동 저자에 올리도록 허락했을 뿐 아니라, 실제로 자신의 글을 보탰을 가능성도 있다. 그는 공화주의 정치 이론과 경제 정책을 개발하기 위해 힘쓴 지적인 철학자이자 능숙한 상업 행정가였다. 그는 드 라쿠르와 더불어 공화주의 윤리와 수학을 좋은 통치 도구로 바라본 네덜란드 엘리트 통치자를 대표했다. 더 빗은 1652년에서 1672년까지 홀란트의 대 행정장관으로 있으면서 스페인과 스웨덴과 잉글랜드와 프랑스의 적대 속에서도 네덜란드가 무역과 관용의 중심지인 동시에 예술·과학·철학·신학의 중심지, 정치 논쟁과 출판, 국제적 소통의 중심지로서 번영을 누린 네덜란드 황금기, 그 특별한 풍요로움의 시절을 감독했던 인물이다.[30]

더 빗은 도르드레흐트 라틴어 학교의 고전 교육과 데카르트의 수학이 만들어낸 작품이었다. 그는 데카르트 수학에 대한 책도 펴냈다. 또한 법률 교육을 받고 프랑스와 잉글랜드를 두루 돌아다녔다. 그는 세련된 통치와 외교 수완으로 볼 때 고전적인 정치인이었지만, 동시에 상업적 관리자이자 훈련된 수학자이기도 했다. 그가 후세에 남긴 업적은 『종신연금론』(1671)에서 종신연금과 관련한 수학적 원리를 개발한 것이었다. 이것은 경제학에 확률론을 실제로 적용한 최초의 사례였다. 또한 1659년에는 데카르트의 기하학 이론을 바탕으로 응용물리학뿐 아니라 탄도학에도 유용한, 선과 곡선의 계산을 다룬 책을 출간했다.[31]

'태양왕' 루이 14세에 무릎 꿇은 네덜란드의 부와 자유

17세기 네덜란드의 부와 자유는 전 세계의 부러움과 두려움의 대상이 되었다. 그러나 네덜란드에 평화는 찾아오지 않았다. 1650년 오라녀 빌럼 2세 총독이 사망한 후, 얀 더 빗이 20여 년 동안 네덜란드를 이끌었다. 그러나 네덜란드의 부가 커져감에 따라, 이웃한 강대국 프랑스와 잉글랜드의 시기와 반목도 커져갔다. 1650년대와 1660년대에 잉글랜드와 네덜란드는 영국해협과 교역로, 식민지를 두고 수많은 전투를 벌였다. 1664년 잉글랜드는 네덜란드의 식민지인 뉴네덜란드 (New Netherland: 오늘날의 미국 허드슨 강 유역 및 델라웨어 강 하류 유역에 걸친 지역—옮긴이)와 그 주도인 맨해튼을 차지했다. 1672년에는 루이 14세의 군사가 네덜란드를 습격해 약탈을 자행했다.

드 라쿠르와 더 빗은 계산을 하고 회계를 하고 공화 정부를 옹호할수는 있었다. 하지만 오만하고 비천한 상인들을 가톨릭 국가인 프랑스 앞에 무릎 꿇리고 자비를 구하게 만들지 못해 혈안이 된 절대군주 '태양왕'과 그의 대군을 당해낼 수가 없었다. 막대한 부를 가진 100만 명의 네덜란드인들은 2,300만 프랑스인들에게 저항하지 못했다. 오랫동안 정치권력을 누렸고 폭력적인 정치에 익숙했던 오라녀 공들은 더 빗으로부터 권력을 빼앗을 기회를 감지하고 결국 세습 총독으로 재집권했다. 그들은 얀 더 빗을 퇴위시킨 뒤, 폭도를 조직해 그와 그의 형 코르넬리스의 배를 갈라 나무에 매달았다(형제의 손가락과 발가락이 잘려 나갔고 폭도들이 그들의 내장을 먹었다).† 어떤 은 세공인은 코르넬리스의 심장을 수년간 자신의 상점에서 전시했다. 관용과 수학, 자유무역은 폭력적인 정권과 폭도들을 이기지 못했다.

회계는 성년이 되었지만 아직 이성을 갖추지 못했다. 실제로 많은 사람들이 드 라쿠르처럼 복식부기가 얼마나 강력할 수 있는지, 회계가 절대권력과 기득권에 얼마나 위협적일 수 있는지 깨달았다. 이제부터 정치와 회계는 감탄과 모방의 대상이 되지만, 한편으로는 두려움의 대상도 된다. 더 빗 형제의 핏빛 종말은 수학적 명료성과 책임성을 정치에 가져오기 위한 기나긴 투쟁의 전조였다.

제6장

루이 14세가 휴대한 회계장부와
프랑스 절대왕정

"저는 재정을 직접 관리하는 데서 찾을 수 있는 즐거움을
이미 맛보기 시작했습니다.
......
모쪼록 앞으로도 이 일을 계속할 생각입니다."
—
루이 14세가 모후인 안 도트리슈에게 쓴 편지, 1661

루이 14세를 보좌한 재무총감, 콜베르

1661년 3월, 성년이 된 프랑스의 루이 14세는 유럽에서 가장 큰 왕국이자 아마도 세계에서 가장 부유한 왕국을 손에 넣게 되었다. 원대한 희망의 시기였다. 근 100년에 이르는 전쟁과 반란과 폭력의 시기를 지나 프랑스는 총명하고 젊은 왕, 예술가와 연애를 좋아하는 문화의 왕을 갖게 되었다. 우리는 루이 14세 하면 당연히 커다란 가발을 쓴 채 발레를 추고 불꽃놀이와 몰리에르의 희극을 감상하는 모습을 떠올린다. 증조부인 스페인의 펠리페 2세와 마찬가지로, 루이는 자신의 신성한 절대권력을 믿었다. 신은 그에게 권한을 주었고, 그는 오직 신에게만 설명할 책임이 있다고 생각했다. 그러나 루이는 한 가지 역설을 안고 살았다. 신교도 네덜란드 시장이 의기양양해 하며 자랑하는 부를 혐오하면서도, 한편으로 그들의 산업 도구인 회계에 매료되어 있었다. 문제는 그가 행정 도구로서 회계의 유용성을 보았을 뿐 아니라, 나중에는 책임성 도구로서 회계의 위험성도 보았다는 것이다.

장차 베르사유 궁전의 주인이 되고 당대 최고의 예술 후원자가 될

이 남자, 또한 유럽 전역에서 전쟁을 벌이게 될 이 남자는 자신이 신뢰하는 회계사가 지켜보는 가운데 통치를 시작했다. 그의 대부이자 사실상 재상이었던 교활하고 늙은 이탈리아 출신 쥘 마자랭 추기경은 임종하는 자리에서 이 젊은 왕에게 (값을 매길 수 없는 마자랭 다이아몬드 포함한) 재산의 일부와 함께 그 재산을 모으는 데 일등 공신 역할을 한 개인 회계사 장 바티스트 콜베르(Jean-Baptiste Colbert, 1619~1683년)도 남겼다. 마자랭은 루이 14세에게 프랑스 왕국을 통틀어 이보다 더 쓸모 있는 인물은 없을 거라고 장담했다. 군주국 프랑스는 복식부기에 능통한 최고의 회계사에 의해 관리되었다. 그러니 루이 14세의 이야기는 회계의 역사와 긴밀하게 얽혀 있는 셈이다. 루이 14세의 총명함은 예술과 문화를 중시하고 과시의 도구로 이용하는 데에서만 드러난 것이 아니다. 그는 또한 자신에게 충실한 회계 담당자가 필요하다는 것과 자신의 회계 기록을 감사하고 재산과 행정을 감독하려면 스스로 회계를 배워야 한다는 점을 이해했다.

루이 14세가 즉위할 당시 프랑스는 그 위상에 비하면 비교적 가난한 나라였다. 선왕인 루이 13세의 사망 이후 스페인 펠리페 2세의 손녀이자 모후인 안 도트리슈와 그녀의 자문이자 재상인 마자랭 추기경이 섭정을 맡은 기간(1643~1651년) 내내, 왕실은 프롱드의 난(1648~1653년)이라는 내전에 시달렸다. 실제로 루이 14세는 개인 소유 재산은 거의 전무했고, 왕국의 운영과 재정을 마자랭에게 전적으로 의존했다. 그는 프랑스뿐 아니라 전 세계의 통치자로 군림하기 위해 재산을 모아야 했다.

루이 14세는 즉시 콜베르에게 프롱드의 난이 벌어진 동안 왕실을 지원하기 위해 그가 효과적으로 이용한 회계의 비밀을 가르쳐달라고 요청했다. 훗날 루이 14세는 아들에게 자신과 콜베르가 어떻게 회계 개혁에 착수했는지 설명했다. 루이 14세는 행정의 중심축 중 하나가 왕실 회계원장임을 이해했다. 그는 콜베르가 '부지런하고' 믿을 만한 사람이어서가 아니라 그가 장부 기록을 할 줄 아는 사람이어서 국가 재정의 통제권을 맡겼다고 썼다.[1]

마자랭 추기경의 재무 관리자로 두각을 나타낸 콜베르

마자랭이 콜베르를 발견한 것은 루이 14세에게 큰 행운이었다. 다른 시간과 다른 장소에서라면 콜베르 가문은 메디치 가문처럼 부르주아 귀족이 되었을지도 모른다. 어쨌거나 두 사람은 옛 이탈리아 은행가들의 상업적 지식을 공유했을 뿐 아니라 은행가와도 직접 관련이 있었다. 장 바티스트 콜베르는 상파뉴 지역의 주도이자 대성당과 직물의 도시인 랭스의 금융가 집안 출신이었다. 그러나 17세기 프랑스는 르네상스 이탈리아가 아니었고, 부르주아 귀족들은 도시의 군주가 되지 못했다. 펠리페 2세의 전통 아래에 점차 중앙집중화된 군주국과 부유한 귀족들이 지배하는 사회에서, 야심 있는 자본가나 상인에게 사회적 신분 상승을 위한 주된 경로는 대귀족을 위해 일하거나, 아니면 (프롱드의 난이 실패한 이후에는 필연적으로) 왕실을 위해 일하는 것이었다.[2]

콜베르의 아버지는 단순한 직물 상인이 아니라, 흔한 말로 '네고시앙(négociant)', 곧 국제 도매상 겸 금융업자로 경력을 시작했다. 랭스와 리옹은 피렌체의 전통과 많이 멀지 않았으며, 중세 이래로 교역과 금융을 통해 시로 연결되어 있었다. 콜베르 가문은 콜베르의 여동생이 영향력 있는 프랑스-이탈리아 금융 가문 파르티첼리가의 남자와 혼인함으로써 그들과 인척 관계를 맺었다.[3]

콜베르는 랭스에 있는 예수회 학교에 다녔다. 예수회 교육 과정에는 문법과 인문학과 수사학 외에도 상인들을 위한 특수 교육 과정이 있었다. 이 과정은 신학이나 고전 문화 대신 지리와 (때로는 약간의 공학도 포함한) 자연과학, 독해, 필기, 서류 정리, 독서 및 강의 내용을 노트에 정식으로 정리하는 기술 등에 집중되었다.[4]

콜베르는 10대 중반에 회계사로 교육을 받았다. 이탈리아나 네덜란드와는 달리, 프랑스에는 공식적인 회계 학교가 없었기에 콜베르는 가문과 긴밀한 관계가 있는 여러 회사에서 도제 생활을 했다. 제일 처음에 일한 곳은 이탈리아 금융 가문 마스크라니가의 리옹 사무실이었다. 그곳에서 그는 국제 금융과 기본 회계 및 교환 업무, 그리고 이탈리아어도 조금 배웠다. 그런 다음 파리의 회계 회사인 샤플랭 사무소에서, 그리고 비테른 법률사무소의 사무원으로 일하며 국가 행정의 기본인 재정법을 배웠다.[5]

콜베르는 상사와 회계 회사에서 업무를 익히며 특정한 종류의 훈련을 받았다. 도제는 '아르스 메르카토리아', 곧 모든 차원에서 성실하게 기록하는 법과 회사 운영에 필요한 기초 기술을 배우게 된다. 실제 거래를 하기 위해서는 직물과 금속, 작물과 향신료에서 노예에 이르기까지 거래 상품을 빠삭하게 꿰고 있어야 할 뿐 아니라 상품의 가치 평가와 판단에도 능통해야 했다. 중세부터 그랬듯이, 상인들은 여전히 참고서(reference book)를 가지고 다녔지만, 많은 상인들은 개인 필기장을 만들어 통화 교환이며 관세 형식과 규칙, 주요 유럽 언어로 번역한 기본 재무 용어, 조류와 일출 및 일몰 시간, 상품 설명, 지도, 항해 정보, 도시 묘사 따위를 기록했다. 콜베르는 특히 문서 처리와 교환 및 거래에 대한 법과 절차, 행정 기록 보관에 능숙했다. 마지막으로, 도제 생활을 통해 콜베르는 실시간으로 회계 훈련을 할 수 있었다. 그렇게 해서 그는 프랑스 노동 시장에 자신의 기술을 적용할 준비를 마쳤다.[6]

1639년 최초로 받은 훈련 덕택에 콜베르는 프랑스 육군성에서 관직을 살 수 있었다. 이것이 그가 처음 얻은 관직이었다. 재무 행정가이자 회계사로서 그는 프랑스 전역을 돌며 병력과 보급품에 대한 행정 보고서를 작성하고 군대의 재정을 관리했다. 몇십 년 전이라면 이야기는 이렇게 끝났을 것이다. '콜베르는 부유한 부르주아 재무 관리자 또는 단순히 한 명의 관료로 남았다.' 그러나 콜베르가 가진 전문 회계 지식과 명료한 보고서를 작성하는 능력은 상관들의 관심을 끌었고, 콜베르는 곧 마자랭 추기경의 개인 감독관 또는 행정관으로 임명되었다.[7]

콜베르와 마자랭의 만남은 상호 보완적인 두 영혼의 의기투합으로 이어졌다. 마자랭은 왕실의 부를 능가하는 엄청난 부를 축적했지만 그것을 관리할 전문 지식이 없었다. 반면 콜베르는 젊은 시절 내내 재산을 관리하는 훈련을 하며 보냈지만 정작 자기 재산은 없었다. 이제 콜베르 가까이에 프랑스 최대의 재산이 있었다. 추기경의 보관실은 온갖 보화로 가득했다. 그것은 예술 작품과 골동품과 보석 들의 거대한 수장고였다. 그러나 마자랭의 진짜 재산은 정리되지 않은 어마어마한 봉건 계약서와 각종 토지 소유권, 산업과 모호한 재정 계획과 관련된 증서 더미였다. 마자랭은 자신의 실제 재산이 어느 정도인지, 자신의 군대에 자금을 대기 위해 얼마를 모을 수 있는지 모른다고 솔직하게 말했다. 어쨌든 프롱드의 난이 다가오면서 마자랭은 더 많은 자금이 필요했다. 그래서 자신의 재정을 정리하기 위해서뿐 아니라 전쟁에 대비하여 신속히 자금을 모으기 위해 회계에 능한 인물이 필요했다.[8]

콜베르는 집요하기 이를 데 없었고, 마자랭 추기경의 마음에 쏙 들만큼 열심히 일해서 사실상 프랑스의 통치자에게 없어서는 안 될 존재가 되었다. 콜베르는 마자랭의 기록 보관실을 검토하기 시작하여, 서류와 봉건 증서 더미를 헤집으며 잊고 있던 수익과 미지불된 부채를 찾아냈다. 그는 또한 산업 프로젝트와 다양한 소득원, 마자랭의 막대한 교회 토지를 관리하기 시작했다. 1650년부터 1653년까지 두 남자 사이에 오간 상세한 서신은 콜베르가 마자랭의 일을 어느 정도까지 관리했는지를 보여준다. 1651년 9월 31일자 추기경의 재정 보고서에서, 콜베르는 실제로 자신이 '모든 서류'를 받았으며 추기경의 재정을 정리하는 데 '어려움을 없애기' 위해 작업 중이라고 추기경에게 알렸다. 1652년에 왕후의 재무관이자 회계청장인 자크 튀뵈프와 일하는 동안에도 콜베르는 여전히 마자랭의 모든 서류를 입수하고 추기경의 다양한 사업에서 성과를 얻으려 했다. 감사관으로서 콜베르는 추기경의 문서를 살펴보고 오류를 바로잡아 수십만 리브르(livre)에 달하는 '예하'의 소득을 지켜냈다. 진심으로 고마워하는 마자랭에게 그는 이렇게 썼다. "소인이 어떤 눈에 띄는 오류도 범하지 않았음을 믿어주시길 간청합니다."[9]

애덤 스미스가 상찬한 콜베르의 업적

마자랭은 처음에는 콜베르가 저속하고 주제넘은 인물이라고 생각했지만, 1년 만에 그를 '없어서는 안 될' 사람이라고 치켜세웠다. 콜베르의 업무는 결실을 맺었다. 일단 돈이 들어오기 시작하면 회계사나 재정 자문의 개인적 흠결쯤은 쉽게 눈감아 줄 수 있지 않겠는가. 1658년 프롱드의 난 이후 마자랭은 현금 800만 리브르를 가지고 있었다. 1661년에 추기경이 사망할 무렵, 콜베르는 이것을 3,500만 리브르로 만들어놨고, 그 재산의 대부분은 루이 14세에게 유산으로 돌아갔다.[10]

1650년대에 콜베르가 마자랭의 재산을 모으고 관리하며 거둔 성공에도 불구하고 그는 여전히 그 집안의 종복에 불과했다. 회계사로서 그는 새로운 왕실의 중심에 가까이 다가갔지만 아직 왕실의 일부는 아니었다. 실제로 회계사가 그 이상 높은 자리까지 올라간다는 것은 프랑스에서 전례 없는 일이었다. 그러나 콜베르가 하는 일은 매우 중요했고 그의 조언은 무척 가치 있어 보였기에, 마자랭은 그를 루이 14세에게 추천했고 루이 14세는 현명하게 콜베르를 자신의 회계사 겸 개인적인 친구로 받아들였다. 1661년 루이 14세가 섭정을 끝내고 친정을 시작했을 때 콜베르는 이미 그를 위해 일하고 있었다.[11]

콜베르는 중상주의 이론으로 유명했다. 세상에는 황금과 재산이 유한하며 프랑스가 이 한정된 부를 네덜란드와 영국에서 끌어오기 위한 산업을 창출해야 한다는 주장이었다. 이를 위해 그는 국가가 후원하는 독점 기업을 세우고 신세계에 프랑스 제국을 건설했다(당시에는 미국의 미시시피 강을 콜베르 강이라고 불렀다). 콜베르의 산업 프로젝트가 주효했는지는 여전히 치열한 논쟁의 대상이다. 그러나 콜베르가 재무 관리자로서 얼마나 혁신적인 인물이었는지에 대해서는 논란의 여지가 별로 없다. 애덤 스미스는 재정 문제에 국가가 개입하는 것에 대해 경고했지만, 무엇보다 재무 관리와 세금 징수, 회계 측면에서 콜베르의 기술을 높이 평가했다. 스미스는 산업과 국가 회계에 관한 콜베르의 지식, 그리고 '국고 세입의 징수와 지출에 체계와 질서를 도입'하는 데 그가 쌓은 업적을 높이 평가했다.[12]

회계장부로 정적을 축출하다

회계는 단순히 좋은 행정하고만 관련된 것이 아니었다. 그것은 또한 권력과 억압의 도구이기도 했다. 콜베르는 재무총감 직을 맡은 즉시 국고 수입을 늘리고 왕의 정적이라고 생각되는 이들을 감시하기 시작했다. 콜베르는 특히 자신의 강력한 맞수 니콜라 푸케(Nicolas Fouquet, 1615~1680년)를 무너뜨리는 일에 깊숙이 관여했다. 푸케는 마자랭과 루이 14세 재위 초기에 재무대신이었다. 그는 누가 봐도 명석하고 위풍당당하고 탐욕스럽고 편집증적인 인물이었다. 당대의 작가이자 예리한 정치 평론가인 마담 드 세비녜는 푸케를, 콜베르의 야망과 루이 14세의 절대권력을 지향한 성향의 희생양으로 묘사했다. 그러나 푸케는 이론의 여지 없이 과욕을 부린 인물이기도 했다. 그는 자신이 루이 14세의 재상이 되어 젊은 왕의 정책을 좌지우지할 수 있을 것이라고 착각하는 치명적인 실수를 범했다.[13]

1661년 8월에 마자랭이 사망하고 루이 14세가 직접 통치에 착수한 순간, 푸케는 파리 남쪽의 보르비콩트에 있는 자신의 성에서 성대한 연회를 열었다. 루이 14세는 자신이 거느린 신하의 화려한 부, 상류 사회와 문화에 대한 그의 후원에 굴욕감을 느꼈다. 푸케의 성은 루이 14세가 소유한 어느 거처보다 웅장했다. 그 이전의 다른 재무대신들과 마찬가지로 푸케는 왕실 금고에서 돈을 빼돌렸다. 이것은 그 자리가 누리는 당연한 혜택으로 인정되는 분위기였다. 그러나 푸케는 도둑질을 했을 뿐 아니라, 프롱드의 난 이후 여전히 개인적 재정 기반이 불안정한 국왕보다 자기를 돋보이게 하는 데 그 돈을 쓰는 실수를 저질렀다. 푸케가 문화와 연회에만 돈을 썼다면 루이 14세는 어쩌면 그를 파멸시키는 데 그토록 혈안이 되지는 않았을 것이다. 루이 14세는 콜베르에게 브르타뉴 남부 해안에 위치한 푸케 소유의 벨 섬(Belle-île) 해안에 어부로 위장한 염탐꾼을 배치하라고 지시했다. 콜베르의 하수인은 섬의 상세한 지도와 푸케가 거느린 1,500명의 일꾼과 요새에 배치된 200명의 병사, 400문의 대포, 6,000명분의 군수품과 보급 물자를 상세히 기록한 보고서를 제출했다. 위대한 엔지니어 보방이 섬 해안에 요새를 짓고 있었다. 게다가 콜베르의 요원들은 푸케가 마르티니크라는 카리브 해의 섬을 손에 넣어, 그곳에서 생산되는 모든 물품을 받을 계획을 세웠다고 보고했다. 한마디로 푸케는 왕국의 축소판이자 작은 제국을 건설하고 있었던 것이다. 왕의 권위 밖에서 개인 군대와 성을 거느린, 독립적이고 부유한 귀족인 푸케는 루이 14세

에게 위협이었다.[14]

1661년 9월, 루이 14세와 콜베르는 푸케를 체포하고 그의 가족과 친구들을 추방하기 위해 움직였다. 콜베르는 몇 가지 체포 계획을 세웠다. 푸케의 모든 집무실을 봉쇄하고 법관이 구내를 수색하여 모든 문서를 압수하는 것이었다. 콜베르는 푸케의 비밀 계획과 편지뿐 아니라 그의 회계장부도 원했다. 그에게는 회계장부도 움직일 수 없는 반역의 증거였다. 콜베르는 서류를 봉인해서 자신의 사무실로 가져오게 하려면 왕실 세무법관이 참관해야 한다고 강조했다. 콜베르는 효과적인 감사는 재무 서류의 전체적인 통제를 기초로 한다는 점을 알았던 것이다. 『삼총사』에서 알렉상드르 뒤마에 의해 불멸성을 얻은 샤를 다르타냥은 왕의 총사(musketeer) 대장으로서 푸케의 체포와 이후의 가택 수색을 이끈다. 푸케의 집무실 장식장 뒤에서 그들은 카세트(Cassette)라고 불리는 대형 2절판 노트를 발견한다. 콜베르는 문서를 봉인해서 속히 가져오라고 주문한다. 다르타냥은 푸케의 조력자를 전부 체포하고 숨겨진 서류를 수색해서 찾으라는 명령을 받는다.[15]

아무 준비 없이 허를 찔린 푸케는 콜베르의 기습 공격에 속수무책이었다. 이 기습 수색으로 푸케가 다양한 귀부인들과 교환한 엄청난 양의 서신도 발견되었다. 그들은 그의 애인 겸 정보원이었음은 물론이고 때로는 지불과 선물, 뇌물과 관련하여 회계사 노릇도 했다. 카세트에는 푸케를 위해 일한 요원과 첩자의 명단도 적혀 있었는데, 상당수가 궁정과 행정부 내에 있었다. 상세한 회계장부는 그의 재정 거래, 그리고 벨 섬에 요새를 건설하려는 계획과 재정을 폭로했다.[16]

푸케가 반역 혐의로 재판을 받는 동안 대중은 당연히 콜베르가 배후에서 조종했다고 생각했고, 기어오르는 뱀을 상징하는 그의 가문 문장에 새로운 의미를 부여했다. 재판은 대중에게 푸케의 유죄를 설득하지 못했지만, 법 위에 군림하려는 왕의 의지를 분명하게 보여주었다. 그것은 또한 콜베르에 관한 본질적인 부분, 곧 그가 회계를 기꺼이 정치적 무기로 이용하려 한다는 것을 보여주었다. 콜베르는 회계장부에서 정적을 축출할 열쇠를 보았다. 회계장부는 푸케의 인맥과 재정과 계획을 보여주었다. 그것은 메디치 가문과 견줄 만한 정치적 행보였으나, 걸려 있는 것이 훨씬 더 많았다. 2,300만 프랑스 인구와 세계 최대 규모의 군대, 팽창하는 해상 제국, 훌륭한 회계사의 도움을 등에 업은 루이 14세는 유럽의 주인이 되기를 꿈꾸었다.[17]

회계를 국정 운영에 통합시키다

비록 비도덕적이고 잔인하긴 하지만 콜베르는 루이 14세의 사실상의 재상으로서 주목할 만한 혁신을 해냈다. 『프랑스 재무에 관한 역사적 회고록』(1663년)에서, 콜베르는 자신과 국왕이 회계를 국정 운영에 어떻게 통합시켰는지 설명했다. 그는 회계라는 '이탈리아식 방법'의 기초를 국왕에게 어떻게 가르쳤으며 국왕이 그것을 일상적인 왕실 행정에 어떻게 이용했는지도 서술했다. 이 문헌은 콜베르가 손으로 직접 쓴 것으로 단 한 권만 존재한다. 그것은 콜베르의 가장 길고 가장 상세한 미완의 글로, 루이 14세에게 과거 왕들의 재정적 전례를 알려주기 위한 의도로 쓰인 것이다.[18]

왕실 회계장부에 대해 상세히 서술한 것을 보면 콜베르의 『역사적 회고록』이 오직 루이 14세만을 위해 쓰였음을 짐작할 수 있다. 이 글은 이진 왕들이 세금을 얼마나 부과했으며, 얼마나 많은 세수를 거두었고, 어떤 관료가 자금을 관리했는지를 설명한다. 한편 콜베르는 과거에는 왕들이 재무 정책을 **확인**만 하고 감사와 통제는 순전히 대신들의 손에 맡겼다고 경고했다. 그래서 왕들은 실제로 회계장부를 직접 확인할 수 없었고, 이는 부정한 이득과 잘못된 관리로 이어졌다. 그는 또 회계를 통해 왕실 재정과 세금, 생산과 해상 무역 관련 최신 수치를 제시할 수 있다고 주장했다. 그는 푸케 시절의 과거 재정 기록을 포함시켰는데, 그 기록은 그 타락한 대신의 오류와 '방탕함'을 보여주었다.[19]

무엇보다 중요한 것은, 콜베르가 왕이 재무참사회를 어떻게 주도해야 하며 그 자신이 재무참사회와 국가 회계장부를 어떻게 조직해야 하는지를 서술했다는 점이다. 요지는 콜베르는 최고 회계사가 되고 루이 14세는 최고 감사관이 되어야 한다는 것이었다. 콜베르는 '매년 국가의 모든 지출 내역을 정확히 기록하고' 지난 연도의 내역이 검증되어야 한다고 조언했다.[20]

최고 감사관이 되기 위해서는 루이 14세가 부기의 기본 방법을 이해할 필요가 있다고 콜베르는 설명했다. 파치올리와 똑같은 수장이다. 그런데 콜베르의 글에서 새로운 점은 '회사'라는 단어가 '국가'로 대체되었다는 것이다. 콜베르는 왕을 위해 복식부기를 혁신적으로 재구성해 기술했다. 그리고 국가 회계장부를 기밀로 분류해야 한다고 언급했다. 그는 "이 분명하고 쉬운 방법으로 폐하께서는 스스로를 지킬 힘을 확보하게 되시었고, 이 역할로 폐하를 섬길 영광을 누리는 자들에 대한 의존도를 줄이셨나이다"라며 루이 14세를 안심시켰다. 물론 콜베르 자신은 예외였고, 그는 평생 장부를 기록했다.[21]

루이 14세는 부기를 이해했고 좋아했다. 적어도 복잡한 단식부기까지는 그랬다. 그는 모후에게 이렇게 썼다. "저는 이미 재무 업무를 직접 보고 있으며, 조금의 관심을 기울임으로써 거의 이해하지 못했던 중요한 문제점들을 파악하는 데서 찾을 수 있는 즐거움을 맛보기 시작했습니다. 모쪼록 앞으로도 이 일을 계속할 생각입니다." 루이 14세는 하루에 두 번씩 두 시간 이상 대신들과 요원들이 보낸 각종 정부 관련 주제에 관한 긴급 공문을 검토했고 때로는 재무 보고서를 자세히 살펴보았다. 그러나 루이 14세는 코시모 데 메디치 수준의 진정한 회계사가 되지는 못했으며, 콜베르의 장부 기록을 능숙하게 따라가는 정도였다. 루이 14세와 콜베르는 재무 관련 질문과 관련해 늘 서신을 교환했다. 주로 콜베르가 왕에게 지출 허가를 요청하는 식이었다. 왕의 수석 보고자는 콜베르였고, 그는 일주일에 두 번 이상 왕에게 요약 보고서를 제시했는데, 특히 가장 중요한 금요일 보고에서는 자신이 입수한 모든 정보와 왕실 회계장부에 대한 개요를 제시했다. 콜베르는 왕이 여백에 글을 남길 수 있도록 보고서 종이의 절반은 비워두었다. 루이 14세는 처음에는 그러한 수치들에 흡족해 하며 재정에 대한 이야기가 무척 '듣기 좋다'라고 콜베르에게 썼다. 그리고 그답지 않게 자신의 회계사의 의견을 따르며 회계장부 여백에 이렇게 썼다. "무엇이 최선인지 경이 판단하시오."[22]

콜베르는 방대한 양의 정보를 수집했기에 그것을 왕에게 제시할 방법을 찾아야 했다. 그는 정부 회계장부와 100여 권의 주제별 행정 스크랩북을 작성했다. 때로는 루이 14세가 콜베르의 다양한 개요서를 보고 싶어 했지만, 그보다는 최종 보고서만 원하는 경우가 더 많았다. 충실한 회계사인 콜베르는 수석 징세관과 대부분의 정부 관직별로 스크랩북과 분개장, 원장을 포함한 방대한 목록을 유지했다. 또한 루이 14세가 직접 확인할 수 있는 정부 회계원장도 관리했다. 무엇보다 그의 회계장부는 분명하고 읽기 쉽고 주석을 달기가 쉬웠다. 루이 14세는 엉터리 서류를 검토할 만큼 한가하지 않았고, 콜베르는 한 번도 그런 서류를 내민 적이 없었다. 그는 종종 부실하거나 부정확한 메모를 했다는 이유로 회계사와 집행관을 질책했다.[23]

방대하고 여전히 중세적인 정부 행정 탓에, 콜베르는 정부 사업 전반에 복식부기 방식을 체계적으로 정착시킬 수 없었다. 복식부기 전문가인 콜베르와 달리, 상업 기술 훈련을 받은 행정관은 거의 없었다. 그래도 콜베르는 복식부기의 원리에 따라 작동하는 정교한 형태의 국가 회계를 개발했다. 국왕과 콜베르와 다른 재무참사회 대신들은 기록된 회계장부에 서명하여 승인했다. 왕과 참사회가 있는 자리에서 최종 확인이 이루어지는 경우, 콜베르는 미리 장부 기록을 확인하고 루이 14세가 확인하기 쉽게끔 장부를 준비했다. 이 회계장부는 왕의 재무 정보 처리의 전형이었고, 콜베르는 이 장부를 이용해 루이 14세에게 회계왕이 될 것을 적극 권했다. 루이 14세도 적어도 한동안은 어느 정도 콜베르의 권유를 따랐다.

국가와 사회의 모든 차원으로 확대된 회계

자신의 개혁을 영속화하기 위해, 콜베르는 프랑스 왕들의 교육 과정에 회계를 처음으로 도입하는 데 성공했다. 1665년 콜베르는 루이 14세와 그 후계자를 위해 재무 관련 정보를 담은 지도서 초고를 썼다. 콜베르는 어린 왕자에게 매년 모든 국가 회계장부를 손으로 기록하라고 권했다. 또 회계장부 처리와 관리를 통해 재무에 능숙해질 필요가 있다고 피력했다. 군주는 국가 재정의 저축부터 지출과 수취에 이르기까지 모든 것을 확인할 수 있도록 국가 재무원장을 감사하는 법을 배워야 했다. 또한 이 작업은 다른 누구에게도 맡길 수 없는 민감한 일이므로, 결코 멈추지 말고 이 일을 해야 한다고 콜베르는 강조했다. 한마디로, 콜베르는 어린 왕자가 왕이 되기 위해 회계와 재고 관리의 기본을 배워야 한다고 생각했다.[24]

무엇보다 콜베르는 상인의 감각으로 루이 14세 정부에 재정 기밀성에 대한 의식을 불어넣었다. 1661년에 최초의 정부를 구성하기 위해 함께 작업할 때, 콜베르는 루이 14세에게 국왕참사회를 어떻게 조직하고 관리할지 메모를 남겨 모든 대신과 정부 관리가 비밀 유지 서약을 하게 하고, 만약 서약을 깨면 누구라도 정부에서 축출할 것을 의무화하라고 조언했다. 비밀 유지는 대신과 장관의 재량뿐 아니라 국가 재무 정보를 엄격히 통제하는 것을 의미했다.[25]

이러한 국가 비밀 유지는 콜베르의 회계 정책에 반하는 것이었다. 그는 경제 및 회계를 다룬 많은 저작을 옹호했다. 그는 콜베르 무역법의 상당 부분을 작성한 자크 사바리에게 『완벽한 상인』(1670년)을 쓰도록 지시했는데, 이 책의 한 절은 비즈니스를 하는 데 필요한 복식부기에 관한 내용으로, 사업체들에게 복식장부를 기록하여 정기적으로 정부에서 확인을 받도록 요구한 1673년 '콜베르 상업법'의 일부가 되었다. 상인들은 당연히 세금 폭탄이 두려워 왕실의 공적 감사를 따르기를 꺼렸으므로, 이 경우 콜베르의 공적인 회계 규칙들은 단지 기준을 세우는 것을 넘어 일종의 경찰 활동이 되었다. 국왕은 이제 사회와 국가의 모든 차원에서 회계를 후원했다.

금박의 가죽 장정 회계장부를 휴대한 루이 14세

콜베르는 또한 왕을 위해서도 독특한 뭔가를 만들어냈다. 그것은 루이 14세를 위한 휴대용 회계장부로, 말하자면 정부 원장이면서 어떻게 회계가 이루어졌는지에 대한 설명서였다. 이 휴대용 장부는 콜베르가 어떻게 회계를 루이 14세 정부를 위한 개인적 통치 도구로 변모시켰는지를 보여주는 가장 극적인 예다. 프랑스 국립도서관은 '루이 14세의 노트'라는 제목이 붙여진 총 20권의 노트를 소장하고 있다. 매 회계 연도 중이나 회계 연도가 끝날 때마다, 다양한 기록을 합산하고 그해의 최종 예산을 집계하여 루이 14세를 위해 이런 수첩을 만들었던 것이다. 이 장부는 붉은색 모로코 가죽 겉표지에 제목은 금박으로 썼으며 두 개의 황금 걸쇠로 고정되었다. 루이 14세가 주머니에 넣고 다니면서 쉽게 참고할 수 있도록 가로 2.5인치에 세로 6인치의 크기로 만들어졌으며, 1661년 초판부터 종이에 필사로 작성되었다. 그러나 그런 단순한 원장은 루이 14세가 생각하는 개인적 위엄의 기준에 못 미쳤던 모양이다. 루이 14세가 만일 원장을 가지고 다닐 마음이 있었다면, 태양왕에 걸맞은 방식을 원했을 것이다. 콜베르는 프랑스의 유명한 채식사(彩飾師) 니콜라 자리의 작업실에다 채식을 넣은 새로운 송아지 피지 노트를 만들어달라고 도움을 청한 것으로 보인다. 1669년부터 노트에는 풍부하게 장식된 권두 삽화가 삽입되었다. 1670년도 노트는 책등에 백합 문장이 들어갔다. 1670년대 후반, 심지어 자리가 죽은 1674년 이후에도 노트는 채식되었고, 단순한 기재 사항도 금색과 컬러 물감으로 쓰고 꽃으로 장식했다. 콜베르는 자신의 회계장부를 이용해 태양왕에게 걸맞은 보물 같은 원장을 만들어냈다. 아마도 루이 14세는 그것을 주머니에 넣고 다니며 자문관이나 장관들을 만날 때, 혹은 국가 공문서나 감독관 보고서를 검토할 때 틈틈이 참고했을 것이다.[26]

국왕의 원장은 수입과 지출을 나열할 뿐 아니라 각 세금 징수 대행인에게서 거둬들인 세입도 비교한다. 또한 보유 중인 현금과 지출을 비교한 최종적 단식부기 기록도 보여주며, 루이 14세가 시간에 따른 변화를 볼 수 있도록 1661년과 1665년 사이의 세금 징수 대행인의 세입 등의 비교도 제시한다. 예를 들어 1680년의 『요약집(Abrégé)』은 1661년과 1680년 사이의 국가 수입을 비교한다. 원장은 모든 국가 세수와 해당 지역 주도에서 장부를 작성한 모든 지역 회계사의 이름을 나열한다.[27]

인문주의자들이 종교적·정치적 격언을 담은 일기장을 가지고 다녔다면, 루이 14세는 채식과 금박의 멋진 글씨로 장식된 콜베르의 원장을 주머니에 넣고 다녔다. 여기서 의미심장한 것은 노트와 회계라는 기록 문화가 국왕의 국정 운영 기술의 중심 활동에 보다 가까워졌다는 점이다. 루이 14세는 전통적인 후기 인문주의 교육과 콜베르를 비롯해 그가 거느린 학자와 감독관, 요원 들이 제공하는 실용적이고 법률적인 지식을 혼합했다. 인문주의 교육은 분명 유용했으나, 한 국가를 효과적으로 운영하는 데 그것만으로는 충분치 않았다. 루이 14세와 콜베르의 행정 프로젝트에서 처음으로 회계와 전통적인 학습이 대규모 정부 관리에 함께 이용된 것이다.

콜베르의 잔소리에 지치다

1683년 8월 20일, 콜베르는 갑자기 병이 나서 극심한 고통과 고열에 시달리다가 9월 6일에 사망했다. 총애를 잃어서 병이 났다는 소문도 있었지만, 검시 결과 그의 신장에서 '커다란 돌'이 요관(尿管)을 막고 있었던 것으로 드러났다. 그가 그렇게 갑자기 눈앞에서 사라져버릴지 아무도 예상하지 못했다. 루이 14세는 분명 오랜 친구이자 가장 가까운 정치적 동지를 잃어서 속상해 했지만, 사실 그는 늘 나쁜 소식과, 프랑스 정치와 재정과 산업 상태에 관해 너무도 분명한 회계 정보를 미리 알려주는 콜베르에게 슬슬 짜증이 나던 참이었다. 거의 10년째 콜베르는 루이 14세에게 값비싼 궁전들과 더더욱 값비싼 전쟁에 대해 불평을 했던 것이다. 네덜란드를 비롯한 이웃 국가들과의 전쟁은 콜베르가 구축한 국가 재정을 파탄에 빠뜨렸다. 루이 14세는 콜베르의 잔소리와 주머니 속 노트에 적힌, 수지가 맞지 않는 수치들에 점점 지쳐갔다.[28]

루이 14세는 콜베르를 대신할 수석 정보원을 임명하지 않았고 당연히 노트도 더는 나타나지 않았다. 그는 재무부와 왕실도서관에 집중된 콜베르의 권력 기반을 깨뜨려버렸다. 이러한 움직임으로 루이 14세는 자신의 개인적 통제력을 벗어나는 진정한 국가적 장치가 등장할 가능성을 차단하고 말았다. "짐은 곧 국가다"라는 말은 문자 그대로의 의미였으며, 베버의 비인격적이고 중앙집중적 국가의 이상과는 극명한 대조를 이루었다. 루이 14세는 능률적인 국가 관료주의와 중앙 기록보관소를 자신의 개인적 권력 독점에 대한 위협으로 보았다. 그는 단순히 정보를 듣는 것을 넘어 자신이 모든 것을 통제한다는 느낌을 갖고 싶어 했다. 콜베르가 정부 안에서 맡았던 중심적 지위와 그것을 뒷받침했던 정보 보고 체계를 폐기함으로써, 루이 14세는 대신들을 분산하여 통치할 수 있었다.

콜베르의 사후에 루이 14세 휘하의 어떤 대신도 다시 그와 같은 권력과 정보를 갖지 못한다. 더욱이 루이 14세는 중요한 대신이었던 콜베르와 그의 맞수 르텔리에 가문끼리 경쟁을 붙이기 시작했고, 그들은 권력을 유지하기 위해 재무 정보를 비축하기 시작했다. 전제주의 정부의 한계는 부분적으로 루이 14세가 스스로 부과한 한계였다. 실제로 루이 14세는 후계자에게 중앙집중화된 국가가 아닌, 단일한 행정 중심 없이 서로 경쟁하는 강력한 대신들로 이루어진 어지러운 집단을 남겼다. 콜베르의 제도를 깨뜨림으로써, 루이 14세는 장기직으로 프랑스 성무의 다리를 묶고 말았다. 각 부서에 콜베르처럼 부기에 능숙한 강력한 중심적 인물이 없으니, 철저한 감사도 중앙집중적 회계도 불가능했다. 그러자 대신의 후계자들은 가문의 재정 기록보관소를 방어 무기로 이용하기 시작했다. 루이 14세 궁정의 유명한 회고록 작성인 생시몽 공작은, 콜베르 가문이 정부 요직을 두고 경쟁을 벌이고 있는 루부아 가문에게 국가 재무 정보가 들어가지 않도록 하는 정책을 공식적으로 마련했다고 회고했다. 콜베르의 동생인 몰레브리에의 백작 에두아르 프랑수아 콜베르는 공식적인 국가 재무 정보에 대한 요청까지도 '기꺼이' 맞이하되 무시하라고 권장했다. 1683년 콜베르 사후에 재무총감이 된 클로드 르펠르티에가 결국 루이 14세에게 콜베르 집안이 비밀을 공개하지 않고 '자기 안에 꽁꽁 싸매고' 있어서 국가의 재정 상태를 이해할 수 없다고 불평했다. 그는 콜베르의 가족이 정보를 밝히지 않고 있으며, 콜베르의 개인 회계장부 없이는 왕실 재정 관련 문서를 더는 작성할 수 없다고 말했다.[29]

콜베르의 죽음 이후 중세에 갇힌 프랑스

재무 정보가 국가의 중앙 원장으로 가지 못하자 프랑스는 계속 중세의 전통에 머물렀다. 한 대신의 재무 기록은 국가의 재산이 아닌 개인의 소중한 재산으로 간주되었다. 18세기 프랑스 정부의 끝없는 실패는 비밀스럽고 어리석은 국왕의 명령과 끔찍한 재정 관리에서 기인했을 뿐 아니라, 국가 기구를 분열시킨 루이 14세의 정책에서도 기인한다. 국가의 회계 능력은 제한되고 몇몇 대신과 그 가족의 손에 놓여 있었다. 이것이 모든 가능성과 재능과 힘에도 불구하고 어째서 프랑스가 정체되고 몰락하기 시작했는지 설명하는 데 도움이 될 것이다. 1715년 루이 14세가 사망할 무렵, 프랑스는 효과적인 회계 시스템 없이 파산한 상태였다. 이제 75년간의 재정 위기와 엄청난 심판이 프랑스를 기다리고 있었다.

제7장

18세기 영국 재상 월폴이 탄생시킨
구제 금융과 정치 비자금

나는 천체의 궤도를 계산할 수 있지만
사람들의 광기는 계산할 수 없다.
—

아이작 뉴턴, 1721

잉글랜드 왕실과 의회의 견제 수단이 된 회계

프랑스와 마찬가지로 잉글랜드도 17세기에 정부 회계 시스템 개혁과 씨름하고 있었다. 의회의 감시를 받는 입헌군주국에서도 재무 책임성은 더디게 왔고 거센 저항에 부딪혔으며 정치적으로 여전히 취약했다. 입헌군주제라는 개념 자체가 정부가 의회에 설명해야 할 책임성을 수반함에도 잉글랜드가 왕실 재정을 확실히 감시할 수 있기까지 150년이 넘는 긴 시간이 걸렸다.[1]

1644년 무렵, 국가의 세수 관리에 대한 대중적 요구에 따라, 의회는 회계위원회(Commission of Accounts)를 설치했다. 회계위원회를 이끈 인물은 윌리엄 프린(William Prynne)으로, 그는 대중에 대한 국가의 책임성에 깊이 관심을 가졌고 왕권을 비판하는 정치적 팸플릿을 쓴 것이 문제가 되어 1634년 찰스 1세에게 귀가 잘린 청교도였다. 그러나 이 위원회는 정치적 뒷받침을 받지 못했다. 왕실의 강력한 동맹자였던 클래런던 백작은 위원회 때문에 의회가 자칫 선을 넘게 될까 걱정했다. 재무에 관해 아는 바가 없는 그런 조직이 뭔가를 캐묻기 시작하면 끝이 없을 거라고 우려했던 것이다. 1649년 내전에서 무너졌던 군주제가 1660년에 찰스 2세의 즉위로 복원되었지만, 효과적인 재무 책임성 시스템은 아직 마련되지 않았다. 1675년 왕실 수입과 지출 전체를 공개하라는 의회의 요구에 왕의 반응은 이러했다. "의회가 왕의 국고를 조사하는 것은 유례가 없는 일이다."[2]

정부 내에 적격한 회계사가 없는 것은 의회와 정부 대신들 모두에게 걱정거리였다. 해군성 수석 행정관 새뮤얼 피프스(Samuel Pepys, 1633~1703년)는 찰스 2세 정부에 회계 전문 지식을 갖춘 인물이 부족하다며 한탄했다. 피프스는 그 유명한 『일기(Diary)』에서 국가와 자신을 위한 회계에 대해 주기적으로 이야기했다. 그는 재무성 사무실에서 계산을 맞춘 뒤 나중에 집에서 잠자리에 들기 전에 다른 관리와 함께 추가로 장부를 마감했는데, 그것은 '매우 골치 아픈' 일이었다. 피프스는 자신의 상관이자 영국 해군을 책임지고 있는 해군장관 샌드위치 백작도 찰스 2세와 마찬가지로 기본적인 회계를 이해하지 못한다며 걱정했다. 게다가 피프스는 해군 재무상 조지 카터릿이 회계장부를 기록할 줄도 모르고 그것을 할 줄 아는 사람도 모른다는 이유로 그를 '미친 남자'라고 생각했다.[3]

그럼에도 찰스 2세는 국가 회계를 개혁하는 것이 자신에게 이로울 수 있다는 점을 이해했다. 1667년에 그는 왕실 재무성에 회계국을 설립했다. 피프스는 과연 그것이 효력을 발휘할지 의심했지만, 이 새로운 재무 행정 기관은 장부를 잘 기록하는 재무성의 유능한 관리들을 고용할 수 있었다. 그럼에도 의회의 의원들은 건전한 회계 활동과 견고한 재무 관리 덕분에 찰스가 더 많은 수익을 얻고 너무 많은 권력을 갖게 될까 우려했다. 이와 같이 정부도 의회도 회계와 책임성 요구를 저마다 정치적 이익을 위해 이용하려 했다.⁴

격렬한 정쟁의 수단이 된 회계장부

1688년 의회의 요청으로, 네덜란드 세습 총독이던 오라녀-나사우 가(家)의 윌리엄(William of Orange-Nassau : 오렌지 공 윌리엄. 네덜란드어로는 빌럼―옮긴이)은 이른바 명예혁명이라는 무혈 쿠데타로 찰스 2세의 동생이자 후계자인 가톨릭교도 제임스 2세를 축출하고 아내인 메리 2세와 공동 즉위했다. 윌리엄 3세와 메리는 종교적 관용을 명시한 의회 헌법에 따라 통치하여 개신교와 상업적 이익을 보호하고 왕실의 중요한 모든 결정을 의회로부터 승인받았다. 새로운 군주국의 지지자들은 대체로 상업적 배경을 가진 도시 출신 휘그당원이었다. 결과적으로 정부는 전제주의 성향의 스튜어트 왕가에 공감하는 경향이 있는 지주 계급 토리당을 견제하기 위해 새로운 도시 엘리트 계급에게 의존하게 되었다.

'1689년 권리장전'은 국왕이 의회 승인 없이 세금을 부과할 수 없으며 국왕과 의회는 재정 상태를 설명할 책임이 있다고 명시했다. 부분적으로는 정치적 자유에 관한 존 로크의 저작에서 자극을 받아, 의회가 출판물에 대한 제약을 완화하면서 언론의 상대적 자유가 내두뇌기 시작했다. 그러나 이처럼 새로운 정치적 개방에도 불구하고, 정부에 재무적 책임을 묻는 것은 여전히 어려웠다. 1698년 경제 비평가이자 소비세 징수원이자 토리당원이던 찰스 대버넌트(Charles Davenant,

1656~1714년)는 『국고 세입에 대한 담론(*Discourses on the Publick Revenues*)』에서 국고 세입을 계산히려 했지만, "세입과 관련한 장부에 접근하기가 극도로 어려웠고 거센 반대에 부딪혔다"라고 불평했다. 국가 회계장부는 그에게 닫혀 있었고, 그가 한 모든 질문은 묵살되었다. 대버넌트는 비밀스러운 계산은 믿을 수 없을 뿐 아니라 통치와 무역에 해가 되므로, 상업 사회를 성공적으로 다스리려면 국가 자금에 대한 공공 회계가 필수적이라고 믿었다.[5]

회계에 능숙한, 노회한 정치인의 등장

1702년 앤 여왕이 즉위할 무렵, 의회에서는 자유주의적 도시파 휘그당과 전통적인 토리당이 새로운 군주국의 성격에 관해 팸플릿과 논증으로 싸우면서 전면적인 정당 정치가 펼쳐지고 있었다. 공공 부채, 프랑스와의 무역 수지, 스코틀랜드와의 통합 자금에 대한 열띤 논쟁이 벌어짐에 따라, 토리당 기관지 『메르카토르(*The Mercator*)』는 내부 비평가들에게 논증을 입증하려면 '장부를 수색'해야 한다고 적극 권했다. 이제 회계에 능숙하고 재정에 대한 대중의 불만을 이용할 줄 아는 노련하고 박식한 정치인이 활약할 분위기가 무르익었다.[6]

로버트 월폴(Robert Walpole, 1676~1745년)이 그 역할을 떠맡기 시작했다. 월폴은 제1 재무위원과 재무장관, 영국 초대 수상의 자리에 차례로 오르며 21년이라는 기록적인 기간 동안 집권한다. 그는 정부 내에서 회계의 힘을 이해했으며 그것을 이용했다. 그러나 루이 14세와 마찬가지로, 월폴은 정치적 책임성이라는 것이 건전한 국가 회계가 남기는 달갑지 않은 부산물임을 알게 된다.

월폴은 회계와 수학적 계산이 정치적 삶의 일부가 된 영국 특유의 환경에서 성장했다. 영향력 있는 정치가이자 경험론의 창시자인 프랜시스 베이컨(1561~1626년)은 정치 행정에 과학적 사고와 상업적 방법의 전통을 세웠다. 베이컨은 자연과 자연의 관리, 상거래를 주의 깊게 살피는 것이 물질적 세계에서 관찰을 통해 신의 존재를 연구하는 행위의 일부라는 관념을 개척했다. 베이컨과 정치 철학자 토머스 홉스 모두 회계를 상업적 관리의 도구일 뿐 아니라 정치적 사유의 도구로 보았다. 홉스는 『리바이어던』(1651년)에서 논리적 이성의 탄생 자체를 회계 또는 계산의 공으로 돌렸다. 홉스는 덧셈과 뺄셈 없이는 정치를 할 때 과연 무엇이 도덕적으로 올바른지 찾기가 불가능하다고 주장했다. 그때까지 누구도 회계와 윤리학과 철학을 그토록 단호하게 연관 지은 적이 없었다.[7]

스페인 왕위 계승 전쟁으로 생긴 공공 부채

월폴은 이런 정치 철학자들이 조성해놓은 분위기에서 교육을 받았다. 그의 윤리성에 대해서는 종종 의문이 제기되지만, 어쨌든 그는 뛰어난 회계사로 유명했다. 케임브리지에서 교육을 받고 자칭 베이컨 철학의 추종자이자 재산을 적극적으로 관리하는 아버지를 둔 월폴은 회계 문화에 물들어 있는 배경에서 등장한 셈이다. 그는 네덜란드 지도자 더 빗처럼 응용재무수학에 능통한 신종 영국 정치인을 대표했다. 그러나 수에 대한 그의 논증이 한결같이 정확하지는 않았다. 회계감사나 그와 관련한 주장들은 정치적 영역에서 무척 흔했지만, 사실 근거가 없는 경우도 많았다. 월폴은 1710년 해군 재무관으로 취임했으나, 1년 뒤 말버러 공작의 군사 행정 부패에 대한 빗발치는 비난속에서 로버트 할리의 새로운 토리당 행정부에 의해 경질되었다. 월폴은 반격에 나섰고, 아서 메인워링의 팸플릿『공공 부채, 특히 해군의 부채를 걱정하는 친구에게 보내는 서한』(1711년)에 실릴 재무 계산서를 작성함으로써 말버러를 변호했다. 메인워링은 팸플릿에서 해군의 공공 부채 관련 지출을 계산하고, 막대한 경비가 들어간 프랑스와의 스페인 왕위 계승 전쟁으로 추가된 비용에도 불구하고 자신이 관리하는 동안에는 비용이 특별히 증가하지 않았다고 주장했다. 월폴의 전시 재정 계산 덕분에 메인워링은 월폴의 전임자에게 부채의 책임을 돌릴 수 있었다.[8]

1711년 4월, 잉글랜드와 프랑스는 전쟁의 늪에 빠졌다. 양국 모두 전쟁으로 엄청난 부채가 쌓였다. 영국에서는 국가가 빌린 5,000만 파운드를 정부가 갚을 수 없을 것이라는 두려움이 생겨났다. 부채는 영국 세입의 60퍼센트에 해당하는 규모였다. 많은 사람이 이 부채가 국가를 허약하게 만들고 재정적·정치적 재앙을 초래할 것이라고 믿었다. 대중들은 원성을 드높이며 의회가 행동에 나서야 한다고 강력히 촉구했다.

에드먼드 할리는 정부 관리들의 지출을 확인하는 임무를 맡은 국고출납감사관으로 월폴이 해군 기금 3,000만 파운드의 지출 내역을 보고하지 않았으므로 부채의 상당 부분에 책임이 있다며 그를 비난했다. 이번에는 월폴이『하원 위원회의 보고서에 언급된 3,500만 파운드의 상태』(1712년)라는 팸플릿으로 자신을 직접 변호했다. 이 팸플릿은 국가 회계의 작동 원리를 설명하며, 국가 회계장부에서 빠진 것처럼 보이는 돈이 실은 많은 회계사들이 감사관에게 기록을 전달하기까지 걸리는 시간 탓에 아직 기록되지 않은 것이라고 밝혔다. 자신의 회계장부에서 빠진 수치를 정부 회계장부를 기록하는 과정 탓으로 돌린 셈이다. 회계장부는 "국고출납감사관이 '수입'과 '지출' 난을 결산하여 서명, 승인할 때까지는" 공식적인 회계장부가 아니었다. 그는 도시 자본가와 수상의 권력 강화에 반대하는 지주 계층의 정치 분파인 지방당의 정적들이 '흔한 덧셈'을 알았더라면 하원 보고서를 이해했을 거라며 불평했다. 그것은 주목할 만한 순간이었다. 정부 고위 관리가 자신을 변호하면서 복식회계의 기본 방법을 이해하지 못한다고 정적들을 비난했던 것이다.[9]

팸플릿에서 월폴은 공개적으로 국가 회계관의 업무 방식을 개혁하라고 요구했다. 견제와 제한을 통해 국가 회계관들이 분명하고 시기적절하게 장부를 기록하도록 강제하기 위해 시대에 뒤떨어진 재무성 규칙을 개혁할 필요가 있다는 주장이었다. 그러나 '악명 높은 부패'에 대한 토리당의 비난이 나왔고, 월폴은 새로운 토리당 정부에 의해 유죄가 선고되어 7개월간 런던탑에 수감된다. 그러나 교활한 국가 재정의 사령탑으로서 그의 평판은 이제 확고하게 자리를 잡았다. 그는 '린밥(Lynn Bob)', '노펔의 로빈(로빈 후드)', '노펔의 주먹(Norfolk Punch)', '노펔의 스팅(Norfolk Sting)', '노펔의 퀘이커교도', '노펔의 유대인' 등으로 불렸다. 모두 다 경멸 어린 별명이었지만, 그의 기량과 성향을 나타내는 표시이기도 했다.[10]

루이 14세가 사망하고 한 달 후인 1715년 10월, 국가 부채에 관한 논쟁이 한창인 와중에 월폴은 다시 집권했다. 이번에는 제1 재무위원으로서 진짜 권력을 쥐게 되었다. 국가 부채는 이제 그의 개인적 권한 안에 있었다. 1714년 8월 1일 조지 1세가 취임할 때, 부채는 4,000만 파운드에 달했고, 연간 이자 지불액이 200만 파운드 이상에 이르렀다. 정치적 논점은 다음과 같았다. 프랑스에 대한 군사적 방어 기반을 유지하면서 어떻게 이 부채를 줄일 수 있을 것인가? 월폴은 부채를 찬찬히 연구한 뒤, 부채에 대한 이자율 6퍼센트를 줄일 방법에 관한 계획을 마련해 의회에 제출하려고 착수했다.[11]

1717년에 월폴은 부채에 대한 이자를 5퍼센트로 낮추기 위한 계획을 의회에서 통과시켰다. 여기서 절약되는 돈은 감채 기금(sinking fund: 국채나 사채 등의 고정부채를 상환하기 위해 영업 자금과 구별하여 특정의 형태로 보유하는 자산—옮긴이)에 들어가기로 되어 있었다. 이는 부채를 변제하는 정교한 방법이었다. 감채 기금은 부채의 원금을 변제함으로써 복리가 더는 생기지 않도록 막아서 이자가 눈덩이처럼 불어나는 것을 방지한다는 생각에 기초한 것이었다. 이는 정부가 이자를 갚는 동시에 원금을 상환하기 위한 기금을 따로 떼어두는 것을 의미했다. 이자에서 추가로 절약된 돈은 다시 감채 기금에 재투자될 터였다. 이처럼 재정 관련 지식 덕분에 월폴은 부채를 삭감할 효과적인 방법을 찾을 수 있었지만, 부채를 완전히 상환할 수는 없었다.[12]

재정 위기의 타개책으로 설립된 사우스시컴퍼니의 실체

부채 위기에 대한 해결책으로 보이는 것은 투자 계획의 형태로 왔다. 1720년에 토리당 제1 재무위원이자 재무장관이던 로버트 할리는 수익금을 국가 부채 지불에 이용할 수 있는 주식회사를 설립했다. 그는 1719년 무렵 유럽 전역의 투자자를 위한 막대한 수익을 거둬들이고 있던 프랑스의 '미시시피 계획'(18세기 초반에 북미에 식민지를 건설한 프랑스가 세운 미시시피 강 주변의 개발 무역 계획. 회사의 실적이 매우 나빴음에도 불구하고 주가가 발행 가격의 40배까지 폭등하는 사태가 일어나고, 이는 결국 프랑스 경제 붕괴로 이어진다―옮긴이)을 모델로 삼아 계획을 세웠다. 스페인이 남아메리카 대륙에서 교역권을 포기했다는 소문과 신세계에서 '엘도라도'를 찾은 드레이크와 롤리에 관한 옛날이야기가 대중과 정치 계급의 상상력을 사로잡은 가운데, 할리는 또 다른 주식회사와 은행 이사인 존 블런트와 함께 사우스시컴퍼니(South Sea Company)를 설립했다. 국왕은 이 회사에 오리노코 강에서 티에라델푸에고 제도에 이르는 남아메리카 대륙 동해안과 서해안 전체에 대한 무역 독점권을 주었다. 그 대가로 회사는 정부 채권자 전원에게 회사 주식을 제공했다. 달리 말해 창의적인 회계를 이용하여 정부 부채는 사우스시컴퍼니의 주식으로 마법처럼 탈바꿈되었다. 회사는 정부로부터 4퍼센트의 이자와 유동성(회사 운영비) 명목으로 현금 100만 파운드를 받고, 약 3,100만 파운드의 정부 부채를 떠안는 데 동의했다. 주식이 일단 팔리면, 독점권에 대한 대가로 정부에 400만 파운드를 즉시 지불하기로 했다. 무역 독점권을 부여하는 대가로, 정부는 개인 투자자를 이용

하여 부채를 해결할 방법을 찾은 것이다. 이 조치는 현대 금융의 기적이었다.[13]

그러나 여전히 문제가 남아 있었다. 1720년에 예상했던 소득이 실현되지 못하자, 회사는 거짓 이익 보고서에 의존하여 투기 붐을 이끌었다. 배당금을 지불하기 위해 더 많은 주식을 발행했고, 4월 무렵에는 주식 가격이 애초의 주당 128파운드에서 360파운드로 올랐다. 폰지 사기(Ponzi scheme: 찰스 폰지가 저질러 유명해진 사기 기법으로, 아무런 이익 창출 없이 투자자에게 거액의 배당이나 수익을 약속하고서 투자를 받아 그 돈으로 또 다른 투자자를 모은 뒤 이들의 투자금으로 기존 투자자에게 배당을 지급하는 금융 사기−옮긴이)의 초기 형태나 다를 바 없었다. 1720년 6월 무렵에는, 주가가 주당 무려 1,000파운드까지 치솟았다. 많은 청약자들이 약 5퍼센트의 금리로 돈을 빌려 주식을 사들였다. 8월에는 사우스시컴퍼니에 대한 신뢰가 흔들렸고, 그에 따라 채권자들은 이자율을 올리거나 대출을 중지하여 돈줄을 막아버렸다. 피라미드가 무너지기 시작했고, 주가가 100파운드대로 곤두박질쳐서, 투자자들의 손에 막대한 손실을 안겼다. 그런 사람들 가운데는 대귀족과 정부 관료, 국왕의 애인들도 포함되었다. 영국의 자유사상가 존 톨런드는 재산을 모두 잃어서, 죽어가면서 의사에게 진료비도 지불할 수 없었다. 설상가상으로, 도산으로 공채 시장과 산업 및 사업, 정부의 안정성, 심지어 잉글랜드의 국가 안보까지 흔들릴 위험에 처했다.

같은 해에 이보다 앞서 프랑스에서 미시시피 거품이 터졌을 때, 프랑스 정부는 위기를 초래한 미시시피컴퍼니를 구할 수단도 자금도 갖고 있지 않았다. 프랑스 국왕은 존 로(John Law)라는 이름[프랑스에서 그는 '라스(l'as)'로 불렸는데, 여기서 'as'는 '에이스(ace)'라는 뜻이다]을 가진, 명석하지만 신뢰할 수 없는 스코틀랜드 도박꾼을 금융 마법사라고 철석같이 믿고 어리석게도 그에게 왕립은행과 조폐국 관리 계약을 맡겼다. 미시시피컴퍼니의 도산 이후, 재무에 능통한 정부 관리도 없고 국가 중앙은행도 없는 프랑스는 지속 불가능한 이자율로 스위스에서 계속해서 돈을 빌려야 했다. 프랑스 왕실과 대중은 공채와 통화, 회계 같은 도구, 나아가 금융 시장 전체에 대한 신뢰를 잃었다. 효과적인 재무 개혁을 단행하지 못한 프랑스는 18세기의 상당 기간을 근대적 조세 제도 없이 거의 파산 상태로 국가의 산업적 혁신과 성장이 좌절된 채 고전했다.[14]

그러나 영국은 도산에서 회복했다. 그러한 회복에는 당시에 어떤 나라도 가진 적 없는 것이 결정적인 역할을 했다. 그것은 바로 네덜란드의 수준을 뛰어넘어 정치에 스며든 활기차고 혁신적인 회계 문화였다. 이런 문화 덕분에 월폴은 사우스시컴퍼니와 영국 신용시장을 위한 정부 구제 금융을 고안해낼 수 있었다. 월폴의 구제 금융은 약속의 실패, 곧 재무 회계 및 정부 회계의 실패를 보여주는 사건이자, 회계 기술을 잘 훈련받은 정치가조차 어떻게 해서 규칙을 깨고 싶은 유혹에 사로잡히는지 여실히 보여주는 사건이었다.

뉴턴마저 탐욕에 눈이 멀다

토리당은 사우스시컴퍼니가 하노버 왕가 출신의 잉글랜드 국왕과 그를 지지하는 휘그당에게 너무 큰 권력을 주고 있는 듯이 보이는 잉글랜드은행에 균형추 역할을 하리라 기대했었다(1668년 네덜란드 출신 윌리엄 3세의 즉위로 왕권을 둘러싼 승강이가 시작되었고, 결국 1714년에 독일인 조지 1세가 영국 왕좌를 물려받았다). 이런 이유로, 휘그당원이던 월폴은 처음에는 사우스시컴퍼니에 적대적이었다. 그러나 부채 해결 계획을 둘러싼 양당 간 논쟁에도 불구하고, 그리고 그가 처음에는 사우스시컴퍼니의 계획을 '망상'이라고 생각했음에도 불구하고, 결국 월폴은 그 계획을 수용하게 된다.

월폴이 사우스시컴퍼니 거품에 얽혀든 점이 놀랍게 느껴진다면, 위대한 천문학자인 아이작 뉴턴마저 사우스시컴퍼니의 계획이 정점에 이르렀을 때 투기로 2만 파운드를 잃었다는 사실을 기억해야 할 것이다. 월폴은 재무 데이터가 그 계획에 의문을 제기했는데도 그 계획을 믿었다. 그는 뉴턴 못지않게 빈틈없는 사람이었지만, 탐욕에 눈이 멀 수 있는 사람이기도 했다.

1720년 월폴이 사우스시 계획을 지원하고 투자하던 바로 그 순간, 변호사이자 하원 의원인 아치볼드 허치슨은 사우스시컴퍼니 주식 가격을 제법 정확하게 계산해냈다. 부패와 당파적 이익의 수렁에 빠져 있는 하원에서, 허치슨은 보기 드물게 청렴한 사람으로 간주되었다. 『공공 부채와 기금의 현 상태』(1718년) 같은 저술에서 허치슨은, 공적 회계 데이터를 이용해 그때까지 한 번도 본 적 없는 정교한 수준으로 국가 재정을 계산하는 기술을 보여주었다.[15]

1720년 그는 사우스시컴퍼니와 잉글랜드은행의 제안과 관련한 계산을 발표했다. 이것은 어떤 면에서 월폴의 정책에 대한 공격인 동시에, 애초에 사우스시 계획을 만들어낸 동료 토리당원에 대한 공격이었다. 월폴이 잉글랜드은행과 국가 부채를 감축하기 위한 감채 기금을 지원하는 방식으로 사우스시컴퍼니를 지원했으니 말이다. 이를 위해 세 가지 부채 감축 작전이 실행되었다. 그리고 이 작전은 나중에 회사가 도산했을 때 중요한 역할을 한다. 허치슨의 계산은 단순히 회계를 넘어 재무 분석이라는 새로운 영역으로 들어간다.

사우스시컴퍼니 주가는 이익 가정을 토대로 한 것이었다. 곧, 현재가치(과거의 돈과 미래의 돈을 현재의 가치로 환산한 값)와 현금흐름할인(미래의 돈의 가치를 할인하는 것), 연금지급률(시간의 흐름에 따른, 또는 주어진 시간에 따른 지불금의 가치)을 이용하여, 허치슨은 이제 4,300만 파운드로 불어난 정부 부채가 의존하고 있는 주식의 가치와 필요한 회사 수익 사이의 불균형을 계산했다. 그의 계산은 신규 청약이 이루어져서 정부에 돈이 들어오면 초기에 값싸게 투자한 사람들이 그랬듯이 돈을 벌 수 있다는 것을 보여주었다. 그러나 신규 투자자들은 투자금의 20퍼센트 이상을 잃게 되는 상황이었다. 이 투자자들이 수익을 얻으려면 회사는 비현실적으로 막대한 수익을 올려야 하며, 그렇게 하지 못하면 '수천, 수만, 수십만의 사람들'이 피라미드 체계에서 쪽박을 차게 될 터였다. 그는 이렇게 주장했다. "내 계산이 옳다면, 회사의 '연간 수익'에는 아무 근거도 없다." 그는 회사가 새로운 청약자에게 배당금을 지불하기란 불가능하다고 계산했다.[16]

허치슨의 계산은 정부에 지불해야 할 부채 환산율과 회사 수익, 주식 청약 수익, 회사 자산의 평가 가치, 잠재적 이자 소득의 측정을 토대로 했기에 복잡했다. 원래 가치의 300퍼센트라는 주가를 정당화하려면 회사가 연간 530만 파운드의 수익을 올려야 하는데, 이는 연간

군사 예산의 열 배에 달하는, 있음직하지 않은 액수였다.[17]

월폴은 이 수치를 알았다. 수치가 공개되었을 뿐 아니라 의회에서 논란이 되기도 했던 것이다. 실제로 하원 의원 토머스 브로드릭은 사우스시컴퍼니 계획을 상세히 공개 조사하라고 촉구했으며, 허치슨의 계산을 두고 논쟁이 벌어졌다. 회사와 투자자와 계획 지지자들은 나름의 회사 주가 분석을 발표했다. 1720년 4월에는 『플라잉 포스트』와 『위클리 저널』이 주당 440파운드에서 880파운드 사이의 주가를 입증하려는 목적으로 계산을 발표했다. 모든 이해 당사자가 수치를 퍼뜨리는 와중에, 월폴은 회사를 믿고 회사의 편에 섰다. 게다가 경력을 확대하고 전원주택을 지으려면 그에게는 돈이 필요했다. 아마도 그는 허치슨의 분석이 정치적으로 귀찮은 존재여서 무시했을 것이다. 어쨌거나 수익 면에서도 정치적으로도 허치슨의 수치는 달갑지 않은 것이었다.[18]

버블 붕괴, 그리고 공개 감사를 요구한 트렌처드

1720년 8월에 거품이 터지면서 일주일 만에 주가가 1,000파운드에서 400파운드 이하로 곤두박질쳤을 때, 월폴은 완전히 허를 찔렸다. 그는 노퍽에 있는 전원주택에서 가계 장부를 결산하고 부동산을 사들이고 사우스시컴퍼니 주식을 사려는 사람들에게 돈을 빌려주고 있었다. 게다가 5,000파운드어치의 주식을 추가 구매하기 위해 방금 전에 은행원 로버트 제이콤을 런던에 보낸 참이었다. 주가가 3일 만에 50퍼센트 이상 폭락했다는 소식이 나오자, 월폴은 절망과 충격에 휩싸여 미친 듯이 제이콤에게 연락을 취하려 했다. 마침내 런던에서 기적과도 같은 소식이 전해졌다. 제이콤이 그 돈을 투자하지 않았다는 소식이었다. 그 빈틈없는 은행가는 사우스시컴퍼니로 가서 이사들을 만났는데, 그가 보기에 이사들이 왠지 자신이 없어 보이고 '두려움에 떨고' 있었으며 뭔가 '부산했다.' 제이콤은 사우스시컴퍼니 계획이 무너지기 시작한 순간, 그 계획에 대한 신뢰를 철회했고 투자를 유보함으로써 이미 큰 손실을 입은 월폴이 더 큰 손실을 입지 않도록 구해냈다.[19]

이해 당사자들이 허치슨의 계산을 알게 되자 분노의 분위기가 뚜렷해졌다. 현실주의 정치인이 아닌 허치슨은 정부가 회사에게 받을 700만 파운드의 부채 상환금을 포기하고 사우스시컴퍼니 계획에서 모든 것을 잃은 '보통 사람들'을 도와야 한다고 주장했다. 요샛말로 하면, 그는 '메인스트리트'(금융시장을 의미하는 월스트리트와 대비되는 용어로, 실물경제를 가리킨다—옮긴이)를 긴급 구제하려 한 셈이다. 휘그당의 공화주의 계파의 입장에서 글을 썼던 존 트렌처드 같은 영향력 있는 정치 비평가들은 주가와 공채를 나름대로 계산하여 주주와 투자자를 위해 사우스시컴퍼니를 비롯해 모든 주식회사에 전반적으로 감사를 실시하라고 촉구했다. 트렌처드는 배당금을 지불하기 전에 각각의 회사는 "주식 상태를 보고해야 하는데, 이때 회계사가 재무법원 판사 앞에서 보고한 주식의 상태가 진실임을 선서해야 한다"라고 주장했다. 그런 공개 감사만이 투자자들로 하여금 온전한 판단을 내릴 수 있게 해준다는 것이 그의 요지였다. 그는 재무적 불투명성은 회사 이사들과 그 그늘 속에서 부를 축적하는 정부 관료들을 이롭게 하지만, 나머지 사

람들은 맹목적으로 '도박'을 해야 한다고 주장했다.[20]

트렌처드는 독립적인 재무감사국을 두어야 한다고 촉구했다. 그러나 구시대적 정치가인 월폴은 본능적으로 공공 책임성을 거부했다. 사실 그의 권력과 개인 재산은 비밀스러운 국가 재정에 의존하고 있었다. 그 때문에 월폴은 진정한 정치적 책임성도, 재무적 책임성도 없이 시장을 안정시킬 방법을 찾으려 했다.

사우스시컴퍼니의 도산을 막은 월폴의 구제 금융

월폴은 유능하지만 부패한 정치인이었다. 그러나 권력과 부를 갈망하면서도 영국의 금융 및 산업 시장을 살리는 것이 자신의 의무라고 믿었다. 영국 경제가 붕괴 직전의 상황에 놓이고 정부의 부채 조달 및 상환 능력이 위험에 처하자, 월폴은 사우스시컴퍼니를 상대로 구제 패키지를 만드는 데 정부가 관여하도록 했다. 사우스시컴퍼니가 프랑스 미시시피컴퍼니와 똑같은 운명을 맞이하게 내버려둘 수 없었던 것이다.[21]

사우스시컴퍼니 투자자들은 인정받는 회계사 찰스 스넬을 고용하여 회사를 감사하게 했다. 월폴은 그러한 공개 감사의 잠재적 파급 효과를 알고 있었다. 그래서 감사를 중단하고 회사를 구조 조정하는 방식으로 재무 시스템을 안정시킬 필요를 느꼈다. 사우스시컴퍼니는 규모가 워낙 커서 파산하면 그 여파가 엄청날 것이 확실하기에 파산하게 놔둘 수 없는, 요샛말로 표현하면 '대마불사(大馬不死)'였다. 월폴의 첫 번째 과제는, '신용 회복을 위한 법'을 가지고 회사가 약 3,300만 파운드의 정부 부채를 유지하고 계속 이자를 갚도록 하면서, 투자자 및 투자자들에게 주식 매입 비용을 빌려준 은행을 구하는 것이었다. 전체적인 재무 시스템을 긴급 구제하기 위해, 그는 우선 회사가 도산 하지 않도록 정부가 돈을 빌려주게 한 것이다. 그런 다음, 잉글랜드은 행을 설득하여 거의 400만 파운드에 이르는 사우스시컴퍼니의 정부 부채를 떠안게 했다. 사우스시컴퍼니는 회사가 보유한 은을 조폐국에 넘겨서 정부에 배상금으로 지불해야 했다. 시장과 회사의 도산을 막 음으로써, 월폴은 투자자들이 투자금 100파운드당 52파운드씩은 건 질 수 있도록 도왔다.[22]

그러나 월폴에게는 시장과 자본가 계급의 안정성, 그리고 정부와 자 신이 속한 휘그당의 안녕이 일순위 과제였다. 허치슨이나, 작가 겸 정 치 평론가인 대니얼 디포 같은 인물들은 '주식 투기꾼'과 '도박꾼'과 '협 잡꾼'을 맹렬하게 비판했다. 의회는 '주식 투기를 방지함으로써 공공 차입을 구축'하기 위해 움직였다. 월폴은 월폴대로 정적들을 공격하 며 "돈으로 움직이지 못할 사람은 없다"라는 명언을 남긴다. 그런 와 중에도 그는 은행가 친구들을 구하기 위해 개입했다. 잉글랜드은행의 너대니얼 굴드와의 긴밀한 친분을 이용하여, 사우스시컴퍼니와 잉글 랜드은행, 동인도회사, 그리고 자신의 혁신적 감채 기금을 성공적으 로 구조 조정했다.[23]

부패한 정치인과 자본가를 보호하다

월폴의 구조 조정은 재무 활동의 위업이라기보다는 능통한 협상 행위였다. 그의 해결책에 모두가 동의하지는 않았으며 허치슨은 의회에서 그 조치에 항의하기도 했지만, 다른 누구도 실현 가능한 다른 대안을 제시하지는 못했다. 월폴의 기술은 정치적이었다. 그의 계획은 국가 신용 시장을 구했고, 적어도 피해를 입은 회사와 은행이 지탱하도록 했다. 그의 계획은 또한 국영 기업이나 민간 기업에 대한 공공 감사를 피함으로써 정치적 안정성도 유지했다. 부정행위 관리의 중심에는 '비밀위원회'라는 의회 조직이 있었다. 허치슨을 비롯한 이 위원회의 구성원들은 부패의 정도를 파헤치기를 바랐지만, 월폴은 정부의 피해를 관리했다.[24]

비밀위원회는 57만 4,000파운드 가치의 어마어마한 주식이 국회의원들과 정부에 뇌물로 제공된 사실을 알아냈다. 회사 이사들이 다양한 부정행위를 저질렀을 뿐 아니라, 국회의원과 관료, 왕실 구성원과 심지어 국왕의 애인까지도 모두 뇌물을 받고 그 계획을 지지했던 것이다. 그리고 이 모든 뇌물은 회사의 장부에서 발견되었다. 그러나 위원회는 그 6개월 전인 1720년 12월에 모든 사건의 열쇠인 '그린북(Green Book)'을 가지고 종적을 감춘 사우스시컴퍼니의 경리 로버트 나이트를 잡지 못했다. 그린북은 회사의 가장 중요한 뇌물 기록이 고스란히 담겨 있는 비밀 원장이었다. 나이트는 탈옥하여 당시에 오스트리아령 네덜란드 도시였던 리에주 영토로 달아나는 데 성공했다. 편리하게도 자국민 불인도 조항이 있는 곳이었다. 그는 익명의 영국 고위 관료들의 '설득'에 힘입어 벽에 난 구멍을 통해 탈옥했다. 월폴과 조지 2세는 그가 사라졌다는 소식을 듣고 안도했다. 많은 인물들의 명예가 훼손되고 부패로 기소당하기도 했지만, 이 사건에서 가장 중요한 인물이라고 할 수 있는 월폴의 동지, 스탠호프 백작과 선더랜드 백작은 완전한 불명예를 피할 수 있었다. 선별된 관료와 최고 자본가들을 파멸과 기소로부터 보호해낸 월폴은 이제 '차단 사령관(Skreen-Master General)'이라는 별명으로 불렸다.[25]

월폴의 전술은 대중의 원성으로 이어졌고, 월폴은 토머스 고든과 존 트렌처드의 그 유명한 「카토의 편지」라는 논설에서 공격 대상이 되었다. 이들은 정부 회계장부의 공개와 정부 관료들에 대한 회계감사를 통해 투명하고 책임성 있는 정부라는 고대 공화국의 미덕을 되찾아야 한다고 촉구했다. 가장 주목할 사실은, 고든이 정치적 자유와 미덕을 공개 회계와 동일시했다는 점이다. 그가 생각할 때 정부 인사들이 자신의 회계장부를 열지 않는다면 자유란 있을 수 없으며, 정치석 혼란과 파괴만 있을 뿐이었다. 고든은 페리클레스를 예로 들며 투명한 정부라는 도덕주의적 요구를 했다. 고든에 따르면, 페리클레스는 권력을 영속화하고 공개 감사를 피하기 위해 엄청난 지출을 했다. 게다가 정치적 혼란을 야기하고 자신의 명성을 유지하고 자신의 회계장부를 비밀로 하기 위해 전쟁까지 일으켰다. 고든이 볼 때 아테네의 몰락은 회계장부를 공개하지 않으려는 한 남자의 '파멸적 어리석음'의 결과였다.[26]

이는 비밀스러운 정부 재무가 가져온 폐해를 보여주는 극적이고 역사적인 흔적이었다. 문제는 월폴이 페리클레스가 아니라는 것이다. 그는 자신의 작전으로 영국을 재정적 도산과 외국과의 전쟁에서 벗어나게 했다고 자랑스러워했다. 그리고 그가 주도한 공채 시장과 감채기금의 구조 조정은 비록 불투명했을 뿐 아니라 이른바 자유방임주의

와는 정반대였지만, 전체적으로 보아 적어도 처음에는 효과를 발휘했다. 1720년대에 국가 부채는 약 4,000만 파운드였고, 연 이자 지급액은 200만 파운드에 달했다. 그런데 1727년까지 월폴은 이자율을 1퍼센트 낮추어 전체 군사 예산과 비슷한 액수인 37만 7,381파운드를 절약했다. 그리고 이렇게 하여 절약한 연 100만 파운드 이상의 돈을 감채 기금에 할당하여 부채의 이자를 갚고 원금을 줄이는 데 쓰게 했다. 1742년에 관직에서 물러날 때까지 월폴은 부채를 1,300만 파운드나 낮췄다.[27]

정치 비자금이 된 감채 기금

도덕성과 자유주의 경제를 다룬 결정적인 책 『국부론』(1776년)에서 애덤 스미스는 과연 감채 기금이 부채에 대한 해결책인지에 의구심을 표했다. 오히려 감채 기금을, 부채를 무시하고 새로운 부채를 얻으려는 유혹으로 간주했다. 이것은 스미스가 월폴을 염두에 두고 쓴 내용이었다. 월폴은 계몽주의 시대에 통치한 재무 전문가이기 이전에 정치인이었다. 부채에 대한 정치적 압력이 가벼워짐에 따라 감채 기금은 점차 부채 감소 도구라기보다 정치 비자금에 가까워 보였다.

1722년에 월폴은 감채 기금에 손을 대기 시작했다. 처음에는 그것을 지폐 기능을 하는 재무성 증권 100만 파운드에 대한 담보로 이용했다. 1724년에는 금값 하락에 따른 재무성 손실을 상쇄하기 위해 기금에서 1만 5,144파운드를 빼냈다. 1727년에 이르러 그 기금은 월폴에게 주요한 정책적 무기가 되어 있었다. 그는 국왕의 왕실 비용(직접 지불되는 임금) 자본을 80만 파운드로 올리기 위해 10만 파운드를 빼냈다. 국왕은 이러한 움직임에 반대할 수 없었지만, 한 국회의원은 월폴이 직접 만든 감채 기금을 스스로 파괴하고 있다며 항의했다. 월폴은 침묵을 지킨 채 동인도회사의 연금을 지불하고 토지세를 1실링 줄이기 위해 계속해서 기금에 손을 댔다. 1734년에는 정부 지출로 120만 파운드를 전용했다. 월폴이 부채를 관리하고 정부 장부를 결산하기 위한 지렛대라고 주장했던 것이 정부 지출에 대한 의회의 감시를 피하기 위한, 정체 모를 장치가 되어버린 셈이다.[28]

이처럼 교묘한 재무 계략은 월폴이 권좌에 남는 데 도움이 되었다. 1732년 국왕 조지 2세는 유능한 수상에게 다우닝가 10번지(영국 수상 관저)를 선물했다. 언제나 빈틈없고 노련한 월폴은 그곳에서 살기로 동의했지만, 공적 이타심을 보여주는 행위로써 그 집을 정부의 유산으로 남겨 후임 수상들을 위한 공식 관저로 쓰도록 했다. 그러나 영원할 것 같던 월폴의 수상 임기도 결국 끝이 난다. '늙고 살찐 노퍽의 대지주'는 1739년 서인도 제도에서 벌어진 스페인과의 무역 분쟁과 영국 선원 젱킨스가 스페인 사람에게 귀가 잘렸다는 주장으로 촉발된 젱킨스의 귀 전쟁을 막아내지 못했다. 1741년 선거에서 저조한 성적을 거둔 월폴은 의회에서 불신임 투표를 받고 1742년 권좌에서 물러났다. 월폴의 21년 임기는 유례가 없는 것이었고, 그는 영국 역사에서 가장 오래 집권한 수상이 되었다. 그러나 결국 영국은 이 총명하지만 양심적이지 못한 수상에게 진절머리를 냈다.

정치 후원 문화의 부정적 영향

윌리엄 호가스(1697~1764년)의 그림들은 18세기 영국에 대한 근대적 시각을 형성했으며, 월폴 같은 인물들의 모순을 충실하게 표현했다. 호가스는 부유한 도시 상인들이 재정적 영향력을 행사하고 하노버 왕조가 통치하는 군주국 시대에 대중을 강탈하는 '로비노크라시' (Robinocracy: 종종 월폴이 로빈 후드에 빗대어진 데에서 나온, '로빈의 통치'라는 의미의 풍자적 신조어—옮긴이)의 탐욕스러운 번영을 보여주었다. '현대 결혼 풍조(Marriage à la mode)' 연작 중 하나인 〈결혼 직후〉 또는 〈둘이서 나란히〉†(1743~1745년)로 알려진 호가스의 그림은, 매춘부 또는 정부와 외박을 하고 돌아온 뒤 술에 취해 의자에 널브러져 앉아 있는 자작과, 집에서 긴 카드놀이를 끝낸 후 기지개를 켜며 잠에서 깨어나는 그의 아내를 묘사한다. 영수증 뭉치와 회계장부를 손에 든 집사가 그 광경에 넌더리를 내며 걸어간다. 여기서 회계는 중요하지만 무시된다. 이 그림은 영국 엘리트와 그들이 능숙하게 다뤘던 도구에 대한 애증 어린 관계를 생생하게 묘사한다. 무척이나 존중받고 번영과 구원에 밀접하게 연결된 이 도구는 인생 자체처럼 헛되이 소비된 채 버려질 수 있다. 월폴과 회계의 이야기는 영국인들이 어떻게 시우스시컴퍼니의 재앙에서 빠져나오게 되었는지 설명해주지만, 동시에 그것은 축재(蓄財)와 정치 후원 문화가 영국에서 책임성 있는 투명한 정부가 탄생하는 것을 어떻게 가로막았는지 설명해준다.

월폴은 자신이 실행한 구제 금융이나 기타 정책들과 관련된 호칭으로 불리지 않고 '강도'라고 불렸다. 당대의 위대한 작가들은 그를 비난했고, 이에 대해 월폴은 "요새 글쟁이들은 점점 대담해지고 있다"라며 불평했다. 새뮤얼 존슨은 「런던」(1738년)이라는 시에서 재무 문화 때문에 빈곤해진 도시를 이렇게 묘사했다.

은밀한 기술로 당신의 비밀들을 탐구하라.
취약한 시간을 지켜보다가 모든 마음을 샅샅이 뒤져라.
그러면 곧 엉뚱한 자신감이 보답할 것이다.
마음속 군주를 불러내어 통치하거나 배반하라.
여기 수치심도 견책도 없이 나온 숫자들에 의해,
증오스러운 가난만 아니면 모든 범죄는 안전하다.

적자 상태로 죽은 구제 금융의 발명자

『톰 존스』의 저자이기도 한 풍자 소설가 헨리 필딩은, 영국 사회를 이상적으로 묘사했으나 현실과는 완전히 동떨어진 새뮤얼 리처드슨의 『파멜라』(1740년)(이 소설의 부제는 '미덕의 보답'이며, 한 하녀가 자신을 농락하려는 주인집 아들에게 저항해 끝까지 정조를 지킨 끝에 결국 그와 결혼하는 내용이다─옮긴이)에 대한 응답으로서 '미덕이 보답을 받지 못하는' 영국을 디스토피아적 관점으로 묘사했다. 필딩의 『샤멜라』(1741년)는 리처드슨을 향한 공격인 동시에 월폴이 이끄는 영국을 향한 공격이기도 했다. 그에게 영국은 가장 덕망 있어 보이는 사람들조차 수단과 방법을 가리지 않고 회계감사를 피하는 재무 사기꾼들인 나라였다. 『샤멜라』에 등장하는 하녀는 절대적 미덕의 귀감이 아니라, 남편의 재산을 훔치려고 결혼한 교활한 도둑으로 묘사된다. "제가 지출한 돈을 속속들이 보고할 의무는 없다고 생각합니다만. 그렇다면 제가 여전히 당신의 하녀인 셈이잖아요. 분명히 말씀드리지만, 저는 그러려고 당신과 결혼하지 않았습니다. 게다가 당신도 제게 당신 소유의 정부가 되라고 말씀하시지 않았잖아요?" 그녀는 동침의 대가로 용서를 얻은 데에 흡족해 한다. "나는 아주 효과적으로 그가 더는 내 씀씀이를 문제 삼거나 꼬치꼬치 캐물을 수 없게 만들었다."²⁹

대중은 월폴이 자기 친구들에게 유리하도록 정책적으로 만들어낸 부패한 재무 문화에 깊은 회의를 품었다. 영국 정부가 책임 있는 정부라고 믿을 만한 이유도 없었다. 정부 지출을 감시하기 위한 의회 회계위원회는 미국 독립전쟁이 끝날 때까지 한 번도 소집되지 않았다. 월폴은 영국을 긴급 구제했지만, 정계에 진출한 초기에 약속했던 개혁과 책임성은 가져오지 못했다.

그리고 그는 자신에게도 책임을 묻지 않았다. 1722년 사우스시컴퍼니 거품 사건 직후 월폴은 노퍽에 있는 사유지에 호턴홀을 짓기 시작했다. 그것은 장차 재무부 건물과 화이트홀의 근위기병대 건물을 짓게 되는 당대의 위대한 건축가 겸 설계자 윌리엄 켄트가 호화롭게 실내를 장식한, 18세기 최고의 팔라디오풍 저택이었다. 1742년 월폴이 권좌에서 물러나고 400여 점의 걸작을 비롯해 그의 회화 소장품이 다우닝가 10번지에서 노퍽으로 옮겨간 뒤에 그곳이 세계에서 손꼽히는 예술적 보고 중 하나가 된 것은, 월폴의 위세가 어느 정도였는지를 보여주는 증거였다. 메디치가의 코시모와 장 바티스트 콜베르와 마찬가지로, 그는 정치적인 재무 관리자였으며 중요한 예술 후원자였다.

그러나 1745년에 월풀이 죽고 나서, 그의 아들은 그 대단한 인물의 재산이 부채 4만 파운드라는 사실을 알고 경악했다. 최초의 구제 금융의 발명자는 이처럼 적자 상태로 죽었다.

제8장

웨지우드의 회계 혁신이 가져온 부와 명예

한쪽에는 모든 즐거움의 가치를,
다른 쪽에는 모든 고통의 가치를 합산하라.

—

제러미 벤담, 1781

18세기 영국 산업 역량의 중심, 회계와 교육

18세기 영국은 월폴의 구제 금융이라는 독특한 재무 정책의 발상지였을 뿐 아니라 세계 최고의 제국주의 열강이 되었다. 생산과 수출, 수입에서 세계 최고의 위치를 누리며, 이 작은 섬나라는 계속해서 가공할 해군과 해외 제국을 유지했다. 그리고 당시 영국은 개신교도의 공리주의와 과학적 탐구에 대한 믿음과 무한한 야망, 상대적인 정치적 자유가 결합되어 유례없는 기술혁신과 경제적 팽창에 연료를 공급한 산업혁명(Industrial Revolution)의 탄생지였다. 일부 역사학자들은 그것을 '근면혁명(Industrious Revolution)'이라고 부르기도 했다. 종교적 반대자와 유명한 웨지우드 도자기를 만들어낸 조사이어 웨지우드 같은 산업가들이 회계를 대중화하고, 회계를 이용해 혁신적인 회사를 관리하고, 인간의 행복과 가치라는 새로운 개념을 만들어낸 곳도 비로 영국이었다.[1]

영국이 가진 산업 역량의 중심에는 그 나라가 네덜란드마저 능가하는 회계와 교육의 중심지가 되었다는 사실이 있었다. 중세 이후 영국의 중등학교에서는 나중에 도제 생활을 하게 될 소년들에게 회계를 가르쳤다. 중등학교는 이탈리아와 네덜란드의 전통적 교육 모델을 따라 학생들이 대학에 진학하거나 상업 활동을 할 수 있도록 준비시켰다. 산업이 팽창함에 따라, 회계 전문성에 대한 수요도 증가하는 선순환이 발생했다. 점차 회계는 상업을 존중하는 점잖은 지배 계급에도 필수적인 것으로 보였다.

훗날 사우스시컴퍼니 위기 이후 회사 감사를 위해 주주들에게 고용되는 찰스 스넬은 『지주를 위한 회계, 또는 그들이 따를 수 있는 쉽고 간결한 재산 기록 양식』(런던, 1711년)에서 자산과 사업을 관리하려는 신사와 상인 들을 위한 회계 편람 시장이 무르익었음을 보여주었다. 또한 케임브리지에서 수학한 변호사이자, 음악가이자, 로저 남작의 여섯 번째 아들인 로저 노스는 1714년 『신사 회계사』에서 회계 지식을 알고 있다는 것은 신사와 '품격 있는 사람'에게 대단한 이점이며, 자신의 상황을 관리하고 국가 및 무역과 관련한 국제 정세를 따를 수 있게 해준다고 밝혔다. 노스는 회계가 과학이라고 불려도 손색없을 만큼 완벽해졌다고 주장했다. 또한 통치하고 싶다면 회계를 알아야 한다고도 주장했다. 타당한 소리였다. 1688년 혁명 이후, 내국소비세 회계사들은 복식부기로 정부 회계를 처리하기 시작했다. 정치권력과 행정은 부기 지식과 한층 더 긴밀하게 연결되었다.[2]

'엄마 무릎'에서 회계를 배운 영국 여성들

스코틀랜드는 고전 교육과 상업 교육이 결합된 중심지였다. 1727

년 존 메어(John Mair)는 에어 중등학교의 산수와 부기 및 기타 과목의 사범으로 임명되었다. 이후 그는 역사상 가장 영향력 있는 영어 회계 편람인 『체계화된 부기(Book-keeping methodiz'd)』(1736년)를 썼다. 이 책은 1772년까지 9판이 나왔으며, 18세기 북아메리카에서 가장 유명한 회계 편람이 되었다. 중등학교와 함께 회계 학교(회계사와 행정가는 분명하게 쓸 줄 알아야 했기에 '글쓰기 아카데미'라고도 불렸던)에서는 나중에 해군이나 정부에서 일하려면 필요하다는 이유로 케임브리지와 옥스퍼드 대학에 가려는 학생들에게도 회계를 가르쳤다.

18세기 후반에 이르러, 회계 학교의 유례없는 폭발적 증가로 회계는 물론이고 복식부기까지 영국 사회에 일반화되었다. 1740년 무렵에는 영국에 열한 곳이 넘는 회계 아카데미가 운영되었고, 18세기 말에는 200곳이 넘었다. 존 룰의 이즐링턴 아카데미는 '신사와 학자와 사업가'를 교육시킨다고 광고했다. 많은 아카데미 원장이 자수성가한 인물이었지만, 적어도 아홉 명은 유명한 과학자이거나 왕립 아카데미 회원이었다. 산업혁명의 중추 역할을 한 이들 아카데미는 과학적이고 경험적인 교육과 실용적·상업적 기술을 함께 가르쳤다. 그들은 복식 회계와 항해술, 측량술과 계측술에다 군사 과목까지 가르쳤다. 기회가 급증하는 시대에 교육의 속도는 결정적으로 중요했다. 1766년 이즐링턴 아카데미의 광고는 사업을 시작하려는 신사들이 복식부기를 '속성으로' 배울 수 있다고 자랑했다.[3]

비즈니스와 산업이 일상화됨에 따라, 여성이 회계 학교에 다니는 것을 금지하기가 점점 더 어려워졌다. 실제로 회계를 남자 가장이 없는 가정이나, 사기꾼의 표적으로 전락할 수 있는 독신 여성들을 보호하기 위한 필수 수단으로 보는 사람들도 있었다. 회계 지식이 전 계급에 확산되면서 복식부기를 배우는 귀족 여성들과 상점 주인이나 실업가, 또는 단순한 재산 소유자의 아내들이 점점 늘어났다. 실제로 많은 여성들이 '엄마 무릎에서' 회계를 배웠다고 한다. 한 광고에서는 여성들을 위한 사립 학교에서 "'장부 기록'에 필요한 만큼 영어와 글쓰기와 산수와 그림, 바느질, 춤, 그리고 약간의 불어"를 가르친다고 광고했다. 몇몇 계몽된 실업가들은 딸들에게도 회계를 가르쳤으나, 또 다른 사람들은 여전히 회계를 남성적 기술로 간주했다.[4]

과학적 합리주의와 기독교를 결합한 비국교도

많은 회계 아카데미는 비국교도(Nonconformists: 일반적으로 영국국교회에 반대한 모든 프로테스탄트교회 교파에게 사용된 말—옮긴이)에 의해 운영되었다. 저교회파(Low Church: 영국국교회의 고교회파에 대칭되는 표현—옮긴이) 개신교도들은 청교도처럼 종교적 신념을 포기하지 않는다는 이유로 영국국교회(성공회)에서 축출당해, 공직에 나아가거나 대학에 들어갈 수 없었다. 비국교도는 행복과 자기규율, 과학적 진보와 구원의 이상을 믿었으며, 이는 막스 베버가 프로테스탄트 노동 윤리라고 이상화한 계몽시대 프로테스탄티즘을 독자적인 방식으로 구현한 것이었다. 회계에 대한 그들의 믿음은 종교적 열정으로 고무된 것이었다. 비국교도들은 과학적 합리주의와 자연과학을 기독교와 결합하려는 영국의 오랜 전통을 따랐다. 그들의 믿음은 수학에 의해 밝혀지는 질서와 조화와 진보에 대한 뉴턴의 이상에 의존했다. 이처럼 종교적으로 영감을 받아 절제와 이익을 추구하는 사람들에게 회계는 개인적 근면성의 도구이자, 신이 준 번영이라는 선물과 정치적 자유를 충실하게 보호하는 도구였다.[5]

사립 아카데미는 비국교도들에게 소득을 안겨주었을 뿐 아니라 자신들만의 고유한 과학적·상업적 학습 방식을 적용할 수 있는 공간이었다. 이신론적 유니테리언과 퀘이커교도, 장로교파 같은 개신교 아웃사이더들도 영국 전역에서 아카데미로 몰려들었다. 랭커셔의 워링턴 아카데미는 비국교도 청소년을 가르치기 위해 세워졌고, '사업과 상업', '최고의 부기 방법' 교육에 집중했다. 또한 노팅엄의 스탠더드힐 아카데미는 젊은이들이 '다양한 직업과 업종과 산업에서 두각을 나타낼 수 있도록' 도움을 주는 비국교도식 훈육을 제공한다는 목표로 설립되었다.[6]

심지어 영국국교회 내의 고교회파에서도 이러한 상업적 교육 과정을 수용했다. 모든 사회 계층의 영국 개신교도들은 과학적 실험과 관찰을 통해 자연에서 신의 작업을 추구하고 자연 지식을 세속적 부로 바꿈으로써 신의 의지를 실현하고자 했다. 자유주의적 영국국교도도 과학과 뉴턴의 작업이 다른 종교 및 무신론과의 경쟁에서 개신교 기독교에 힘을 실어주고 있으며 새로운 과학적 기독교의 바탕이라고 믿었다. 그들은 수학과 이익의 이상을 공개적으로 수용함으로써 청교도와 비국교도를 다시 영국국교회로 불러들이려 했다. 저명한 고전학자인 리처드 벤틀리는 1696년 케임브리지 대학에서 보일 강좌(17세기 저명한 자연철학자 로버트 보일에서 이름을 따온 강좌─옮긴이)를 열면서 신이 '인간'에게 '이익'을 추구함으로써 '수익'과 '기쁨'을 찾으라고 명령하

셨다고 말했다. 회계는 이러한 철학적 관점의 중심이었다.[7]

그러나 청교도와 비국교도가 개인 장부를 기록하는 데에는 더 중요한 이유가 있었다. 그들이 공직을 맡거나 공식 교회를 조직하는 것은 국법으로 금지되어 있었다. 이 영국판 프로테스탄티즘은 이처럼 강제로 위계를 만들거나 감시를 할 수 없게 되어 위계적 영국국교회와 달리 자연스럽게 모든 신도의 교회가 되었고, 비국교도와 칼뱅주의의 삶에는 '주시(watchfulness)'라는 새로운 문화가 스며들었다. 개인은 악마로부터 스스로를 보호하고 '그리스도의 승리'를 돕기 위해 세상을 '주시'해야 했다. 신도들은 하느님의 왕국을 추구하기 위해 영적 과학자들처럼 세상에 대한 자신의 관찰을 공책과 영적 회계장부에 써넣어야 했다. 비국교도와 퀘이커교도, 칼뱅파는 자신의 죄와 덕을 설명해야 했기에 선행과 죄, 경제적 성공을 기록하는 일기와 자서전을 썼다. 많은 경우 이들은 자서전적인 관찰뿐만 아니라 개인적 실패의 증거, 또는 정해진 운명에 의해 신에게 구원받을 것이라는 증거를 찾기 위해 장부를 쓰기도 했다.[8]

조너선 스위프트 같은 작가들도 상세한 회계장부를 기록했으며, 장로교도 작가 대니얼 디포는 『로빈슨 크루소』(1719년)에 회계를 묘사하는 부분을 넣었다. 전문 회계 편람을 쓴 바 있으며 수차례 재무 관련 비평도 썼던 디포는 크루소가 인생의 긍정적인 측면과 부정적인 측면을 마치 '채권자와 채무자처럼' 따져보는 장면을 썼다. 선행과 죄를 기록하는 예수회 장부처럼, 인생에서 좋은 것을 계산하려 한 것이다.

리즈의 성공적인 의류상이자 비국교도인 조지프 라이더는 1739년 일기에 자신은 '인간을 이성적 피조물로 만든 신의 선함'을 찬양하기 위해 글쓰기와 회계를 이용한다고 썼다. 그는 재산을 신성한 행위와 선한 회계의 결과물로 보았다. 350년 전 이탈리아 가톨릭교도 다티니가 그랬던 것처럼, 라이더는 일기장에는 자신의 도덕적 계산을, 장부에는 재정적 계산을 기록했다. 라이더에게 새로운 점이 있다면 신의 작품인 자연을 연구함으로써 산업이나 과학적 문제에 능통해지고 그 덕분에 재산을 얻는다면 이러한 성공은 죄가 아닌 정해진 운명의 징조라는 생각이었다. 선한 과학과 선한 기록, 선한 회계는 인간을 신과 이익에 가까워지게 한다. 그리고 회계를 잘할수록, 거기서 구원을 향한 정해진 운명을 볼 수 있을 터였다. 따라서 영국국교도, 케임브리지 출신, 과학적인 사고방식을 가진 귀족 차남에서부터 상인과 지주, 도시 사업가와 금융가, 그리고 글을 읽고 쓸 줄 알고 이재에 밝은 평균적인 중간층 비국교도에 이르기까지, 모든 사람의 삶에서 회계는 특별한 자리를 차지하게 되었다. 그것은 태피스트리처럼 복잡하게 짜인 영국 프로테스탄티즘에서 엮음 실 역할을 했다.[9]

웨지우드는 어떻게 성공했을까

비국교도 중에 조사이어 웨지우드(Josiah Wedgwood, 1730~1795년)는 특출한 인물이다. 그는 근면한 비국교도의 성공이라는 모범을 보였을 뿐 아니라 그들의 사업에서 회계의 중요성과 산업 혁신 속에서 회계가 얼마나 높은 곳까지 올라갈 수 있는지를 보여주었다. 비국교 종교에서 영향을 받은 웨지우드는 역사상 매우 성공적이고 혁신적인 회사를 창립했다. 웨지우드 도자기는 여전히 많은 사람들이 탐내는 제품이며 6인용 식기 한 벌이 1,000달러를 호가한다. 웨지우드는 생산 시간과 노동, 재료, 기계, 판매 원가를 계산하는 집중적인 원가 회계 연구를 통해 성공을 일구어냈다. 그는 근면성과 회계를 새로운 혁신과 성공의 수준까지 끌어올렸지만, 그런 그조차도 도덕성과 최종 결산의 균형을 맞추기 위해 고전했다. 웨지우드는 회계가 금은보화를 가져다줄 수는 있지만, 건강과 행복과 자유, 사회적 조화를 가져다주지는 않는다는 사실을 깨닫게 된다.

월폴은 화려한 연회와 호가스 그림에 대한 취향으로 경솔하고 탐욕스러운 정치인으로서 유명했던 반면, 웨지우드는 버밍엄 북쪽 버슬렘에서 유명한 정원의 시계가 알리는 시간에 맞춰 공장을 운영하는 꼼꼼하고 도덕적인 인물이었다. 월폴과 마찬가지로 웨지우드도 개인적으로 부유해지기 위해 회계를 이용했다. 그러나 그의 경우는 정치적 술수를 통한 부유함이 아니라, 개인적 경건함과 근면함을 통한 부유함이었다. 웨지우드는 그러한 경건함과 근면함이 자신과 근로자들의 영혼을 개선해줄 거라고 믿었다.[10]

조사이어 웨지우드는 동업자이자 친구인 토머스 벤틀리에게 자신은 근면함을 통해 '재산과 명성, 공공의 선'을 추구한다고 자랑스럽게 말했다. (좀 더 솔직할 때는 고결한 척하는 태도에서 벗어나 단순히 도자기를 많이 팔면 '명성과 이익'이 따라온다고 말하기도 했다.) 웨지우드의 초기 서한들을 보면 정치적 자유의 필요성과 과학의 중요성에 대한 언급이 가득한 한편, 수치들도 많이 포함되어 있다. 정교한 형태의 복식회계는 1차 산업혁명(1760~1840년경)의 토대였다. 월폴이 숫자를 이용했다면 웨지우드는 숫자와 더불어 살았다. 예를 들어 그는 샬럿 왕비가 주문한 도자기 개수 계산하는 것을 좋아했다. 이 그릇들은 나중에 우리에게 퀸즈웨어(Queensware)라고 알려지게 되는데, '찻잔 열두 개와 잔 받침 열두 개, 차 버리는 그릇과 뚜껑과 받침대가 있는 설탕 접시 한 개, 찻주전자와 받침대, 스푼 쟁반, 커피포트, 커피잔 열두 개, 촛대 여섯 쌍과 잎이 달린 멜론 모양 사발 여섯 개'로 구성되어 있었다. 웨지우드는 스토크온트렌트 운하 건설 비용처럼 사업과 무관한 일과 관련된 계산 내역을 벤틀리에게 보내곤 했지만, 회계가 산업 생산력과 수익률의 문제를 해결할 수 있다고 믿었다.[11]

젊은 산업국가의 자부심이 된 회계장부

중세와 르네상스의 화가들은 회계의 위험을 강조하곤 했지만, 18세기 영국 화가들의 작품에는 황금기를 맞은 젊은 산업국가의 자부심이 반영되어 있다. 수익이 늘어남에 따라, 회계장부가 영국 상인들, 적어도 웨지우드처럼 성공한 상인들을 행복하게 만든 것처럼 보였다. 영국 사업가와 은행가 들이 초상화 속에서 회계장부를 책상 위에 펼쳐 놓은 채 미소를 짓고 있는 모습은 흔한 풍경이 되었다. 이런 초상화들은 근대 회계 기술에 대한 신뢰를 보여주는 증거물이다. 1762년 은행을 설립한(이 은행은 1995년 악명 높은 주식 중개인이자 지점 감사이기도 했던 닉 리슨에 의해 문을 닫게 된다) 베어링 형제가 마치 지도에 손가락을 대고 있는 탐험가처럼 원장을 꼼꼼히 읽는 모습을 토머스 로렌스 경이 그리기도 했다. 인도에서 활동한 걸출한 사업가 존 모브레이가 보고서를 들고 온 현지 심부름꾼 앞에서 흡족해 하고 자신감에 찬 표정으로 회계장부로 뒤덮인 책상 앞에 다리를 꼬고 앉아 있는 모습을 그린 그림†도 있다. 회계에 능통한 자는 장부뿐 아니라 세계까지 지배할 수 있었다.[12]

하지만 이러한 자신감은 현장의 난점들을 못 보게 만든다. 영국 상인들은 자신감이 충만했지만 회계에서 그들이 이루어낸 진보는 놀랍도록 미미했다. 실업가들은 공장이 필요로 하는 복잡한 회계와 씨름하다가 종종 포기하기도 했다. 그들의 목적은 회계를 산업 생산에 맞게 조정하는 것이었다. 웨지우드는 효율성을 통해 높은 수익을 올리기 위해 도자기 제품의 생산 원가를 계산할 필요가 있었다. 실업가들은 회계 분석을 통해 공정을 해부하여 생산 사슬의 각 부분을 나누기 시작했다. 중세 이래로 원시적 형태의 원가 회계가 존재했으나, 노동과 기계와 원료의 원가를 측정하는, 공식적으로 인정된 방법은 없었다. 기업가들은 자본 투자에 대한 수익을 계산할 필요도 있었다. 새로운 기계가 수익을 내고 있는지 확신할 수 없다면 투자가 불가능했기 때문이다.[13]

따라서 다양한 생산 부문에서 주기적인 원가 계산이 필요했다. 1774년 퀘이커레드컴퍼니(Quaker Lead Company)가 시도했던 것처럼, 공장과 광산을 효과적으로 운영하기 위해 경영자들은 도구와 각 생산 공정의 원가를 계산하고 어떤 광산과 공장을 확장하거나 폐업해야 할지 판단해야 했다. 1777년 회계사이자 수학자인 워드호 톰슨은 산업에서의 복식부기 적용법을 다룬 매우 혁신적인 저작을 쓰면서 회계 자체가 산업에서 이익을 얻도록 해주기는 어렵다는 것을 보여주었다. 그럼에도 불구하고 만일 회계가 없다면 그저 '추측'만 존재할 뿐이라고 그는 지적했다. 베버 같은 경제 이론가들은 1차 산업혁명을 진보로 보았지만, 회계와 산업 경영은 여전히 수백 년 전과 다를 바가 없었다. 원가 회계의 기법들은 오늘날 자명해 보이지만 그때만 해도 간과되기 일쑤였다. 회사들은 공장의 각 요소들(재료, 노동, 생산 기계, 현금, 지불, 이익 배당, 이익과 손실)에 대해 주기적으로 회계를 실시했지만, 전반적인 회계감사를 실시한 회사는 거의 없었다.[14]

증기기관 말고 제임스 와트가 발명한 것

산업 지도자들은 자신들의 부가 정확한 회계의 토대 위에 있음을 알았다. 증기기관을 발명한 과학자이자 스코틀랜드 장로교도인 제임스 와트(James Watt, 1736~1819년)는 다양한 사업과 공장에서 회계가 중요하다는 사실을 깊이 인식하고 있었다. 도제 생활을 하던 젊은 시절에 와트는 아버지에게 돈을 빌렸고, 부채를 갚고 아버지에게 진전된 상황을 보여주기 위해 매일 열두 시간 넘도록 일한 뒤 따로 시간을 내서 복식장부를 기록했다.[15]

와트의 동업자 매튜 볼턴(Matthew Boulton, 1728~1809년)은 실험실과 공장과 회계장부를 생산 시설의 일부로 보았다. 그는 과학에서 필요로 하는 꼼꼼함과 정확함이 회계장부에도 동일하게 필요하다고 주장했다. 볼턴과 와트 회사의 수석 회계사는 한 생산 주기에서 실제로 이익이 발생하는지 보고 싶어 한 상인과 제조업자를 위해 특별한 종류의 회계를 창안했다. 산업 생산이 증가하면서 기록할 항목이 늘어남에 따라, 와트 같은 실업가들은 주체할 수 없이 많은 재무 서류를 기록하고 관리하느라 진을 빼야 했다. 실제로 와트는 진한 잉크로 쓴 문서를 득수한 얇은 종이로 압착하여 잉크가 찍히도록 하는 복사기를 발명했는데, 부분적으로 이것은 재무 기록을 보존하는 데 필요한 회계 필경사의 부족을 보충하기 위해서였다. 회계가 산업 경쟁력에서 얼마나 중요한지 인식한 그는 다른 회사들이 장부를 얼마나 잘 기록하고 있는지 염탐했다. 그는 회계 방법이 산업 기밀일 수 있음을 이해한 최초의 인물 중 하나였다.[16]

웨지우드의 목표는 "더 적은 비용으로 더 많이"

와트와 마찬가지로 조사이어 웨지우드는 경쟁심이 무척 강한 인물이었다. 그는 단지 명성과 이익만을 추구한 것이 아니라, '시시한 존재가 되는 것이 싫어서' 퀸즈웨어 도자기로 '세계를 놀라게 하기를' 바랐다. 1765년 잉글랜드의 샬럿 왕비가 도자기 풀세트를 주문했을 때, 그는 그러한 바람을 이루었다. 웨지우드는 구름 위를 걷는 느낌이었고 경건한 겸손함이 노골적인 자부심으로 바뀌었다. 그는 왕실의 주문이 수요를 창출하고 도자기 제조에서 자신의 명성을 더욱 공고히 할 것이라고 기대했다. 웨지우드는 마케팅 전략을 수립했고, 동업자인 벤틀리에게 엘리트 고객은 '취향의 입법자'이므로 영국 귀족들 중에서 엘리트 고객을 찾으라고 편지를 썼다. 조지 3세도 곧 손으로 꽃무늬를 그려 넣은 퀸즈웨어를 주문했고, 조신들과 세계의 외교관들도 그 뒤를 따랐다. 1770년 러시아 주재 영국 대사 캐스카트 경은 러시아 여제 예카테리나 2세를 위해 풀세트를 주문했다.[17]

퀸즈웨어의 성공에도 불구하고, 1769년 무렵 웨지우드는 현금 흐름 문제에 직면했다. 소수 엘리트를 위한 값비싼 제품에서 벌어들이는 소득보다 지출이 더 많았던 것이다. 웨지우드는 골동품 화병 복제품을 만드는 것이 '이익 못지않은 손실을 가져오는 것'이 아닌지 우려했다. 역설적이게도 사업을 하면 할수록 손실이 커지는 형국이었다. 그는 벤틀리에게 이렇게 썼다. "심기일전하세요, 심기일전. 모든 손과 머리를 일에 집중하세요." 같은 해 말에 그들은 1만 2,000파운드 가치의 도자기를 생산했으나 4,000파운드의 부채를 졌다.[18]

펠리페 2세와 마찬가지로 이 총명한 실업가도 회계가 도전임을 깨달았다. "지난 주 내내 우리의 생산 품목 하나하나마다 생산 비용과 매출, 손실 및 기타 원가를 계산하는 방법과 적절한 데이터를 찾느라 머리가 어지러웠습니다." 그래서 그는 회계장부를 다시 펼쳤지만, 그의 계산이 생산 비용을 고려하는 듯이 보일 때에도 여전히 제품을 만들고 판매하는 실제 비용의 절반만을 계산할 수 있다는 사실에 당황했다. 그는 벤틀리에게 자신의 오류를 스스로 파악할 수 없으니 장부를 확인해달라고 요청했다.[19]

웨지우드는 드디어 회계 혁신을 이루기 시작했다. 그는 감가상각과 관리 원가, 판매 비용, 금리를 계산했다. 그는 '소년과 임시 고용인의 임금, 창고, 부기 비용'부터 '사고'와 '임대료, 손모(損耗) 비용, 임시비'에 이르기까지 비용 범주를 열네 가지로 나눴다. 그는 벤틀리에게 이 모든 것을, 하다못해 찰흙까지 색깔별로 줄을 맞추어 계산하는 방법을 설명했다.[20]

그의 필기장은 노동 원가 절감이라는 한 가지 목표에 입각한 회계 기록들로 가득했다. 그는 더 적은 비용으로 더 많은 것을 생산하기 위해 회계장부를 이용했다. 그리고 고급 도자기를 대량 생산하면 생산 비용을 회수할 수 있다는 결론에 이르렀다. 웨지우드는 계정들을 검토함으로써 시간이 지남에 따라 복잡한 생산 비용이 '시계태엽처럼' 움직이는 것을 보았다. 산업은 기계이며, 우주와 마찬가지로 일정한 간격에 따라 움직였다. 회계를 통해 웨지우드는 이러한 노동의 간격에 값을 매길 수 있음을 분명히 보았다.[21]

회계가 있으니 웨지우드는 이제 원가를 추측할 필요가 없었다. 술에 취해 '밥값도 못 하는 노동자들'에 대해 늘 불평하던 그는 이제 그들을 더 효율적으로 관리하려 했다. 그는 근무일 수가 아닌 작업량에 따라 임금을 계산하는 미성년 노동자가 성인 노동자보다 훨씬 저렴하고 효율적이라는 점을 파악하게 되었다. 심지어 그는 과거의 이력에 따라 미래의 매출을 계산하고 '증대 수단'을 고안했다. 또한 소비자 심리에 대한 통찰도 얻었다. 부자들은 가격을 조금 더 지불하는 것쯤은 상관하지 않지만 '중간층'은 사소한 가격 차이에도 등을 돌린다는 사실을 알게 된 것이다. 따라서 부유층과 중간층 모두를 위한 제품을 만들 필요가 있었다.[22]

확률 개념을 도입한 웨지우드의 원가 계산

더욱이 웨지우드의 계산은 회계 직원이 재산을 뒤로 빼돌리고 있었음을 알게 해주었다. 웨지우드는 회사의 최종 감사관으로서 비용과 부정행위를 확인할 수 있는 유일한 방법은 항상 실시간으로 감사를 수행하는 것뿐임을 깨달았다. 웨지우드는 자신이 신뢰하는 개인 회계사 피터 스위프트를 파견 보내서 "사원들의 문제를 검토하여 해결을 돕고, 내가 지시한 대로 필수적인 정보 수집 업무를 '영구 운동' 방식으로 만들기 위해 매주 월요일 우편으로 내게 보고서를 보내게"라고 지시했다. 회계가 효과를 발휘하려면 기록과 감사를 절대로 멈출 수 없었다.[23]

웨지우드는 생산 원가와 노동, 가격 책정을 관리할 수 있게 해주는 상세한 원가 회계를 창조했을 뿐 아니라 회계 이론을 제시했다. 원가 회계에 관한 그의 글들은 경제사에서 가장 기본적인 이론이 되었다. 웨지우드는 예상 비용을 예측하기 위해 원가의 분류학 또는 순위를 고안했다. 그리하여 확률이 그의 방정식과 경영 방법에 들어가게 되었다.

그리고 웨지우드의 경우에 그 방식은 효과가 있었다. 1773년 가격 폭락이 유럽 전역으로 확산되어 도자기와 기타 상품에 영향을 미쳤다. 웨지우드는 생산 비용을 낮추고 전략적으로 가격을 책정하고 생산과 국제 시장 진출을 확대했다. 웨지우드 브랜드의 장수에서 짐작할 수 있듯이, 웨지우드 브랜드는 오랜 경제적 풍파를 견뎌냈고 웨지우드는 큰 부자가 되었다. 1795년 웨지우드 사망 시점의 재산은 약 50만 파운드였다(오늘날 가치로 4,500만 파운드에 해당하지만, 구매력 기준으로 볼 때 18세기에는 훨씬 더 가치가 컸다).[24]

또다시 불어닥친 재정 위기와 회계위원회의 부활

다티니는 재산을 신에게 남긴 반면, 웨지우드는 가족에게 남겼다. 웨지우드는 유언장에 자신의 사업이 '세상이 필요로 하는 것과 안락함을 제공할 것'이라고 썼다. 예전의 비국교도적 겸허함은 온데간데 없고 자신의 성공을 자랑스러워하고 허세까지 부리는 모습이다. 그러나 그러한 자신감에도 불구하고, 그 역시 자신의 성공이 취약한 토대 위에 있음을 우려했다. 사회적 불평등과 미국 독립전쟁(1775~1783년)이 제기하는 도전이 커짐에 따라, 영국은 회계 개혁이 필요했다. 그러나 이제 부유해진 웨지우드는 급진적 변화를 촉구하기를 꺼려 했다. 이 비국교도는 기득권층의 기둥이 되어 있었다.[25]

영국 정부 내에서 회계 개혁이 별로 실행되지 못한 데에는 월폴 정부 이래로 정부가 공채를 그럭저럭 감당할 수 있었던 이유가 있다. 그러나 영국과 프랑스가 앞다투어 미국 독립전쟁에 돈을 대려고 애씀에 따라, 재정 풍파가 또다시 유럽에 닥쳤다. 그 충격은 프랑스보다 영국을 먼저 덮쳤다. 반가톨릭 정서와 임금 하락이 겹치면서 1780년 고든 폭동이 일어나 런던의 건물 5분의 1이 파괴되고 엘리트 지주 계층이 공포에 떨었다. 개혁이 필요했다. 비국교도들은 두 파로 갈렸다. 한편에서는 현상 유지를 주장했고, 다른 한편에서는 급진적 개혁과 혁명까지 주장했다.

윌리엄 피트와 윌리엄 윈덤 그렌빌 같은 개혁적 휘그당 의원들은 미국 독립전쟁이 초래한 위기를 바로잡으려 한 반면, 웨지우드의 비국교도 친구 리처드 프라이스는 감채 기금이라는 전통적 해결책을 제시했다. 프라이스는『시민의 자유와 미국과의 전쟁, 왕국의 부채와 재정에 관한 두 개의 논문과 일반 소개 및 부록』(1778년)에서 정부가 권력을 사수하고 부를 축적하는 데 혈안이 된 과두제 집권층의 '탐욕'에 맞서 '통치를 당하는 국민의 이익'을 추구해야 한다고 촉구했다. 무엇보다 가장 큰 위험은 국가 부채라고 프라이스는 경고했다. 1783년에 피트가 수상이 된 이후에도 부채는 계속 커졌다. 월폴 통치 당시 4,000만 파운드였던 채무가 1784년에는 2억 5,000만 파운드라는 천문학적인 액수로 부풀어 올라 1788년에는 이를 갚는 데 세수의 70퍼센트를 지출했다. 한때 비국교도 급진주의자로 여겨졌던 프라이스는 이제 의회에서 '유능한 계산기'로 칭송을 받았다. 당시 '계산기(calculator)'라는 용어는 칭찬의 말이 되어 있었다. 그는 논문에서 수백 페이지에 달하는 계산과 기록으로 자신이 제안하는 감채 기금이 어떻게 국가 부채를 해결할 수 있는지를 보여주었다.[26]

마침내 피트 행정부는 예전부터 국가 지출을 감독하게 되어 있었으나 이빨 빠진 호랑이처럼 유명무실했던 의회 회계위원회에 실권을 부여했다. 피트는 더 많은 세입이 필요했고, 이제 국가 회계의 오래된 도구를 이용해볼 참이었다. 피트 아래에서 일하는 위원들은 1785년 7월 15일 처음 수상관저에서 만났다가 스코틀랜드 야드(Scotland Yard: 국고출납감사관 존 스튜어트의 집무실이 위치한 곳—옮긴이)로 옮겨 가서 모든 정부 관료를 감사하는 국고출납감사관의 회계 기록을 살펴보았다. 그들의 목적은 모든 회계 기록을 검토하여 단일한 예산 보고서로 취합하는 것이었다. 일련의 조사관과 감찰관과 위원들이 감사를 실시했고, 이러한 감사 결과에 대한 확인 및 기록이 이루어지고 만일 이의

가 제기될 경우 다시 반려되어 재확인 과정을 거친 뒤에 가장 중요한 국가의 경제적 결정을 돕는 국기제정위원회에 공식 보고서가 보내졌다.[27]

1806년 피트 정부에서 국무상을 역임한 조지 로즈는 영국 역사상 대중이 국가 회계에 대해 그렇게 많은 정보를 제공받은 시기는 없었다고 썼다. 로즈는 국가 수입과 지출 관련 복식장부를 기록하고 그러한 기록을 대중에게 공개하면 걱정 많은 영혼들을 진정시킬 것이라고 믿었다. 전쟁과 경제 위기, 압도적 부채와 사회적 갈등은 서로 뒤섞이면서 민주적 공화국을 꿈꾸는 비국교도들이 염원해온 회계 개혁의 상당 부분을 실현하는 데 일조했다. 피트와 프라이스의 개혁과 로즈의 주장에도 불구하고, 많은 위원들은 국가 회계장부를 파악하는 일의 어려움을 인정했다. 회계위원회는 50년 만인 1832년에야 개혁을 끝마치게 된다.[28]

웨지우드, 정치를 혐오한 기득권층이 되다

사람들은 웨지우드가 이러한 개혁을 반기거나 적어도 관여할 거라고 예상했을 것이다. 따지고 보면 그는 당대의 가장 위대한 회계사였고, 비국교도였고, 급진적 개혁자들의 가까운 친구가 아니던가. 웨지우드는 투표권이 없는 사람들은 전부 노예라고 불평했으며, 노예제 자체와 미국과의 전쟁에서 '재앙'을 가져온 영국의 '완강한 통치자'들을 신랄하게 비판했다. 그러나 그는 정치에 혐오감을 보였다. 웨지우드의 편지들에서는 기득권층다운 수동성이 엿보인다. 그는 자신의 오랜 비국교도 친구 조지프 프리스틀리가 급진적 설교보다 '여가'에 더 많은 시간을 보내기를 바랐다(1791년 결국 프리스틀리는 잉글랜드에 서 펜실베이니아로 피신해야 했다).[29] 웨지우드는 늘 유럽 군주들과 대귀족들을 염려했다. 그의 사업이 여전히 이들의 구매에 의존했기 때문이다. 1789년 프랑스 혁명이 발발하자, 영국 왕가와 세계의 유력 자들을 상대하던 세계 제일의 도자기 제조자는 자유보다는 프랑스 재 무장관 자크 네케르와 루이 16세의 혁명적 사촌인 오를레앙 공작(프 랑스 혁명 당시 스스로 '평등한 자'를 자처하며 급진 혁명파인 자코뱅파의 편을 들 었다―옮긴이)의 두상이 장식된 담배 보관함을 만드는 데 관심을 쏟았 다(훗날 오를레앙 공작이 단두대에서 참수를 당했으니 미래를 내다보 는 눈이 있었던 걸까). 세계는 혁명에 휩싸였다. 비국교도들은 자신들 의 때가 왔다고 믿었고, 웨지우드는 카메오(마노, 호박, 조개껍데기 등을 이용해 주로 사람의 얼굴 따위를 돋을새김한 장신구―옮긴이)를 만드는 데 집 중했다.[30]

웨지우드는 1791년 버밍엄의 비국교도와 프리스틀리의 혁명적 설 교에 반발하여 일어난 프리스틀리 폭동 이후 친구를 지지하는 글을 썼다. 가문의 오랜 친구인 프리스틀리는 산소를 발견한 과학자이자, 산업을 신봉하고 정치적·종교적 자유를 옹호한 불굴의 비국교도 설 교자였다. 웨지우드는 프리스틀리의 교회를 불태운 폭도들을 비판하 고 그를 지지했다. 그러나 프랑스 혁명을 지지하는 프리스틀리의 호 소문을 읽고 나서는 무장 봉기를 촉구하는 구절을 거부하고 자제를 권했다. 웨지우드는 분명 그의 혁명적 친구에게 불편함을 느꼈고, 한 때 급진주의자였던 제임스 와트도 웨지우드에게 동의했다. 와트 역시

'대영제국이 유례없는 번영을 누리고 있는 것은 사실이지만' 다른 나라들은 혁명의 혼란에 빠져 있으며, 따라서 '훌륭한 정부를 전복하는 것'은 어리석은 짓이라고 프리스틀리에게 경고했다.[31]

프리스틀리가 안전을 위해 어쩔 수 없이 미국의 필라델피아로 도주한 이후(당시 필라델피아 시장과 벤저민 프랭클린은 그를 혁명 영웅으로 환영했다), 웨지우드의 편지에 더는 급진적인 발언이 담기지 않았다. 가까운 친구 이래즈머스 다윈(훗날 그의 아들 로버트 다윈이 웨지우드의 딸 수재나와 결혼하여 진화론의 아버지 찰스 다윈을 낳는다)에게 보낸 편지를 보면, 웨지우드는 여전히 우수한 운하 시스템이 영국에 얼마나 이익이 되는지 계산하는 데 더 큰 관심이 있었다. 세계 혁명의 시대에 웨지우드는 그의 유산이라고 할 수 있는 견실한 산업 경영과 중산층을 위한 식기와 계속 씨름하면서 위안을 얻었다.

그러나 버밍엄 북쪽에 위치한 버슬렘에서 성업 중인 공장들에서도 혹독한 현실이 닥쳤다. 산업 오염이 웨지우드의 근로자들과 그 가족들에게 미친 영향은 그로 하여금 어째서 과학이 인간적 진보를 더 많이 가져오지 못하는지 의구심을 품게 했다. 전쟁과 유혈혁명이 유럽을 뒤흔드는 동안, 결핵이 웨지우드와 다른 실업가 가족을 황폐화시켰다. 프리스틀리와 와트의 딸들은 결핵을 앓았고, 웨지우드 공장에서 나오는 납 가루와 탄가루는 조사이어의 아들 톰의 폐를 손상시켰다. 말년에 제임스 와트는 이렇게 쓴다. "이제 아무것도 남지 않았다. 이제 나는 돈이 건강이나 행복을 가져다주지 않는다는 것을 알았다." 웨지우드는 과학을 믿었고 질병 치료를 위한 연구에 돈을 썼지만, 그는 의료 개선과 인간의 안녕보다는 이익과 산업에 더 관심을 기울였다.[32] 윌리엄 워즈워스 같은 낭만주의 시인들은 산업에 대한 공포에서 영감을 얻어 산업이 영국의 '맹독'이며 "언덕과 계곡에 어둠을 퍼트린 다"라고 탄식했다. 이 위대한 산업에는 독이 있었고, 그 천재성에도 불구하고 웨지우드 역시 이 버거운 비용을 계산하여 기록하지는 못했 다.[33]

복식회계를 이용한 벤담의 '쾌락 계산법'

혁신가인 웨지우드는 회계를 이용해 현상을 유지해보려 했다. 반면, 경제학자들과 철학자들은 회계가 폭넓은 사회적·문화적 변화와 진보를 위한 도구가 될 수 있다고 보았다. 애덤 스미스는 회계 데이터를 이용하여 자유시장 이론을 펼쳤다. 스미스는 그 자신이 '아주 불완전한 회계장부'라고 부른 『둠즈데이북』 같은 오래된 기록들에서 시장 가격이라는 보이지 않는 손의 움직임을 추적했다. 그는 프랑스와 잉글랜드, 스코틀랜드 식료품 시장의 회계 기록을 인용했다. 도덕철학 교수였던 스미스는 회계 수치를 도덕적 상업 및 자유의 이론과 결합하여 인간의 행복을 위한 모델을 설계하려 했다.[34]

영국 개신교 사상가들은 수익 지향적 회계를 넘어 생산성과 행복을 계산하려 했다. 1781년 공리주의 철학자 제러미 벤담은 **쾌락**의 가치를 매기는 복식 기장법인 '쾌락 계산법'으로 '최대 다수의 최대 행복 원칙'을 설명하려 했다. 벤담은 쾌락과 고통을 기록하라고 촉구했다. "한쪽에 모든 쾌락의 가치를 요약하고, 다른 한쪽에 모든 고통의 가치를 요약한다." 이를 결산한 결과는 사람의 좋은 성향과 나쁜 성향을

보여주어 삶을 개선하고 구원이 아닌 세속적 행복을 찾을 수 있게 한다는 것이다.[35]

그리하여 부기라는 학문은 최종 손익을 넘어 행복과 안녕, 개인의 가치에 대해 사고하는 하나의 방식이 되었다. 벤담은 웨지우드가 인식하지 못한 사실을 지적했다. 신성한 근면함이 쾌락과 고통 둘 다를 가져올 수 있다는 것이었다. 사업에서와 마찬가지로 삶의 도전은 부 자체를 넘어 균형을 찾고 개선과 행복을 추구하는 것이었다. 그러나 18세기 말에 인간의 행복과 상업의 조화는 여전히 실현되지 못했다. 프리스틀리가 웨지우드에게 말하려 했던 것처럼, 세상에는 크나큰 불평등이 존재하며 많은 이들이 혁명이라는 인간적 심판만이 자유와 인간의 행복을 가져올 수 있다고 느꼈다.

제9장

프랑스 절대왕정을 벌거벗긴 재무총감, 네케르

폐하 ……
회계장부를 공개한 잉글랜드의 선례를 따르는 것은
…… 국가적 특성에 대한 모욕입니다.

—

프랑스 외무대신 베르젠 백작이 루이 16세에게 보낸 서한, 1781

3퍼센트의 귀족이 90퍼센트의 부를 차지하다

영국의 프랜시스 허치슨 같은 인물들의 예산 관련 팸플릿은 발표된 지 50년이 지난 후에도 유럽이나 아메리카 대륙에서 공감을 얻지 못했다. 회계가 징지적 주제가 되고 화제의 중심이 되기 위해서는 수치에 관한 논쟁도 필요하고 프랑스 혁명도 필요했다. 수치와 정치적 책임성에 대한 논쟁이 시작된 순간부터, 수치들은 의심스러워졌다. 프랑스 혁명은 부분적으로는 정부 내의 책임성과 정확한 수치에 대한 싸움으로 시작된다. 그리고 이 싸움은 근대 정치에서 재무 회계의 이용을 대중화한다.[1]

회계와 책임성이라는 말이 네덜란드나 영국이 아닌 프랑스에서 등장한 것은 놀라운 일이다. 지금까지 우리가 살펴본 대로, 네덜란드 정치 지도자들은 회계를 파악했고 비교적 개방적인 정부를 유지했다. 의회 시스템과 입헌정부와 부채 관리를 위한 국가 중앙은행이 있었던 영국은 18세기 전제국가 프랑스가 갖지 못했던 재무적 책임성의 시스템을 갖추고 있었다. 어쩌면 공공 회계와 책임성이라는 정치적 언어

가 프랑스에서 등장한 것은 바로 개방적인 정부가 없었기 때문일 것이다.[2]

존 애덤스가 1778년 파리 여행에서 프랑스가 날로 심각해지는 빈곤 속에서 허우적대고 있는 와중에도 구체제 프랑스 왕실과 특권층 귀족들은 호화롭게 번쩍이는 세계에 둘러싸여 있다고 지적한 이야기는 유명하다. 정부는 일부 지출을 삭감할 수 있었지만, 그럼에도 정부가 이자를 지불하지 못할 위험성 때문에 금리가 급등했다. 부채와 인플레이션, 금리를 낮출 수 있는 유일한 방법은 인구의 3퍼센트에도 못 미치지만 프랑스 재산의 약 90퍼센트를 소유하고 있는 프랑스의 오만한 귀족 계급 대지주에게 세금을 부과하는 것이었다. 100여 년 동안 프랑스 엘리트들은 자신들에게 5퍼센트 이상의 세금을 부과하려는 시도, 또는 결과적으로 세금 부과로 이어질 수 있는 모든 개혁에 저항했다. 특히 국가적 회계감사를 자신들의 재산을 측정하여 그만큼의 세금을 부과하기 위한 첫 단계로 보고 강력하게 저항했다.

파산한 정부의 개혁적인 재무 관료, 파리 형제

프랑스에도 회계와 책임성의 문화가 존재하긴 했으나, 오직 소수의 상업 행정가와 정치경제학자 집단에만 해당하는 이야기였다. 루이 14세가 사망한 다음 해인 1716년, '섭정왕' 오를레앙 공작 필리프 2세의 파산한 정부에서, 민간인이 청부를 맡아 세금을 거두는 '징세 청부인' 제도를 관리하는 임무를 담당하던 개혁 성향의 재무 관료 파리(Pâris) 형제는 세금 징수를 효율화하고 독립적인 징수인들을 감사하려는 계획을 제시했다. 그들은 1716년 6월 10일 법적 선언을 통해 모든 징세 청부인과 국가 회계관이 거래 일지를 기록하고 지역 회계 '감독관'에게 소득에 대해 감사를 받도록 명령했고, 이후 감독관들은 모든 행정 일지를 복식부기 원장으로 통합하게 했다. 이 법의 일환으로 파리 형제는 약식 회계 편람을 작은 포스터로 만들어 공개적으로 게시했다. 그들은 사업가와 회계사의 세계에 속했던 활동이 이제 정치 행정의 체계적인 일부가 될 거라고 주장했다.[3]

당연한 일이지만 이러한 개혁은 거센 저항에 부딪혔다. 징세 청부인은 복식부기를 채택하는 데 더뎠다. 복식부기 자체가 어렵기도 했거니와 그들이 징세라는 특권을 포기하기를 꺼렸기 때문이다(혹은 경쟁이 두려웠거나, 만만찮은 국가 재무관 파리 형제에게 실권을 장악당하게 될까 두려워서였는지도 모른다). 이러한 변화는 존 로의 방크 제네랄(Banque Générale) 설립(1716년)과 미시시피 계획의 착수와 동시에 일어났다. 투명한 회계는, 영리하지만 궁극적으로 파괴적인 스코틀랜드 금융업자에게 우선순위가 아니었다. (세금과 기득권에 대한 일체의 공격을 두려워하는) 자본가 계급과 기존 귀족들, 그리고 영향력 있는 존 로 일당과 같은 정적들 때문에 파리 형제는 1720년에 축출되었다. 가신에 대한 신임은 흔히 돌고 도는 것이어서, 존 로의 미시시피컴퍼니의 거품이 터진 뒤 프랑스 정부가 어떻게든 재정 붕괴를 막아보려고 발버둥 치면서 재상인 뒤부아 추기경은 1721년에 파리 형제를 다시 불러들였다.[4]

파리 형제는 비록 월폴의 구제 금융과 같은 계획을 제시하지는 못했으나, 이후 4년 동안 회계 개혁을 계속 단행했다. 그들은 단순히 국가를 개혁하기 위해 회계를 이용하려는 것을 넘어, 회계를 새로운 종류의 국정 운영 기술로 보았다. 클로드 파리 르몽타뉴(Claude Pâris Le Montagne)는 정부를 대상으로 작성한 것으로 보이는 비밀 논문에서 '질서 있는 정부'로 가는 유일한 길은 복식부기를 통한 재무 책임성이라고 언명했다. 그는 민간 징세 청부인들의 '그림자 금융'을 비밀로 유지하는 것은 전제군주에게 불리하다고 주장했다. 그는 비밀은 부패를 낳는다며 유일한 해결책은 국가 재정에 대한 '총체적 통제'를 제공해줄, 신뢰할 수 있는 복식기재 일람표 형식의 '견고한 기하학적 계획'을 세우는 것이라고 강력하게 제안하며, 공적 복식회계야말로 '공익'의 토대라고 결론을 내렸다.[5]

이러한 여러 노력에도 불구하고 파리 형제는 국가 정책에 지속적인 영향을 미치지는 못했다. 존 로의 거품 붕괴 충격에 휩싸인 프랑스 정부에서 회계와 책임성의 기본 개념을 온전히 이해할 만큼 재무 지식을 갖춘 사람은 거의 없었다. 프랑스는 상업의 나라 영국이 아니었고 섭정을 맡은 인물 또한 네덜란드인이 아니었다. 훗날 파리 형제는 섭정이 "장부(일반 회계 담당자의 기록부)를 겉표지 외에는 거들떠보지도 않는다"라며 불평했다. 파리 형제의 바람과는 달리, '보고서(comptes rendus)'에 대한 논쟁은 촉발되지 않았다.[6]

부패한 징세 청부인 제도

프랑스에서는 중농주의자들이 경제적 논쟁을 주도했다. 이들은 부(富)는 농업 생산과 자유시장에서 나온다고 믿는 선구적인 경제학자였다. 중농주의자들은 원대한 이상을 품고 있었고 이론에서 수치를 이용했지만, 허치슨이나 파리 형제가 했던 것처럼 장부와 예산의 재무적 분석은 하지 않았다. 프랑수아 케네, 뱅상 드 구르네, 안 로베르 자크 튀르고 같은 프랑스 경제 철학자들의 연구에서 나온 가장 유명한 이론은 바로 '자유방임주의(laissez-faire)'라는, 자유와 자연법칙에 바탕을 둔 상업 이론이다. 애덤 스미스에 앞서 그들은 정부 보조금과 가격 통제, 길드 독점을 없애면 '보이지 않는 손'이 농업 생산과 국가의 부를 촉발할 것이라고 생각했다. 자연 자체의 균형에 의해 규제되는 시장에서 대규모의 국가적 재무 관리는 필요 없다는 생각이었다. 케네는 수학을 이용하여 경제 이론을 연구했고 드 구르네와 튀르고는 회계에 능숙했지만, 그들이 출판한 책에는 복잡한 수치나 기록, 예산에 대한 분석이 포함되어 있지 않았다. 영국인들이 국가의 세수와 대출 금리와 감채 기금에 대해 논쟁하고 있는 동안, 프랑스인들은 재무 정보의 암흑 속에서 살았다. 그것은 비밀스러운 전제군주제에서는 필연적인 결과였다.[7]

그럼에도 중농주의자와 자유시장 선구자들은 공공 부채가 경제와 사회의 토대를 허약하게 만든다고 믿었다. 그들은 1751년 공채를 '위험하고' '무모하고' 궁극적으로 국가에 엄청난 손상을 가하는 존재로 규정한 바 있는 스코틀랜드의 철학자 데이비드 흄의 견해에 동조했다. 흄은 예산 흑자와 적자 사이의 선택을 종말론적으로 표현했다. "국가가 공채를 파괴하지 않으면 공채가 국가를 파괴할 것이다." 어쩌면 흄은 선지자였는지도 모른다. 1776년 해결 불가능한 부채와 막대한 적자를 떠안은 프랑스 왕실은 이미 파산 직전에 놓여 있었다. 그리고 1789년 혁명의 물결이 닥쳐와 기존 질서를 휩쓸어 버렸다. 그러나 국기는 여전히 남아 있었고, 공채도 마찬가지였다.[8] 문제는 그것을 어떻게 관리하느냐였다.

프랑스 대중은 점점 더 국가의 재정 상태와 국가가 진 대규모 부채에 대해 자세히 알고 싶어 했다. 미국 독립전쟁 기간(1775~1783년)에 프랑스의 막대한 부채가 점점 더 부풀어 오르자 루이 16세는 돈을 빌리기가 점차 어려워졌다. 초기 개혁가들이 세금 징수를 개선하긴 했지만 민간 징세 청부인들이 관리하는 징수 시스템이 악용되는 현상은 여전했고, 국가 부채가 늘어남에 따라 그런 악용은 점점 더 심해졌다. 국가 내의 중앙 회계 시스템이 없으니 소득이나 미지불 부채의 상황을 사실대로 파악하지도 못했다. 민간 징세 청부인과 징세관 들은 빈약하기 짝이 없는 내용을 기록했고, 해당 회계 연도가 지난 후에 원시적이고 종종 위조된 장부를 제출했다. 3년마다 유명무실한 감사가 실시되었기에 기록을 위조할 시간은 충분했다. 심지어 19년이나 늦게 왕실 국고에 회계장부를 보낸 징세 청부인도 있었다. 동시에 이처럼 해명 의무로부터 자유로운 징세 청부인들은 재무부에 세수 납부를 보류하면서 높은 금리로 왕실에 돈을 빌려주었다. 말하자면 부패가 제도화되어 있었던 것이다.[9]

프랑스 재무총감이 된 스위스 은행가, 네케르

대출을 확보하지도 세입을 늘리지도 못하는 프랑스 왕실은 1777년에 유명한 개신교도 스위스 은행가 자크 네케르(Jacques Necker,

1732~1804년)를 프랑스 재무총감으로 임명했다. 평민인 네케르는 은행업과 무역업을 하며 곡물에 투기하고 프랑스 동인도회사를 관리하여 고향인 제네바와 파리에서 재산을 모았다. 그의 아내는 유명 살롱을 운영했는데, 디드로와 달랑베르, 그림(Grimm), 마블리, 데팡 부인, 그리고 당시에 너무도 시기적절한 책이었던 『로마 제국 쇠망사』(1776~1778년)를 집필 중이었던, 네케르 부인의 옛 연인 에드워드 기번을 비롯한 파리 미술계와 문학계와 과학계의 주요 인사들이 그곳을 드나들었다.

네케르에게 어떤 결함이 있었건(사실 프랑스 곡물 거래 시장과 기업에서 재산을 모으려면 어느 정도의 도덕적 융통성이 필요했다), 그는 입증된 경영자였고 높은 교양과 원대한 야심을 품은 인물이었다. 영민함과 재무 감각, 그리고 아내의 살롱을 통해 이념과 여론의 세계에 접할 수 있는 유리한 조건을 갖춘 네케르는 파리의 정치사회 무대에서 위력적인 인물이 되었다. 무엇보다 중요한 것은 제네바에 구축한 인맥 덕분에 7년전쟁과 미국 독립전쟁 이후 부채가 30억 리브르 이상으로 불어난 프랑스 왕실을 대신하여 차입을 받을 수 있었다는 점이다. 이러한 부채를 갚는 데 5.5퍼센트 내지 6퍼센트의 평균 금리로 연간 3억 리브르 이상이 들었다. 이는 총 국가 지출의 50퍼센트 이상, 국가 세수의 절반 이상에 해당하는 액수였다. 반면 국토가 프랑스의 3분의 1 수준인 영국은 부분적으로는 독립적인 국책 은행에서 3퍼센트의 이율로 대출을 받은 덕분에 상당한 규모의 채무를 성공적으로 갚았다.[10]

네케르는 징세 청부인들이 징수한 세금을 납부하기 전에 돈을 빌려주는 행위를 더는 하지 못하도록 했고, 징세 청부인들이 언제라도 감사를 받을 수 있도록 정확한 거래 일지를 기록하게 하려고 애썼다. 그는 48명의 징세인을 4분의 1로 줄여 꼼꼼히 감사를 받는 12명의 관리로 효율화하자고 제안했다. 1778년 10월 18일자 회계 규정에서, 네케르는 국가 재무 시스템을 복식장부를 토대로 한 단일한 창구(caisse) 또는 계정으로 중앙집중화하고 그 장부를 면밀하게 감사하려고 시도했다.

앞선 개혁가들과 마찬가지로 그는 앙시앵레짐(구체제)의 독립적 재정가 계급 전체를 위협했다. 그리고 물론 특권이 위협받을 때마다 귀족들은 피 냄새를 맡았다. 100년이 넘도록 개혁에 저항해온 귀족들은 여전히 저항을 멈추려 하지 않았다.[11]

격렬한 저항에 부딪힌 네케르의 개혁

오래지 않아 네케르는 언론에서 대대적인 선전선동 공격을 받았다. 훗날 재무총감에 오르는 칼론은 '네크로마니아(Neckromania)'라는 악의적인 표현을 쓰며 그를 비난했다. 외국 출신 개신교도인 데다 스위스 채권의 마법사로 통하는 재무총감 네케르는 언론에서 자신의 이름이 더럽혀지는 것을 보고 충격에 빠져 있을 처지가 아니었다. 소문과 중상이 난무하는 파리에서, 네케르는 이상적인 표적이었다.[12]

네케르보다도 유명한 여류 작가인 그의 딸 스탈 부인(Madame de Staël)은 훗날 아버지가 적어도 처음에는 언론의 관심을 즐겼으며 대중이 이성적인 정치 세력이라고 믿었다고 밝혔다. 그러나 네케르의 개혁이 계속되면서 그에 대한 공격은 한층 더 신랄하고 위협적이 되었다. 특히 1780년 흑색선전 팸플릿이 대중의 관심을 사로잡았다. 파리 법정변호사 자크 마티외 오제아르가 익명으로 발표한 『튀르고 씨가 네케르 씨에게 보내는 편지』는 정부 내부자가 쓴 듯한 인상을 풍기는 재무 정보가 그득했다. 오제아르는 네케르를 개인적 축재를 위해 국가의 돈(그의 주장에 따르면 1억 7,500만 리브르)을 유출시키는 데 혈안이 된 스위스 은행가로 묘사하며 공격했다. 그는 "당신이 사업〔회계와 장부 기록〕의 기본을 나보다 잘 안다"라며 '제네바 시민의 회계 기술'을 비판하고 네케르의 저속하고 천박한 행동거지는 결국 '은행의 하찮은 돈 계산'에 불과하다고 주장했다. 오제아르가 던진 가장 심각한 비난은 네케르가 또 한 명의 존 로이며 미시시피 거품처럼 재정 붕괴로 이어질 투기성 지폐(billets noirs)를 찍어내고 있다는 말이었다. "1720년 사건의 복사판이 여전히 눈에 보인다"라고 그는 경고했다.[13]

비록 회계를 조롱하기는 했지만, 오제아르는 언론전에서 회계 수치를 주된 무기로 이용했다. 예를 들어 징세 청부제도에 대한 네케르의 개혁이 징세 청부인들에게 9,800만 리브르의 비용을 지웠다고 주장했다. 더욱이 그는 네케르가 징세 청부인들에게서 밀린 세수만 징수해도 2억 5,000만 리브르를 획득할 수 있다는 거짓 주장을 했다며 비난했다. "경! 어찌 그리 확신하시는지? 외람되지만 제가 이 문제를 잘 알고 있으니, 저와 함께 계산을 다시 해봅시다." 수치 증명과 반박이 이 비판문에 동반되었다. 영향력 있는 여론 주도자 데팡 부인은 오제아르의 팸플릿 6,000부가 파리와 베르사유 전체에 빠르게 유통되었다고 주장했다. 오제아르는 훗날 『비밀 회고록』에서 자신의 팸플릿이

'지독히 성공했다'라며 흡족함을 표현했다.[14]

1780년 무렵, 정치적 선전은 고도로 발달한 난투 기술로 발전했지만, 이때까지만 해도 네케르는 여기에 끼어들지 않을 수 있었다. 그러나 이러한 공격이 계속되고 점점 인기를 끌며 전면화하고 대중을 설득하기에 충분할 만큼 권위 있게 들리는 재무 수치들을 동원함에 따라, 네케르로서는 여기에 대응하지 않을 수 없었다. 정부 고위 관리가 팸플릿을 이용한 진흙탕 싸움에 뛰어드는 것은 볼썽사납고 위험한 일이었다. 네케르는 정부 내에서의 지위를 이용하여 문제가 되는 팸플릿을 금지하려 했지만, 국가에 효과적인 검열 시스템이 없었기에 효과가 미미했다. 그래서 궁정에서뿐 아니라 거리에서 담론을 직접 통제함으로써 자신의 지위와 평판을 위협하는 팸플릿의 물결을 돌려놔야 했다.

대형 베스트셀러가 된 왕실 재정 보고서

1781년에 네케르는 그해 정부의 재정 상태를 설명한 『왕에게 드리는 보고서(Compte Rendu au Roi)』를 발표했다. 네케르가 자랑스럽게 지적한 대로, 재무총감이 자신의 행정을 해명할 책임을 인정하고 계산 내역을 대중에게 공개한 것은 프랑스 군주제 역사를 통틀어 처음이었다. 그는 여기서 1,020만 리브르의 예산 흑자를 주장했다.[15]

한 팸플릿에서 언급한 것처럼, 그때까지 정부는 공식 예산을 공개한 적이 없었기에 왕실 재정의 실제 상태는 아무런 정보도 없는 대중의 '잘못된 추측'에 맡긴 셈이었다. 철저히 비밀에 부쳐진 국가 재정은, 국민에게 세금을 부과하고 엄청난 비용을 치르며 전쟁을 수행하고 호화로운 베르사유 궁전에 돈을 대고 있는 프랑스 정부가 대체 어떻게 돌아가고 있는지 대중의 간절한 궁금증을 증폭시켰다. 그리고 네케르는 이러한 정보의 공백 속으로 걸어 들어갔다. 그의『보고서』는 공개적으로 접근 가능한 회계장부가 정부의 유효성을 평가하는 가장 중요한 수단이 된 결정적 순간이었다.[16]

네케르가 선택한 대응 방식은 무모한 허세와 계몽적 제스처가 결합된 것으로, 정부 내 보수적 인사들이 스위스 출신 재무총감에 대해 우려하던 바였다. 그는 현란한 언론 플레이를 통해, 스위스 채권자들을 비롯한 유럽 독자들, 개혁으로 위협받는 권력층을 겨냥해 '정적들의 허풍'을 비판하며 국가 재정이 견고하다고 설득했다. 정적들이 수치를 이용해 네케르를 공격하려 했다면, 그의 수중에는 그들이 갖지 못한 무기가 있었다. 바로 내부에서 나온 정부의 실제 회계 기록을 공개할 수 있다는 것이었다. 네케르는 이러한 공개가 '이런 글들의 모호성'과 '재정 상태의 신비'를 밝혀냄으로써 자신을 향한 비판을 중화해 주기를 바랐다. 그는 이것이 '위대한 국가가 지독한 재정의 진실을 밝힌 최초의 순간'이라고 떠벌렸다. 엄밀히 말해 네케르는 민중에게 해명할 의무가 없었지만(전제군주제에서는 이를 위한 실질적 메커니즘이 없었다), 이러한 공개가 질서와 신뢰를 가져올 수 있을 것이라고 그는 주장했다. 그리고 칼뱅주의적인 야간이 폭로로 네케르는 국가 회계 기록의 '신비'를 밝히는 것이 프랑스가 외국 채권자들에게 좋은 신용을 얻게 해줄 것이라고 장담했다.[17]

여론을 지배하려는 의도를 넘어 네케르는 새로운 정치관을 제시하고 있었다. 영국 의회는 매년 재무 상태를 발표하고 있으며 자신도 그 본보기를 따르고 있다고 주장하면서(사실 네케르는 그렇게 쓰고 있는 순간에도 영국의 정치 문화나 영국 사회에서 벌어지고 있는 논쟁에 대해 잘 알지 못했던 것이 분명하다), 수입과 지출이 균형을 이루는 장부는 도덕적인 정부, 행복한 정부, 번영하는 정부, 강력한 정부의 토대라고 말했다. 그는 자신이 했던 관리와 국가 세입 및 지출을 서술한 다음, 여론이 자신의 주장의 정당성을 확인할 수 있도록 마지막에 자신의 회계 기록을 제공했다. 회계 기록상의 수치는 그의 행정의 미덕을 보여줄 수 있었다. 한마디로 공개적인 좋은 장부는 공개적인 좋은 정부였다. 대중의 번영과 공개적 책임성은 국방과 주권의 중심이었다. 이 조치는 문자 그대로 혁명적이었다. 네케르는 정치권력을 만들어내는 것은 왕의 개인적 의지가 아니라 국가 회계의 관리라고 암시함으로써, 은근히 그 공이 자신에게 있음을 드러냈다.[18]

적자를 흑자로 둔갑시킨 특별 지출 항목

『보고서』는 각 국가 기관과 부처의 재정과 지출과 수입을 공개했다. 총 수입은 2억 6,415만 4,000리브르였다. 총 '경상' 지출 2억 5,395만 4,000리브르 중에 6,520만 리브르를 군사비에, 2,570만 리브르를 궁정과 왕실에, 800만 리브르를 아르투아 백작(필리프 10세)에게 지출했다. 도로 및 교량에 500만 리브르, 파리 경찰과 조명, 도시 미화에 150만 리브르, 무주택 빈민층에게 90만 리브르, 명망 있는 왕립도서관에 8만 9,000리브르를 지출한 것과 상당히 대조되는 수치였다. 여기에서 왕실의 우선순위가 무엇인지 여실히 드러났다.

이러한 공개는 대중에게 충격으로 다가왔다. 그것이 분명하게 폭로한 지출의 총체적 불평등성 때문만이 아니라, 왕실이라는 신성한 영역과 베르사유에서 펼쳐지는 은밀한 권력 놀음의 신비를 벗겨내는 방식 때문이었다. 왕실(Maison du Roi)을 장엄하거나 법적이거나 개인적이거나 신비적인 존재가 아닌 일련의 충격적인 수치들로 표현한 것이다. 또한 네케르는 국왕의 식비 지출을 비판하며 조금만 더 잘 관리하면 지출을 절반으로 줄일 수 있다고 지적해, 기아의 시대에 국왕에게 특별히 대담한 모욕을 안겨주었다.[19]

『보고서』의 백미는 바로 구체적인 계산을 담은 부록이었다. 네케르는 국가 회계 기록을 전부 제공한 뒤, 마지막 페이지에 큼지막한 표로 최종 집계를 수록했다. 네케르는 이 모든 계산이 '증빙 문서', 곧 그가 상자에 보관하고 있는, 작성자가 서명한 국가 회계장부로 뒷받침된다고 주장했다. 계산 마지막에 네케르는 이렇게 선언했다. "수입이 지출을 1,020만 리브르만큼 초과했다." 거기에는 모든 수치가 있었고 수치들은 흑자를 보여주었다. 그런데 나중에 밝혀졌고 네케르 자신도 인정한 대로, 그는 약 5,000만 리브르의 군사 및 부채 관련 지출을 '특별 지출'로 간주하여 누락했다. 그리하여 축소 보고의 전통, 또는 국익을 위해 군사 지출을 장부에서 배제하는 오랜 전통이 시작된다.[20]

늘 그렇듯 사건들의 중심을 벗어나 있는(자신의 몰락은 제외하고) 비운의 루이 16세는 자기 대신의 회계장부 공개가 무엇을 의미하는지 분명하게 깨닫지 못했다. 한편 네케르는 네케르대로 그러한 공개가 자신의 정치적 입지를 개선해줄 거라고만 확신했을 뿐, 자신이 제시한 수치들이 도전에 처할 거라고는 상상하지 못했다. 『보고서』는 『백과전서』를 출판한 팡쿠크(Panckoucke)에 의해 출판되었다. 팡쿠크 는 이것이 큰 성공을 거둘 것을 직감했고, 실제로 그렇게 판명되었다. 오제아르의 6,000부가 성공으로 간주되었다면,『보고서』의 경이로운 현상은 말로 설명하기조차 어렵다. 팡쿠크가 인쇄한『보고서』6만 부 는 한 달 만에 품절되었다. 1781년 한 해에만 10만 부 이상이 팔리면 서 베스트셀러의 기준을 바꿔놓았다. 또한 추가로 수천 부가 외국어 로 번역되어 인쇄되었다. 『보고서』는 역사상 엄청나게 성공한 책이자 대중매체의 경이로운 현상이 되었다. 사실 선동적인 자료라면 오래전 부터 은밀하게 유통되었지만, 네케르는 논쟁의 내용 자체를 재정립 했다. 1781년 3월 3일, 네케르가『보고서』와 짝을 이루는 왕실의 책 임성 선언을 발표한 것은 우연이 아니었다. 이 선언은 모든 세금 징수 원에게 회계장부와 향후 예산을 제시하도록 요구했다. 네케르가 제안 한 '회계법'은 경상 재정과 특별 재정 모두를 정리할 기회를 국왕에게 제안했다. 과거에는 올바른 통치에 대한 논쟁이 말이나 그림이나 노 래를 통해 이루어진 적이 있었지만, 『보고서』가 발표되자 이제 사람 들은 끓어오르는 분노뿐 아니라 차가운 회계 수치들을 가지고 논쟁을 벌였다.[21]

장부 공개는 왜 위협으로 간주되었나

네케르의 『보고서』는 비밀스러운 진실로서 매력이 있었다. 사실 진 정으로 정확한 국가 재무 회계는 거의 불가능하겠지만, 예전에 네케

| 「네케르가 왕에게 드리는 보고서(*Compte Rendu au Roi par M. Necker*)」, 파리, 1781(프린스턴 대학교 도서관, 희귀도서 특별소장부).

루이 16세 당시 프랑스 재무총감이었던 자크 네케르의 혁명적인 베스트셀러 「왕에게 드리는 보고서」(1781년)의 최종 결산. 이 보고서는 정치인이 흑자(이 경우 1,020만 리브르)를 이용하여 정치적 성공을 선언한 최초의 사례였다. 네케르는 종종 부정확한 거액의 수치를 정치적 선전선동에 이용하는 전통을 열어젖혔다. 이 전통은 오늘날까지 이어지고 있다.

르 자신이 국가 재무 기관들을 비판하면서 분명히 입증했듯이 그의 회계는 그를 깎아내리는 사람들의 그것보다는 정확했다. 네케르를 비판하는 사람들 중 상당수가 그의 수치 자체는 인정하면서도 그의 폭로 방식, 특히 왕실의 지출을 폭로한 방식을 공격했다. 그가 왕실 회계 기록을 폭로한 것은 비밀 유지라는 전제군주제의 기본 교리 자체를 위태롭게 하는 행위로 간주되었다. 외무대신 베르젠은 『보고서』를 국왕의 개인적 권위에 대한 직접적 위협으로 보고, 정부 기밀을 공개한다는 발상을 공격했다. 많은 대중과 마찬가지로 그 역시 네케르의 계산이 신뢰할 수 있을 뿐 아니라 정확하다고 생각했다. 루이 16세에게 보내는 서한에서 베르젠은 『보고서』에 대해 이렇게 썼다. "〔그것은〕 프랑스 사람들의 감성적이고 자신감 있고 국왕에게 헌신하는 국민적 특성에 대한 모욕입니다. 만일 폐하께서 대신들에게 선조들이 그토록 혐오한 영국 행정부를 인용하도록 허용하신다면, 프랑스의 모든 것이 사라질 것입니다."²²

특히 반동적인 성향의 귀족 마르퀴즈 드 크레퀴는 책임성의 개념이 궁정 귀족들에게 얼마나 위협적인지 여실히 보여주는 『보고서』를 맹렬히 비난했다. 크레퀴는 『보고서』가 부분적으로는 일종의 대중적인 쇼이지만, 개신교 은행가가 왕실의 비밀을 공개한다는 발상은 서열과 혈통, 종교, 국적을 바탕으로 한 특권 의식을 건드리는 것이라고 여겼다. 책임성 또는 국가 비밀의 폭로는 그 자체로 체제 전복적 행동이며, 계몽적 '백과전서파'이자 익살스럽고 저속한 장사치들의 회계 활동으로 체면을 구긴, '유대인 같은' 개신교도 은행가의 속성을 보여준다는 것이다. 크레퀴는 결국 모든 것이 네케르 같은 개신교 외국인의

손에 국가 비밀을 맡긴 왕실 대신 모르파의 잘못이라며 한탄했다.[23]

한 비판적 인물은 네케르의 수치들은 망상에 불과하므로『보고서』가 만들어낸 '환상'과 대중매체의 선풍은 '싹을 잘라버려야 한다'라고 경고했다. 처음에는 단순히 수치에만 반대했던 네케르의 반대자들은 곧 그의 행동도 문제 삼기 시작했다. 그들은 이러한 잘못된 수치들과 싸울 유일한 방법은 '수치 증거'를 이용하는 것뿐이라고 보았다. 이것은 근대적 정치 논쟁의 모델이었다. 말하자면 수치를 입증하려는, 불가능에 가까울 만큼 힘든 군비 경쟁 같은 것이었다. 실제로 계산을 입증할 수 있는 사람이 거의 없었기에, 수치는 사기를 위장할 완벽한 수단이 될 수도 있었다.[24]

정적들에게 '무슈 적자(Monsieur Déficit)'라고 불렸던 부도덕한 가신 '칼론 자작' 샤를 알렉상드르는 이후 10년 동안 국가 회계와 책임성에 관한 논쟁에서 네케르의 맞수가 된다. 베르젠의 제자이기도 한 칼론은 왕실의 세무 변호사 또는 감독자였으며, 그런 만큼 수치로 네케르를 공격할 수 있을 정도로 국가 재정에 대해 충분히 알고 있었다. 두 사람 간의 10년에 걸친 싸움은 그 규모가 엄청났으며, 국가 회계 수치에 관한 최초의 공개 논쟁이 되었다.

칼론처럼 계산적인 비판자들이 네케르의 정치적 갑옷을 꿰뚫었고, 왕실 대신을 향한 이러한 공격은, 그가 얼마나 독립적인 행동을 했을지는 모르지만, 당연히 국왕으로서 루이 16세의 자존심을 건드렸을 것이다. 그러나 결국 무력한 왕은 왕비와 궁정과 아우인 아르투아, 왕실 재무관, 파리 고등법원 등 기득권층에게 굴복하여 1781년 5월 19일 네케르를 해임했다. 네케르는 시골로 물러나『프랑스의 재무 행정』(1784년)이라는 베스트셀러 역작을 씀으로써 재무 분야의 세계적인 저자로서 위치를 공고히 했다. 스웨덴 외교관과 결혼하여 스탈 부인으로 불리게 된 그의 딸 제르멘은 프랑스 낭만주의 소설가로 이름을 날렸다. 아무튼 네케르가 무대에서 사라졌어도 책임성이라는 호리병 속 요정이 정치 세계로 풀려난 사실에는 변함이 없었다.

회계의 신뢰성과 정치적 정당성을 동일시하다

이후 6년에 걸쳐, 개혁 시도는 대부분 네케르가 제안했던 방식으로 이루어졌다. 그러다가 1787년 2월에 칼론이 재무총감이 되었는데 그는 네케르가 마주했던 재정 문제에 똑같이 직면하게 된다. 프랑스 국가 재정 붕괴와 싸우기 위해 명사회(名士會)가 베르사유 궁전에 소집되었는데, 여기에서 칼론은 재정 적자의 이유를 설명하고 비난의 화살을 피하려 했다. 그는 귀족을 포함한 모든 지주에게 일반토지세를 부과하자는 달갑지 않은 제안을 했다. 그는 비록 부채에 대한 책임은 없었지만, 정치적 책임을 인정했다. 앞서 국가 회계를 개혁하고 절실하게 필요한 세금을 귀족들에게 부과하려다 실패한 다른 이들과 마찬가지로, 그는 1787년에 해임되어 후에 런던으로 피신했다.

이제 욕을 먹을 대로 먹은 칼론은 자신의 명예와 경력을 회복해야 했다. 그는 『보고서』의 계산이 부정확하다는 것을 보여줌으로써 적자 문제를 가지고 네케르를 공격하는 데서 해결책을 찾았다. 그는 흑자 1,020만 리브르가 아닌 적자 4,632만 9,000리브르라는 수치를 내놓았다. 네케르의 계산과 무려 5,652만 9,000리브르나 차이가 나는 수치였다. 그러나 칼론은 책임성과 관련해서는 네케르와 동일한 주장을 펼쳤다. 계산만이 행정부의 성공을 입증하는 유일한 방법이라는 주장이었다. 그는 네케르가 자신으로 하여금 '반박할 수 없는 진실'로 '환상의 갑옷'을 부수기 위해 이런 '고통스러운 폭로'를 하도록 만들었다고 주장하며 이렇게 한탄했다. "이런 오류 덩어리라니!(Quelle masse d'erreurs!)"[25]

대중이 1,020만 리브르라는 액수가 과연 어느 정도인지 감을 잡고 판단할 수 있었을지는 의문이다. 1785년 무렵, 마리 앙투아네트가 연루되었다고 잘못 알려진 복잡한 보석 절도 및 사기 사건인 다이아몬드 목걸이 사건으로 대중은 100만 리브르라는 액수에는 익숙한 상황이었다. 당시 사람들의 임금은 리브르 단위가 아닌 수(sous) 단위로 계산되었는데, 평균적인 노동자가 하루에 버는 돈은 15~25수 정도(1 리브르에 해당하는 가치)였다. 숙련된 장인들은 그보다 두 배를 벌었다. 하루 소비 빵 가격은 7~15수 정도였는데 이는 직공 임금의 50~100 퍼센트에 해당했다. 이 엄청난 액수를 계산하는 것은 고사하고 액수 자체를 감이라도 잡을 수 있는 사람은 많지 않았다. 그럼에도 회계 수치는 글을 아는 사람들의 일상적인 화제 속으로 들어갔고, 곧 네케르의 1,020만 리브르는 인구에 회자되는 수치가 되었다. 글을 알건 모르건 일반 대중에게 분명한 것은, 이야기되는 총액이 어마어마한 언어도단의 액수이며 왕실을 신뢰할 수 없다는 점이었다.[26]

1781년부터 『가제트 드 레드(Gazette de Leyde)』, 『메르퀴르 드 프랑스(Mercure de France)』, 『쿠리에 다비뇽(Courrier d'Avignon)』 같은 신문들은 네케르의 『보고서』와 이후 그의 반대자들이 발표한 보고서들을 둘러싼 논쟁을 다루었다. 신문들은 종종 수치를 논했으며 어떤 경우 회세 보고를 비판하기도 했다. 1788년 『쿠리에 다비뇽』 은 다양한 『보고서』를 비평하고 왕실의 회계 기록과 계산을 발췌한 글을 발표했다. 비록 진정으로 전문적이거나 기술적인 방식으로 기록을 분석했다고 할 수는 없으나, 언론인들은 튀르고와 네케르, 칼론의 계산을 비교하고 총 집계의 차이를 강조했다. 1788년 내내 수많은 『보고서』와 수치가 신문에 실렸고, 신문들은 점점 더 신뢰할 만한 계산과 정치적 정당성을 동일시했다. 대중들은 분명 선동과 비방뿐 아니라 수치의 힘, 회계의 힘에 매료되었다.[27]

"폐하, 이건 혁명입니다"

1788년 네케르는 의기양양하게 재무총감의 자리로 돌아왔다. 이제 그는 자유를 상징하는 인물이 되었다. 루이 16세가 그의 귀환을 원치 않은 것은 자명했지만, 네케르는 문자 그대로 대중적 환호의 물결을 타고 다시 권력의 자리로 돌아왔고, 루이 16세는 점점 더 무력해졌다. 군중은 거리에 모여 네케르의 승리를 기념했다. 그러나 예전의 문제는 여전히 남아 있었고, 네케르는 다시 한 번 이러한 문제와 수치들 때문에 꽁꽁 묶이는 처지가 되었다.

1789년 6월 23일, 왕비가 국왕을 압박해 네케르를 해임시켰다는 소문이 돌면서 군중이 베르사유 앞의 거리로 몰려나와 도금한 성문을 몸으로 밀어 열어젖혔다. 네케르는 정문에 나가 군중의 열렬한 환호를 한껏 누렸다. 선견지명이 있는 어떤 이들은 그러한 대중 시위가 권위를 위협한다고 우려했다. 군중은 해산하지 않았고 국왕은 파리와 베르사유에 군대를 소집하기 시작했다. 1789년 7월 11일, 네케르는 파리에 군대를 주둔시킨 조치에 항의했다. 이는 도가 넘는 항의였고, 왕은 그를 다시 해임했다. 충격을 받은 네케르는 제3계급에 전폭적 지지를 요구했다. 비귀족 정치 대표인 제3계급은 점점 영향력을 키워가며 베르사유에서 국민의회를 선포한 상태였다. 네케르는 자기 혼자서 '기아와 파산'을 막고 있다고 선언했다.

7월 14일, 분노한 폭도는 파리 외곽에 위치한 중세풍의 요새 바스티유 앞에 모였다. 바스티유는 14세기 이래로 왕실 감옥으로 쓰였으며 무기고 역할도 하고 있었다. 당시 수감자는 특권층 일곱 명뿐이었지만(한 명은 자신이 신이라고 생각한 아일랜드 남자였다), 바스티유는 왕권과 억압의 상징으로 통했다. "시민들이여, 우리에겐 낭비할 시간이 없다." 공포 정치의 문을 여는 것을 도왔으나 나중에 로베스피에르에 의해 단두대에서 목숨을 잃은 급진적 혁명 지도자 카미유 데물랭은 이렇게 외쳤다. "네케르의 해임은 애국자들에게 성 바르톨로메오 축일의 조종(弔鐘)(1572년에 일어난 유명한 프랑스 대학살)이로다! 마르스 광장에 주둔한 스위스 용병들과 독일 용병들이 우리를 모조리 학살하러 올 그날 밤, 우리에게 남은 것은 하나뿐. 무기를 들라!" 그날 바스티유 요새 사령관의 머리가 말뚝에 걸렸고, 무기와 화약이 폭도에게 넘어갔으며, 수백 년에 걸친 치안 문서 자료들이 거리로 버려지고 왕실의 깃발이 내려졌다. 리앙쿠르 공작이 이 소식을 루이 16세에게 전했을 때, 왕은 물었다. "이거 '반란' 아니오?" 그러자 공작은 유명한 대답을 남겼다. "아닙니다. 폐하. 이건 '혁명'입니다."[28]

구체제가 몰락하자 네케르는 군중의 환호 속에서 한 번 더 베르사유로 복귀했다. 그러나 혁명의 통제힐 수 없는 힘이 펼쳐지기 시작하면서, 이제 상황은 이 온건하고 불행해 보이는 남자의 손을 벗어났다. 네케르는 개혁가였지 혁명가가 아니었고, 기존 질서를 개혁하는 것은 이제 물 건너간 일이었다. 혁명가들은 국민의회를 통해 귀족의 특권과 국왕의 명령을 일소하기를 원했다. 네케르가 개혁을 위해 이용하려 한 회계는 새로운 정부를 건설하는 과정에서도 쉽게 이용할 수 있었다. 이후 어지럽게 돌아간 20년 동안, 네케르는 서서히 무대에서 퇴장했지만 회계 개혁과 엄청난 수치에 대한 대중 토론은 여전히 남아 있었다.

회계 개혁의 씨앗이 된 프랑스 혁명

수치는 정치 논쟁의 일부분일 뿐 아니라 혁명 헌법의 핵심적 언어가 되었다. 영어 'accoutability(책임성)'는 '회계'를 뜻하는 불어 'comptabilité'를 번역한 'accomptability'에서 다시 'accountability'로 변한 것이다. 왜 그랬는지 연유는 모르지만, 아무튼 영국인들은 프랑스 혁명 헌법을 자국어로 번역할 때 그 단어를 그렇게 번역했다. 1791년 프랑스 혁명 헌법은 모든 재무 활동과 정치 활동을 회계 '보고서(comptes rendus)'의 형식으로 발표해야 한다고 법률로 정했다.[29]

1792년 국민공회(입법 기관)는 회계위원회를 조직했다. 회계위원회는 여덟 명의 회계 위원을 두었고, 연 지출에 대한 회계 기록을 자체적으로 제출했다. 그들은 49만 9,001리브르라는 상당한 액수를 지출했다. 그러나 회계위원회를 만드는 것은 쉽지 않았다. 직무를 맡을 만큼 충분한 회계 지식이 있는 관리가 별로 없었기 때문이다. 같은 해에 앙투안 뷔르테 의원은 『회계위원회의 적격성 조건에 관한 간략한 의견』이라는 (국민공회에 대한 연설로 보이는) 팸플릿을 발표했다. 여기서 그는 회계를 하는 방법과 숙련된 회계사의 희소성, 회계 위원을 훈련시키는 어려움에 대해 논했다.[30]

1790년 징세 청부인 제도가 폐지되고 국가 중앙세무서가 등장하면서 어느 정도 개선이 이루어졌다. 모든 정부 기관이 자체적으로 보고서를 발표할 뿐 아니라, 재무부와 해군도 정기적으로 보고서를 발표했다. 모든 정부 부서와 기관은 자신들의 활동에 관련된 재무 보고서와 영수증을 작성해야 했다. 이러한 수치로 가득한 작은 회계 팸플릿을 통해, 국가는 활동 상황을 공개하고 성과와 능력을 홍보했다.[31]

네케르는 중대한 사건의 현장을 떠나 자신의 뿌리로 돌아가 제네바 근처 코페 성에서 말년을 보냈고, 1804년에 71세를 일기로 세상을 떠났다. 한편 네케르가의 온건한 성향을 물려받았던 스탈 부인은 (프랑스 살롱 문화의 안주인으로 활발한 정치 평론을 펼치며) 나폴레옹과 격렬하게 대립한다.

혁명은 대표성 있고 책임성 있는 정부를 확보하는 데 실패했지만, 재무 능력과 책임성의 문화를 정치에 들여옴으로써 미래의 회계 개혁의 씨앗을 뿌렸다. 국가의 대차대조표를 통해 정치를 판단하기 위한 언어를 창조한 네케르의 『보고서(Compte Rendu)』는 근대 예산서의 전신, 그리고 사실상 경제지의 전신이 되었다. 유럽 전역과 심지어 아메리카에서도 『보고서』를 모방했다. 장차 오스트리아 황제가 되는 토스카나의 피에트로 레오폴도 대공은 1790년 국가 회계 기록에 관한 『보고서 (Rendiconto)』를 출판했다. 입헌군주제 잉글랜드와 신생국 미국도 네 케르의 『보고서』와 프랑스의 회계 개혁에 지대하게 관심을 보였다. 일 체의 국가 재무 책임성에서 오랫동안 실패했던 프랑스가 해외에서 모 델로 삼을 만한 책임성 있는 근대 국가 건설의 방법을 제공한 것이다.

제10장

회계 원리를 토대로 미국을 건국한 사람들

모든 공금의 수입 및 지출에 관한 공식 결산서는
수시로 공표해야 한다.

—

미국 헌법 제1조 제9절

공장보다 회계장부에 의존한 식민지 개척 '사업'

자크 네케르의 『보고서』는 프랑스 혁명에서 중요한 역할을 했을 뿐 아니라, 그의 글과 회계 개혁은 미국 헌법 입안자들에게 영감을 주었다. 유럽과 신세계의 건국자와 행정가 들은 오랫동안 존재해온 회계라는 방법의 새로운 쓰임새를 발견했다. 회계는 정치적 책임성의 이상을 토대로 헌법을 제정한 젊은 국가에서 비옥한 땅을 찾았다. 새로 건설된 이곳 미국에서 회계의 원칙을 중심으로 정부를 구성할 기회가 생긴 것이다.

미국은 헌법의 국가이기 전에 회계장부의 땅이었다. 많은 이들이 고귀한 계획이라고 여겼던 것이 애초에는 상업적 동기의 모험으로 시작되었다. 1620년 메이플라워 서약(신세계로 항해 여행을 하기로 한 청교도들의 약속)은 투자 동업자들이 수익과 지출을 공유하기로 서명한 상업적 계약의 형태로 이루어졌다. 그리고 계약은 회계장부에 기록되었다. 그들은 종교적인 이상에서 영감을 얻은 사람들이었지만, 초기 아메리카의 식민지 개척 사업은 이익을 내기 위해 조직되었다는 사실을 결코 잊어서는 안 된다. 네덜란드·프랑스·잉글랜드의 동인도회사와 마찬가지로, 아메리카에서 활동한 초기 식민지 개척 기업은 영국령 북아메리카에 식민지를 건설하기 위해 세운 것으로, 영국 왕실이 무역 독점권을 인정한 칙허 회사였다.

매사추세츠베이컴퍼니(The Massachusetts Bay Company)는 잉글랜드 국왕 찰스 1세로부터 칙허를 받은, '도급자(지사와 부지사, 경리관)'들이 설립한 민간 주식회사였다. 보스턴 청교도 필그림의 지도자 존 화이트가 추진한 매사추세츠베이의 '플랜테이션' 프로젝트는 식민지 개척 사업이자, 찰스 1세가 통치하는 잉글랜드에서 박해받던 청교도 칼뱅주의자들에게는 안전한 피난처와 종교적 자유를 찾기 위한 시도였다. 1629년 잉글랜드의 케임브리지에서 매사추세츠베이컴퍼니의 주주들이 만나서 케임브리지 협정에 서명했다. 존 윈스럽과 토머스 더들리가 이끄는 주주들은 이주를 원치 않는 일부 주주들을 뒤에 남겨놓고, 타르를 칠한 목재로 만든 90피트짜리 배를 타고 (이미 거주자가 있었지만) 미지의 땅으로 2개월에 걸친 힘겨운 대서양 횡단을 감행하여 보스턴과 뉴타운(New Towne)이라는 도시를 건설했다. 찰스 1세의 이름을 따서 명명된 찰스 강의 '대형 굴 밭'(찰스 강에 구두주걱처럼 생긴 대형 굴이 있다고 해서 붙은 이름―옮긴이)을 사이에 두고 보스턴 맞은편에 위치한 뉴타운은 훗날 케임브리지라는 이름으로 개칭된다.

아마도 예상할 수 있겠지만, 이탈리아인의 위대한 전통에서 그랬듯이 여러 동업자가 운영하는 해상 회사의 경우는 장부의 정확한 기록이 무엇보다 중요했다. 본국 사무실의 장부와 선박의 장부, 무역 현지(이 경우에는 식민지)의 장부 할 것 없이 다 중요했다. 식민지는 공장보다 회계장부에 더 의존했다. 그도 그럴 것이, 직접 사찰을 할 수 없는 원거리 투자를 달리 어떻게 평가할 수 있겠는가? 메이플라워호 정착 초기, 필그림 파더스(Pilgrim Fathers: 1620년 메이플라워호로 미국으로 건너가 플라이마우스에 정착한 영국 청교도단—옮긴이)는 회계 담당자가 회계 기록을 제대로 하지 않아서 골치가 아팠다. "마틴 씨는 회계 기록을 할 수도 없고 하지도 않을 것이라 말합니다. 괴롭고 신경 쓰이는 임무가 달갑지 않아서인지, 그는 우리가 자신을 의심하고 있다고 소리치며 뛰쳐나가서 아무것도 안 하려고 합니다."(메이플라워호가 영국을 출발하기 직전인 1620년 8월 17일 로버트 커시먼(Robert Cushman)이 에드워드 사우스워스(Edward Southworth)에게 보낸 편지의 구절—옮긴이)

미국 초기 역사는 채무 관리의 역사

1629년에는 매사추세츠베이컴퍼니가 각 동업자에게 차입한 것을 계산하기 위해 회계감사가 이루어졌다. "합자 회사가 차입한 채무가 많으니 정부를 이전하기 전에 채무를 청산하는 조치를 취하는 것이 좋겠습니다. 그러려면 우선 정확한 채무를 확인하도록 회계 기록을 감사하는 것이 적절하다고 사료됩니다." 실제로 계산 결과는, 북아메리카 식민지는 큰 부를 얻을 수는 있지만 종종 채무에 허덕였음을 보여주었다. 미국의 초기 역사는 부분적으로는 채무 관리를 위한 회계의 역사다(물론 그 안에 종교, 식민주의, 무역, 노예제, 교육, 철학의 역사도 있다). 매사추세츠베이컴퍼니는 1636년부터 회계 기록에 대한 '감사'를 실시했다. 네덜란드 관할 식민지에서도 마찬가지였다.

1651년 오늘날의 뉴욕에서 북아메리카 무역 회사들의 네덜란드 쪽 이사들이 요히너스 디크만을 '뉴네덜란드 부기 담당자'로 고용했다.[1] 미국의 건국자들 중에는 종교적 이상주의자와 상인, 밀수업자, 철학자, 노예뿐 아니라 이익과 신과 궁극적으로 미국 사람들을 위해 회계를 하는 이들도 있었다. 그때까지 회계장부 기록자가 지켜보는 가운데 세워진 나라는 없었다.

그러나 영국과 달리 아메리카는 아직까지 상인들의 땅이 아니었다. 아메리카는 크고 작은 농장이 가득한 농촌 지역이었다. 특히 초기 식민지 시절에는 일반인들 사이에서 복식부기는 흔치 않았으며, 돈 자체가 희소했다[그리고 종종 기니(guinea)와 비트(bit), 그리고 '달러 (dollar)'라는 단어가 유래한 스페인 달러(Spanish dollar)가 잡다하게 섞여 있었다]. 대부분의 마을은 작았고, 어떤 종류건 세금이라는 것을 내는 거주자도 별로 없었다. 어떤 이들은 밀수입으로 돈을 벌었고, 거래의 대다수는 물물 거래로 이루어졌다.[2]

그럼에도 아메리카의 엘리트와 도시 계급은 영국 재무 혁명의 세계에서 왔고, 지주든 상인이든 간에, 잉글랜드·스코틀랜드·프랑스·독일·네덜란드·스웨덴·스위스의 식민주의자들뿐 아니라 유대인 식민주의자들까지 이 땅에 상업 회계의 전통을 가져왔다. 초기 청교도 상인들은 부기에 능통했다. 1653년 재단사이자 매사추세츠 주 의회 하원의 대변인이자 군인이었던 로버트 케인은 자신의 회계장부에 대해 이렇게 썼다. "흰색 피지로 묶은 세 번째 장부는 계약된 대부분의 계산 총계를 꾸준히 기록하는 곳인데, 나와 다른 사람들 간의 거래는 양쪽에 각각 결산 내용을 기록하고, 나의 개인적 해상 운송 사업에 대한 계산은 사업 수익으로 기록하며, 내가 진 부채와 변제 액수에 대한 계산도 기록하고 있다."

도시에서는 영국 못지않게 회계 문화가 꽃을 피웠다. 1700년대 초반에는 영국 스타일의 '글쓰기 학교'가 대부분의 대도시에 등장하여 '상업 회계'를 가르친다고 광고했다. 18세기 중·후반에 이르러 식민지 인구는 200만 명까지 불어났고, 2만 명의 거주자가 있었던 필라델피아는 영국령에서 두 번째로 큰 도시가 되었다. 보스턴 서적상과 필라델피아 무역상부터 남부의 농장 소유주에 이르기까지, 영국의 18세기 부기는 거의 보편적으로 알려졌다.[3]

초창기 미국에서는 영국의 많은 회계 편람이 유통되었다. 그중에 존 메어의 『체계화된 부기 방법』은 여러 식민지 도서관에서 발견되었다. 이런 회계 편람을 가지고 가정에서 회계를 가르치는 경우도 많았다. 필라델피아 도서관조합은 '샘 미클, 1776'이라는 소유자 서명과 '조지 미클, 1830', '조지프 미클 폭스, 1906'이라고 상속자 서명이 되어 있는, 이 편람의 여덟 번째 판본을 소장하고 있다. 1790년대에 이르러서는 미국의 회계 편람이 무역의 중심지 필라델피아에 등장했다. 1789년에는 토머스 서전트의 『회계실 소개(An Introduction to the Counting House)』가 발표되었다. 그러나 시장을 지배한 것은 복식회계를 '상업적 계산'과 농장 소유주를 위한 도구라고 알린 메어의 책이었다. 메어는 복식회계가 없다면 부동산과 농장, 그리고 사실상 정부를 관리하는 데 회계를 이용하기 어려울 것이라고 주장했다. 사회의 상류층과 하류층 모두를 상대로, 메어는 복식부기를 '실제 사업'과 식민국가 건설, 무역, 농업, 가정생활을 위한 도구라고 알리며 '식민지 담

배 생산 및 유통'처럼 구체적인 예를 들었다.[4]

로드아일랜드 주 프로비던스에 기반을 둔 브라운 가문 출신의 전직 선장 오바디아 브라운은 영국의 회계 편람을 이용해 회계를 독학했다. 그의 초기 회계는 제법 효과적이었지만 대체로 체계적이지 않았고 단식부기를 이용한 것이었다. 브라운은 코코아와 럼과 당밀, 노예 거래로 돈을 벌었다. 브라운 가문 사람들은 18세기 중반에 학자들이 된다. 이들은 무역으로 번 돈으로 침례교도가 설립한 로드아일랜드 대학을 1833년에 브라운 대학으로 바꾸는 데 기여했다.[5]

회계는 초창기 미국 공화국 건립자들의 삶에서 중요한 역할을 했다. 존 행콕 같은 상인들은 회계를 배우러 런던으로 파견되어 도제 생활을 했다. 행콕의 회계장부에는 오류가 있었지만, 광범위한 계산이 포함되어 있었고 영국 해외 무역에서 활동한 배경이 반영되어 있었다. 그리고 그는 이 기술을 이용해 전시에 부당이득으로 돈을 벌었다. 그러나 회계는 단순히 부자가 되는 방법만은 아니었다. 벤저민 프랭클린의 경우, 회계는 그의 세계관을 형성했으며 국가와 정부 건설의 핵심적인 도구였다.[6]

회계에 매혹된 벤저민 프랭클린

사회학자 막스 베버는 『프로테스탄트 윤리와 자본주의 정신』(1905년)에서 벤저민 프랭클린을 프로테스탄트 자본주의 정신의 대표적인 인물로 상찬했다. 복식부기는 베버의 노동 윤리론의 중심에 있으며, 그는 그것을 '합리적인 것'으로 보았다. 베버는 프랭클린의 금언 "시간은 돈이다"와 "신용은 돈이다"를 인용했으며, 회계와 검약에 관한 프랭클린의 좌우명을 아주 좋은 본보기로 제시했다. 베버는 즉각적인 자기만족을 부정하고 돈을 버는 것은 단순히 좋은 자본주의적 도구일 뿐 아니라 신성한 칼뱅주의 윤리라고 결론 지으며 성경 구절을 인용했다. "네가 자기의 일에 능숙한 사람을 보았느냐? 이러한 사람은 왕 앞에 설 것이요, 천한 자 앞에 서지 아니하리라."(「잠언」 22:29)[7]

어떤 면에서 이것은 누구보다 부지런하고 기업가 정신이 투철했던 프랭클린의 모습이었다. 그는 분명 놀라운 재능을 타고난 사람이었다. 그의 회계장부는 그가 어떻게 회계를 통해 삶의 모든 차원을 정리했는지 우리에게 보여준다. 박식한 지식인이자 발명가이자 인쇄업자이자 사업가이자 과학자이자 음악가이자 정치가이자 작가이자 애서가이자 학자이사 언론인이자 철학자이자 외교관이자 가장으로서 프랭클린은 분명 17세기 프랑스의 콜베르처럼 회계를 자신의 상이한 관심사들을 정리하는 원리로 보았다. 그는 인쇄업자의 도제로 있으면서 회계를 배웠는데 회계는 그의 삶에서 중요한 역할을 했다. 그는 가업을 위해, 가정을 위해, 영국 식민지의 체신장관의 업무를 위해, 그리고 신생 미국 공화국을 대표하는 외교 직무를 위해 회계장부를 썼다.

젊은 시절 프랭클린은 필라델피아의 인쇄업자로서 업무를 위해 장부를 기록했다. 프랭클린은 복식부기를 할 줄 아는 사람에게 감탄했으며, 『자서전』(1771~1790년)에서 그것을 대단한 미덕이라고 지적했다. 또한 장차 시인이자 작가가 되는 그의 친구 제임스 랠프가 복식부기에 능통했다고 묘사했다. "랠프는 글솜씨도 훌륭한 데다 산수와 계산에 능했기에 자신이 그 일을 맡을 자격이 충분하다고 생각했다."[8]

1735년부터 1739년까지 프랭클린의 상점 장부에는 모든 매출과 거래가 꼼꼼하고 상세하게 기록되어 있었다. 입력 항목에는 '책력 한 권'과 '어부 크리스트퍼를 위한 잉크 1온스', '보스턴 출신의 낯선 사람에게 빌려준' 6펜스의 인출액이 포함되어 있다. 프랭클린은 회계를 할 줄 아는 한 직공의 아내에게 깊은 인상을 받았다. '네덜란드에서 나고 자란' 그녀는 남편처럼 회계에 능통해서 인쇄소를 운영할 수가 있었다. 프랭클린은 모든 여성이 사업 운영을 돕기 위해서뿐만 아니라 자녀들을 가르쳐서 '가족의 지속적인 이익과 부유함'을 실현하기 위해 회계를 배워야 한다고 권했다.[9]

프로테스탄트 노동 윤리의 이상은 회계의 원칙을 배우고 그것을 가정의 노동 윤리로 여성과 아이들에게 가르치는 것을 통해 전해졌다. 실제로 프랭클린에게 회계는 삶의 질서에서 가장 중요한 것이었다. 그보다 앞선 예수회 신자들과 마찬가지로, 프랭클린에게 회계는 재산뿐 아니라 생각과 글과 도덕성을 정리하는 데에도 도움을 주었다. 그는 '빨간 잉크로 열세 개의 칸을 만들고 …… 각 칸에 덕목을 적어' 덕목의 실천과 실패를 표에 기입함으로써 일종의 도덕적 회계장부를 작성했다. 프랭클린도 신의 심판을 예상하고 회계를 통해 늘 신경 써야 한다고 믿었다.

우체국에 회계 시스템을 도입하다

더욱이 그는 회계가 구체적인 사업의 필요에 맞게 재단된, 제도적 관리를 위한 보편적 도구가 되어야 한다고 믿었다. 프랭클린이 1753

년 식민지 체신장관이 되었을 때, 그는 복잡한 우편물 관리를 위해 지역 우체국장들이 이용할 수 있는 회계 시스템 설계에 착수했다. 『북미 대륙 전 영연방 자치령 체신장관 대리 벤저민 프랭클린과 윌리엄 헌터의 지침』(1753년)에서, 프랭클린은 우체국을 운영하는 방법을 개괄적으로 서술했다. 우체국장에게 우편물 관리는 무엇보다 중요했다. 곧, 편지를 '잘 정돈하고' 다른 민간인에게 보이지 않도록 밀봉된 상태로 관리해야 했다. 그보다 더 중요한 것이 있었다. 많은 우편물이 공식 우편물이고 어떤 경우 과세 가능한 물품이 들어 있으므로, 각각의 편지에 소인을 찍고 세금을 부과해야 했다. 게다가 소포에 귀금속 등이 들어 있는 경우도 종종 있으므로 그 가치를 계산해야 했다. 우체국장이 우체국을 정리하고 관리할 수 있는 유일한 방법은 모든 서신과 소포를 살 기록하는 것이다. 프랭클린은 원활한 회계를 위해 모든 우체국장에게 인쇄한 회계 양식을 보냄으로써 이 과정을 한결 수월하게 만들었다.[10]

관리 및 조직 이론에 관한 글에서, 프랭클린은 우편물마다 소인과 세금과 유형이 다른 데다, 우편물이 들어오고 머물고 나가고 요금이 지불될 때까지 일일이 소재를 확인해야 하는 이런 복잡한 회계 기록을 정리하는 방법을 설명했다. 그러니 프랭클린은 이러한 방법에 대한 인쇄된 설명서를 통해 회계 기록을 위한 지침을 만들었을 뿐 아니라, 부분적으로 경영적이고 부분적으로 수학적인 체신 업무에 특화된 복식부기를 설명한 셈이다. 어쨌거나 이것은 복잡한 사무 시스템을 위해 구체적으로 설계되었다는 점에서 역사상 매우 혁신적인 회계 설명서 가운데 하나였으며, 구체적인 지출과 요금 미납 편지를 '차변란'에, 기타 잡다한 배달 불능 우편물과 수입을 '대변란'에 기록하는 상세 목록을 제시했다. 그리고 그는 이 지침서에 'B. Franklin'이라고 서명했다.[11]

프랭클린은 이러한 복잡한 지침을 따르는 것이 어려울 수 있음을 인식하고, 이 모든 내용을 복식부기에 대한 삽화와 간략한 설명을 포함하는 가로 약 61센티미터, 세로 47센티미터의 큼지막한 벽보를 만들어 우체국 벽에 붙이게 했다. 그래서 초기 아메리카의 모든 우체국에는 복식부기 편람과 사용법이 벽에 붙어 있었다. 프랭클린은 식민지에서 우체국 운영을 효율화했을 뿐 아니라 세상을 관리하고 정리하는 자신만의 방법을 전파하고 있었다.[12]

프랭클린은 일찍 자고 일찍 일어나는 것과 같은 노동 윤리를 강조했지만, 그의 회계 프로젝트에는 아마도 숨은 동기가 있었던 것 같다. 사실 여성에게 회계를 가르치려는 열정이 반드시 '지연된 만족'의 윤리와 일치하는 결과를 낳지만은 않았다. 젊은 시절 그의 아내인 데버러 리드 프랭클린은 필라델피아 상점 계산대에서 장부에 판매 거래를 기록했다. 프랭클린은 데버러의 장부와 자신의 거래 일지를 가져다가 회계원장에 고전적 형식으로 옮겨 썼다. 페이지마다 차변과 대변을 두고 번호를 매겼다. 그리고 훗날 그가 언급한 것처럼 1757년 정치적 임무를 띠고 영국으로 떠나기 전에 "장부에서 결산되었거나 회수가 불가능한 모든 계정에 빨간 줄을 그었다." 1774년 아내가 죽은 뒤, 프랭클린은 1776년부터 1785년까지 신생국 미국의 대사로서 프랑스에 체류하며 아름답고 세련된 파리 여인들과 함께 호화로운 삶을 살았다.[13]

벤저민 프랭클린은 회계에 매혹되었다. 그는 복식부기를 했고 회계에 관한 글을 썼으며 자서전에 회계장부의 내용을 포함시키기까지 했다. 영국 식민지인 아메리카의 체신장관으로서 그는 모든 우체국을 위해 이 포스터를 만들었다. 벤저민은 회계를 일상생활의 필수 요소라고 생각했다. 포스터에는 우체국 장부를 관리하는 방법뿐 아니라, 우체국에 온 사람이면 누구라도 회계의 기본을 알 수 있도록 간략한 복식회계 설명이 기재되어 있다.

보마르셰와 미국 대출금 협상을 한 프랭클린

외교 임무를 띠고 유럽을 방문할 때마다, 프랭클린은 약식 장부를 기록했다. 파리에 주재하는 동안 그는 현재의 제16구에 해당하는 파리 센 강 우안에 위치한 파시라는 작은 마을에 주조소 겸 인쇄소를 세웠다. 1779년에는 여기서 미국의 입장을 옹호하는 팸플릿과 풍자적 작품, 최초의 미국 여권을 인쇄했다. 그는 또한 '르프랭클린(le Franklin)'이라는 최초의 미국 활자체도 만들었는데, 영국의 방해를 뚫고 두 번에 걸쳐 미국으로 활자를 실어 날라야 했다. 마침내 자신의 활자체를 만들었을 때 프랭클린은 너무도 기쁜 나머지 파시에서 '100병이 넘는 와인'과 프랑스 시골에서 가져온 풍성한 여름 별미들로 성대한 독립기념일 연회를 열었다고 '금전출납부'에다 기록했다. 연회가 열렸던 공간의 벽에는 대식가로 유명한 전쟁 영웅 조지 워싱턴의 초상화가 걸려 있었다. 프랭클린은 초대장까지 직접 인쇄했다. 그는 더 이상 자제하지 않았다. 파리가 그 위대한 인물을 부패시킨 것은 아니었다. 문제는 좋은 장부가 항상 도덕적인 프로테스탄트의 삶을 반영하는 것은 아니라는 사실이었다.[14]

프랭클린에게 회계는 인생의 기둥과도 같았지만, 그는 점차 회계에 싫증을 느꼈다. 정치적으로 민감한 상황에 처하면 종종 장부를 기록하지 않았다. 프랑스 주재 미국 대사로서 프랭클린은 수많은 계산 오류를 범했고(실수로 프랑스 대출금 400만을 300만이라고 보고하기도 했다), 중요한 회계감사가 너무 힘들 때에는 종종 포기하기도 했다. 프랭클린은 『보고서(Compte Rendu)』가 출판될 당시 네케르와 서신을 교환했지만, 피에르 오귀스탱 드 보마르셰 (Pierre-Augustin de Beaumarchais, 1732~1799년)와 미국의 대출금을 협상해야 했다. 괴짜로 알려진 보마르셰는 『세비야의 이발사』와 『피가로의 결혼』으로 유명한 극작가이자 풍자 작가이자 시계 제작자이자 발명가이자 무기 거래자이자 스파이이자 미국 독립전쟁의 자금 조달을 맡은 프랑스 루이 15세의 대리인이었다. 프랭클린은 그의 천재 동료가 회계에는 능하지 않다고 불평했다. 영향력 있는 미국의 재무장관 로버트 모리스에게 보낸 1782년 8월 12일자 서한에서, 프랭클린은 보마르셰를 상대해야 하는 어려움을 토로하며 유럽에서 공공 회계 기록을 결산하는 위원이 '내가 그랬던 것 이상으로 보마르셰 씨를 능숙하게 다루기를' 바란다고 썼다. 그는 또 이렇게 썼다. "그는 종종 2~3개월 내에 결산 보고를 하겠다고 진지하게 약속해놓고선 수년이 흐른 뒤에도 묵묵부답입니다. 사실 저로서는 그가 보고를 할 수 있을 만큼 회계 기록을 잘 해놓았을지 의심스럽습니다." 프랭클린은 정치 영역에서 회계가 항상 뜻대로 되지만은 않는다는 사실을 인식했지만, 개인적으로는 회계에 자신이 있었다. 그는 모리스에게 회계감사를 실시하면 의회가 자신의 장부를 승인할 것임을 "믿어 의심치 않습니다"라고 장담했다. 프랭클린이 미국의 국제적 재무와 대출을 관리했다는 점을 고려할 때, 그가 그토록 숙련되고 원칙적인 회계사인 것이 미국으로서는 천만다행한 일이었다.[15]

노예 가격을 기록한 제퍼슨

　모든 건국자, 또는 모든 프로테스탄트가 상인이거나 금융가이거나 실업가는 아니었다. 토머스 제퍼슨 같은 농장주도 농장을 운영하고 거래를 관리하기 위해 많은 장부를 이용했지만, 그들은 베버가 이야기하는 근검하고 근면한 프로테스탄트는 아니었다. 제퍼슨은 18세기 프랑스 귀족을 동경하고 그들처럼 고상하게 살기를 원하는 귀족 지주였다. 그래도 회계는 미국 농장주와 노예 소유자의 생활과 윤리에서도 핵심적인 요소였다. 노예제와 회계는 서로 잘 맞았고, 조사이어 웨지우드가 보여주었듯이, 회계장부는 쉽게 아동이나 노예의 노동을 칸 속의 숫자로 바꿔놓을 수 있게 해주었다. 노예들이 배를 타고 사슬에 줄줄이 묶인 채 미국에 들어온 것처럼, 그들은 같은 방식으로 깔끔하게 정리된 장부의 칸 속에서 상품으로 기록되고 팔려 나갔다. 노예 매매업에 종사한 로열아프리칸컴퍼니(Royal African Company)도 복식부기 원장을 기록했다. 대서양 무역로를 통해 인적 자산의 주문과 이동이 이루어짐에 따라, 국제적 해상 무역의 특성상 재정적으로 성공적인 노예매매를 하려면 복식부기가 필수적이었다.[16]

　부유하고 박학다식하고, 과학과 건축에 관심이 많고, 호화로운 것과 좋은 책과 음식을 애호했던 제퍼슨은 60년간 꼼꼼하게 회계장부를 기록했으며, 그의 삶과 가치 체계에 관련된 온갖 사소한 것들까지 기록으로 남겼다. 책과 와인은 '필수품'이라고 이름을 붙인 전용 장부에 기록했다. 그의 회계장부는 죽은 누이를 위한 묘지의 가격과 묘지 조성 계획, 노예 가격 같은 세부 사항을 적어두는 일지 역할도 했다. "몬티첼로에 있는 묘지의 절반은 …… 우리 가족이 쓰고 …… 나머지 절반은 다른 사람들과 하인들이 쓰면 적당할 것 같다. …… 믿음직하고 좋은 하인의 무덤에는 비문을 새길 수 있도록 평평하게 만든 받침돌을 올려도 좋을 것 같다." 1771년 그는 이 받침돌에 묘하게 서정적인 시「한 미국 노예를 위한 비문」을 새겨 넣었다. 바이올린 연주도 훌륭했던 제퍼슨은 '바이올린 현'의 비용을 기록했고, 자신과 아내가 카드놀이와 주사위 놀이에서 잃은 돈까지 기록했다. 회계는 인간의 자유와 민주주의를 옹호한 (그러나 별다른 가책 없이 노예를 거느렸던) 미국의 가장 위대하고 영향력 있는 근대 사상가가 인간의 삶을 얼마나 차갑게 계산했는지 여실히 보여주었다. 1817년에 제퍼슨은 이렇게 기록한다. "말 한 필을 샀다. …… 미간과 코에 흰 얼룩이 있고 오른쪽 뒷발이 흰, 밝은 암갈색 말이다. …… 120달러. 검둥이 여자 루크레샤와 그녀의 두 아들 존과 랜들, 태중 아이까지 180달러에 샀다." 제퍼슨의 회계장부 마지막 기입 항목은 '승마 곡예 공연'과 '에멧 박사에게서 구입한 책 한 권', '리에게서 구입한 송아지 고기', '아이작스에게서 구입한 치즈'였다.[17]

전쟁 중 사치품 지출까지 공개한 조지 워싱턴

제퍼슨과 마찬가지로 지체 높은 농장주이자 노예 소유주였던 조지 워싱턴은 회계장부에 대해 더 많이 고민했다. 그는 일상적인 회계 사용법을 훈련받았고 그의 서재에서 발견된 존 메어의 회계 편람이 다 헤진 것을 보면 복식부기도 대략적으로 알고 있었던 듯하다. 워싱턴의 회계는 각별히 의미가 있다. 그가 독립전쟁의 지출을 관리하는 책임자로서 군사적·재정적 관리를 요하는 막중하고 어려운 임무를 수행했으며, 나중에는 알렉산더 해밀턴의 도움으로 미국 초대 대통령까지 역임했기 때문이다. 워싱턴은 초기 미국인치고는 드물게 군대와 정부는 물론이고 아내인 마샤의 막대한 부동산과 많은 노예까지 합쳐서 엄청난 액수를 관리하는 책임을 맡았다. 미국 의회도서관은 1750년에서 1794년까지 워싱턴이 업무적·개인적으로 기록한 회계장부를 소장하고 있다. 제퍼슨의 장부와 마찬가지로 이 장부들은 공직자이자 군인으로서 워싱턴의 삶, 토지와 노예 소유, 호화로운 생활을 생생하게 보여주는 창이다.[18]

워싱턴은 회계에 능했는데도 종종 계산에 어려움을 겪었다. 1775년 8월부터 1783년 9월까지, 그의 수입은 총 8만 167파운드였는데, 이 총액 중에 얼마가 사업상 이익인지 계산할 수가 없었다. 그러나 워싱턴은 '잃어버리거나 도난당하거나 지불한 현금'을 계산할 정도의 기술은 있었고, 가능할 때는 장부를 결산했다. 그의 민병대 및 혁명전쟁 회계 기록에서도 이와 동일한 작업을 볼 수 있다. 실제로 워싱턴의 참모진과 병사들은 영국을 패배시키는 데 일조한 그의 관리 기술에 감탄했다.[19]

그러나 워싱턴의 회계 기록은 다른 면모도 보여준다. 워싱턴은 엄청난 개인 지출과 전쟁 중에 거의 상습적으로 사치품에 지출한 내역을 기록했다. 1775년에 워싱턴의 변호사 에드먼드 펜들턴은 대륙군(Continental Army) 최고 사령관으로서 월급을 500달러씩 주겠다는 제안을 거절하는 성명을 워싱턴을 대신하여 작성한 바 있었다.

급료에 대해 말씀드리자면, 어떤 금전적 고려도 저로 하여금 (가정의 안락함과 행복을 포기하고) 이 힘겨운 임무를 받아들이도록 유혹하지 못했음을 의회에 확실하게 밝혀두는 바입니다. 저는 이 일에서 어떤 이익도 바라지 않습니다. 저는 지출 내역을 정확하게 기록할 것입니다. 그리고 이 지출을 변제해주시리라 믿어 의심치 않습니다. 제가 바라는 것은 이것뿐입니다.[20]

1783년 반대파들이 워싱턴이 전쟁에서 이득을 취했다고 비난했을 때, 그는 『독립전쟁 지출 내역 1775~1783』을 국가 감사관들에게 제출하는 이례적인 조치를 취했다(그리고 이 내역이 감사관들의 손을 통해 건국 대중에게 전달될 거라고 생각했다). 워싱턴은 전쟁 중에 개인 지출 내역을 계산했고, 16만 704달러를 변제해달라고 요청했다. 오늘날의 가치로 100만 달러에 해당하는 돈이었다. 계산은 대체로 꼼꼼했다. 마지막에 워싱턴은 전시에는 '공무로 정신없는 상황에서' 자신의 개인 지출 기록을 공개할 필요를 느끼지 못했으나, 이제 부득이 공개하기로 했다고 설명했다. 그는 '변제액'이 '지출액에 한참 모자라며' 지출의 상당 부분을 자신이 부담했다고 언급했다. 정부 감사는 이에 동의하며 미국 정부가 워싱턴 장군이 지출한 돈을 모두 충당하려면 지급해야 할 돈이 아직 1달러 정도 남아 있다고 판결했다.[21]

회계장부를 공개한 워싱턴의 행동은, 비록 정치적으로 꼭 필요한 일이었을 수 있지만, 어쨌거나 상당히 대담한 조치였다. 독립전쟁 기간에 워싱턴이 지출한 수십만 달러 중 상당 부분이 사치품에 쓰였으니 말이다. 육군 장군의 월급은 166달러였는데, 워싱턴은 명예심 때문에 전쟁 중에 봉급 4만 달러를 포기하는 위험한 모험을 감행했다. 위싱턴은 자신이 전쟁에서 승리하리라는 생각은 하지 못했던 듯하다. 그가 만일 패했다면 영국은 그를 교수형에 처했을 것이다. 그래서 그는 많은 돈을 지출했다. 마데이라 와인과 고급 식탁보와 최고의 영국제 마차, 호화로운 의복과 성대한 만찬에 수천 달러를 썼다. 롱아일랜드 전투가 벌어지기 전인 1776년 7월 24일부터 8월 6일까지 뉴욕 시에서 쓰인 그의 회계 기록을 보면 그가 프랑스 요리사를 고용해 호화로운 만찬을 즐겼음을 알 수 있다. 비둘기 고기며 송아지 고기, 호박, 달걀, 10여 가지 값비싼 라임, 오리 고기, 산앵두, 그리고 끝없는 마데이라 와인 통. 특히 마데이라 와인을 구입하는 데 장군 월급의 다섯 배에 해당하는 돈을 정기적으로 지출했다. 그는 아내 마사가 겨울 별장을 방문했을 때, 전쟁 예산의 상당 부분에 해당하는 2만 7,665달러 30센트를 썼다. 별로 놀라운 일도 아니지만, 위싱턴은 전쟁 중에 체중이 10킬로그램 가까이 늘었다.[22]

비록 방종하긴 했지만, 위싱턴은 네케르도 월폴도 감히 하지 못한 일을 해냈다. 자신의 진짜 장부와 엄청난 지출을 공개했으며, 그러고도 권력에 타격을 입지 않은 것이다. 그는 또한 지금까지 극소수의 사람만이 이루었던 위업을 달성했다. 전쟁에서 이기고 국가를 건설한 것이다. 분명 그런 점 때문에 그의 회계 기록이 덜 터무니없게 보였을 테다. 1789년 4월 30일, 프랑스 혁명이 발발하기 한 달쯤 전에, 그는 선거인단 전원의 만장일치로 초대 미국 대통령으로 선출되었다. 마음만 먹었다면 평생 머물 수 있는 자리였고 사치스러운 취향을 가졌던 그였지만 두 번의 임기만을 마치고 스스로 권좌에서 물러났다.

전쟁과 공공 부채로 국가 존립이 위태로워진 미국

미국은 전쟁과 부채 속에서 탄생했으니만큼 젊은 나라의 건국자들이 회계에 능한 것은 천만다행이었다. 1776년경 금화나 은화는 거의 유통되지 않았다. 1781년 의회에서 발행한 지폐 2억 4,150만 달러의 실제 가치는 1달러당 2센트에 불과했다. 의회는 식량과 군사 보급품을 조달하기 위해 국내 융자와 차용 증서를 통해 돈을 빌리기 시작했다. 개별 주(州)들의 부채는 2억 달러가 넘었다. 아이러니하게도 의회는 파산 상태인 프랑스로부터 받은 융자에 의지해야 했고, 프랭클린이 상당한 영향력을 발휘하여 800만 달러에 가까운 돈을 빌렸다. 이 융자는 국내 융자보다 심각했다. 쓸모없는 종잇조각에 불과한 대륙지폐(Continental dollar)가 아닌 액면가로 갚아야 했기 때문이다.[23]

1780년에 이르러서는 공공 부채가 문자 그대로 그 젊은 나라를 집어삼킬 위기에 처했다. 많은 이들이 마땅히 미국이 프랑스에 부채를 갚지 못하면 프랑스가 미국 영토 상당 부분에 대해 소유권을 주장할 것이라고 우려했다. 처음으로 공공 부채가 국가의 존립 자체를 위협했다. 의회는 필라델피아에서 활동하던 미국의 대표적인 국제 무역상 로버트 모리스에게 도움을 청했다.

1734년 리버풀에서 태어난 모리스는 18세기 국제 상인의 전형적 인물이다. 모리스가 13세가 되었을 때 그의 부친은 메릴랜드로 이주해 담배 판매상으로 일했다. 모리스는 필라델피아로 보내져 한 상사에서 도제 생활을 했고, 자연히 현장에서 회계와 재무의 기본을 배우게 되었다. 그는 해운, 토지, 공장, 사나포선(私拿捕船: 승무원은 민간인이지만 교전국의 정부로부터 적선을 공격하고 나포할 권리를 인정받은, 무장한 개인 소유의 선박—옮긴이) 운영, 승권, 노예, 설탕 등으로 재산을 모았고, 미시시피 노예 농장에 투자했다. 전시에 미국 경제가 휘청거리고 통화 가치가 폭락했을 때도 모리스의 재산은 오히려 불어나서 그 가치가 무려 수십만 파운드에 이르렀다고 한다. 이는 조사이어 웨지우드와 견줄 만한 수준이었다. 모리스는 특히 복잡한 국제 금융 거래에 뛰어났다. 거의 파산 상태의 미국 정부는 그런 기술을 절실히 필요로 했다.

대륙군의 군수품과 군복까지 바닥나자, 모리스는 독립전쟁의 자금 조달을 도왔다. 그러나 무엇보다 그는 확고한 신념에 근거한 깊이 있는 재무 지식을 제공했다. 미국이 부채를 갚고 군대에 필요한 융자를 받으려면 훌륭한 장부 관리 능력을 보여줘야 한다는 생각이었다. 어딘지 익숙하게 들리는 얘기다. 필라델피아의 대표 상인으로서 모리스는 영국계 상인이었다. 그러나 그는 또한 혁신적인 금융가였으며, 그런 만큼 네케르의 애독자이자 추종자였다.

1776년 의회는 회계 감사관과 '유능한' 조수와 사무원으로 이루어진 재무부를 창설했다. 모든 공공 지출 결산에 대하여 두 곳의 사무실에서 두 번씩 감사를 실시했다. 영수증 한 부는 재무부의 일상 업무를 관리하는 재무 감독관에게 보내졌다. 1779년에는 의원 두 명과 외부 인사 두 명으로 이루어진 국가재무위원회(Treasury Board)가 신설되었고, 회계 감사관이 위원회의 회계 결산을 관리했다.[24]

이 과정이 비효율적이라는 불평이 즉각 터져 나왔다. 회계 감사관 자신이 언급했듯이, '기계가 꽉 막혀서 공공 회계를 빠르게 정착시키려는 의도가 크게 좌절'되고 있었다. 1780년 의회 위원회는 "부서 전체에 불협화음이 만연했다"라고 보고했다. 의회 위원회는 국가재무위원회를 해산하고 한 개인이 운영해야 한다고 결론지었다. 1780년 버지니아 대표 조지프 존스는 "우리 재정은 네케르 같은 인물이 정리하고 개혁해야 한다. 나는 모리스가 우리나라에서 그런 힘든 과업을 수행하기에 제일 적임자라고 믿는다"라고 단언했다. 1781년 2월 7일, 의회는 모리스를 미국 초대 재무감독으로 임명했다. 위싱턴은 그의 부자 친구가 "어떤 마법을 부려서건 …… 우리 재정이 빠져 있는 수렁에서 조금씩 우리를 건져내는 정도는 할 수 있을 것"이라고 냉철하게 판단했다.[25]

네케르를 모델로 삼은 모리스의 개혁

비록 미국의 재정 상태가 심각했지만, 모리스는 미국보다 더 끔찍한 수렁에 빠진 곳을 알고 있었다. 모리스는 프랑스에서 네케르가 실시한 회계 개혁, 곧 세금 징수를 중앙집중화하고 세금 징수원과 회계 담당자에게 복식부기를 가르쳐서 세수를 올리도록 제안한 네케르의 제안에 대해 공부했다. 1781년 무렵, 네케르는 『보고서』를 출판했고, 모리스는 이제 네케르와 (그리고 사실상 콜베르와) 같은 역할을 맡게 되었다. 모리스는 그때 네케르에게 편지를 써서 소언을 구하고 "네케르 씨처럼 공평무사하고 성공적인 재무가의 발자취를 따르고 싶은 열렬한 바람"을 표현했다. 네케르와 마찬가지로, 모리스는 토머스 페인 같은 인물들에게 부패한 재무가라는 공격을 받았다. 그러나 정부는

모리스가 필요했고, 그에게 회계사 팀을 관리할 '절대 권한'을 부여했다.[26]

모리스는 네케르의 전례를 따라, 1782년에 『재무감독 취임 후 1781년 12월 31일까지 실시한 공금 수령과 지출의 전반적 검토』(필라델피아: 등기소, 1782년)를 펴냈다. 미국은 영국과의 전쟁 비용으로 프랑스에 갚아야 할 부채를 안고 탄생했다. 기입 항목은 수입과 지출이었다. 수입의 상당 부분은 프랑스 원조에서 나왔고, 지출은 거의 다 군비로 들어갔다. 모리스는 12월 31일 현재 재무부에 남아 있는 잔고는 85만 2,650달러 59센트라고 결론지었다.

모리스의 보고서는 미국의 예산 규모가 프랑스에 비해 작다는 점에서 네케르의 그것과는 달랐다. 게다가 1781년 당시 모리스는 네케르의 수치가 2,500만 리브르의 부채가 계산되지 않은 것임을 알지 못했다. 그리고 모리스, 사일러스 딘, 알렉산더 해밀턴 같은 정치인들에게 크나큰 영감을 불어넣어준 『프랑스의 재무 행정』(1784년)에서 네케르가 제안한 재무 개혁을 정작 네케르 자신은 실행할 기회조차 갖지 못했다는 사실도 알지 못했다.

모리스의 임무는 그럴싸한 재무제표를 만드는 것이었다. 이것은 나랏돈을 관리하기 위해서뿐만 아니라 전쟁 수행 자금을 조달하기 위한 공채를 복원하기 위해서도 필요했다. 모리스의 지휘 아래 미국의 재무 행정은 딱 차입금을 얻을 수 있을 만큼 정비되었다. 이제 모리스는 재무부 감사 시스템을 재건해야 했다. 모리스의 개혁은 네케르의 희망과 프랑스 혁명 정부의 이후 성과를 모델로 삼아 이루어졌다. 모리스는 "우선 모든 회계 기록을 특정한 형태로 명시하도록 훈련시켰는

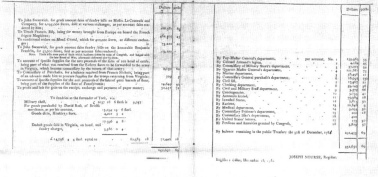

A general View of Receipts and Expenditures of Public Monies, by Authority from the Superintendent of Finance, from the Time of his entering on the Adminiftration of the Finance, to the 31ft December, 1781.

JOSEPH NOURSE, Regifter.

| 미국 재무성 등록부, 「재무감독 취임 후 1781년 12월 31일까지 실시한 공급 수령과 지출의 전반적 검토」, 필라델피아, 1782(#Am 1782 미국 재무장관 디킨슨 60.2, 필라델피아 도서관조합).

네케르의 「보고서」에서 영감을 받은 미국 재무감독 로버트 모리스는 미국 정부를 위한 국가 회계 보고서를 발표했다. 투명한 회계는 미국 건국자들에게 국정의 중심이 되었고, 이는 헌법 제1조 제9절에 새겨졌다.

데, 일단 그 형식에 익숙해지면 똑같이 능숙하게 공식 회계장부를 기록할 수 있게" 하려는 의도였다. 모든 사무원과 회계 감사관은 '확인'을 받아야 했는데, 이를 위해서는 확실한 중앙 원장이 있어야 했다. 그렇게 하여 복식부기의 논리가 미국 행정부 조직 속으로 들어왔다.[27]

모리스는 네케르의 개혁과 프랑스 행정 용어까지 따라 하며, 세금을 징수할 대륙 징수원을 임명했다. 네케르가 제안한 것처럼, 모리스는 모든 징수원이 매월 '신문에' 각 납세자의 이름과 수납액을 발표하도록 요구했다. 이런 식으로 모두가 회계 결산을 확인할 수 있었다. 1782년에 그는 세수 공개는 어느 카운티가 세금을 지불했고 어느 카운티가 지불하지 않았는지 호기심을 자극할 것이라고 썼다. 모리스는 회계 시스템과 함께 정치적·재무적 책임성과 투명성의 문화를 창조하려 했다. 이는 작은 일이 아니었다. 모리스는 "자유 국가에서 국민들이 자신들의 문제가 어떻게 관리되는지 충분한 정보를 얻는 것이 자연의 이치처럼 적절하고 필수적"이라고 느꼈다.[28]

모리스는 다음 해에 추가적인 회계 보고서 또는 운영 보고서와 함께 이번에는 국가 세수 42만 2,161달러 63센트에 대한 명세서도 발표했다. 보고서는 재무부와 의회, 워싱턴, 그리고 프랑스에 있는 프랭클린에게 보내졌다. 모리스는 약속을 지켰다. 그는 수익을 가져왔고 그래서 더 많은 부채를 얻을 수 있었다. 그러나 네케르처럼 그 역시 자신을 비판하는 사람들의 입을 막아야 했기에 그가 발표한 보고서는 정치적 도구가 되었다. 그는 법률 입안자들을 대상으로 국가 재무제표를 재발행하여 그들이 진 부채와 변제의 필요성을 상기시켰다.[29]

1783년 의회가 모리스에 대한 감사를 실시했을 때, 그가 '규칙적인' 결산을 잘하고 있음이 밝혀졌다. 그러나 모리스는 이제 막 재무부의 행정과 조세 부문을 확립한 상태였다. 다음 단계는 이러한 개혁들의 중심에 정치적 시스템을 구축하는 것이었다. 1782년까지는 조세도 국가 재정도 완전히 중앙집중화하지 못한 상황이었다. 그렇다면 연방주의적 움직임이 필요할 텐데, 부분적으로 그것은 단순하지만 포착하기 힘든 개념을 토대로 했다. 그 개념이란 바로 한 나라를 통치하려면 그 나라의 간부들이나 대표자들이 잘 기록된 중앙 회계원장을 필요로 한다는 것이었다.

식민지에서 어엿한 국가가 되다

모리스는 훌륭한 회계사이자 재무 관리자였지만 철학자는 아니었다. 미국 정부가 헌법을 작성하기 직전에 당면한 도전은 국가 차원에서 공채를 관리할 수 있도록 모리스의 개혁을 담을 철학적·정치적 틀을 마련하는 것이었다. 그래야 미국이 국제 무역과 제국이라는 적대적 세계에서 국익을 보호할 수 있을 터였다. 그런 면에서 모리스가 워싱턴의 참모로 활동한 전쟁 영웅이자 젊고 총명한 장교 알렉산더 해밀턴(1755~1804년)에게 구직 편지를 받은 것은 모리스에게, 또 그와 같은 생각을 하는 사람들에게 행운이었다.

가리브 해의 네비스 섬에서 태어난 알렉산더 해밀턴은 불안정한 가정환경에서 자랐다. 그는 사생아로 태어났으며 13세 되던 1768년에 모친이 사망했다. 미국 건국의 아버지 중에 다른 누구도, 심지어 프랭클린마저 그토록 이른 나이에 일터로 던져진 인물은 없었다. 타고난 재능과 활력이 남달랐던 해밀턴은 세인트크루아 섬에서 회계사 도제로 일하는 것에 좌절감을 느꼈고, 12세에 한 친구에게 보내는 편시에서 이렇게 썼다. "나는 야망이 커서 사무원 같은 미천한 신분을 경멸해. 신분 상승을 위해서라면, 내 인격까지는 아니지만, 목숨이라도 걸겠어. …… 전쟁이 일어나면 좋겠어."[30]

15세의 나이에 해밀턴은 소개장만 달랑 들고 뉴욕으로 항해에 나섰다. 그런데 누군가 그를 뉴저지 엘리자베스타운에 있는 윌리엄 리빙스턴의 집에 소개했고, 그는 거기서 뉴저지 대학(현재 프린스턴 대학)에 다녔고, 나중에 1773년에는 킹스 칼리지(현재 컬럼비아 대학)에도 다녔다. 해밀턴은 고전 작품뿐 아니라 홉스, 로크, 몽테뉴, 블랙스톤, 흄 같은 계몽사상가의 열렬한 애독자였다. 회계와 국제 무역에 대한 전문성과 철학적 관심을 겸비한 덕분에 그는 독립전쟁 이후 재무부를 운영하고 미국을 단순한 식민지 집단에서 중앙은행과 조폐국, 건전하게 조성된 공채까지 갖춘 어엿한 국가로 변모시킨 연방 재무 계획을 수립하게 된다.[31]

해밀턴은 단신이었지만 인상적일 정도로 미남이었다. 프린스턴 전투에서 그가 보여준 영웅적 행동[그는 프린스턴 대학의 유서 깊은 나소 홀(Nassau Hall)에 직접 대포를 쏴서 조지 2세 동상의 머리를 떨어뜨렸다고 한다]이 조지 워싱턴의 관심을 불러일으켰고, 워싱턴은 이 '작은 사자'를 참모로 임명했다. 해밀턴이 미국 재무 시스템 구축을 돕고 싶다는 야망을 담은 편지를 로버트 모리스에게 보낸 것은 이처럼 비교적 높은 위치에 있을 때였다. 해밀턴은 모리스와 마찬가지로 프랑스의 중앙집중적 재무 행정을 동경했다. 그는 프랑스가 '위대한 콜베르의 능력과 불굴의 노력' 덕분에 번영을 찾았다고 썼다. 해밀턴은 미국의 존립 자체가 회계장부에 달려 있는 위태로운 상황에서 정부의 자유방임주의를 용납하지 않았다. 미국은 외국채를 얻어야 한다고 그는 주장했다. 그리고 국가가 무역 수지 적자와 막대한 비용이 드는 전쟁으로 허덕이는 마당에 '불간섭' 경제 정책을 따르는 것은 있을 수 없다고 썼다. 미국 정부는 재무 시스템을 중앙집중화해야 하며, 그렇지 않으면 사라질 위험에 처해 있다는 주장이었다.[32]

1780년에 뉴욕의 변호사이자 정치가인 제임스 두에인에게 보낸 유명한 편지에서, 해밀턴은 중앙집중적 재무 및 감사 시스템을 토대로 하는 연방주의 정부에 대한 자신의 구상을 제시했다. 모리스가 구축하려던 것과 같은 시스템이었다. 그는 의회가 전쟁 수행을 위한 돈을 모으려면 각각의 주를 상대로 행사할 수 있는 권력이 필요하다며, 의회가 전쟁과 국방, 외교에 관련한 모든 것에서 "완전한 주권을 가져야 한다"라고 주장했다. 그리고 이를 위해서는 비용을 지불할 수단이 필요했다.

진정한 권력은 돈 주머니를 장악한다

해밀턴은 아마도 콜베르와 네케르를 떠올리며 프랑스처럼 국가가 영향력 있는 각료들에 의해 운영되어야 한다고 주장했을 것이다. 나중에 그는 『연방주의자 논집(Federalist Papers)』에서 각료는 예컨대 재무처럼 각자의 분야에서 전문가여야 한다고 주장한다. 각료의 권력은 '수익과 지출에 관한 일반 회계'에까지 확대되었다. 해밀턴은 국가 권력은 중앙 원장으로 환원된다는 것을 이해했다. 그래서 진정한 권력은 '돈 주머니를 꽉 쥐고 있다'라며, 중앙집중직 재무 관리가 '의회의 권한을 실제화'할 것이라고 주장했다.[33]

1782년 의회는 노스아메리카은행(Bank of North America)의 설립을 인가했다. 1789년 워싱턴이 모리스를 초대 재무장관으로 임명하려 했을 때, 모리스는 이를 고사하고 그 자리에 해밀턴을 추천했다. 1790년 재무장관 재직 중에 해밀턴은 방대한 『공채 지원을 위한 규정과 관련한 보고서』를 써서, 공채는 '자유의 대가'라고 주장했다. 혹자는 그를 미국 정치사에서 가장 위대한 천재로 간주하지만, 매디슨과 제퍼슨은 전쟁과 국가 건설을 위해 부채를 환영하는 해밀턴의 정책에 격렬하게 반대했다. 그러나 해밀턴은 무일푼 회계 사무원으로 미국에 도착한 지 17년 만에 사유 재산이라는 개념뿐 아니라 효과적인 조세와 국가의 중앙 회계원장이라는 개념에 의거하여 미국의 재무 시스템을 설계하고 실행하는 데 크게 기여했다. 헌법 제1조 제9절은 "국고의 재화는 법률이 정한 승인 절차에 따라서만 지출할 수 있다. 또한 모든 공금의 수입 및 지출에 관한 공식 결산서는 수시로 공표해야 한다"라고 명시했다.[34]

돌이켜 생각해보면, 해밀턴처럼 훌륭한 계획 입안자이자 걱정 많은 사람의 야심찬 설계에도 불구하고 건전한 국가 회계와 정치적 책임성, 효과적인 세금 징수는 달성하기 어려운 목표로 보였을 것이다. 헌법 제1조 제9절은 14세기 북부 이탈리아나 네덜란드의 회계와 같은 기본적인 회계 관행과 무척 비슷해 보일지 모른다. 하지만 18세기 후반 미국에서 시작된 것들은 진정으로 혁신적인 일들이었다. 연방 정부와 다양한 정치인들이 특히 펜실베이니아에서 수많은 국가 회계 기록을 발표했다. 1791년에 펜실베이니아 주 하원은 상세한 국가 재무 기록을 발표했다. 다양한 표와 계산, 흑자 주장 속에 진정으로 혁명적인 보고서가 자리 잡고 있었다. 작성자들은 이렇게 언급했다. "우리는 또한 회계장부 세트를 중앙등기소에 비치하여 기록을 보관한다면 대중과 개인에게 도움이 될 것이라고 생각한다." 모든 회계 기록은 엄격한 일정표와 감사 보고서, 그리고 모든 시민이 눈으로 직접 확인할 수 있는 공개 장부와 함께 동일한 사무소에 보관될 것이었다. 1795년 『펜실베이니아의 회계 기록』에서, 주 정부 감사원장 존 니컬슨은 시민들은 '성실한 설명을 들을 때' 세금을 납부하며, 나아가 즐겁게 납부할 가능성이 훨씬 크다고 주장했다. 그리고 이것이 신뢰를 구축하고 재산과 사업과 미국의 민주주의를 보호할 터였다. 그것은 고귀한 꿈이었다.[35]

제11장

철도와 공인회계사의 탄생

전문 회계사는 조사관이자, 새어 나가는 틈을 찾는 사람이자,
해부자이자, 좋은 의미에서 탐정이다. ……
그는 기만의 적이요, 정직의 투사다.
—
『회계장부 담당자』, 1896

회계의 두 얼굴

19세기 초에 이르러, 잉글랜드와 프랑스, 미국과 프로이센, 토스카 나 대공국 같은 이탈리아 주들과 오스트리아를 비롯한 일부 국가들 은 분명하고 책임성 있는 국가 재무 시스템을 창조했다. 끊임없이 개 혁을 선도했던 영국은 1848년 잉글랜드은행에 자체적인 행정 책임 을 맡김으로써 중앙집중화를 이어갔고, 1862년까지 추가적인 중앙집 중화 개혁을 이루었다. 이들 국가는 예산과 미래를 위한 계획을 세웠 다. 이것은 종종 거액의 군사비 지출을 뜻했다. 500여 년 간 간헐적으 로 전문적인 회계가 등장하고 회계 표준과 개혁에 대한 정부의 개입 이 늘어난 끝에, 근대적이고 책임성 있는 국가의 시대가 싹트기 시작 한 것처럼 보였다.

19세기와 20세기는 강철과 제국과 자본의 시대였다. 그러나 한편 으로 도금 시대, 악덕 자본가의 시대, 디킨스식 가난의 시대, 재정적 고통의 시대, 대량 학살의 시대, 살벌한 전쟁의 시대이기도 했다. 산 업혁명은 마침내 유례없는 생활수준과 대중적 민주주의를 가져왔지만, 총과 기차, 그리고 콩고와 마른(Marne) 전투와 아우슈비츠의 대량 살상을 냉정하고 꼼꼼하게 계획한 행정부도 함께 가져왔다. 그리고 상황에 따라 다양하게 변신하는 회계도 늘 승리와 범죄의 현장에 있었다. 돌이켜 생각하면, 회계가 복잡해지면서 사기의 가능성도 복잡해진 것은 자명한 이치였다. 그리고 회계의 두 얼굴이 근대적 의식 속에서 나타났다. 어떤 사상가들은 회계를 착취와 사기의 도구로 보고 불신하기 시작했고, 또 다른 사상가들은 그것을 근대적 이성의 모델로 치켜세웠다. 세계적 제국인 영국과 대륙 건너편 실세인 미국에서는 그런 양상이 가장 극명하게 나타났다.

프랑스의 재무 행정을 배운 19세기 영국

18세기에 이루어진 온갖 개혁에도 불구하고 1820년대와 1830년대 영국에서는 의회의 부패를 향한 대중의 원성이 자자했다. 1819년에는 맨체스터에서 6만 명이 넘는 시민이 식료품 가격과 불공평한 선거구 개편 및 선거 결과 조작에 항의하며 시위를 벌였다. 기병 돌격대가 투입되어 열다섯 명이 죽고 수백 명이 다쳤다. 휘그당 개혁가들은 의회가 대지주들의 '주머니 속'에서 놀아나고 있다며 불평했다. 1821년 개혁 성향 영국국교회 성직자 시드니 스미스는 "이 나라는 러틀랜드 공작과 론스데일 경과 뉴캐슬 공작, 그 밖에 스무 명가량 되는 지주들의 것이다. 그들이 우리의 주인이다!"라며 일갈했다. 노동자들에 이어 이제 여자들까지 선거권을 요구하고 있었다. 영국은 혁명의 공포에 직면했다. 정부는 뭔가 조치를 취해야 했다.[1]

휘그당 수상 그레이 백작[현재는 그의 이름을 딴 홍차 얼 그레이 (Earl Grey)로 기억된다]은 영국의 선거 제도만이 아니라 국가 회계도 개혁하려 했다. 그는 국가 회계 결산이 투명하기만 하면 정치적 부패를 척결할 수 있다고 보았다. 18세기에 이루어진 모든 개혁 끝에, 1822년 의회 위원회는 '수입과 지출을 맞추는 것이 불가능'할 뿐 아니라 부채와 정부 주요 사업을 관리하거나 '오류'를 이해하는 것도 불가능하다고 언명했다. 개혁 국가는 '단순하고 이해하기 쉬운' 중앙 회계 결산을 필요로 했다.[2]

독자들이 이 보고서를 읽는다면 다소 의아해 할 것이다. 수백 년간의 회계 개혁과 진보를 겪은 산업혁명의 본고장 영국이 여전히 장부를 걸신하지 못하다니. 그리고 개혁의 수레바퀴가 또다시 돌기 시작했다. 그레이 백작은 방법을 찾기 위해 영국에서 가장 특별한 정신을 소유한 자를 고용했다. 존 보링 박사(Dr. John Bowring, 1792~1872년)는 공리주의 철학자 제러미 벤담의 제자이자 친구였고, 벤담은 임종하면서 보링을 유저 관리인으로 지명했다. 보링에게는 참으로 적절한 역할이었다. 공리주의자인 보링은 영국에서 가장 숙련된 언어 전문가로 인정받았고(그가 적어도 100가지 언어를 말할 수 있었다는 주장도 있다), 회계를 깊이 이해하는 정치경제학자였다. 1831년에 공공회계 위원회는 보링에게 프랑스와 네덜란드로 가서 그들이 정부의 회계장부를 어떻게 기록하는지 살펴보게 하는 임무를 맡겼다.

보링은 네덜란드의 재무 행정은 불투명하고 나폴레옹 전쟁으로 타격을 입었다는 사실을 발견했다. 반면 나폴레옹 제국과 왕정복고에서 벗어난 프랑스는 그에게 무척 흥미로웠다. 보링에게는 영국의 오랜

정적 프랑스의 회계 기록에 접근할 수 있는 상당한 권한이 주어졌다. 보링의 관심을 사로잡은 것은 관료들이 국가의 모든 재정에 대한 '통일된' 회계 기록을 할 수 있게 해주는 프랑스의 중앙집중식 시스템이었다. 전 프랑스 은행장이자 현재 새로운 국왕 루이 필리프의 재상인 자크 라피트는 자신은 프랑스의 회계 시스템이 거의 완벽하다고 믿는다며, 절차가 워낙 원활하게 돌아가서 프랑스 정부는 언제나 정확한 재정 상태를 알고 있을 뿐 아니라 모든 사기를 예방하는 안전장치를 제공한다고 호언장담했고, 보링은 이를 하원에 보고했다. 라피트 재상은 '손으로' 직접 재무부 공개 결산서를 작성했고, 정부는 전 재무장관 샤브롤의 재임 중에 정부의 일상적 운영에 '질서와 조화'를 가져옴으로써 프랑스가 인건비 80만 리브르, 국채 지불금 1,480만 리브르를 절약했음을 보여주었다. 샤브롤은 복식부기를 통해 회계위원회와 입법부와 대중에게 월별 대차대조표와 연차 보고를 작성하여 공개할 수 있었다. 보링은 프랑스의 시스템뿐만 아니라, 어떻게 '운영 및 검토가 최상부에서 최하부까지 사슬처럼 중단 없이 이어지고, 단일한 보고서가 최하부에서 최상부로 전달되는지'를 직접 목격했다고 증언했다. 모든 행정 부서의 회계장부 전체가 감탄스러울 만큼 중앙집중화되어 있었다. 그는 나중에 보고서에서 이 시스템은 군대까지 '완벽하게 감사'하는 것을 가능케 했다고 밝혔다. 보링은 홍콩의 총독이 된다. 제국과 산업이 팽창하고 있었고, 보링처럼 행적 회계에 통달한 인물들은 자신들이 세상을 지배할 수 있다고 믿을 만한 근거가 충분했다.[3]

철도 산업으로 복잡해진 회계

산업혁명이 가져온 수많은 진보 중에서도 철도는 가장 혁명적이었다. 철도는 세상을 바꿔놓았을 뿐 아니라(동네 교회 첨탑이 보이는 범위를 한 번도 벗어난 적 없던 농민들이 이제 몇 시간 만에 대도시로 여행할 수 있게 되었다) 재무 회계와 정부의 규제도 바꿔놓았다. 만약 보링이 정부의 공무 관리와 관련된 문제들이 해결되었다고 생각했다면, 그건 오산이었다. 철도는 대단한 산업 혁신을 가져온 동시에 재무의 복잡성과 부패로 가는 신작로도 함께 가져왔다.

1803년 무렵, 영국의 발명가이자 실업가인 리처드 트레비식(Richard Trevithick)은 고압 증기를 동력으로 삼은 최초의 차량을 만들었다. 트레비식과 그의 경쟁자들은 이 '김을 내뿜는 악마(Puffing Devil)'를 증기기관으로 개발하게 된다. 머서티드빌에서 웨일스, 파리, 쾰른, 필라델피아에 이르기까지, 투자자들이 철도용 증기기관 특허품을 만들기 위해 덤벼들었다. 필라델피아 고압 증기기관 설계자 올리버 에반스는 철도가 시간과 공간에 대한 경험을 어떻게 바꾸어놓을지를 간파했다. "사람들이 증기기관으로 움직이는 객차를 타고 이 도시에서 저 도시로 거의 새가 날아가는 것처럼 빠르게 한 시간에 15마일에서 20마일 정도로 이동하는 날이 올 것이다. …… 아침에 워싱턴에서 출발하는 객차의 승객들이 볼티모어에서 아침을 먹고, 필라델피아에서 점심을 먹고, 같은 날 뉴욕에서 저녁을 먹게 될 것이다."[4]

철도는 문화와 아울러 시간과 공간에 대한 인간의 인식을 바꿔놓았다. 해안과 공장, 항구, 창고, 군대 막사들이 서로 연결되었고, 외딴 마을들이 (철도를 위해 발명된 용어인) 시간표(timetable)와 무선 통신, 상호 연동 회세상부의 관리 시스템에 의해 연결된 거대한 국철 시스템에 접근할 수 있었다. 시간당 마일의 개념도 철도와 함께 등장했다. 1840년 무렵에 영국은 6,000마일에 이르는 선로를 갖고 있었고, 유럽 대륙과 미국은 각각 7,000마일을 갖고 있었다. 1870년까지 미국은 5만 1,000마일을 확보하게 되어, 영국과 유럽과 나머지 세계를 합한 것보다 길었다. 미국은 세계 산업의 중심지가 된다.[5]

그런데 문제가 있었다. 이 유례없는 성장에 돈을 대줄 투자자가 필요했는데, 철도에 필요한 투자금을 감당하기에 미국 자본만으로는 부족하다는 것이었다. 1850년대에 영국 투자자들이 뉴욕증권거래소 (NYSE)의 철도 증권을 매입하기 시작했다. 1869년까지 38개 철도 회사들에 대하여 3억 5,000만 달러의 주식자본이 증권거래소에 상장되었다. 인류 역사에서 가장 복잡한 산업적 시도에 이처럼 거대한 투자 자본이 유입되자 다량의 신속한 교통 및 교역을 조율할 수 있게 해주는 회계 방법이 필요해졌다. 선로와 대륙간 토지 소유에서부터, 석탄 공급과 기차역, 승차권 판매, 온갖 종류의 인력, 식당차와 방대한 화물에 이르기까지, 모든 것을 기록하고 관리해야 했다. 철도 각 부문의 회계사 팀은 결산서를 중앙 회계 사무실로 보냈다. 고정식 원장보다 낱장으로 된 노트가 채택되었고, 중복 작업과 수기 복제를 줄이기 위해 특수 회계장부와 분개장, 거래 증표가 대량 생산되었다.[6]

철도 기사들과 회계사들은 전체 철로 시스템의 비례적 이용에 따라 승차권 가격을 계산해야 했다. 1844년 프랑스 철도 기사 아돌프 쥘리앵은 평균값과 비율을 이용하여 객차 하나의 실제 운영비를 정했다.

그는 각 객차의 운영비와 킬로미터당 각 승객에 대한 비용을 고려했다. 그리고 공정한 승차권 가격을 정하기 위해, 이러한 운영비에 행정 비용과 부채 이자 비용을 가산했다.[7]

1860년 무렵에는 주주 보고서에서 철도 회사의 다양한 부서가 제출한 감사 보고서를 심심치 않게 찾을 수 있게 되었다. 1857년 '보스턴앤드우스터 철도'의 연례 보고서에는 회계 결산과 회계 결산 방식을 설명하는 4페이지 분량의 보고서가 포함되었다. 예를 들어 "각 부서가 효율적인 책임자가 되어, 각 부서의 사무실에서 어느 현장 요원이 승차권과 화물 요금을 처리하는지 확인한다"와 같은 설명도 있었다. 또한 결산 분석을 토대로, 예를 들어 승차권 판매 확인이나 비용은 동일한데 이익 발생 가능성이 낮은 단거리 철도 노선의 위험 관리 같은 영역에서 개선이 필요하다고 제안하는 설명문도 포함되었다.[8]

관리·감독이 따라 잡지 못한 변화의 속도

철도 관리에 대한 새로운 요구와 함께 혁신이 찾아왔다. 벤저민 프랭클린의 "시간은 돈이다"라는 명언은 철도 회사에게는 단순한 추상적 관념 이상이었다. 철도 회사는, 항상 움직이는 데다 증기기관에서 선로에 이르기까지 늘 수리를 필요로 하는 자산들의 원가를 계산해야 하고, 열차를 제시간에 작동하게 만들어야 한다. 철도를 관리하는 것은 날마다 이루어지는 수백 건의 금전 거래를 기록하고 계산하고 감사하고, 열차의 움직임을 측정하기 위해 시간 자체를 시간대(時間帶)로 표준화하는 것을 의미했다. 당시 가장 큰 직물 공장이 네 세트의 회계 기록을 갖고 있었는데, 1857년 펜실베이니아 철도는 144세트의 회계 기록을 갖고 있었다. 이 기록들은 편집된 뒤 종종 월별로 인쇄되었고, 연례 보고서용 표로 만들어졌다.[9]

철도 회사도 국가와 마찬가지로 이익과 손실, 그리고 '가동률'이라는 새로운 개념을 계산하는 임무를 담당하는 내부 회계 사무실을 두고 있었다. 통계 수치가 있다 해도, 문제는 운영비를 지불하려면 수익이 얼마나 필요한지를 파악하는 것이었다. 여기에 감가상각의 문제도 있었다. 철도 회사는 증기기관의 가치 하락과 선로의 노후화를 어떻게 계산할 것인가? '레딩 철도회사'의 1839년 보고서는 기관의 수리비와 가치 하락과 연료비를 총 비용 8,000달러의 25퍼센트로 계산했다. 따라서 지속적인 수리와 기계 및 설비 교체를 위한 경비를 쓸 수 있어야 했다. 경영자들은 이 비용을 운영 예산에 부과하기 시작했지만, 이 절차는 이런 비용이 일회성 운영비가 아니라 내재적이고 반복적인 비용이라는 점은 간과했다. 감가상각비가 운영비에 한 번 부과된 비용으로 감춰져 있으면 감사관이나 주주가 실제 감가상각비를 알 수 없었다. 그러니 감가상각 계산서가 없다면 투자자들은 시간이 지나면서 철도 유지·보수에 필요한 실제 비용을 알 수 없을 터였다.[10]

자본이 철도로 쏟아져 들어감에 따라, 모건, 밴더빌트, 굴드, 록펠러, 드루, 피스크 같은 악덕 자본가들은 엄청난 수익을 올렸다. 이러한 막대한 힘은 공개 보고와 정부의 재무 관리에 악영향을 미쳤다. 국가는 재무 보고서를 공개하지 않거나 이해할 수 없는 보고서를 제시하는 기업에게 세금을 부과할 수 없었다. 그 시대 최고의 자본가들은 불투명한 공개 보고를 통해 주식을 조작했을 뿐 아니라, 투자자들은 철도의 실제 재무 상황을 파악하지 못했다. 증기선 및 철도 기업가 대니얼 드루조차 이렇게 말할 정도였다. "내부자가 아닌 이상 월스트리트에서 투기를 하는 것은 암소를 촛불에 비춰 보고 사는 것과 같다." 주주와 대중에게 정확한 보고를 하도록 철도 회사에 요구하는 관리·감독이 없었던 것은 물론이고, 뉴욕과 캘리포니아 입법부는 굴드와 드루, 피스크에게 매수되어 그들이 국유지에서 이익을 취하고 내부자거래를 자행하고 독과점을 형성하도록 허용했다. 1867년 마크 트웨인은 샌프란시스코 신문에 이렇게 썼다. "철도는 거짓말과 같다. 유지하려면 계속 만들어야 한다." 점점 복잡해지는 산업과 회계 방법을 관리·감독이 따라가지 못했다. 철도는 점점 더 이성적 통계 수치가 아닌 넘쳐나는 도금의 속임수에 가까워졌다.[11]

당시의 많은 재무 스캔들은 잘못된 대차대조표에서 나왔는데, 지나치게 복잡한 철도의 대차대조표에만 국한된 문제는 아니었다. 대차대조표의 권위는 객관적 증명으로도, 혹은 거짓 증거로도 이용될 수 있었다. 1855년 아일랜드 금융가이자 하원 의원이었던 존 새들레어 (John Sadleir)는 '왕립 스웨덴 철도사'의 위조 주식 1만 9,000주를 매각했고, 그런 뒤 동생 제임스와 함께 두 형제가 이사로 있는 티퍼레리은행의 위조 대차대조표를 만들어 투자금의 6퍼센트를 배당금으로 약속했다. 그들은 가짜 계산을 이용하여 자신들이 지불할 수 없는 은행 부재 24만 7,320파운드를 숨겼다. 1856년 티퍼레리은행은 지급불능 상태가 되었고, 제임스 새들레어에게 그가 작성한 위조 대차대조표를 들이대자, 그는 어쩔 수 없이 서명하여 자신과 형의 사기와 파산을 인정했다. 얼마 뒤 존 새들레어는 햄프스테드히스에 위치한 '잭

스트로의 성 호텔' 뒤편에서 자살했고, 그 자리에서 독약병과 '비터 아몬드 오일' 병이 함께 발견되있다. 이후 새들레어는 얼굴이 누렇게 뜬 빅토리아 시대의 비겁한 사기꾼을 상징하게 된다. 찰스 디킨스는 '귀하신 파렴치한 존 새들레어'라고 부르는 남자를 모델로 삼아, 소설 『리틀 도릿(Little Dorrit)』에 등장하는 실패한 사기꾼 머들 씨의 캐릭터를 만들었다.[12]

공인회계사의 등장

자본주의가 대륙과 제국의 경계를 넘어 팽창함에 따라, 정부도 더디지만 체계적으로 팽창하기 시작했다. 대규모 철도 관리는 끊임없는 재무 정보와 함께 심각한 재무 스캔들과 위기를 낳았고, 대기업을 규제하기 위해 정부도 팽창해야 했다. 철도는 위험과 자유방임 경제의 불가능성까지 노출시켰다. 철도 회사가 붕괴하거나 투자자를 삼켜버린다면 자본주의는 물론이고 사실상 국가와 정부도 제 기능을 할 수 없는 상황이었다. 관리·감독이 필요했고, 회계사들은 근대 자본주의의 공식 규제자로 승격되었다. 정부 규제자와 민간 회계 법인은 철도 회사가 만든 회계 정보를 중심으로 발전했고, 철도 회사는 철도 회사대로 정부 규제자에게 대응하거나 규제자의 눈을 피하기 위해 회계 기록을 재단해야 했다.

정부가 거대 산업 기업을 감사할 수단을 갖지 못한 경우도 많았다. 그래서 민간 회사와 국가의 중간 대리자로서 개인 회계사가 등장했다. 1854년 스코틀랜드는 칙허회계사(chartered accountants)라고 하는, 소위 공인회계사를 위한 공식적인 체계를 마련하기 위해 나섰고, 잉글랜드도 그 뒤를 따랐다. 공인회계사들은 장부를 감사하고 도장을 찍는 임무에 적절한 훈련을 받고 윤리적 평판이 좋아야 했다. 뉴욕은 1849년에 재무감사 요구 사항을 적용하기 시작했고, 1887년 미국공인회계사협회가 설립되었다. 같은 해에 정부는 철도 규제를 위해 주간통상위원회(Interstate Commerce Commission)를 창설했다.[13]

미국은 세계에서 가장 크고 가장 복잡한 경제 체제가 되어 있었다. 대영제국과 더불어 앵글로색슨계에서 그렇게 많은 회계 개혁이 일어난 것도 그 때문일 것이다. 오늘날과 마찬가지로 당시에도 산업과 복잡한 교역이 있는 곳에서는 필수적으로 근대 회계가 있었다. 공인회계사는 대차대조표에 도장을 찍어 인증했다. 1899년 무렵에 프랑스·독일·이탈리아·네덜란드·스웨덴·벨기에에는 전문 회계 협회가 있었다. 어쩌면 당연한 일이지만 이탈리아에서는 국립회계사회의가 있었던 피렌체가 1876년에 그러한 움직임을 주도했다. 네덜란드에서는 1895년 네덜란드회계사협회가 설립되었다. 이처럼 정부가 규제하는 공인 단체의 등장은 국립 회계 학교와 교과서, 전문 잡지와 민간 및 국가 회계 표준 규정을 가져왔다.[14]

그러나 이런 결과는 어떤 이들이 바랐던 것처럼 실증주의적인 과학이 아니었다. 회계사와 정부 규제자는 기업이 보고를 하도록 강제할 권한을 여전히 갖지 못했고, 감사를 집행할 효과적인 법률도 없었다. 더욱이 전통적인 교육을 받은 많은 엘리트들이 수량화에 근거한 규칙에 저항했다. 아직까지 기업과 국가, 전문 회계 협회 간의 관계도 명확하게 정립되어 있지 않았다. 재무 사기와 실패에 자극을 받은 영국 의회는 1831년에 파산과 경매, 청산, 부채 재판을 관리하는 일에서 회계사에게 '공식 재산 관리인'으로서 주요 역할을 부여하는 파산법을 통과시켰다. 또한 1844년에는 수백여 기업의 재무를 규제하는 것을 목적으로 하는 '주식회사법'을 통과시켰다. 훈련된 회계사들은 기업을 감사하기 시작했지만, 그것은 방대한 규모의 계리인들 없이는 감당하기 힘든 어마어마한 일이었다. 영국의 남작이자, 정치가이자, 주식중개인인 윌리엄 퀄터 경은 1849년 회계감사가 '사실 그대로의 산술 작업'이 아닌 개인적 판단에 의거하여 이루어지고 있다고 의회 위원회에서 증언했다. 확률을 이용해 수익을 예측하려는 시도는 아직 초기 단계였고, 오늘날과 마찬가지로, 추측에 근거한 사변적인 것이었다. 사람들이 준수하지 않는 규정은 규정으로서 효과적인 기능을 발휘할 수 없었다.[15]

회계사들에게는 권한과 함께 대규모 감사팀이 필요했다. 1840년대에 이르러 영국 전역에 주요 회계 법인들이 등장했다. 딜로이트와 프라이스워터하우스, 언스트앤드영, 투쉬를 비롯한 많은 회사들이 에든버러와 미들랜즈와 런던에서 우후죽순처럼 생겨났다. 오늘날 세계 최대의 회계감사 법인은 프라이스워터하우스쿠퍼스로 프라이스워터하우스가 그 전신이다. 이 회사는 브리스톨 출신 도공의 아들인 새뮤얼 로웰 프라이스(1821~1887년)와 '다소 소박하지만' 부유한 퀘이커교도 공장 소유자의 아들로 대학 교육까지 받은 에드윈 워터하우스, 그리고 윌리엄 홉킨스 홀리랜드가 동업자 관계를 결성하면서 프라이스워터하우스앤드컴퍼니라는 이름으로 설립한 회계 법인이었다. 홀리랜드와 워터하우스는 지분의 25퍼센트를 소유했고 프라이스는 50퍼센트를 소유했다. 동업자들은 회계 법인의 관행대로 개인 자금을 회사에 투자해야 했다.

미국 회계 산업의 선두 주자, 프라이스워터하우스

회계 원리를 토대로 건국된 미국은 아직 이런 산업 팽창에 대처할 만큼 회계라는 업종이 발달하지 못했다. 1870년대에 미국은 찰스턴에서 로체스터에 이르기까지 잉글랜드계와 스코틀랜드계 회계사들이 넘쳐났다. 프라이스워터하우스앤드컴퍼니는 미국 시장에서 조기에 성공하여 두각을 나타낸다. 1890년 9월 11일, 이 회사는 루이스 데이비스 존스를 뉴욕으로 보내 브로드웨이 45번가에 지사를 열고 미국 동부와 중부, 남부의 업무를 처리하게 했다. 1890년대에는 일련의 대규모 기업 합병을 시작한 J. P. 모건이 30여 개 회사를 사들여 아메리칸스틸앤드와이어를 세웠고, 농기구 회사 다섯 군데를 합병하여 인터내셔널하비스터를 만든다. 모건은 자신이 구입한 회사들을 감사하고 싶어 했고, 그 일을 맡게 된 프라이스워터하우스는 1897년에 이전 5년간의 수익을 합한 것보다 더 많은 수익을 올렸다. 이 수익을 기반으로 프라이스워터하우스앤드컴퍼니는 미국 회계 산업의 선두 주자가 된다.[16]

그러나 초기 전문 회계사들은 여전히 난삽하고 규제되지 않은 미국 시장에서 고전을 겪었다. 철도 회사를 규제하지 못하는 정부의 무능력은 선구적 재무 분석가 존 무디에게 자극을 주었다. 현재 활동하고 있는 무디스애널리틱스와 무디스투자자서비스의 설립자인 무디는 공공 회계 정보의 개혁 운동가이자 재무적 책임성 운동을 상징하는 인물이 되었다. 게다가 그는 부정확한 계산을 찾아내 분석하는 데서 시장을 발견했다. 그는 철도 회사에 책임을 지우는 해묵은 난제를 강조하여 『철도 보고서 분석 방법』(1912년)을 출판했는데, 이것은 이후 『무디스 투자 분석』의 토대가 되었다. 무디는 『철도 보고서』에서 주주는 동업자와 같으며, 투자자가 성공적으로 투자하려면 잠정적 수입의 실상을 알아야 한다고 언명했다. 따라서 '시간과 공간을 초월하여 …… 움직이는 재산'을 분석하는 일관된 방법은 통계 수치를 토대로 해야 했다. "1년, 10년이 지나도록 끝도 없고 시작도 없이 끊임없이 진행되는 총 가동과 마모의 재정적 의미를 파악하기란 쉽지 않다." 그가 내린 중요한 결론 가운데 하나는 감가상각은 시간의 흐름에 따른 비용과 공정한 가격을 측정하기 위해 필요한 개념이라는 것이었다.[17]

모르긴 몰라도 가장 중요한 개혁은 감가상각을 일회성 지출이 아닌 지속적인 필수 지출로 간주하여 운영비와 별도로 계산해야 한다는 주장일 것이다. 회계사들이 묻고 싶은 질문은 '수익이 얼마인가?'였다. 그런데 감가상각 비용(시간의 경과에 따른 유지·보수 비용)을 감안하면 그것은 무척 까다로운 질문이었다. 수익을 가져오는 자산이 장기적 비용을 숨기고 있을 수 있으며, 그래서 궁극적으로 이익을 잠식할 수 있었다. 1880년 찰스 E. 스프라그는 '회계는 가치의 역사'라는 개념을 바탕으로 '회계 대수학(algebra of accounts)'을 창조했다. 그의 방정식 '자산＝부채＋소유권(A＝L＋P)'은 자본을 평가할 때 가치 하락과 위험을 고려했다. 달리 말해, 자본이나 자기자본 또는 소유권(실제 소유한 재산)은 자산에서 부채와 필수 지출, 가치 하락을 뺀 값이다. 스프라그의 방정식을 사용하면 거래를 계산하고, 순재산, 곧 부채를 전부 제외한 소유 재산을 판단할 수 있었다. 이로써 회계사들은 철도 회계와 같은 복잡한 데이터 집합에서 이익과 공정 가격을 계산할 수 있었다. 훈련받지 않은 눈으로는 그 모든 작동 부품들에서 자본과 부채를 분리할 수 없었다. 1800년대 말에는 감가상각이 회계 이론의 중심 요소가 되었고, 프레더릭 W. 차일드 같은 회계사들은 가치 하락을 측정할 뿐 아니라 그 비용을 충당하기 위한 특별 계정을 만들어야 한다고 주장했다. 그가 볼 때 가치 하락 비용을 상쇄하기 위해서는 보유 현금이 필요했고, 따라서 그것을 목록으로 만들어야 했다.[18]

반(反)트러스트 개혁에 반대힌 J. P. 모건

이 모든 진보와 개혁에도 불구하고 정부 규제자들은 여전히 정확한 재무 보고서를 입수할 수 없었다. 다시 한 번 회계는 재무적·정치적 책임성의 미로에서, 마치 아리아드네의 실처럼 나타났다가, 개혁가들이 붙잡으려는 순간 사라져버렸다. 대기업은 전반적으로 회계장부를 공개하지 않으려고 했다. 1867년 『상업과 금융 신문(*Commercial and Financial Chronicle*)』은 "철도 재정에 관한 정보는 은폐되었고 회계 기록은 위조되었다"라고 언급했다. 메디치가와 마찬가지로, 근대 기업들은 '개인 원장'을 몇몇 핵심 동업자들만 볼 수 있도록 꽁꽁 잠가두었다. 존경받는 은행가 헨리 클루스는 정식 훈련과 인증을 받은 회계사가 있다면 확실한 공식 회계 보고서를 작성함으로써 비즈니스에 도움을 줄 것이라고 제안했다. 그러나 철도 회사와 웨스팅하우스 같은 기업들은 재무제표를 공개하지도 않았고 주주회의를 열지도 않았다. 1900년 정부 보고서는 '내기업의 주된 폐해는 이사진이 주주들에게 대차대조표를 공개할 책임을 방기하는 것'이라고 지적했다. 타이태닉호 제조사의 소유주였던 J. P. 모건은 시어도어 루스벨트 대통령의 반(反)트러스트 개혁이 '우리 모두가 유리 주머니를 차고 비즈니스를 하도록' 만들고 있다며 불평했다. 한편 모건은 재정 위기를 막기 위해 연방준비위원회의 설립을 도왔지만, 그가 유리 주머니를 통해 보여준 것은 메디치가에 비견할 만한 전설적인 소장 도서들뿐이었다.[19]

사람들은 자본가와 실업가, 정치가의 손에 회계를 맡기는 것에 엄청난 불신을 품었다. 애초에는 회계사와 감사로 훈련받았던 세계 최고의 부호 존 D. 록펠러는 대중에게 존경을 받은 동시에 '피도 눈물도 없는 침례교도 회계 기록자'라는 경멸적인 별명으로도 불렸다. 영광스러운 후원자나 타락한 죄인, 미소 짓는 재정가 또는 사업가로 회계사를 묘사한 명화(名畫)들은 사라졌다. 대신 검은 정장을 입은 전문가들의 음침한 초상이 심각하고 따분한 재무 수치의 권위자로서 회계사의 모습을 규정하게 된다. 회계사의 역할은 이중적이었다. 그들은 자본주의와 정부에 도움이 될 수도 있었고, 장부 조작을 통해 오히려 장애가 될 수도 있었다.[20]

그러나 정작 회계사들 자신은 도금 시대의 부패에 맞서 직업적 청렴성과 자신의 본분을 지키기 위해 애쓰고 있었다. 1896년에 『회계장부 담당자(The Book-Keeper)』에 실린 한 사설은 회계의 대단한 개혁적힘에 열광하며 이렇게 썼다. "전문 회계사는 조사관이자, 새어 나가는 틈을 찾는 사람이자, 해부자이자, 좋은 의미에서 탐정이다. …… 또한 모든 삭제나 수정의 흔적, 점이나 선, 대시나 문자가 의미를 가질 수 있으므로, 그는 상형문자를 읽어내는 사람이며 …… 그는 기만의 적이요, 정직의 투사다."²¹

체계적인 회계 교육이 시작되다

재무의 신비를 밝혀주고 합리화하는 재무 분야의 셜록 홈스로서 회계장부 담당자는 교육 개혁자와 영향력 있는 초기 회계 분야 개척자들에게 강력한 이상이 되었다. 명망가 출신인 랠프 월도 에머슨의 조카인 찰스 월도 해스킨스는 초창기 공인회계사 중 한 사람이었다. 바학다식한 회계 철학자인 그는 재무 회계와 가정 회계의 방법을 다룬 연구서를 썼다. 해스킨스는 『직업 교육 및 회계 업무(*Business Education and Accountancy*)』(1904년)에서 '배운 사람'을 조롱하는 '사업가'들을 한탄했다. 그는 사업가라면 회계를 통해 '과학자'들과 단합하여 사업 관리 방법을 마련해야 한다고 믿었다. 해스킨스는 고대부터 회계는 교육받은 '기업가'에게 합리주의적이고 전문적인 사업의 전통을 제공했다고 생각했다.²²

아마도 여성의 교육을 중시하는 가풍의 영향을 받아서인지, 해스킨스는 회계를 통해 관리되는 사회를 상상하면서 그 속에 여성을 위한 자리도 포함시켰다. 그가 볼 때 여성들은 사업을 운영하지 않고 가정을 꾸리지만, 그 일을 하기 위해서도 여성들 역시 회계라는 과학을 배워야 한다는 생각이었다. 『가계부 기록법: 가계부 편람』(1903년)에서, 그는 회계의 긴 역사를 이용하여 회계가 '재무와 행정' 못지않게

'가정' 생활에도 적용된다는 것을 입증했다. 예를 들어 프랑스 르네상스 철학사 몽테뉴를 인용하여 남자뿐 아니라 여자도 가정을 경영하는 '과학'을 배워야 한다는 주장을 뒷받침하려 했다. 이렇게 하여 과학적인 가계부 관리로 연방 정부와 지방 정부에서부터 사업체와 가정에 이르기까지 합리적 행정의 사슬이 형성되었다. 경영 대학원(특히 해스킨스가 직접 세운 기관인 뉴욕 대학)과 가정학 강좌를 통해 경제적 공리주의가 체계적으로 자리 잡혔다. 이제 회계 교육을 받은 미국인은 사기와 무지라는 골칫거리에 맞설 수 있을 것처럼 보였다.[23]

제12장

찰스 디킨스가 묘사한 회계의 이중성

돌려말하기부(circumlocution office)는
'일처리를 피하는 방법'을 인지하는 기술에서라면
모든 공공 부서의 추종을 불허한다.
—

찰스 디킨스, 『리틀 도릿』(1855~1857년)

'인간 마음의 비참함'을 측정하는 도구

모두가 회계의 합리성을 확신한 것은 아니었다. 산업화에 동반된 경제적 사기와 골칫거리들을 고려할 때, 19세기에 재무의 세계를 관찰한 사람들이 회계가 과연 도움이 되는지, 그리고 개인적·정치적 책임성이 가능한지에 대해 회의적이었던 것도 그리 놀랍지 않다. 회계사 개개인은 훌륭할 수 있었지만, 속임수가 워낙 만연했고 강력했다. 오랜 딜레마는 여전히 남아 있었다. 회계는 이성과 질서로 가는 확실한 길도, 조사이어 웨지우드 같은 사업가와 제러미 벤담 같은 철학자가 바라던 도덕성이나 행복의 설득력 있는 모델도 제공하지 못했다. 19세기 위대한 작가들은 회계가 과연 선의 도구냐, 아니면 부패의 도구냐 하는 딜레마와 씨름하게 된다.

1828년 소설 『금치산 선고(*L'Interdiction*)』에서 프랑스 작가 오노레 드 발자크는 회계가 '인간 마음의 비참함'을 가늠하기에 최적화된 도구임을 보여주었다. 발자크는 파리의 치안판사 포피노가 어떻게 재무 사기를 조사했는지, 그리고 어떻게 바스티유 광장 바로 윗동네 파리

제12구 주민들의 삶을 처리하는 회계 시스템을 개발했는지를 묘사했다. "그 동네의 모든 고통에 번호를 매기고, 마치 다양한 채무자를 기록하는 상인처럼 각각의 불행을 계정으로 만들어 장부에 기록했다." 그의 시스템은 재정도, 도덕적 권리도, 잘못도, 심지어 행복도 측정하지 않았다. 말하자면 콜베르의 경우처럼, 그것은 경찰 활동의 도구였다.[1]

사기와 특수 범죄를 밝혀내는 셜록 홈스의 선배, 포피노는 자기 관할 구역 내의 비참한 주민들이 상류 사회로 치고 들어오지 못하도록 그들의 세부적인 삶을 관리해야 했다. 발자크의 표현에 따르면 '인간 희극'의 미묘한 그림자인 마음의 문제들은 종종 파리의 어두운 뒷골목 사건들을 규제하고 처리해야 하는 판사에게 대단히 유용했다. 포피노는 죄를 상쇄하려 하지 않았다. 회계는 행복을 가져다주지 않았다. 그는 사회악을 일상적인 삶의 일부로 보았다. 그래서 비용과 마찬가지로 그저 사회악을 관리하려 했다.

디킨스 딜레마

19세기 작가들 중 찰스 디킨스는 회계사와 책임성에 대해 가장 선명한 관점을 가지고 있었다. 디킨스의 세계에서 회계사는 선의를 가졌으나 불운한 사무원이거나, 악의적인 사기꾼이거나, 무서운 관료로 환원되었다. 회계사는 『크리스마스 캐럴』(1843년)에서 꼬마 팀의 아버지 밥 크래칫처럼 수전노 에버니저 스크루지의 은행에서 성실하게 장부를 기록하는 착한 사람일 수 있었다. 스크루지와 유령이 된 그의 은행 동업자 제이컵 말리는 회계사로 훈련받았다. 크래칫이 박봉을 받으면서 군소리 없이 장부를 기입하며 크리스천의 아량과 인격으로 고통을 감내하고 있을 때, 제이컵은 재무 거래 때문에 지옥에 떨어졌다. 그는 회계장부와 탐욕의 죄수가 되는 것의 위험성을 스크루지에게 경고하기 위해 찾아온다. 말리의 유령은 사슬로 꽁꽁 묶인 채 스크루지 앞에 나타난다. "그것은 꼬리처럼 길게 그의 몸을 둘둘 감고 있었다. 그리고 그것은 (스크루지가 가까이에서 보니) 돈궤와 열쇠와 자물쇠, 장부, 증서, 강철로 만든 무거운 돈지갑으로 만들어져 있었다." 돈뿐만 아니라 장부와 회계 증서도 교활한 은행가를 함정에 빠뜨리고 그의 영혼을 감옥에 가두었다. 스크루지가 마음을 바꿔 먹고 파치올리의 논리에 따라 크리스마스에 가난한 사람들에게 자선을 베풀어 하느님의 도덕 장부에서 그동안의 잘못을 상쇄하지 않는다면, 그 역시 똑같은 상황에 던져질 위험에 처했다.[2]

디킨스는 회계의 두 갈래 길을 보았다. 스크루지 같은 부류가 있었고, 밥 크래칫이나 『데이비드 카퍼필드』에서 고용주인 유라이어 히프가 사기꾼임을 폭로한 미코버 씨처럼 착하고 정직한 서기가 있었다. 미코버는 벤담의 철학적 우아함은 버렸으나 벤담의 단순한 메시지는 그대로 간직한, 자명한 명언을 남겼다. "연 소득 20파운드에 연 지출이 19파운드 19실링 6펜스면 행복해지고, 연 소득 20파운드에 연 지출이 20파운드 6센트면 불행해진다." 미코버는 디킨스의 개인적 경험을 말한 것이었다. 찰스 디킨스의 아버지 존 디킨스는 해군 경리감실에서 일하는 서기였다. 그리고 디킨스 가족은 불행을 알았다. 1821년 존 디킨스는 일자리를 잃고 부채에 시달리다가 체포되어 사우스워크에 있는 마셜시 채무자 감옥에 수감되었다. 찰스 디킨스는 당시 겨우 12세였고, 할아버지가 사망하면서 남긴 유산으로 아버지를 감옥에서 빼낼 때까지 런던의 보잘것없는 일자리를 전전하며 성장했다.

마셜시 감옥은 재정과 부채, 그리고 그의 아버지가 직접 겪은 역경의 부조리를 다룬 소설 『리틀 도릿』(1855~1857년)의 배경이 되었다. 디킨스의 부친처럼, 부채 때문에 감옥에 수감된 윌리엄 도릿은 그 부채를 갚기 위해 일할 수가 없었다. 책에서, 이 가족의 친구인 아서 클렌헴은 자신의 어머니가 도릿 가문의 불행과 관련이 있는 것이 아닌지 의심하며, 돌려말하기부(circumlocution office)를 찾아가 그 채무에 대해 묻는다. 영국 재무성 산하에 있는 그 관청은 존 보링이 자랑했던 자랑스럽고 합리적인 행정 기구다운 면모를 전혀 보이지 않는다. 전형적인 오웰식 관청의 면모를 보여주는 디킨스의 이 가상의 관청은 공리주의의 보루이기는커녕, 들어가는 것은 있는데 '나오는 것은 없는' 공문서의 미로였다. 늘 부재중인 타이트 버내클이 이끄는 돌려말하기부는 정치인들이 '일처리를 피해서 애먹이는 분위기'를 조성하기로 유명한 곳이었다. 국가 회계 기록을 맡은 자들이 회계장부랍시고 만드는 것은 모두 이해할 수 없는 종이 뭉치에 불과했다.[3]

디킨스가 보기에 빅토리아 시대의 의도적으로 모호한 회계와 국고 관리는 도릿처럼 정직한 사람들을 파멸시키고, 그가 머들 씨라는 인물로 영원성을 부여한 새들레어 같은 사기꾼들에게 기회의 문을 제공했다. 소설 속에서 머들 씨는 아서 클렌헴을 파산시키고 실제에서와 똑같이 스스로 목숨을 끊는다. 디킨스의 회계사 아버지와 도릿 가족을 구해낼 수 있는 것은 오직 행운뿐이었다. 그리고 정부의 규제도 재무 책임성도 없었으므로, 새들레어 같은 사기꾼에게 마땅한 정의는 파산뿐이었다.

단식부기로 가정경제를 정리한 소로

회계의 논리와 은유는 문학뿐 아니라 철학에도 스며들었다. 미국의 산업 및 재무를 비판한 헨리 데이비드 소로(Henry David Thoreau, 1817~1862년)의 프로젝트에서도 회계가 중심에 있었다. 소로와 동료 초월론자들은 산업의 발전과 싸우고, 세금에 저항하고, 시민 불복종의 정당성을 믿고, 노예제에 반대하는 하버드 대학 출신의 공리주의적 이상주의자들이었다. 자연 연구에 매료된 소로는 선구적인 환경주의자였다. 그는 자연으로 돌아가라고 촉구한 『월든』(1854년)으로 유명한데, "인간은 그릇된 생각 때문에 고생하고 있다"라고 하며 "태어나자마자 무덤을 파고 있다"라고 경고했다. 근대 합리주의에 대한 청교도적 비판과 낭만주의의 영감을 받은 소로는 명상을 통한 영적 순수성과 자연과의 교감을 통한 자급자족을 촉구했다. "땅을 파는 것이 이 세상에 철도를 건설하는 것보다 낫다"라고 그는 말했다.[4]

'가정 경제'를 실험하기 위해, 그는 2년간 매사추세츠 주 콩코드에 있는 월든 호숫가에서 살았다. 소로가 순수함으로 가는 길을 찾는 과정의 일부는 '삶 속에서 꼭 필요한 것'과 그렇지 않은 것을 계산하는 것이었다. 소로는 자신의 계산을 단식부기로 정리하며, 농장 지출과 모든 생활비, 농산물을 팔아서 얻은 수입을 상세히 적었다. 그는 노동으로 벌어들인 돈이 13달러 34센트라고 계산했으며 "여덟 달 동안 들

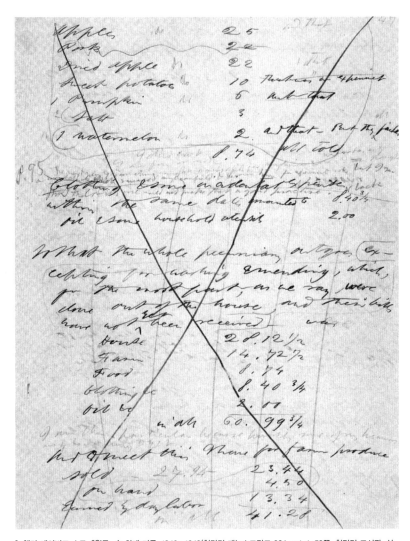

┃ 헨리 데이비드 소로, 『월든』 속 회계 기록, 1846~1848(헌팅턴 매뉴스크립트 924, vol. 1, 59쪽, 헌팅턴 도서관, 산마리노, 캘리포니아).
미국 초월주의 운동의 지도자 중 한 사람인 헨리 데이비드 소로는 물질적인 것을 거부함으로써 자연과 순수한 영적 상태로 돌아가려 했다. 『월든』의 작업 노트에 포함된 이 희귀한 문서에서, 소로는 생존을 위해 필요한 최소한의 자원을 파악하기 위해 역산을 함으로써 회계의 원리를 거꾸로 뒤집었다.

어간 식비는 …… 내가 그곳에서 살았던 기간은 2년이 넘었지만 계산은 여덟 달만 했다. 손수 길러 먹은 감자나 풋옥수수, 약간의 콩은 계산에 넣지 않았다"라고 썼다. 『월든』 속의 기록은 단순하지만, 소로의 개인 서류에는 많은 계산이 담겨 있으며, 인쇄하기 전에 그가 기록에 몰두했음을 보여준다. 결국 소로는 거꾸로 회계를 하고 있었다. 웨지우드 같은 자본가들의 수익 논리를 벗어나 자연 속에서 금욕적이고 영적인 삶을 영위하기 위해 필요한 최소한만을 계산한 것이다.[5]

루이자 메이 올컷(Louisa May Alcott, 1832~1888년)은 초월론자 부모 밑에서 성장했고 어린 시절에 부모님과 친분이 두터웠던 에머슨과 소로로부터 교육을 받았는데, 그녀 역시 회계의 딜레마를 보았다. 『작은 아씨들』(1868년)에서 올컷은 장부 기록이 가정의 관리를 위해 꼭 필요한 도구이지만, 그것이 어떻게 가난한 부부의 결혼에 스트레스를 줄 수 있는지 묘사했다. "지금까지 그녀는 잘해왔다. 신중하고 정확하고, 작은 가계부를 깔끔하게 정리하여 매달 아무 두려움 없이 남편에게 보여주었다. 그러나 그해 가을, 사탄이 메그의 천국 속으로 들어와서 사과가 아닌 드레스로 그녀를 유혹했다." 메그의 남편 존이 아내의 지출을 적은 가계부를 꺼내자, 그녀는 가슴이 철렁 내려앉았다. 그들이 함께 가계부를 검토한 결과 머지않아 모든 것을 폭로할 달갑지 않은 청구서가 도착하리라는 것이 드러났다.[6]

다윈의 필기장

숫자와 수학은 산업화된 삶의 모든 측면에서 점점 더 역할이 커졌다. 확률은 보험 회사의 토대가 되었다. 통계는 근대 사회의 일부이자, 과학과 사회를 판단하는 기준이 되었다. 프랑스 철학자 오귀스트 콩트의 사회통계학 연구는 자연을 인간의 의지에 종속시킬 뿐 아니라, 사회생활과 산업을 수적 통제에 종속시키려는 시도의 일환이었다. 지도 제작과 생물학, 인간의 행동에서부터 철도, 생사 확률과 시간 자체의 관리에 이르기까지, 모든 것이 이제 숫자에 대한 인간의 이해 범위에 들어갔다. 삶의 모든 측면으로 과학이 확산되면서 산업과 기술, 의료에서 대단한 이기가 발생했지만, 그것은 또한 도덕적으로 모호한 목적으로도 이용되었다.[7]

제러미 벤담이 복식부기 모델을 이용하여 행복을 계산하려 했다면, 토머스 맬서스는 『인구론』(1798년)에서 수적 균형의 비유를 이용했다. 다소 비관론적이지만, 맬서스 역시 벤담과 유사하게 두 가지 측면이 서로를 상쇄한다고 믿었다. 곧, 생물학적 계산에서, 인간의 자급 필요와 악으로 인한 사망이 견제와 균형의 자연계에서 인구의 균형을 이루고, 그 결과 "인구의 압도적 힘이 억제되고 고통과 악에 의해 실제 인구가 자급 수단에 맞게 유지된다"라는 주장이었다. 인구의 회계사 맬서스는 자연법칙과 인구 통계라는 새로운 언어로 균형과 심판이라는 중세의 용어를 이야기했다. '고통과 죄악'을 통해 인간 생존의 균형을 유지한다는 개념과 씨름했다는 점에서 그는 후대의 발자크나 디킨스와 비슷하지만, 그의 말에서는 삭막한 근대판 단테의 분위기도 느껴진다.[8]

균형이 맞는 장부의 비유를 통해 삶과 죽음의 본질 자체를 본 인물이 맬서스만은 아니었다. 1859년 맬서스의 애독자였던 찰스 다윈은 『종의 기원』을 썼다. '종(種, specie)'이라는 단어는 동물의 분류를 뜻하는 아리스토텔레스의 그리스어 용어에서 나왔지만, 그것은 또한 돈(정화)을 지칭하는 중세 용어이기도 했다. 생물종에 대한 다윈의 범주와 목록들 사이에는 어떤 관련성이 있었다. 그것은 한편으로는 훌륭하지만 폭력적인 자연의 균형 시스템과 진화의 과정을 보여주었고, 다른 한편으로는 회계의 세계를 보여주었다. 갈라파고스 섬에서 관찰한 내용을 적은 다윈의 필기장은 역사적으로 매우 유명한 기록 중 하나다. 여기서 우리는 다윈이 조사이어 웨지우드의 외손자라는 사실에 주목할 필요가 있다.[9]

1873년 박학다식한 탐험가이자 과학자인 다윈의 사촌 프랜시스 골턴(Francis Galton, 1822~1911년)은 여러 왕립학회 회원에게 그들의 일상적 습관을 묻는 설문지를 보냈다. 그는 지리와 통계학에도 관심 있었고, 사촌인 다윈과 마찬가지로 유전형질이라는 개념에도 관심이 있었다. 골턴은 웨지우드의 손자가 아니라, 훗날 자손들이 총기 생산으로 돈을 벌게 되는 웨지우드의 친구 이래즈머스 다윈의 외손자였다. 이 설문 조사에서 골턴은 그 부친들과 비교한 학회 구성원들의 지적 능력을 설명해줄 일상적인 활동이나 유전적인 습관이 있는지 알아보고자 했다. 다윈도 사촌의 설문지를 작성했다. 왼쪽 칸에는 자신의 특성을, 오른쪽에는 아버지의 특성을 기록했다. 설문지에는 '기질' 같은 질문이 포함되어 있었는데, 다윈은 놀라울 만큼 솔직하게 '다소 신경 과민적임'이라고 응답했다. 자신의 부친에 대해서는, 공손하게 '낙관적임'이라고 응답했다. 그는 신장, 머리카락과 눈동자 색깔, 정치 성향, 종교도 기록했다. '학구적인가?'라는 질문에는 자신이 '매우 학구적임'이라고 주장한 반면, 아버지에 대해서는 솔직하게 "그다지 학구적이거나 이해가 빠른 편은 아님. 단, 대화를 할 때 듣는 정보에 대해서는 예외. 일화 수집을 많이 함"이라고 직성했다. 이것은 진화의 역사에서 주목할 만한 순간이었다. 아들 다윈이 자신의 능력을 아버지의 그것과 견줘본 것이다.[10]

골턴이 우생학의 개척자이자, 유전 선택과 사회적 선택을 통해 문자 그대로 '잘 태어난' 우월한 인간 집단의 형질을 개선하려는, 아주 불길한 인체측정학적 연구(anthropometric studies)의 개척자라는 사실은 별로 놀랄 일이 아니다. 그것은 20세기에 재앙과 같은 결과를 낳은 과학적 인종주의라는 끔찍한 근대적 모순어법의 기초였다. 골턴의 설문지에 포함된 한 예리한 질문에서는 다윈이 지녔던 체계적 방식의 기원이 드러난다. '특별한 재능이 있는가?'라는 항목에서 다윈은 다음과 같이 대답했다. "기록을 하고, 편지에 답장을 쓰고, 돈을 아주 잘 투자하는 것으로 표출되는 사업적 능력을 제외하면 없음." 돌이켜 생각하면 이 답변은 절제된 표현으로 보인다. 부친에 대해서는 "실용적인 사업—돈을 많이 벌고 손실을 발생시키지 않음"이라고 응답했다.

부가 과학적 · 예술적 · 산업적 진보의 원인이라고 믿은 다윈

조사이어 웨지우드에게 회계는 삶의 중심이었기에 그는 아들과 딸에게 회계를 가르쳤는데, 회계는 웨지우드-다윈 가문에서도 중요했다. 비교 목록과 좌우 균형을 맞춘 양식을 이용하는 회계의 방식은 다윈과 그의 사촌 프랜시스 골턴에게 사고하는 방식과 삶을 결산하는 방식의 모델이 되었다. 다윈은 자신의 '체계적 습성'을 인정했다. 그는 사업에서건 가정생활에서건, 자신의 모든 활동을 기록하고, '과학, 원예, 개인, (하인의 급료를 포함한) 가계' 등 고유한 주제별로 분류했다. 빅토리아 시대에 남녀의 역할이 대체로 그러했듯, 다윈의 아내 엠마는 세부적인 가계부를 관리하여 식비와 의복비, 하인, 접대 및 가구, 세금, 피아노 튜닝, 악보, 콘서트 표, 자녀 교육에 대해 장부를 기록했다. 생물학적 진화를 발견한 사람의 가계 지출에서 가장 큰 비중을 차지한 것은 바로 육류 소비였다. 1867년에 다윈은 육류 소비에 250파운드를 지출한 반면, 의복에는 213파운드를 지출했다.[11]

찰스의 아들 프랜시스 다윈은 이렇게 썼다. "돈과 사업 문제에서 아버지는 놀랍도록 신중하고 정확하셨다. 마치 상인처럼 꼼꼼하게 항목들을 기록하고 분류하고 연말에는 결산을 했다. 아버지가 수표를 지불할 때마다 얼마나 빠르게 회계장부로 손을 뻗으셨는지 기억난다. 마치 잊어버리기 전에 얼른 기록하려고 조바심을 내는 것 같았다." 조사이어 웨지우드의 습관이 새로운 세대로 계승되어, 회계장부를 똑같이 진지하게 받아들인 것이다. 그리고 웨지우드와 마찬가지로, 다윈은 사업적으로 대단한 성공을 누렸는데, 대부분 할아버지가 좋아했던 운하 같은 벤처 사업이나 철도주 따위에 투자를 해서 재미를 봤다. 여러 차례 실패도 겪었으나, 약삭빠른 투자자였던 그는 투자를 분석하는 데 능해서 1860년대 중반에 철도주를 팔고 정부 채권에 투자했다. 장부를 보면 다윈이 1만 파운드의 결혼 채권과 573파운드의 은행 예금과 36파운드의 현금으로 결혼 생활을 시작했음을 알 수 있다. 그가 사망하기 1년 전인 1881년에 그의 동생이 28만 2,000파운드의 소유 자본을 보여주는 유서를 작성했을 때, 찰스의 아들 윌리엄은 이렇게 아버지를 놀렸다. "아버지의 가치가 100만 파운드의 4분의 1이 넘을 거라고 예상이나 하셨어요?"[12]

그보다 앞서 일지를 작성한 다른 영국인들과 상인들처럼, 다윈은 개인적 삶을 기록한 일지도 작성하여 아픈 날과 건강한 날, 그리고 일하는 데 쓴 시간을 견주었다. 그는 일찍이 사회제도의 유용성을 가늠하려 하며 이렇게 썼다. "결혼할 것이냐, 하지 않을 것이냐. 이것이 문제로다." 다윈은 열정적이었던 할아버지에 비해 훨씬 더 계산적이었다. 다윈은 자신과 아내가 게임을 하는 데 쓰는 시간을 계산했다. 그는 자연과학자였지만 개인적 관찰을 통해 결론을 내릴 수밖에 없었다. 『인간의 유래』(1871년)에서 그는 맬서스를 연상시키는, 웨지우드 집안다운 어조로 이렇게 언명했다. "아이들의 극빈을 피할 수 없는 자들은 결혼을 삼가야 한다." 사촌인 골턴처럼, 다윈은 부가 과학적·산업적·예술적 진보를 가져온다고 믿었다. '잘 배운 사람'이 필수적인 '지적 작업'을 수행할 수 있다고 그는 생각했다. 골턴은 한 술 더 떠서, 가족 구성원이 이룬 오랜 성취의 전통이 그들이 우월하고 근면한 종족임을 보여준다고 믿었다. 이처럼 유전학과 회계학, 공리주의적 가치는 삶을 평가하는 새로운 접근법으로 이어졌는데, 그것은 기독교적이거나 디킨스적인 접근법은 아니었다.[13]

한 세대 뒤에 폴란드인 작가 조지프 콘래드는 회계의 역할이 인간의 범죄와 고통을 숨기는 것이라고 보았다. 식민주의의 잔혹성을 신랄하게 비판한 소설 『암흑의 핵심(Heart of Darkness)』(1899년)에서, '회사'는 퇴폐적인 데다가 아프리카 농장에서 벌어진 살인과 죽음에 빠져 있으며, 회계사는 항상 말쑥한 옷차림에 정보가 빠르고 오류를 아주 싫어한다. 훈련된 회계사만이 밀림의 살육장에서 문명의 얇은 막을 유지할 수 있었다. "그렇게 이 남자는 진정으로 뭔가를 성취했지. 그리고 회계장부에 몰두해서 깔끔하게 완벽하게 정리했어." 주인공 말로는 암흑의 핵심에 존재하는 이러한 대단한 질서를 존경했다. 회계사는 노후함과 죽음을 깔끔한 숫자로 바꾸어 본사로 돌려보낼 수 있었다. 제국주의를 상징하는 등장인물 커츠와 그가 운영하는 끔찍한 강제 노역이 회계사의 수치를 통해서는 아주 깔끔하고 효율적으로 보였다.[14]

경영학의 기초가 된 과학적 관리법

수치로 표현되는 재정적 성공이 인권보다 중시되는 문제는 산업 혁명의 후반부까지 따라다녔다. 필라델피아에 정착한 메이플라워호 필그림 파더스의 후손인 프레더릭 윈슬로 테일러(Frederick Winslow Taylor, 1856~1915년)는 처음에는 필라델피아 수력공사에서, 그리고 1871년에는 미드베일철강에서 모형 도안가와 기계 기술자의 견습공이 되기로 마음먹는다. 테일러는 테일러주의, 곧 산업 및 노동 효율성에 대한 '과학적 관리법'으로 유명해졌다. 그는 많은 면에서 강철 시대의 조사이어 웨지우드처럼 보일 수 있다. 그는 시간과 관련한 기계 원가와 노동 원가의 엄격한 관리에 집중했다. 테일러 모델의 중심에는 매월 마감되는 장부와 상세한 대차대조표와 손익계산서에 기초한 꼼꼼한 원가 계산이 있었다. 테일러는 이것들이 "나의 회계 시스템을 평범한 상업 및 생산 회계와 구분하는 특징이며, 내가 아는 한, 아직

까지 다른 어떤 시스템도 앞서 말한 것들을 시도한 적이 없었다"라고 말했다.[15]

테일러는 기업 내에서 원가를 보고하고 정보를 유통하는 새로운 시스템을 조직했을 뿐 아니라, 회계 사무실을 기획실 내부로 옮겨 회계 분석에서 곧바로 산업 및 경영 전략을 개발할 수 있도록 했다. 먼저 생산 공정의 각 부문에서 원가를 열거한 카드를 작성하도록 했고, 원가 부서는 이 원가 카드를 수집하고 분석했다. 이때 생산 사슬의 모든 부문을 분석할 수 있도록 각각의 원가를 분류하고 집계했다. 또한 원가 평가를 정확하게 하도록, 원가 사무실을 만들어 회계 사무실에 보고하게 했다. 이익이란 정확한 이익 계산에 입각하는 것이며, 이 이익 계산은 정확한 노동 원가와 재료비, 생산에 필요한 시간의 정확한 평가에 입각하는 것이라고 그는 결론지었다. 효율성은 노동자들의 게으름과 무지를 만회하므로 결국 이익을 산출했다. 존 듀이는 테일러의 논리에 따라 제러미 벤담의 계산이 노동자들은 노동과 고통을 동일시하며 그래서 본질적으로 게으르다는 것을 보여준다고 생각했다.

테일러주의는 계산에서 이러한 손실을 만회했다. 테일러의 방법은 많은 차원에서 성공적이었다. 그는 베들레헴철강에서 생산을 증대하여 막대한 수익을 올렸을 뿐 아니라, 최초의 경영 컨설턴트가 되었고, 그의 조수들은 철도와 노동자의 심리를 관리하기 위한 이론을 제시했다. 시카고 대학의 회계사 제임스 O. 매킨지에 의해 시작된 유명한 컨설팅 회사 매킨지앤드컴퍼니와 마찬가지로, 하버드 경영대학원도 부분적으로는 테일러에게서 영감을 받아 설립된 것이다.

테일러를 존경한 히틀러

미국은 효율성과 속도에 대한 집착을 만들어냈고, 허버트 후버 대통령은 일은 '최대한 빨리' 해야 한다는 생각을 옹호했다. 헨리 포드는 전 세계 기업가들이 그러했듯이 테일러와 그의 방법, 그리고 노조를 없애려는 갈망에서 영감을 받았다(테일러는 자신처럼 급료를 생산과 연결하는 방법을 쓰면 노조가 불필요해질 거라고 믿었다). 그들은 대량 생산을 할 수 있었고, 이는 어마어마한 부와 함께 사회적 갈등과 궁극적인 혼란을 가져왔다. 테일러주의 속에서 노동자들은 종종 비인간적인 근로 조건을 불평하며 파업에 들어갔다. 1912년 매사추세츠주 워터타운 병기창에서 일어난 파업이 대표적이다. 노동자들은 또한 테일러가 더 높은 생산력을 추구하기 위해 노동자의 고통을 드러내주는 자료와 증거를 숨겨서 결국 자신의 이론을 훼손시켰다고 주장했다.[16]

레닌은 테일러의 연구에 관심이 있었고, 스탈린도 마찬가지였다. 히틀러는 포드에게 메달을 수여했고 테일러를 존경했다. 알베르트 슈페어는 이렇게 단언했다. "히틀러가 나를 군수장관으로 임명했을 때, 나는 군사 간부들을 배척하고 전문가와 기업가, 엔지니어 들에게 눈을 돌렸다. 그런 다음, 지난 전쟁 기간에 독일의 경제를 책임진 위대한 유대인 외무장관 발터 라테나우의 사상을 빌려왔다. 부품의 표준화와 분업, 조립 라인의 최대 이용이 그것이다." 유대인 라테나우가 독일의 테일러주의 선구자라는 것은 참으로 어두운 아이러니였다.[17]

히틀러는 합리화된 대량 생산과 노동자를 순종적인 기계의 톱니로 전락시킨다는 생각이 마음에 들었을지 모르지만, 재무적 책임성이라는 개념은 탐탁지 않았을 것이다. 이윤보다 이념을 앞세우게 되면서, 결국 독일제국철도(Deutsche Reichsban) 중역들은 상세한 원가 계산을 없앴다. 경영자들이 간청했는데도 독일제국철도 사장 발터 스파이스는 철도는 이익을 기준으로 평가할 수 없으며 제국의 정치적 목표를 기준으로 평가해야 하는 공공사업이라는 발상에 따라 원가 계산을 거부했다. 1936년 1월 1일에 원가 계산 담당자들은 다른 임무를 맡은 곳으로 재배정되었고, 회계 데이터 수집은 축소되었다. 펠리페 2세와 네케르, 대영제국 해군의 시대와 마찬가지로, 이제 규모가 훨씬 더 커진 전쟁은 투자 수익이나 투명한 회계의 논리를 따를 수 없는 임시 지출이 되었다. 전쟁 자체가 끔찍한 심판을 내릴 때까지, 이 비대한 군사 조직은 계속 전진했다.[18]

공공 서비스와 공익의 상징이 된 회계사

20세기 초에 회계사들은 디킨스가 그들에게서 앗아간 체면을 상당 부분 되찾았다. 회계 교육과 표준의 선구자 찰스 월도 해스킨스처럼, 회계사들은 합리성과 대중을 위해 일하는 사람들이었고, 사업과 재정에 관한 난해한 설명을 이해하고 관리하려는 세속적인 탐구자였다. 흥미롭게도, 반유대주의는 유대인들을 비양심적인 국제적 금융업자와 사업가로 그렸지만, 회계사는 여전히 국가적인 공공 서비스와 공익의 상징이었다. 근대 경제의 조용한 조율자로서 그들의 역할은 새로운 회계 법인들에서 한층 더 공고해졌다. 1920년대 무렵, 이제 세계 최대의 산업화된 민주주의 국가가 된 미국에는 공공심 있는 회계사와 민주적인 사고방식을 지닌 정치인들이 산업과 정부를 보다 투명하고 합리적으로 만들기 위해 노력하고 있었다. 산업과 회계, 정부는 진화하여 이제 딜레마가 사라진 것처럼 보였다. 해스킨스와 그 추종자들은 수식과 방법론, 편람, 학교, 전문 직업 기관, 그리고 법과 정부 감사 기관까지 만들어냈다. 이 모든 것은 회계가 작동하는 방식을 보여주는 한 편의 현대 예술 작품처럼 보였다.

제13장

대공황과 리먼 쇼크는 왜 막을 수 없었는가

신은 우리에게 빚을 갚게 할 것이다.
어떤 벌을 받게 될지 생각하지 말고 그 뒤에 올 것을 생각하라.
벌이 아무리 중해도 최후의 심판을 넘어갈 수는 없을 것이니.

—

단테, 『연옥』, 제10곡

1920년대 초 미국에서 영국 회계를 확립한 디킨슨

1900년 10월 하순, 아서 로스 디킨슨이 프라이스워터하우스앤드 컴퍼니(이하 '프라이스워터하우스')의 미국 지사장을 맡기 위해 런던에서 뉴욕으로 왔다. 화가와 철학자를 배출한 유명한 가문 출신에 케임브리지 대학교 수학과 학위를 소지한 디킨슨은 윤리적 독립성과 공공 서비스를 지향하는 영국의 회계 전통에 헌신한 빈틈없는 인물이었다. 디킨슨이 지켜보는 가운데, 프라이스워터하우스는 유에스스틸의 1902년 재무제표를 준비했다. 『사이언티픽 아메리칸』은 이것을 지금까지 미국 대기업이 발표한 '가장 완전한 보고서'라고 칭찬했다. 디킨슨은 시카고와 세인트루이스에 사무실을 꾸리는 작업을 거치면서 일리노이 회계협회의 대표가 되었다. 그는 연방무역위원회의 감사를 표준화하기 위해 부단히 노력했고, 『회계 관행 및 절차』(1913년) 같은 영향력 있는 회계 팸플릿을 썼다.[1]

신사 회계사의 전형인 디킨슨은 프라이스워터하우스의 런던 사무실에서 일하기 위해 영국으로 돌아가 1919년에 조지 5세에게 기사 작위를 수여받았고, 이후 1차 세계대전 때 영국 정부를 위해 일했다. 디킨슨온 회계사를 오직 숫자와 질서에만 몰두하는, 기업과 성부 사이의 공평무사한 심판으로 보았다. 그러나 특히 신세계의 난투 속에서, 이런 입장을 한결같이 유지하기가 쉽지만은 않았다. 디킨슨은 미국의 비즈니스가 예측할 수 없고 속도가 빠르며 규제되지 않고 무질서하다는 사실을 발견했다. 그는 "영국에서는 항상 연례 감사가 비즈니스의 중추인데, 여기서는 연례 감사가 자주 실시되지 않는다"라고 하며 "게다가 대부분이 몇몇 개인의 변덕에 의존하는 감사여서 확실하다고 간주할 수 없다"라고 불평했다.[2]

디킨슨은 곧 미국 고객들은 '좋은 감사와 나쁜 감사'를 구분하지 못한다는 것을 알아차렸다. 이는 곧 프라이스워터하우스의 미국 지사가 불완전한 장부에 입각하여 '추측성' 감사를 수행해야 함을 뜻했다. 영국에서는 비윤리적으로 간주되는 행위였다. 디킨슨은 현대적인 광고 같은 비정통적인 방법을 채택하여 회계를 위해 경쟁할 수밖에 없었다. 더욱이 미국인들은 '사실에 대한 노골적 진술'보다는 사업을 운영하는 방법에 대한 조언을 원했다. 그가 생각할 때 그런 조언은 경험론적 계산 전문가인 회계사가 제공해야 할 것이 아니었다. 그럼에도 디킨슨은 최대한 가장 훌륭한 감사를 제공하는 데 집중했다. 1920년대 후반, 프라이스워터하우스는 미국에서 가장 큰 회계감사 법인이었고, 실제로 『포춘』지는 뉴욕증권거래소에 상장된 700개의 기업 가운데 146개 기업을 위해 일하는 '세계 최고'의 회계 법인이라고 언급했다. 찰스 월도 해스킨스의 해스킨스앤드셀스처럼 유서 깊은 국내 회사와 딜로이트 같은 다른 영국 회사들이 이제 미국 땅에서 활동하는 데다 경영 대학원까지 번창하고 있으니, 디킨슨의 관점에서는 황량한 서부와도 같은 미국 기업 풍토에 이성과 질서가 도래한 것으로 보였다.[3]

그러나 합리적인 민간 회계감사 법인에 의해 잘 관리되는 질서정연한 비즈니스의 세계라는 디킨슨의 꿈은 실현되지 않았다. 20세기와 21세기를 통틀어, 근대 회계 법인들은 기껏해야 공평무사한 심판관이나 숙련된 재무 분석가의 역할을 수행하는 것이 고작이었다. 게다가 많은 경우 악덕 기업과 무책임한 정치인들을 제대로 폭로하지 못했으며, 최악의 경우 분식회계를 위한 숙련된 조력자 노릇까지 했다. 현대 재무가 한층 복잡해짐에 따라, 개혁과 재무적 책임성을 향해 한 발 한 발 위태롭게 나아가는 것이 점점 더 힘겨워졌고, 회계사의 역할은 더 약해지고 모호해지기까지 했다.

비즈니스는 여전히 어두운 황혼 속

만일 1920년대 초에 디킨슨이 미국에서 영국의 전문 회계를 확립한 데 자부심을 느꼈다면, 그는 곧 대공황과 회계업 자체의 인정사정 없는 심판의 날로 이어지게 될 책임성의 대위기를 예견하지 못한 것이다. 1926년 하버드 대학 경제학 교수 윌리엄 Z. 리플리는 『애틀랜틱 먼슬리』에 「멈춰라, 보아라, 들어라! 적절한 정보에 대한 주주의 권리」를 발표했고 이 글은 사람들에게 널리 읽혔다. 리플리에 따르면, 해스킨스와 디킨슨 같은 인물들이 열심히 홍보하는, 잘 기록된 회계장부의 세계는 환상이었다. 그는 "여전히 어둑어둑한 황혼 속에서 비즈니스가 이루어지고 있다"라고 경고했다. 그는 광고가 투명한 재무제표를 압도하고 있다고 우려했다. "나의 테이블에는 공식적인 최신 기업 팸플릿이 산더미처럼 쌓여 있다. 제일 큰 문제는 로열베이킹 파우더다. 그 회사는 사반세기가 지나도록 어떤 종류의 대차대조표나 재무제표도 공개하지 않을 정도다." 싱어, 내셔널비스킷, 질레트면도기 같은 기업들에게, "손익계산서니 감가상각이니 하는 최신 자료들은 존재하지 않았으며" 증가액(또는 부채)은 철저히 무시되었다.⁴

리플리는 기업의 투명성 부재가 미국 경제를 약화시킬 것이라고 예측했다. '기업의 애매모호한 관행은 오래전에 폐물이 되었고', 건전한 투자를 하려면 대중은 더 많은 정보를 필요로 했다. 주식시장은 기업이 진짜 가치를 공개할 때에만 기능할 수 있었다. 리플리는 기업 보고서와 대차대조표를 통제하는 규칙이 없다고 비판했다. 프라이스워터하우스 같은 회계 회사가 있는데도 많은 가족 중심 회사들은 여전히 회계장부 기록을 엉망으로 했으며 대기업들은 소득을 아예 보고하지도 않았다. 미국의 기업은 여전히 밀림이라고 리플리는 주장했다.

프라이스워터하우스의 사장이 된 조지 O. 메이는 감사란 애초에 불완전한 기술이며, 어떤 회사라도 위조 장부를 준비할 수 있는데 그것을 증명하기는 매우 어려운 일이라고 주장하며 리플리의 비판에 대응했다. '규제가 있건 없건, 부정직하게 경영되는 회사가 만족스러운 투자 대상이 되지는 않을 것'이라고 그는 주장했다. 그러나 메이는 회계 법인의 작업을 옹호하려 하면서도 자신 역시 재무 규제가 없고 부실한 보고서를 기본으로 한 감사가 정확할지에 대해 우려하고 있음을 인정했다. 그는 늘 경계 태세를 취하라고 제안하는 한편, 제시된 보고서가 '용인된 회계 원칙에 따라 정직하게 작성되었음'을 명시하는 인

증서를 각각의 감사관이 제공해야 한다고 주장했다.[5]

대공황은 왜 일어났는가

1920년대에 뉴욕증권거래소는 세계에서 가장 중요한 금융 기관으로 부상했다. 거래가 기하급수적으로 늘어나, 1922년에 95.51이었던 다우존스 산업지수가 1929년 1월에는 340으로 치솟았다. 그러나 리플리가 경고했던 것처럼, 광란의 1920년대가 보여준 이러한 성장은 미국 기업의 거짓 대차대조표에 관한, 겉만 번드르르한 광고처럼 빛 좋은 개살구임이 드러났다. 몇 달 뒤 10월 24일과 29일 사이에 증권거래소에서는 주가가 30퍼센트 이상 하락했다. 미국 국내 총 생산은 30퍼센트, 도매가격은 32퍼센트 떨어졌으며, 은행 9,000곳이 도산했고, 실업률이 25퍼센트로 치솟았다. 1933년 무렵, 뉴욕증권거래소에서 주가는 89퍼센트나 폭락했다. 이는 단순히 저조한 경제적 성과가 수렴된 결과물만은 아니었다. 공개적으로 거래되는 주식을 토대로 성장한, 그토록 풍요롭고 정교한 경제가 그토록 불투명하게 남아 있을 수 있다는 것 자체가 어불성설이었다.

리플리가 옳았다. 회계장부는 썩어 있었다. 부실한 회계가 대공황을 초래한 것은 아니지만 공황을 악화시킨 것은 사실이었다. 붕괴 몇 개월 뒤, 월스트리트 거래자들은 자신들이 팔고 있던 주식이 무가치하다는 사실을 완벽하게 알아차렸다. 경제학자 존 케네스 갤브레이스는 "광기가 꼭 있어야 한다면, 그 광기가 왜 그렇게 엄청난 수준이어야 하는지 뭔가 할 말이 있을 것"이라며 한탄했다. 무료 급식소 앞에

줄 서 있는 사람들이 이 말에 동의했을지는 의문이다.[6]

경제 붕괴에 대한 반응으로, 1933년 의회는 투자 활동과 상업 금융을 분리하고 투자 은행이 위험하고 종종 규제하기 어려운 거래를 함으로써 예금주를 위험에 빠뜨리는 것을 막기 위해 '글래스-스티걸법(Glass-Steagall Act)'을 제정했다. 이로써 자산과 부채를 감사하는 일도 한결 용이해졌다. 전 뉴욕 지방검사 페르디난드 페코라(Ferdinand Pecora, 1882~1971년)는 J. P. 모건이 캘빈 쿨리지 전 대통령을 비롯한 특권층 투자자들과 공유한 우선주 목록을 찾아냈다. 페르디난드의 개혁 열정에 자극을 받은 프랭클린 루스벨트 행정부는 1934년 조지프 P. 케네디를 의장으로 하는 증권거래위원회(SEC)를 설립하여 이러한 개혁을 뒷받침했다. 조지프 P. 케네디는 정치 명문가 케네디 가문의 기반을 다진 인물인 동시에, 아이러니하게도 내부자거래의 고수로 알려진 인물이었다. SEC는 주식 공개 회사에 대한 회계와 보고를 표준화하는 임무를 맡았다. 루스벨트는 자신이 사기와 잘못된 보고를 막을 수 있을 거라고는 믿지 않았지만, SEC가 기업이 주주들에게 '악의적인 허위 정보'를 제공하는 것을 막고, 내부자거래를 제한하고, 시장을 불안정하게 만드는 우선주 목록을 금지할 수 있을 거라고 믿었다.[7]

'1933년 증권법'은 새로운 관리감독위원회에 보다 완전한 대차대조표와 손익계산서, 자산 및 부채 평가, 가치 하락 및 소모 계산, 그리고 회사의 모든 지사에 대한 상세하고 종합적인 감사를 요구할 권한을 부여했다. 1935년 '최고 회계 담당관'을 영입한 SEC는 증권거래소에 상장된 회사들의 재무 보고에 관한 규정을 확립했다. 그럼에도 회계감사 법인들은 그러한 개혁이 여전히 회계사에게 위조된 장부를 제공할 수 있는 기업들은 놔두고 자신들에게만 너무 큰 책임을 지우는 것이 아닌지 우려했다. 회계감사 법인들은 감사 보고서에 "우리는 귀사가 준비한 보고서와 관련하여 의견을 제시하려는 목적으로 귀사의 회계 기록을 검토했다"라는 문장을 첨부하라고 제안했다.[8]

미국의 감사 법인 파트너들은 정부가 금융시장을 규제하는 데 너무 큰 역할을 맡아서 재무 독립성과 혁신을 저해할 것이라고 우려했다. 19세기 중반 이래로 미국 정부에 감사와 표준을 제공해온 회계감사 회사 측에서는, 의무적으로 감사를 실시할 경우 금융 회사에 적대적일 수 있는 정부 감사관이 공인회계사의 역할을 대신하게 될 것이라는 우려가 있었다. 그러나 1929년의 혼란스러운 여파로 무능한 금융 부문에 대한 신뢰도가 사상 최저 수준으로 떨어진 상황에서 이러한 주장은 설득력을 잃었다. 규제를 피할 수 없다는 사실을 깨달은 프라이스워터하우스의 조지 O. 메이 사장은 차라리 시장 개혁과 규제를 돕는다면 감사관들의 독립적인 역할과 신뢰를 유지할 수 있으리라고 기대했다. 여전히 존경받던 민간 회계사들은 정부의 규제 임무에서 주도적인 역할을 할 수 있었다. 그래서 회계사들은 자발적으로 SEC 재무제표 제출 양식을 설계하고 공식적인 감사 지침을 작성했다. 메이도 오늘날 갭(Generally Accepted Accounting Principles, GAAP)으로 알려진, 일반적으로 수용되는 회계 원칙의 기본 규칙을 작성하는 일을 도왔다.[9]

국제 무역의 발달과 회계사들의 황금기

대공황 이후 몇 년 만에 표준 개혁의 영향이 전 세계로 퍼졌다. 1949년 미주회계회의가 남미와 중미의 표준을 마련하기 위해 모였다. 1951년에는 오스트리아·벨기에·프랑스·독일·이탈리아·룩셈부르크·네덜란드·포르투갈·스페인·스위스가 유럽회계전문가연합을 창설했고, 1963년에는 덴마크·아일랜드·노르웨이·스웨덴·영국이 이 단체에 합류했다. 1957년에는 로마 조약으로 유럽경제공동체(EEC)와 함께 국제회계기준위원회(IASC)가 만들어졌다. 그리고 같은 해에 극동회계회의가 결성되었다. 전후 국가들은 새로워진 세계 경제를 관리하기 위해 국제적인 회계의 틀을 마련하고 있었다. 1960년대 무렵, 프라이스워터하우스는 미국 및 영국 기업의 해외 자회사들의 진짜 가치를 평가하기 위해 이용할 수 있는 공동의 표준을 마련하기를 촉구한다. 국제 무역으로 회계사들이 '조화'라고 부르는 것의 필요성이 제기되었다. IASC(2001년에 IASB(국제회계기준위원회)로 개명)의 의장이자 영국 군수 전문가이자, 잉글랜드 공인회계사협회의 회장인 헨리 벤슨 경(1909~1995년)은 국제 회계 조직들이 점차 받아들이고 있는 갭(GAAP)을 계속해서 밀어붙였다.[10]

1947년과 1961년 사이의 기간은 산업에 대한 신뢰가 광범위하고 확고하게 자리 잡아 회계사들의 황금기로 불렸다. 서방 국가들과 일본의 경제적 팽창과 함께 분명한 감사 표준과 규정이 동반되었다. 그러나 19세기 이래로 회계 문화에 뭔가 변화가 있었다. 방대한 정부 기관과 관청, 법률, 세법의 등장으로 어쩌면 불가피하게 회계가 복잡해진 것이다. 앞 문단에서 이니셜로 표시한 회계 조직들은 마치 20세기 회계의 비인격화한 특성을 보여주는 듯하다. 회계는 이제 최고의 교육을 받은 시민들에게도 불가해한, 오직 전문 지식과 정보를 가진 몇몇 사람들만을 위한 주제가 되었다. 회계사는 이제 직업적 성공의 대명사가 되었을 뿐 아니라, 대형 컴퓨터 시대의 비인격화한 대규모 숫자 계산을 상징하는 존재가 되었다.

빅 에이트의 컨설팅 진출

전후 경제 성장과 마찬가지로 회계의 황금기는 오래 지속되지 못했고, 중요하면서도 신사적인 사회적 인사이자, 기업과 규제의 중립적 중재자로서 회계사의 역할은 곧 침식되기 시작했다. 1950년대 중반에는 회계감사 법인들 간의 경쟁이 치열해졌다. 피트마웍이 수익 면에서 프라이스워터하우스를 앞질렀고, 1913년에 노르웨이 이민자의 후손으로 프라이스워터하우스에서 수련한 아서 앤더슨이 세운 앤더슨사가 독특하게 미국적인 새로운 회계 문화를 가져왔다. 금주법 시대에 난장판이 된 시카고 비즈니스 세계에 충격을 받은 아서 앤더슨은 알카포네의 악명 높은 회계 담당자 '뇌물손(Greasy Thumb)' 제이크 구지크 같은 인물들이 장악한 부패한 도시에 질서를 가져오려 했다 (결국 구지크의 회계장부가 탈세 증거가 되어 알카포네를 궁극적으로 몰락시켰다). 앤더슨은 윤리 의식이 투철한 사람이어서 감사관들은 누구보다 먼저 투자자에게 도움이 되어야 한다고 주장했다. 그는 "보고서의 온전함을 유지하기 위해, 회계사는 판단과 행동의 절대적 독립성을 고수해야 한다"라고 주장하며, 자신에게 "부정확하거나 거짓된 상부에 서명하게 만들 정도의 논이 시카고에 없을 것"이라고 자신있게 말했다.[11]

자제력과 높은 기준은 철저한 훈련을 통해 얻을 수 있다고 앤더슨은 믿었다. 그는 "똑바로 생각하고 똑바로 말하라"라고 한, 노르웨이출신 어머니의 단순한 원칙을 바탕으로 회계 유토피아를 건설하려 했다. 도덕적 청렴성과 자제력, 치열한 경쟁에 대한 앤더슨의 이상은 새로운 비즈니스 모델의 토대가 된다. 아이비리그와 다른 경쟁 대학 출신들을 이용하는 대신, 앤더슨은 자신이 직접 훈련시킬 수 있는 중서부 출신의 근면한 인재들을 찾아냈다. 그리고 시카고 외곽 세인트찰스에 있는 전 세인트도미니크 대학 캠퍼스 5만 5,000에이커의 부지에회계 대학을 세웠다. 전성기에는 500명의 정규 직원과 1,800명의 정규 학생, 6만 8,000명의 시간제 학생이 매년 이 캠퍼스를 거쳐 갔다. 이 완벽한 회계의 세상에서, '껍질콩(green bean)'이라고 불리는 신참들은 캠퍼스에서 생활하며 훈련을 받았다. 가까운 숙소 건물에는 파트너들이 상주하며, 셔츠와 넥타이뿐 아니라, 노동절에서 현충일까지는 펠트 모자를, 그 이후에는 밀짚모자를 지정된 옷걸이에 걸게 하는 등 종교 집단을 방불케 하는 엄격한 규율을 주입시켰다. '앤드로이드(Android)'라고 불리기도 하는 앤더슨의 직원들은, 시카고 출신이건 런던 출신이건 쿠알라룸푸르 출신이건, 모두 분명한 기준과 경쟁력, 위계적 충성이라는 동일한 모델에 맞도록 훈련되었다. 이 모델은1970년에도 변함없이 유지되었다. 1990년대에 한 신참은 앤더슨 훈련 과정에 처음 참여한 순간을 이렇게 표현했다. "이건 크메르 루즈

시대의 개막이다. 모두들 마치 방금 태어난 신생아가 된 것 같다."[12]

처음부터 아서 앤더슨은 프라이스워터하우스의 영국 전통에서 탈피했다. 엄격한 청렴성을 지키며 일한다는 전제하에, 회계사는 '새로운 기업에 대한 투자나 기존 사업 확대의 타당성'에 대한 컨설턴트 역할도 해야 한다고 믿었다. 원가 계산 모델을 이용하여 사업 전체를 재설계할 수 있고 업계의 동향도 재설계할 수 있다는 생각이었다. '빅 에이트(Big Eight)'라고 불리는 여덟 군데 감사 법인(프라이스워터하우스, 딜로이트, 해스킨스앤드셀스, 피트마윅미첼, 아서앤더슨, 투쉬로스, 쿠퍼스앤드리브랜드, 언스트앤드위니, 아서영)들 간에 경쟁이 치열해지면서, 모두들 이제 컨설팅으로 영업 범위를 확대해야 할 상황에 처했고, 너나 할것 없이 자신들이 독립적으로 감사를 수행해야 할 똑같은 기업으로부터 막대한 컨설팅 계약을 수주함에 따라 독립성의 기준선도 희미해졌다.[13]

회계 스캔들과 경제 논쟁으로 신뢰를 잃은 회계 법인

이러한 모순이 빅 에이트 감사 법인들의 발목을 잡는 것은 시간 문제였다. 1970년대에 다수의 회계 스캔들이 업계를 뒤흔들었다. 도산 직전의 펜센트럴 철도 같은 회사들이 터무니없는 장부 기록을 통해 수익을 400만 달러로 기재한 것이다. 베트남 전쟁의 사회적 혼란을 배경으로, 회계사들과 앤드로이드들은 '고지식한 사람'의 대명사가 되었고, 따라서 문화적으로 별로 인기가 없었다. 1971년 무렵, 닉슨 행정부 아래에서 인플레이션이 5퍼센트로 치솟았다. 1971년과 1976

년 사이에 물가는 38.2퍼센트나 올랐다. 많은 비평가들은 '인플레이션 회계 기법'에 합의를 이루지 못한 데 대해 회계사들을 탓했다. 공정하건 그렇지 않건, 기업들이 이익을 과장하거나 가치 하락을 축소하거나 널뛰는 통화 가치를 부정확하게 측정함으로써 장부를 조작하면 비난의 화살이 회계사들을 향했다. 인플레이션 소동 속에서 회계사들은 객관적이고 독립적인 감사를 실시할 능력이나 의지가 없는 것으로 보였다.[14]

인플레이션은 가치를 측정하는 방법에 대한 생각 자체와 회계의 정확성을 위태롭게 했다. 인플레이션으로 통화의 가치가 하락하면, 통화의 평가절하, 곧 역사적 가치(취득원가부터 시간 경과에 따른 변화를 합산한 수치)가 항상 자산의 실제 가치(회계 용어로 대체원가와 취득원가의 차액)를 반영하지는 않았다. 이는 기업들이 통화의 평가절하, 평가절상의 수치를 허위로 기재해 수입을 적게 반영하고 수치를 조작할 수 있었기 때문이다.

기업의 회계 조작을 관리할 방법을 찾던 회계사들은 '손상차손 인식'(impairment recognition: 시장가치의 급격한 하락 등으로 자산의 미래 회수 가능액이 장부 금액보다 낮아질 가능성이 있으면 이를 재무제표상 손실로 인정하는 것을 말함—옮긴이)이라는 개념을 고안하고, 이 개념에 따라 허위 보고를 고려하여 진정한 기업 자산을 계산하려 했다. 그들은 기업 자산의 '공정 가치'를 평가하기 위해 '시장 대 시장' 방법을 이용했다. 이것은 역사적 원가(과거에 실제로 발생한 거래 금액을 뜻함. 실제원가—옮긴이) 또는 취득원가가 아니라 현재의 시가를 기준으로 기업을 평가하는 것을 뜻했다. '공정 가치' 회계는 또한 달러의 가치가 늘 동일하지는 않다는 생각을 토대로 했다. 당일의 달러 가치는 종합물가지수를 이용해 1달러의 가치가 얼마인지에 따라 계산해야 했다. 이는 과거의 달러 액수가 현재의 '실제' 구매력으로 바뀌는 것을 뜻한다. 그러나 모든 회계사가 공정 가격이 최선의 도구라는 데 동의하는 것은 아니었으며, 공정 가격 역시 조작될 가능성은 있었다. 가치에 대한 개념이 불확실해짐에 따라, 회계는 추측성이 강해졌고 회계장부는 정확히 감사하기가 한층 더 힘들어졌다.

무엇보다 심각한 것은, 회계 스캔들과 불가해한 경제 논쟁이 계속됨에 따라 대중이 이런 주장들 속에서 길을 잃을 뿐 아니라 감사와 대차대조표에 대한 신뢰가 떨어져서 그런 것들을 아예 무시할 것이라는 점이었다. 당시 프라이스워터하우스의 사장 헤르만 베비스는 대중이 회계 법인에 기대하는 것과 회계 법인이 실제로 할 수 있는 것 사이에 격차가 있다고 불평했다. 문제는 대중의 신뢰만이 아니었다. 1966년 무렵 회계감사 회사들은 '연방소송규칙(Federal Rules Procedure)'과 1931년 울트라마레스(Ultramares) 판결의 기준이 적용됨에 따라, 그들이 감사한 기업이 저지른 분식회계에 대해 책임을 지게 되었다. 울트라마레스 판결은 개별 주주들에 대한 책임이 기업의 외부 회계감사 회사에 있다고 간주했다. 만일 어떤 기업이 허위 장부나 보고서를 제출했는데 회계사가 이를 인식하지 못했거나 보고하지 않은 경우, 해당 기업과 회계감사 회사 모두 법적 조치에 직면하게 된다는 판결인 셈이다.[15]

독립성이 보장된 국가 회계 기관의 필요성

　1974년 무렵, 빅 에이트 회계감사 회사는 무려 200여 건의 소송에 휘말렸다. 1976년에 의회는 몬태나의 강력한 민주당 원로인 상원 의원 리 멧커프가 이끄는 위원회를 통해 개입에 나섰다. 멧커프 보고서는 신랄했다. 그것은 회계감사 회사들이 감사 대상 기업에게 권한을 '과도하게 위임'했으며, 이로써 '충격적인 독립성 결여'를 입증했다고 단언했다. 멧커프 위원회는 또한 대중의 이익을 보호하고 대중에 대한 의무를 이행하지 못했다는 이유로 증권거래위원회(SEC)도 비난했다. 또한 SEC가 회계 회사들을 규제하여 그들이 기업에 회계감사와 컨설팅을 제공할 때 독립성 표준을 따르도록 해야 한다고 주장했다. 이제 회계 회사들은 자체적인 규칙을 만들 권한을 갖지 못했다. 부실 회계는 국가적 문제가 되었고, 200년 동안 회계 표준과 규칙을 개별 회사들에게 맡겨왔던 미국 정부가 이제 그 임무를 인계함에 따라 의회가 회계 활동과 표준에 대한 관리·감독을 수행하게 되었다.[16]

　그러나 책임성은 양날의 검이었다. 이제 정부가 주요 감사관이 된다면, 과연 정부는 누가 감사할 것인가? 1960년대와 1970년대에 미국 정부는 조사를 받기 위해 슬슬 장부를 열기 시작했다. 의회는 베트남 전쟁 예산을 두고 린든 존슨 대통령과 논쟁을 벌였고, 1970년대 인플레이션으로 경제적 대혼란이 야기되자 공공 재정을 둘러싼 정치적 분쟁을 해결하기 위해 비당파적 국가 회계 기관이 필요하다는 데 의견 일치를 보았다. 1972년 리처드 닉슨 대통령이 의회에 부채 상한선을 2,500억 달러로 높여달라고 요구했을 때, 의회는 예산과 부채 결정에 대한 의회의 역할을 강화하고 대통령의 관리예산처를 견제하기 위해 합동예산관리연구위원회를 창설함으로써 지출 우선순위 관련 분쟁에 대응했다. 닉슨 대통령은 과세에서 지출에 이르기까지 재무 분석을 위한 자료를 의회에 제공하고 국가 재정과 예산을 예측하는 임무를 맡게 될 비당파적 의회예산처(Congressional Budget Office, CBO)의 창설을 법으로 제정했다. 결국 애초에 철도주를 분석하기 위해 만들어진 무디스, 스탠더드앤드푸어스, 피치 같은 기존의 신용평가 회사들은 국가공인신용평가기관(NRSROs)이 되어 공식적으로 민간 기업과 국가를 위해 채권과 투자유가증권을 평가할 수 있도록 SEC의 허가를 받았다.[17]

1980년대 후반에는 신용평가 기관들이 각국의 통화 가치와 정부 부채(국가가 부채를 성공적으로 갚을 수 있는 능력)를 평가하기 위해 국가의 신용도를 적극적으로 분석했고, 처음에 3개국으로 시작한 평가가 50개국으로 확대되었다. 1985년 이전에는 대부분의 국가가 AAA 신용등급을 받았지만, 1990년대에는 정부 부채와 통화 가치가 점점 복잡해지고 평가하기 어려워지면서 상황이 바뀌었다. 신용평가 회사와 그들에게 비판적인 사람들은 국가의 신용등급을 결정하기 위해 국가 부채(외국인 투자자에게 팔기 위해 정부가 발행한 공채)를 평가하는 것이 다분히 추측에 근거한 것임을 깨달았다. 그럼에도 신용평가 회사들은 신성불가침의 지위를 유지했다.[18]

빅 에이트의 '커튼 뒤'

그러나 회계감사 회사들의 평판은 나빠졌다. 기업 컨설팅에서 회계감사 회사들이 수행하는 적극적인 역할을 고려할 때 〔감사의 역할과〕 이해가 충돌할 것으로 예상되었기 때문이다. 멧커프 보고서는 회계감사 회사들의 컨설팅 서비스를 비판하며, 그것은 "특히 독립적인 감사의 책임과 양립할 수 없으며 연방 행동 기준에 따라 금지되어야 한다"라고 주장했다. 회계감사 회사들은 동일한 기업에 대하여 컨설팅 서비스와 외부 회계감사 역할이 양립할 수 있다고 주장하며 계속해서 서비스를 제공했고, 그에 대한 대가로 종종 수천만 달러에 이르는 수수료를 받았다. 1981년에 언론인 마크 스티븐스는 빅 에이트 회계감사 회사의 '커튼 뒤'에서 일어나는 일을 신랄하게 비판하며, 그들이 방대한 감사 기록의 '자물쇠'를 쥐고 있으며 멧커프 보고서가 존재함에도 불구하고 회계감사 업계가 임무를 방기하고 있다고 비난했다. 회계는 명성에 타격을 입었지만, 대형 회계 회사들은 여전히 그런 대규모 감사에 전문성을 지닌 유일한 존재들이었다. 대중에게 불신을 받은 만큼 기업들에서는 가치를 인정받은 빅 에이트 회계감사 회사들은 업계를 주름잡았다.[19]

1989년에 언스트앤드위니는 아서영과 합병하여 언스트앤드영을 설립했고, 딜로이트와 해스킨스앤드셀스는 투쉬로스와 합병하여 딜로이트앤드투쉬(영국에서는 다른 합병이 있었다)가 되었다. 이제 빅 에이트는 빅 식스가 되었다. 1991년 스티븐스는 『빅 식스: 미국 최상위 회계 법인의 배신』에서 한 차례 더 공격을 감행했다. 그는 견제되지 않는 '거대 기업' 빅 식스는 자신들이 회계감사를 실시하는 동일한 기업의 컨설턴트로 일함으로써 주머니를 불리고 있다고 주장했다. 유리한 감사 결과는 기업 가치의 상승을 뜻했고, 이는 결국 컨설팅을 제공하는 회계감사의 수익으로 이어질 수 있었다. 스티븐스에 따르면, 회계사들은 오해의 소지가 있는 회계감사를 제공함으로써 은행가를 등쳐먹고 있었다. 게다가 월스트리트가 회계감사 회사가 자사의 이익을 제외한 누군가의 이익을 지키고 있다는 순진한 믿음을 뒷받침하고 있다고 스티븐스는 비판했다.[20]

대공황의 교훈을 잊다

비교적 온건한 사람들노 대형 회계감사 회사들의 청렴성에 의문을 제기하기 시작했다. 예를 들어 재무 분석가이자 『비즈니스 위크』 국장 리처드 멜처는 이 잡지에 실린 1998년 사설에서 '회계사는 어디에 있는가?'라는 질문을 던진다. 그는 회계감사 회사가 공평무사한 심판으로서의 역할을 수행하기보다 고객들에게 불법은 아니지만 위험한 회계 수법의 여지를 너무 많이 허용하고 있다고 공격했다.[21]

멜처는 회계감사 회사의 총 수입 중에 50퍼센트 이상이 컨설팅에서 나오며, 이것이 본업인 회계 업무의 가치를 능가하려 한다는 사실을 비판했다. 앤더슨급의 대기업 경영자들이 안이하게 감사와 컨설팅 계약을 이중으로 맺음으로써, "갑자기 환경적 책임 또는 다른 법적 책임이 축소되거나, 재고자산의 감가상각이 왜곡되거나, 분기 말 매출이 부풀려진다." 그는 증권거래위원회(SEC)가 그 사실을 알아차리기를 바랐다. 앤더슨의 경영진은 회의에서 실제로 멜처의 글을 가지고 도론을 벌였고 자사가 컨설팅에 의존하고 있는 것에 우려를 표명하기도 했다. 그러나 회사 윤리와 위험 감수를 검토하는 것은 고사하고 독립성을 확보하기 위한 어떠한 조치도 이루어지지 않았다.[22]

대부분의 회계사들은 부실 감사로 컨설턴트 소송에 휘말릴까 두려워 규칙을 고수했다. 그러나 이제 대중은 회계사들을 불신하게 되었다. 그 이유를 아는 것은 어렵지 않았다. 기업 고객들은 감사보다는 컨설팅에 훨씬 더 관심이 많았으며 그 일에 더 큰 수익을 약속했다. 컨설팅 사업이 붐이었다. 그리고 최악의 사태는 아직 닥치지 않았다.[23]

1999년에 미국 정부는 경제적 자유를 구실로 글래스–스티걸법을 '그램–리치–블라일리법(Gramm-Leach-Bliley Act)'으로 대체했다. 이법은 대중과 투자자에 대한 보호 장치 없이 시중은행과 투자은행, 증권회사와 보험 회사의 통합을 허용하는 것으로, 은행이 예대(預貸) 업무뿐 아니라, (주택담보대출 증권 같은) 증권의 보증 및 판매 업무도 할 수 있게 했다. 클린턴 대통령은 11월 12일에 이 법안에 서명하면서, 이 조치가 '1930년대 이래로 미국 금융 시스템의 구조에 가장 중요한 법적 변화'임을 인식했다. 그는 글래스–스티걸법을 폐지하고 은행과 증권 회사 간의 '제휴'를 허용한 것이 경쟁에 불을 붙이고 '금융 서비스 시스템의 안정성을 강화하여 세계 금융시장에서 경쟁하는 데 도움을 줄 것'이라고 했다. 또 이 법안에 '중요한 안전성과 견실성을 위한 보호 장치'가 포함되어 있다고 주장했다. 그러나 대공황 이후 회계와 기업 책임성을 위해 마련한 보호 장치는, 규제 완화와 복잡한 금융상품으로 당대의 호황이 영원히 지속될 것이라는 '비합리적으로 낙관적인' 확신과 함께 서서히 사라져갔다.[24]

미국 최악의 회계 부정 사건

한편 1990년 무렵, 빅 식스는 전 세계에서 문자 그대로 수십만 명의 회계사를 고용했다. 문제는 회계감사 시장이 포화 상태여서 성장 가능성이 매우 낮았고 수익도 떨어졌다는 점이다. 기업들은 이제 아서 앤더슨이 맨 처음에 제안했던 대로 감사관들이 숫자에 대한 특유의 통찰력을 컨설팅 목적으로 이용해주기를 원했다. 회계감사 회사의 사업 해결사로서의 명성이 워낙 강력해서, 예를 들어 앤더슨의 경우 컨설팅 사업부가 곧 회계감사 사업부를 잠식했고, 결국 1990년대의 처참한 기업 사기의 주역이 되고 말았다. 시카고의 앤더슨 본사를 방문한 사람들은 회계감사 사업부가 칙칙한 사무실을 쓰는 반면, 컨설팅 사업부는 가구가 완비된 안락한 공간에서 운영되고 있다는 사실에 의아해 했다. 다른 회계감사 회사들도 컨설팅으로 큰돈을 벌고 있긴 하지만, 앤더슨은 주객이 완전히 전도되어 컨설팅 사업부가 회사 전체를 쥐고 흔들고 있었다. 순수하게 수익만 생각하면 그럴 만도 했다. 1992년과 2001년 사이, 회사의 수익은 세 배로 증가했는데, 그중 70퍼센트가 컨설팅에서 나왔다. 앤더슨은 웨이스트매니지먼트와 월드컴, 그리고 가장 악명 높은 텍사스의 에너지 회사 엔론 같은 눈에 띄는 '신경제' 기업들에게 컨설팅을 제공하며, 그들의 감사관 역할도 수행했다. 이 회사들은 하나같이 거짓 회계 기록을 이용해 주가를 부풀렸다. 마침내 한때 존경받던 앤더슨을 비롯한 모든 회사가 파산했다. 앤더슨은 엔론을 위해 거짓 재무제표를 작성한 혐의로 2002년 텍사스에서 기소되었고, 증권거래위원회(SEC)는 웨이스트매니지먼트와 월드컴 같은 회사들을 위해 앤더슨이 부정한 회계감사를 수행했음을 밝혀냈다.[25]

앤더슨은 엔론 사기의 규모가 어마어마하게 큰 데다 회사의 주가 부풀리기에 공모한 사실이 분명해지면서 결국 침몰했다. 엔론 주식이 폭락하면서 주주들은 무려 110억 달러의 손실을 입었다. 앤더슨의 허위 회계감사가 어찌나 악명 높았던지 조지 W. 부시 대통령은 워싱턴 DC에서 열린 2002년 연례 알팔파 클럽(Alfalfa Club) 만찬에서 이와 관련한 농담까지 했다. 대통령은 사담 후세인에게 좋은 소식과 나쁜 소식을 들었다며 이렇게 말했다. "좋은 소식은 그가 우리에게 생물학적·화학적 전투 시설을 사찰하도록 허용할 용의가 있다는 것입니다. 나쁜 소식은 그 사찰을 아서 앤더슨이 맡아야 한다고 주장한다는 것이고요."[26]

엔론 사건에서 비극적 아이러니는 앤더슨의 기본적인 회계감사는 제대로 이루어졌다는 점이다. 2001년에 잘 훈련된 중간급 감사관들은 엔론의 수상한 거래와 분식회계를 입증하는 보고서를 작성했다. 그러나 연간 1억 달러에 이르는 컨설팅 수입을 잃을 가능성에 직면한 최고 경영진은 그 감사 보고서를 무시했다. 엔론은 잃어버리기엔 너무 큰 고객이었다. 앤더슨이 엔론의 부정행위를 알고도 은폐했다는 증거가 쌓여감에 따라, 엔론의 회계감사를 담당했던 파트너 데이비드 던컨은 증권법 위반 혐의를 받을까 두려워 사무실 직원에게 관련 문서를 파기하라고 명령했다. 그러나 그것은 헛된 바람에 불과했다. 사기의 규모가 워낙 큰 데다 앤더슨과 엔론의 공모는 부정할 수 없는 범죄였기에, 엔론의 몰락은 곧바로 앤더슨의 몰락으로 이어졌다. 던컨은 (감형을 조건으로) 정부 측 증인으로 출석하여 회사에 등을 돌렸다. 그러나 오늘날까지 그도 다른 앤더슨 직원도 미국 역사에서 가장 큰 대가를 지불한 최악의 재무 사기에서 장부를 조작한 혐의로 실형을 살지 않았다. 한때 세계 곳곳에서 활동하는 직원이 8만 5,000명에 이르렀던 앤더슨은 오늘날 계속되는 소송을 관리하기 위한 최소한의 직원 200명만을 두고 있다.[27]

리먼 쇼크로 드러난 빅 포의 문제점

엔론 사태와 잇따라 발생한 다른 기업들의 회계 스캔들 및 도산(그 중에는 티코인터내셔널, 아델피아, 페레그린시스템스 같은 대기업도 있었다)에 대한 반응으로, 조지 W. 부시 대통령은 2002년 '사베인스-옥슬리법(Sarbanes-Oxley Act)'을 제정하여 회계감독위원회(PCAOB)를 설립했다. 회계감사의 독립성과 기업 지배 구조를 보장하고 기업 감사와 재무 공개의 규칙을 명확하게 하려는 시도였다. 이것은 철저히 기업 책임성에 관한 법이었다. 대통령은 이렇게 말했다. "낮은 기준과 거짓 수익의 시대는 끝났습니다. 미국에서 어떤 중역 회의실도 법 위에 존재하거나 법을 넘어서서 존재하지 않습니다." 그는 적어도 회계사들에게는 심판의 날이 왔다고 말했다. "자유시장은 비양심적인 자들만 살아남는 밀림도 아니고, 오직 탐욕에 의해 이끌리는 재정적 난

투전도 아닙니다. …… 우리 경제를 위해, 법을 어긴 자들, 공정성의 규칙을 어긴 자들, 부정직한 사람들은 제아무리 부유하거나 성공한 사람이라도 대가를 치르게 될 것입니다."[28]

양당 지도자들의 지지를 얻어 통과된 사베인스-옥슬리법은 꼭 필요하고 효과적인 법으로 보였기에, 이후 호주, 프랑스, 독일, 이탈리아, 이스라엘, 인도, 일본, 남아프리카공화국, 터키에서도 유사한 법이 잇따라 통과되었다. 뉴욕에서는 그 법이 엔론과 월드컴 사태 이후 무너진 미국 주식시장에 대한 신뢰를 회복시켜주기를 희망했다. 그러나 엄격한 회계 규제의 결과로 힘이 약해진 회계 회사들이 골리앗처럼 강력한 은행과 기업 들을 상대해야 했고, 이런 대기업들은 고액 연봉을 받는 창의적인 내부 회계장부 담당자와 로비스트 팀까지 갖추고 회계 회사보다 한 발 앞서갈 수 있었다.

이런 정황은 2008년 금융 위기에서 쟁점이 된다. 당시 가치가 과대평가된 비우량 주택담보대출 증권들을 묶어서 만든 파생상품인 자산담보부증권(Collateralized Debt Obligations, CDOs)은 전 세계적인 금융 붕괴를 초래했다. 베어스턴스, 리먼브라더스와 불과 몇 블록 떨어진 곳에 뉴욕 연방준비위원회와 증권거래위원회(SEC) 뉴욕 지국, 그리고 70만 명의 직원을 거느린 빅 포 회계 회사들(프라이스워터하우스쿠퍼스, 딜로이트투쉬토마츠, 언스트앤드영, KPMG)이 버젓이 있었는데도 불구하고 이 투자은행들은 결국 붕괴했다. 그리고 그 결과 부실 자산 구제 프로그램이라는 우스꽝스러운 이름으로 나머지 투자은행에 연방 긴급 구제 금융 프로그램이 실행되었다. 회계감사 회사들은 은행과 규제 기관에 CDOs가 클래스3 자산(클래스1은 현금)이고, 그 가치는 투기적이며 무척 위험하다고 경고했었다. 그러나 그들은 CDOs가 금융 위기를 초래할 수 있다고 주장할 만한 힘도 없었고, 어쩌면 그럴 의지도 없었던 것 같다. 규제 당국과 회계감사 회사, 은행이 지척에 있는데도 임박한 추락을 인지한 사람은 거의 없었다.

금융 시스템의 붕괴 직후에 회계감사 법인의 취약한 위치가 여실히 드러났다. 투자은행들은 빅 포가 그러한 붕괴를 초래했다고 탓했다. CDOs의 가치에 대한 빅 포의 위험 회피성 저평가가 증권 가치에 대한 신뢰를 떨어트려 위기를 부채질했다는 것이다. 대중은 회계 회사가 올바르게 감사를 하지 못하고 있다고 의심했다. 기업 및 금융 지도자 들은 회계 회사들이 그들의 자산을 과소평가한다며 비난했다. 이 사이에 낀 빅 포는 자칫 회계상의 실수나 법적 실수를 범한다면 앤더슨 같은 소송과 회계업계의 내부 붕괴로 이어질 수 있다는 두려움을 가졌고, 그 때문에 계속 조심스러운 행보를 보였다. 실제로 영국의 규제자들은 빅 포의 독점 자체가 회계업계에 위험이 되고 있다고 걱정하기 시작했다. 투자은행들과 마찬가지로, 모든 회사의 큰 거래처들이 복잡한 금융 촉수를 통해 서로 연결되어 있었다. 빅 포 중 하나가 몰락하면 나머지 세 곳도 함께 무너질 수 있었다. 빅 포는 쉽사리 무너지기에는 덩치가 너무 컸지만, 기업 고객을 효과적으로 감사하기에는 힘이 너무 약했다.[29]

금융 위기에 대한 심판은 없었다

디킨스라면 그런 난문제를 간파했을 것이다. 미국과 영국 정부는 회계감사 회사의 기만행위를 막기 위해 그들의 날개를 묶어두려 했지만, 결국 효과적인 회계감사관 없이는 정부는 물론이고 금융과 산업을 감독하는 것이 불가능함을 깨닫게 되었다. 수많은 감사관들이 회계 회사와 SEC, 법무부(유럽 규제 기관은 말할 것도 없고)에서 일하고 있지만, 2008년 금융 위기로 감옥에 간 사람은 아직 한 명도 없다. 재무 범죄를 저질렀거나 악의적으로 관리·감독 의무를 방기한 장본인을 색출하여 감옥에 보내는 것은 감사관과 정부 규제자들이 수행해야 하는 업무 가운데 하나이지만, 어쩐 일인지 미국과 유럽에서는 2008년 경제 붕괴 이후 몇 년간 그런 방법을 선택하지 않았다. 만일 정말로 그런 공격적인 방법을 썼다면 개혁이 일어나 이후 재무 활동이 개선되었을지도 모른다. 미국의 법무장관 에릭 홀더는 주요 투자 회사들의 규모와 중요성이 불법적 재무 행위를 기소하는 것을 '가로막는 영향'을 미쳤다고 공식적으로 말했다. 그는 금융 기관들에 대한 (벌금을 넘어서는) 지속적인 법적 소송이 금융 시스템을 불안정하게 만들 수 있다는 우려를 표명했다.[30]

법과 규정과 적극적인 재정 압박이 존재하는데도 불구하고 강력한 힘이 재무 투명성을 가로막고 있었다. 은행과 기업과 정부 기관은 운영의 엄청난 규모와 복잡성 탓에 회계감사를 실시할 수 없는 존재가 되었다. 골드만삭스를 진짜로 감사하는 데 실제로 몇 명의 회계사가 필요할까? 1만 명? 4만 명? 그리고 실제로 이것이 가능한 임무인가? 어쩌면 아예 불가능할지도 모른다. 사실 현재로서는 정부와 회계감사 회사들은 박테리아처럼 끊임없이 변하는 재무 도구와 금융 수법을 따라잡을 수가 없다. 동시에 정부가 효과적으로 스스로를 감사할 수 있는지도 불투명하다. 세계 금융 시스템은 지자체와 정부의 부실 회계에서 비롯된 재앙의 위협에 직면해 있으며, 그리스 같은 국가와 디트로이트 같은 대도시가 부실한 계획과 부실한 장부 기록 때문에 파산하고 있다. 정부 회계사는 툭하면 국가와 도시가 연금을 지불할 수 있다고 계산한다. 지급 의무가 있는 지자체나 정부의 장기부채의 위험에 익숙하지 않은 대중은 부실한 정부 회계를 향해서 원성을 거의 토해내지 않는다. 경제 범죄를 색출하겠다는 법무부의 최근 위협과 주요 은행들에 부과된 벌금에도 불구하고 월스트리트나 정부에서는 심판이 일어나지 않았다. 그리고 심판이 없다면, 진정한 개혁을 위한 동기는 있을 수 없다.[31]

책임성을 이루기 위해 싸워온 역사

책임성은 왜 그토록 이루기 어려운가

르네상스에서부터 19세기에 이르기까지, 위대한 화가들과 철학자들은 회계사와 그들의 복잡한 사회적 역할을 그리고 논했다. 이제 더는 위대한 화가들이 회계사를 그리지 않는다. 그리고 그것은 그리 놀랄 일이 아니다. 엔론 사태와 같은 대실패 이후, 회계사들은 따분할 뿐 아니라 부패하고 비전문적인 부류로 인식되었다. 정치경제 평론가들 중에 회계사나 회계에 대해 논하는 사람은 거의 없다. 시무룩한 이미지와 이해하기 어려운 직업적 측면 때문에, 회계사들은 일상적인 문화에서 동떨어진 존재가 되었다. 우리의 세계에는 찰스 디킨스처럼 뛰어난 다층적인 사회적·도덕적 분석을 통해 재무 회계의 복잡한 세계를 생생하게 그려낼 예술가가 없다. 그러나 지난 세기를 거치면서 회계사들이 문화적 관심과 상상으로부터 멀어진 상황과 별개로 그들은 수적으로 점점 증가했고, 재무 활동을 위해 필요한 대규모 숫자 계산에 점점 더 능숙해졌으며, 책임성을 담보하는 과정에서 점점 더 필수적인 존재가 되었다.

지금까지 우리가 살펴본 대로, 이런 현상은 일정한 패턴을 따른다. 르네상스 이탈리아, 스페인과 프랑스의 전제군주제에서 네덜란드와 영국, 미국의 상업 사회에 이르기까지, 회계는 엄청난 영향력을 지니고 등장했지만 결국 위험스러운 어둠 속으로 후퇴했다. 재무적으로 가장 숙련된 사회에서도, 디킨스가 훌륭하게 표현한 것처럼, 재무는 '화려하고, 거대하고, 위압적이고, 실행 불가능'했다. 실제로 디킨스는 회계는 인간의 통제를 벗어난 것이어서 오직 행운만이 숫자와 서류가 만들어낸 미로에서 등장인물을 구출해줄 수 있다고 느꼈다.[1]

지난 수백 년간 재무 책임성을 이뤄내기 위한 몸부림이 있었음을 생각하면, 최근에 우리가 기업과 정부를 효과적으로 감사하고 그들에게 책임을 묻지 못한 것이 이해할 수 없는 일로 보인다. 그러나 우리의 상황 역시 역사적 패턴을 따르고 있다. 회계 개혁이 이루어지자마자 그것에 저항할 방법을 찾는 식이다. 실제로 테크놀로지의 등장은 책임성이라는 과업을 달성하는 것을 더욱더 어렵고 벅차게 만들었다. 규제자들과 감사관들조차 미로처럼 복잡한 숫자와 재무 대수, 초고속으로 이루어지는 거래와 부채담보부증권 같은 복잡한 금융 파생상품에 직면해 어려움을 겪고 있다.

실패가 내재되어 있는 세계 금융 시스템

정부가 '빅 포' 회계 회사들의 힘과 취약성이라는 역설과 씨름하는 동안, 정작 정부의 회계장부는 점점 더 어지러워졌다. 위험한 주택담보대출을 묶어서 판매하는 부채담보부증권은 여전히 가치를 평가하기가 어려우며 금융시장과 주식시장에 위협이 되고 있다. 미국의 지자체들은 파산했고, 유럽의 일부는 지급 불능 위기 속에서 휘청거리고 있다. 국제회계기준위원회는 지자체와 정부의 회계가 '원시적 무정부' 단계에 놓여 있다고 규정했다. 부유하건 가난하건, 모든 국가가 연금수당과 보건 의료의 실제 비용, 사회기반시설 비용을 대차대조표에서 숨기고 있다. 무디스, 피치, 스탠더드앤드푸어스 같은 신용평가 기관은 스캔들이나 오류가 있었던 주요 산업 국가들의 신용등급을 하향 조정했다. 미국과 프랑스도 그렇고, 이탈리아와 스페인, 그리스의 경우는 더 극적으로 등급이 하락했다. 불신의 악순환 속에서, 많은 비판적인 사람들은 결국 빅 포와 더불어 신용평가 기관의 청렴성과 능력에도 의구심을 제기하고 있다.[2]

이런 질문을 던져볼 수 있다. 어째서 민주주의 정부들이 월스트리트의 정교한 차입자본 투자부터 메인스트리트의 흔해빠진 주식담보대출에 이르기까지 금융계를 안정시키기 위해 더 많은 일을 하지 않는가? 한 가지 이유는, 회계나 정치경제의 가장 기본적인 원칙조차 모르는 대중에게 이런 어려운 문제들은 다른 세상 얘기나 마찬가지라는 것이다. 또 다른 이유는, 정부와 회계감사 회사가 박테리아처럼 끊임없이 변하는 재무 도구와 금융 수법을 따라잡지 못한다는 것이다.

회계 회사나 공공 기관이 무능해서 정확한 수치를 얻을 수 없는 것으로 보이니, 시민들과 투자자들은 결국 다국적 기업이나 정부를 신뢰할 수가 없다. 진지하고 건설적인 정책 토론을 발전시키기 위해, 국제통화기금(IMF)의 티머시 어원은 각국의 정부들이 제각각 순가치와 함께 대차대조표를 공개하여 앞으로 50년까지 자산과 부채와 예산을 밝히자고 제안했다. 또 어떤 이들은 그냥 기업이 더 분명한 대차대조표를 발표해야 한다고 촉구했다. 이는 단순한 처방으로 보이지만, 과연 가능할까? 이 제안들 중 어떤 것도 투명한 회계를 위해 역사적으로 얼마나 어려움을 겪어왔는지 고려하고 있지 않다. 그리고 이 제안들 중 어떤 것도 중국의 등장과 함께 제기된 문제들을 다루고 있지 않다. 중국의 경제는 전 세계 제조 및 금융 부문의 상당 부분을 기본적으로 폐쇄된 사회 속에 가리고 있다. 『이코노미스트』지는 중국 정부가 내놓은 경제 통계 수치를 잡지에 싣는 것조차 거부하며, 그것이 본질적으로 책임성이 없는 강대국이 '이상하게 튕긴 주판알'이라고 지적했다. 중국보다는 한결 개방된 다른 나라와 시장도 투명성 부족을 겪고 있다. 우연이 아닌 이런저런 계획들에 의해 불투명해진 세계 금융 시스템에는 경제 사이클을 넘어 이미 실패가 내재되어 있는 것처럼 보인다.[3]

미래의 심판에 대비하려면

여기서 배울 역사적 교훈이 있다면, 회계를 전반적 문화의 일부로 이용할 수 있었던 사회는 번성했다는 것이다. 이 책에서 논의한 곳들만 예로 들면, 제노바와 피렌체 같은 이탈리아 도시공화국과 황금기의 네덜란드, 18세기와 19세기의 영국과 미국은 모두 회계를 교육 과정과 종교적·도덕적 사상과 예술, 철학, 정치 이론에 통합시켰다.

예를 들어 네덜란드에서 책임성은 단지 학습된 개념이나 종교적·인종적 집단의 노동 윤리만은 아니었다. 그것은 문화의 모든 측면에 내재되어 있었다. 사람들은 학교에서 회계를 배우고, 사회생활과 가정생활에서 회계를 적용하고, 동시에 책임성을 다룬 종교적인 글을 읽고, 성경 속 장면이나 메시지를 배경으로 회계 및 재정적 자만심에 대한 경고를 담은 예술 걸작을 보았다. 정치가는 회계와 책임성의 중요성에 대해 논했고, 정치적 팸플릿들은 종교적 언어를 이용하여 회계감사를 촉구했다. 교육받은 시민들 사이에는, 시 행정관에서부터 교육자와 군주에 이르기까지 권력을 가진 자들이 회계를 알고 있으며 재무 책임성이 공화국 시스템에서 얼마나 필수적인지를 인식하고 있을 것이라는 기대가 있었다.

오늘날 경제학은 너무 자수 복잡한 수치 계산과 인간의 행농 패턴이나 경제 사이클에 대한 이론으로 취급되곤 한다. 그러나 경제학은 단순히 수학적 탐구 영역이 아닌 역사적 문화 연구로서 탄생했다. 프랑스 경제학자 장 바티스트 세(Jean-Baptiste Say)는 경제학을 '재산의 일상에 대한 단순한 설명'이라고 불렀고, 막스 베버는 '경제와 사회'를 연구하는 학문이라고 주장했다. 실제로 치명적인 재정적 심판을 피한 사회들은 돈을 의미 있는 문화적 맥락에 위치시켰다.

어쩌면 지나친 물질주의 시대에 휘청거리는 우리 사회를 구원할 방법은, 조사이어 웨지우드의 개인적이고 규율적인 회계나 애덤 스미스 같은 경제사상가들의 역사적이고 도덕적인 접근법과 근대 계산기의 분석 속에 있을지 모른다. 혹은 회계를 신앙과 윤리, 시민 정치, 예술 속에 단단히 잡아둠으로써 장부 기록과 재무 관리의 중요성을 강렬하게 보여주는 얀 프로보스트(Jan Provost)의 〈죽음과 수전노〉† 같은 그림에 담긴 오랜 교훈 속에 그 방법이 있을지도 모른다. 회계가 일상생활에서 격리된 결과, 인간의 관심으로부터 멀어졌고 기대를 접게 되었다. 우리는 한때 재무에 대해 사유하고 그것을 실행하는 사람들에게, 회계 수치를 사회와 문화의 필수적인 부분으로 여기고 회계장부의 세속적 수치들에서 종교적·문학적 의미를 읽어내라고 요구했다. 미래의 심판을 대면하기 위해 우리는 바로 이런 문화적 포부를 되찾아야 할 것이다.4

주

1) Louise Story and Eric Dash, "Lehman Channeled Risks Through 'Alter Ego' Firm," *New York Times*, April 12, 2010.

2) Alain Desrosières, *The Politics of Large Numbers: A History of Statistical Reasoning*, trans. Camille Nash(Cambridge, MA: Harvard University Press, 1998), p. 177; Keith Thomas, "Numeracy in Early Modern England," *Transactions of the Royal Historical Society* 37(1987): pp. 103–132. 19세기 북미에 대해서는 Patricia Cline Cohen, *A Calculating People: The Spread of Numeracy in Early America*(Chicago: University of Chicago Press, 1902), Daniel Defoe, chapter 20 in *The Complete English Tradesman*(Edinburgh, 1839); Ceri Sullivan, *The Rhetoric of Credit: Merchants in Early Modern Writing*(Madison, NJ: Associated University Presses, 2002), pp. 12–17 참조.

3) Domenico Manzoni, *Quaderno doppio col suo giornale*(Venice: 1540), sig. ii verso. Paul F. Grendler, *Schooling in Renaissance Italy: Literacy and Learning 1300–1600*(Baltimore: Johns Hopkins University Press, 1989), p. 322.

4) A.C. Littleton, *Accounting Evolution to 1900*(New York: American Institute Publishing, 1933), p. 25.

5) Max Weber, *General Economic History*, trans. Frank Hyneman Knight(New York: Free Press, 1950), p. 275.

6) Werner Sombart, *Der Moderne Kapitalismus*, 6th ed.(Leipzig, 1924), p. 118. 번역문은 J. A. Aho, *Confession and Bookkeeping: The Religious, Moral, and Rhetorical Roots of Modern Accounting*(Albany: State University of New York Press, 2005), p. 8에서 인용. Joseph A. Schumpeter, *History of Economic Analysis*, ed. Elizabeth Boody Schumpeter(New York: Oxford University Press, 1954), p. 156도 참조. Yuri Bondi, "Schumpeter's Economic Theory and the Dynamic Accounting View of the Firm: Neglected Pages from the Theory of Economic Development," *Economy and Society* 37, no. 4(2008): p. 528에서 슘페터 인용.

1) Suetonius, *The Twelve Caesars*, trans. Robert Graves(Harmondsworth, UK: Penguin Books, 1982), p. 69; *Res gestae divi Augusti*, trans. P. A. Brunt and J. M. Moore(Oxford: Oxford University Press, 1973), stanza 17.

2) Salvador Carmona and Mahmous Ezzamel, "Ancient Accounting," in *The Routledge Companion to Accounting History*, ed. John Richard Edwards and Stephen P. Walker(Oxford: Routledge, 2009), p. 79.

3) 같은 책, p. 14; Max Weber, *The Theory of Social and Economic Organizations*, trans. and ed. A. M. Henderson and Talcott Parsons(New York: Free Press, 1947), pp. 191–192; 또한 Aho, *Confession and Bookkeeping*, p. 8 참조.

4) Littleton, *Accounting Evolution*, p. 83; Richard Brown, *A History of Accounting and Accountants*(Edinburgh: T. C. & E. C. Jack, 1905), p. 17.

5) Augustus Boeckh, *The Public Economy of Athens*(London: John W. Parker, 1842), pp. 185–189, 194; Aristotle, *The Athenian Constitution*, trans. P. J. Rhodes(London: Penguin Books, 1984), pp. 93–94.

6) Boecke, *The Public Economy of Athens*, p. 194.

7) Brown, *A History of Accounting and Accountants*, p. 30.

8) David Oldroyd, "The Role of Accounting in Public Expenditure and Monetary Policy in the First Century AD Roman Empire," *Accounting Historians Journal* 22, no. 2(1995): pp. 121–122.

9) 같은 책, p. 31.

10) Cicero, *The Orations of Marcus Tullius Cicero*(*Philippics*), trans. C. D. Yonge(London: Henry J. Bohn, 1852), 2:34.

11) Oldroyd, "The Role of Accounting," p. 123.

12) *Res gestae divi Augusti*, stanzas 15–16; Oldroyd, "The Role of Accounting," p. 125.

13) Oldroyd, "The Role of Accounting," p. 124.

14) Moses I. Finley, *The Ancient Economy*(Berkeley: University of California Press, 1973), p. 19.

15) Edward Gibbon, *History of the Decline and Fall of the Roman Empire*, 4th ed.(London: W. and T. Cadell, 1781), 1: chap. XVII, p. 55.

16) M. T. Clanchy, *From Memory to Written Record: England 1066–1307*(London: Blackwell, 1979); F. E. L. Carter and D. E. Greenway, *Dialogus de Scaccario*(*The Course of the Exchequer*), *and Constitutio Domus Regis*(*The Establishment of the Royal House hold*)(London: Charles Johnson, 1950), p. 64.

17) Clanchy, *From Memory to Written Record*, pp. 2–92.

18) Robert-Henri Bautier, "Chancellerie et culture au moyen age," in *Chartes, sceaux et chancelleries: Études de diplomatique et de sigillographie médiévales*, ed. Robert-Henri Bautier(Paris: École des Chartes, 1990), 1: pp. 47–75; Brown, *A History of Accounting and Accountants*, pp. 53–121.

19) Brown, *A History of Accounting and Accountants*, p. 54.

20) Thomas Madox, *The Anqituities and the History of the Exchequer of the Kings of England*(London: Matthews and Knaplock, 1711); Clanchy, *From Memory to Written Record*, p. 78.

21) John W. Durham, "The Introduction of 'Arabic' Numerals in European Accounting," *Accounting Historians Journal* 19, no. 2(1992): p. 26.

22) Quentin Skinner, *The Foundations of Modern Political Thought*(Cambridge: Cambridge University Press, 1978), 1:3.

23) Quotations from Grendler, *Schooling in Renaissance Italy*, 307; Ingrid D. Rowland, *The Culture of the High Renaissance: Ancients and Moderns in Sixteenth-Century Rome*(Cambridge: Cambridge University Press, 1998), pp. 110–113.

24) Grendler, *Schooling in Renaissance Italy*, p. 307.

25) 같은 책, p. 308.

26) Carte Strozziane, 2a serie, n. 84 bis, Archivio di Stato, Florence. Geoffrey A. Lee, "The Coming of Age of Double Entry: The Giovanni Farolfi Ledger of 1299–1300," *Accounting Historians Journal* 4, no. 2(1977): p. 80 참조. 그 밖에 복식 부기의 이탈리아 기원과 관련해 참조할 문헌들: Federigo Melis, *Storia della ragioneria*(Bologna: Cesare Zuffi, 1950); Federigo Melis, *Documenti per la storia economica dei secoli XIII–XVI*(Firenze: Olschki, 1972); Raymond de Roover, "The Development of Accounting Prior to Luca Pacioli According to the Account-Books of Medieval Merchants," in *Studies in the History of Accounting*, ed. A. C. Littleton and B. S. Yamey(London: Sweet & Maxwell, 1956), pp. 114–174; Raymond de Roover, "The Development of Accounting Prior to Luca Pacioli," in *Business, Banking and Economic Thought in Late Medieval and Early Modern Europe: Selected Studies of Raymond de Roover*, ed. Julius Kirschner(Chicago: University of Chicago Press, 1974), pp. 119–180; Pietro Santini, "Frammenti di un libro di banchieri fiorentini scritto in volgare nel 1211," *Giornale storico della litteratura italiana* 10(1887): pp. 161–177; Geoffrey Alan Lee, "The Oldest Europe an Account Book: A Florentine Bank Ledger of 1211," *Nottingham Medieval Studies* 16, no. 1(1972): pp. 28–60; Geoffrey Alan Lee, "The Development of Italian Bookkeeping 1211–1300," *Abacus* 9, no. 2(1973): pp. 137–155.

27) De Roover, "The Development of Accounting Prior to Luca Pacioli," pp. 122, 124.

28) Edward Peragallo, *Origin and Evolution of Double Entry Bookkeeping: A Study of Italian Practice from the Fourteenth Century*(New York: American Institute Publishing Company, 1938), pp. 4–5; Brown, *Accounting and Accountants*, p. 99; Alvaro Martinelli, "The Ledger of Cristianus Lomellinus and Dominicus De Garibaldo, Stewards of the City of Genoa(1340–41)," *Abacus* 19, no. 2(1983): pp. 90–91.

29) 제노바 후추 기장의 분석과 설명은 Alvaro Martinelli, "The Ledger of Cristianus Lomellinus and Dominicus De Garibaldo, Stewards of the City of Genoa(1340–41)," *Abacus* 19, no. 2(1983): pp. 90–91 참조.

30) 같은 책, p. 85.

31) 같은 책, p. 86.

2장

1) Iris Origo, *The Merchant of Prato: Daily Life in a Medieval Italian City*(London: Penguin Books, 1992), p. 66에서 인용.

2) 같은 책, pp. 66, 259, 194.

3) Raymond de Roover, *The Rise and Decline of the Medici Bank 1397–1494*(Cambridge, MA: Harvard University Press, 1963), pp. 2–3; Ludovica Sebregondi and Tim Parks, eds., *Money and Beauty: Bankers, Botticelli and the Bonfire of the Vanities*(Florence: Giunti Editore, 2011), p. 121.

4) Origo, *The Merchant of Prato*, p. 194; De Roover, *The Rise and Decline of the Medici Bank 1397–1494*, pp. 38, 194.

5) Origo, *The Merchant of Prato*, pp. 259, 276; Tim Parks, *Medici Money: Banking, Metaphysics and Art in Fifteenth-Century Florence*(New York: W. W. Norton, 2006), pp. 32–33.

6) Pierre Jouanique, "Three Medieval Merchants: Francesco di Marco Datini, Jacques Coeur, and Benedetto Cotrugli," *Accounting, Business and Financial History* 6, no. 3(1996): pp. 263–264.

7) Origo, *The Merchant of Prato*, p. 149.

8) 같은 책, pp. 115–116, 258.

9) 같은 책, pp. 257, 280.

10) 같은 책, p. 119.

11) 같은 책, pp. 103, 117, 137.

12) 같은 책, pp. 115, 137, 122.

13) Basil S. Yamey, *Art and Accounting*(New Haven, CT: Yale University Press, 1989), p. 16.

14) Richard K. Marshall, *The Local Merchants of Prato: Small Entrepreneurs in the Late Medieval Economy*(Baltimore: Johns Hopkins University Press, 1999), pp. 66–69.

15) Sebregondi and Parks, eds., *Money and Beauty*, p. 147; Dante, *The Inferno*, trans. Robert Pinsky(New York: Farrar, Straus and Giroux, 1995), Canto XVII, vv. 55–57.

16) Origo, *The Merchant of Prato*, p. 151.

17) Yamey, *Art and Accounting*, p. 68.

18) Matthew 25:14–30(Revised Standard Version).

19) Augustine, *Sermon 30 on the New Testament*, New Advent Catholic Encyclopedia, www.newadvent.org/fathers/160330.htm, stanza 2.

20) Giovanni Boccaccio, "First Day," in *The Decameron*, trans. J. M. Rigg(London: A. H. Bullen, 1903), p. 12.

21) Dante, "Purgatory," in *The Divine Comedy*, trans. Allen Mandelbaum(Berkeley: University of California Press, 1981), 2:10.105–111.

22) Jean Delumeau, *Sin and Fear: The Emergence of a Western Guilt Culture 13th–18th Centuries*, trans. Eric Nicholson(New York: St. Martin's Press, 1990), pp. 189–197.

23) Robert W. Schaffern, *The Penitent's Treasury: Indulgences in Latin Christendom, 1175–1375*(Scranton, PA: University of Scranton Press, 2007), p. 45.

24) 같은 책, pp. 80–81.

25) Anthony Molho, "Cosimo de'Medici: *Pater Patriae or Padrino?*" in *The Italian Renaissance: The Essential Readings*, ed. Paula Findlen(Malden, MA: Wiley-Blackwell, 2002), pp. 69–86.

26) Origo, *The Merchant of Prato*, p. 154.

27) 같은 책, pp. 315, 323.

28) 같은 책, pp. 342–346.

3장

1) Roover, *The Rise and Decline of the Medici Bank 1397–1494*, p. 47.

2) Curt S. Gutkind, *Cosimo de'Medici: Pater Patriae, 1389–1464*(Oxford: Clarendon Press, 1938), p. 1에서 인용한 Coluccio Salutati, *Invectiva contra Atonium Luscum*.

3) Ronald Witt, "What Did Giovanni Read and Write? Literacy in Early Renaissance Florence," *I Tatti Studies* 6(1995): pp. 87–88; Richard Goldthwaite, *The Economy of Renais-*

sance Florence(Baltimore: Johns Hopkins University Press, 2009), p. 354.

4) Lauro Martines, *The Social World of the Florentine Humanists 1390-1460*(Prince ton, NJ. Prince ton University Press, 1963), pp. 320-336.

5) Machiavelli, *The Discourses*, trans. Leslie J. Walker(London: Penguin Books, 1983), 1:192.

6) Anthony Molho, *Firenze nel quattrocento*(Rome: Edizioni di Storia e Letteratura, 2006), p. 58.

7) De Roover, *The Rise and Decline of the Medici Bank 1397-1494*, pp. 53-76.

8) 같은 책, p. 120.

9) 같은 책, pp. 69-70, 227, 265.

10) Nicolai Rubenstein, *The Government of Florence under the Medici 1434-1494*(Oxford: Oxford University Press, 1998); Parks, Medici Money, p. 98.

11) Goldthwaite, *The Economy of Renaissance Florence*, p. 355; Gutkind, *Cosimo de'Medici*, pp. 196-199; Parks, *Medici Money*, p. 39.

12) Goldthwaite, *The Economy of Renaissance Florence*, p. 355.

13) 코지모의 개인 회계장부는 Cosimo de'Medici, "Calcolo della Fattoria del Mugello," 1448, filza 104, page 6 recto, Mediceo Avanti il Principato, Archivio di Stato di Firenze 참조.

14) Goldthwaite, *The Economy of Renaissance Florence*, pp. 355, 460-461.

15) Raymond de Roover, *Money, Banking and Credit in Medieval Bruges*(Cambridge, MA: Medieval Academy of America, 1948), p. 35.

16) 같은 책, pp. 34, 37.

17) 같은 책, pp. 57-58; Federico Arcelli, *Il banchiere del Papa: Antonio della Casa, mercante e banchiere a Roma, 1438-1440*(Soveria Manelli, Italy: Rubbettino Editore, 2001), p. 79.

18) Plato, *The Republic*, trans. Benjamin Jowett(Oxford: Oxford University Press, 1892), book VII.

19) De Roover, *The Rise and Decline of the Medici Bank 1397-1494*, p. 75.

20) Francesco Sassetti, "Memorandum of My Last Wishes, 1488," Aby Warburg, "Francesco Sassetti's Last Injunctions to His Sons," in *The Renewal of Pagan Antiquity: Contributions to the Cultural History of the Europe an Renaissance*, ed. Gertrude Bing(Los Angeles: Getty Research Institute, 1999), pp. 451-465에서 전재. 바르부르크는 마르실리오 피치노가 지오반니 루첼라이에게 보낸 서한을 번역, 전재하였다.

21) Giovanni Pico della Mirandola, *On the Dignity of Man*, trans. Charles Glenn Wallis, Paul J. W. Miller, and Douglas Carmichael(Indianapolis, IN: Hackett, 1998), stanza 212.

22) De Roover, *The Rise and Decline of the Medici Bank*, p. 71; de Roover, *Money,*

Banking and Credit in Medieval Bruges, p. 86; Florence Edler de Roover, "Francesco Sassetti and the Downfall of the Medici Banking House," *Bulletin of the Business Historical Society* 17, no. 4(1943): p. 66.

23) De Roover, *The Rise and Decline of the Medici Bank*, p. 97.

24) Miles Ungar, *Magnifico: The Brilliant Life and Violent Times of Lorenzo de'Medici*(New York: Simon and Shuster, 2008), p. 58에서 인용.

25) Ungar, *Magnifico*, p. 58에서 인용. 마키아벨리의 말은 De Roover, *The Rise and Decline of the Medici Bank*, p. 364에서 인용.

26) Giorgio Vasari, *The Lives of the Artists*, trans. Julia Conaway Bonadella and Peter Bonadella(Oxford: Oxford University Press, 1991), p. 212; 피치노의 말은 Warburg, "Francesco Sassetti's Last Injunctions to His Sons," p. 233에서 인용.

27) Warburg, "Francesco Sassetti's Last Injunctions to His Sons," pp. 237–238에서 인용.

28) 같은 책; de Roover, *Money, Banking and Credit in Medieval Bruges*, p. 88; de Roover, *The Rise and Decline of the Medici Bank*, p. 363; Edler de Roover, "Francesco Sassetti and the Downfall of the Medici Banking House," p. 76.

29) De Roover, *Money, Banking and Credit in Medieval Bruges*, p. 87; de Roover, *The Rise and Decline of the Medici Bank*, pp. 87, 93.

30) 대차대조표는 de Roover, "Francesco Sassetti and the Downfall of the Medici Banking House," pp. 72–74; Warburg, "Francesco Sassetti's Last Injunctions to His Sons," p. 237 참조

4장

1) Grendler, *Schooling in Renaissance Italy*, pp. 321–323.

2) Anthony Grafton, *Leon Battista Alberti: Master Builder of the Renaissance*(London: Allen Lane/Penguin Press, 2000), p. 154; Yamey, *Art and Accounting*, p. 130.

3) Yamey, *Art and Accounting*, p. 130.

4) Louis Goldberg, *Journey into Accounting Thought*, ed. Stewart A. Leech(London: Routledge, 2001), p. 217에서 인용.

5) John B. Geijsbeek, *Ancient Double-Entry Bookkeeping: Luca Pacioli's Treatise 1494*(Denver, 1914), p. 33에서 재인용.

6) 같은 책, p. 39.

7) 같은 책; Brown, *A History of Accounting and Accountants*, pp. 40, 111.

8) Grendler, *Schooling in Renaissance Italy*, p. 321.

9) Geijsbeek, *Ancient Double-Entry Bookkeeping*, pp. 27, 37에서 재인용.

10) 같은 책, pp. 41, 51–53.

11) 같은 책, pp. 41, 75.

12) Bruce G. Carruthers and Wendy Nelson Espeland, "Accounting for Rationality: Double-Entry Bookkeeping and the Rhetoric of Economic Rationality," *American Journal of Sociology* 97, no. 1(1991): pp. 30–67; Mary Poovey, *A History of the Modern Fact: Problems of Knowledge in the Sciences of Wealth and Society*(Chicago: University of Chicago Press, 1998), p. 31.

13) Ingrid D. Rowland, *The Culture of the High Renaissance: Ancients and Moderns in Sixteenth-Century Rome*(Cambridge: Cambridge University Press, 1998), pp. 73–80.

14) Domenico Manzoni, *Quaderno doppio col suo giornale* [Double entry books and their journal](Venice: Comin de Tridino, 1540); Raymond de Roover, "Aux origines d'une technique intellectuelle: La formation et l'expansion de la comptabilité à partie double," *Annales d'histoire économique et sociale* 9, no. 44(1937): pp. 279–280; M. F. Bywater and B. S. Yamey, *Historic Accounting Literature: A Companion Guide*(London: Scolar Press, 1982), p. 41; Basil S. Yamey, "Fifteenth and Sixteenth Century Manuscripts on the Art of Bookkeeping," *Journal of Accounting Research* 5, no. 1(1967): p. 53; Bywater and Yamey, *Historic Accounting Literature*, p. 42.

15) Brown, *A History of Accounting and Accountants*, p. 120.

16) Baldesar Castiglione, *The Book of the Courtier*, trans. and ed. George Bull(London: Penguin Books, 1976), p. 10.

17) 같은 책, p. 39.

18) Peter Burke, *The Fortunes of the Courtier: The European Reception of Castiglione's Cortegiano*(Cambridge: Polity Press, 1995), p. 39.

19) Paolo Quattrone, "Accounting for God: Accounting and Accountability Practices in the Society of Jesus(Italy, XVI–XVII Centuries)," *Accounting Organizations and Society* 29, no. 7(2004): p. 664.

20) Philippe Desan, *L'imaginaire économiqe de la Renaissance*(Paris: Presses Universitéde Paris-Sorbonne, 2002), p. 85.

21) Yamey, *Art and Accounting*, p. 45.

22) 같은 책, p. 47.

23) 같은 책, p. 53.

24) A. W. Lovett, "Juan de Ovando and the Council of Finance(1573–1575)," *Historical Journal* 15, no. 1(1972): pp. 1–2.

25) Rafael Donoso-Anes, *Una Contribución a la Historia de la Contabilidad. Análisis*

de las Práticas Contables Desarrolladas por la Tesorería de la Casa de la Contratación de la Indias en Sevilla, 1503–1717(Seville: Universidad de Sevilla, 1996), p. 122.

26) Rafael Donoso Anes, "The Casa de la Contratación de Indias and the Application of the Double Entry Bookkeeping to the Sale of Precious Metals in Spain 1557–83," *Accounting, Business and Financial History* 4, no. 1(1994): p. 84; Rafael Donoso Anes, "Accounting for the Estates of Deceased Travellers: An Example of Early Spanish Double-Entry Bookkeeping," *Accounting History* 7, no. 1(2002): pp. 80–81.

27) Donoso Anes, "Accounting for the Estates of Deceased Travellers," p. 84.

28) Donoso Anes, *Una Contribución a la Historia de la Contabilidad*, p. 122. 재간행된 *Reales Ordenancas y Pragmáticas 1527–1567*(Vallaolid: Editorial Lex Nova, 1987), pp. 176–177도 참조.

29) Ramon Carande, *Carlos V y sus banqueros. Los caminos del oro y de la plata(Deuda exterior y tesoros ultramarinos)*(Madrid: Sociedad de Estudios y Publicaciones, 1967), 15f.

30) Geoffrey Parker, *The Grand Strategy of Philip II*(New Haven, CT: Yale University Press, 1998), pp. 21, 50; José Luis Rodríguez de Diego and Francisco Javier Alvarez Pinedo, *Los Archivos de Simancas*(Madrid: Lunwerg Editores, 1993); José Luis Rodríguez de Diego, ed., *Instrucción para el gobierno del archivo de Simancas(año 1588)*(Madrid: Dirección General de Bellas Artes y Archivos, 1989); José Luis Rodríguez de Diego, "La formación del Archivo de Simancas en el siglo xvi. Función y orden interno," in *El libro antiguo español IV*, ed. López Vidriero and Cátedra(Salamanca: Ediciones Universidad de Salamanca, 1998), pp. 519–557; David C. Goodman, *Power and Penury: Government, Technology and Science in Philip II's Spain*(Cambridge: Cambridge University Press, 1988), chap. 4.

31) Staff ord Poole, *Juan de Ovando: Governing the Spanish Empire in the Reign of Philip II*(Norman: University of Oklahoma Press, 2004), p. 162에서 인용.

32) A. W. Lovett, "The Castillian Bankruptcy of 1575," *Historical Journal* 23, no. 4(1980): p. 900.

33) Lovett, "Juan de Ovando and the Council of Finance(1573– 1575)," pp. 4, 7.

34) 같은 책, pp. 9–11.

35) 같은 책, p. 12; Antonio Calabria, *The Cost of Empire: The Finances of the Kingdom of Naples in the Time of the Spanish Rule*(Cambridge: Cambridge University Press, 1991), pp. 44–45.

36) Lovett, "Juan de Ovando and the Council of Finance(1573– 1575)," pp. 12, 19.

37) 같은 책, p. 15.

38) 같은 책, p. 17.

39) 같은 책, p. 19.

40) 같은 책.

41) Marie-Laure Legay, ed., *Dictionnaire historique de la comptabilitépublique 1500–1850*(Rennes: Presses Universitaires de Rennes, 2010), pp. 394–396.

42) Esteban Hernández-Esteve, "The Life of BartoloméSalvador de Solórzano: Some Further Evidence," *Accounting Historians Journal* 1(1989): p. 92.

43) 같은 책; Legay, *Dictionnaire historique de la comptabilitépublique 1500–1850*, p. 395.

44) Esteban Hernández-Esteve, "Pedro Luis de Torregrosa, primer contador del libro de Caxa de Felipe II: Introducción de la contabilidad por partida doble en la Real Hacienda de Castilla(1592)," *Revista de Historia Económica* 3, no. 2(1985): p. 237.

45) Jack Lynch, *The Hispanic World in Crisis and Change, 1598–1700*(Oxford: Oxford University Press, 1992), p. 18; Miguel de Cervantes Saavedra, *The History of don Quixote de la Mancha*, trans. anon.(London: James Burns, 1847), p. 137에서 인용.

5장

1) Fernand Braudel, *Civilisation materielle, économie et capitalisme XVe–XVIIIe siècle*(Paris: Armand Colin, 1979), 2:41; Jacob Soll, "Accounting for Government: Holland and the Rise of Politi cal Economy in Seventeenth Century Europe," *Journal of Interdisciplinary History* 40, no. 2(2009): pp. 215–238.

2) Wantje Fritschy, "Three Centuries of Urban and Provincial Public Debt: Amsterdam and Holland," in *Urban Public Debts: Urban Government and the Market for Annuities in Western Europe*(*14th–18th Centuries*), ed. M. Boone, K. Davids and P. Janssens(Turnhout, Belgium: Brepols, 2003), p. 75; James D. Tracy, *A Financial Revolution in the Habsburg Netherlands: Renten and Renteniers in the County of Holland, 1515–1565*(Berkeley: University of California Press, 1985), p. 221.

3) 지방세 징수원은 세금을 징수할 때 채권 이자(4퍼센트)를 지불했으며, 중앙 정부는 이 수익에 대해 1퍼센트 이상의 세금을 부과하지 않았다. Wantje Fritschy, "The Efficiency of Taxation in Holland," in *The Political Economy of the Dutch Republic*, ed. Oscar Gelderblom(London: Ashgate, 2009), pp. 56, 88; Wantje Fritschy, "'A Financial Revolution'Reconsidered: Public Finance in Holland During the Dutch Revolt 1568–1648," *Economic History Review* 56, no. 1(2003): p. 78.

4) Henry Kamen, *Philip of Spain*(New Haven, CT: Yale University Press, 1997), p. 267 에서 인용.

5) Woodruff D. Smith, "The Function of Commercial Centers in the Modernization of European Capitalism: Amsterdam as an Information Exchange in the Seventeenth Century," *Journal of Economic History* 44, no. 4(1984): p. 986.

6) Robert Colinson, *Idea rationaria, or the Perfect Accomptant*(Edinburgh: David Lindsay, 1683)의 시. B. S. Yamey, "Scientific Bookkeeping and the Rise of Capitalism," *Economic History Review* 1, no. 2–3(1949): p.102에서 재인용; Lodewijk J. Wagenaar, "Les mécanismes de la prospérité," in *Amsterdam XVIIe siècle. Marchands et philosophes: les bénéfices de la tolerance*, ed. Henri Méchoulan(Paris: Editions Autrement, 1993), pp. 59–81; Adam Smith, *An Inquiry into the Nature and Causes of the Wealth of Nations*(Amherst, NY: Prometheus Books, 1991), 4: chap. 3, part 1; Jan de Vries and Ad van der Woude, *The First Modern Economy: Success, Failure, and Perseverance of the Dutch Economy, 1500–1815*(Cambridge: Cambridge University Press, 1997), pp. 129–131.

7) Caspar Barlaeus, *Marie de Medicis entrant dans l'Amsterdam; ou Histoire de la reception faicte à la Reyne Mère du Roy très-Chrestien, par les Bourgmaistres et Bourgeoisie de la Ville d'Amsterdam*(Amsterdam: Jean & Corneille Blaeu, 1638), p. 57; Simon Schama, *The Embarrassment of Riches: An Interpretation of Dutch Culture in the Golden Age*, 2nd ed.(New York: Vintage, 1997), p. 301; Clé Lesger, *The Rise of the Amsterdam Market and Information Exchange: Merchants, Commercial Expansion and Change in the Spatial Economy of the Low Countries c. 1550–1630*, trans. J. C. Grayson(London: Ashgate, 2006), pp. 183–214.

8) Michel Morineau, "Or brésilien et gazettes hollandaises," *Revue d'Histoire Moderne et Contemporaine* 25, no. 1(1978): pp. 3–30; Jan de Vries, "The Economic Crisis of the Seventeenth Century After Fifty Years," *Journal of Interdisciplinary History* 40, no. 2(2009): pp. 151–194.

9) Oscar Gelderblom, "The Governance of Early Modern Trade: The Case of Hans Thijs, 1556–1611," *Enterprise and Society* 4, no. 4(2003): pp. 606–639; Harold John Cook, *Matters of Exchange: Commerce, Medicine, and Science in the Dutch Golden Age*(New Haven, CT: Yale University Press, 2007), pp. 20–21; Peter Burke, *A Social History of Knowledge from Gutenberg to Diderot*(Cambridge: Polity Press, 2000), p. 164.

10) Karel Davids, "The Bookkeepers Tale: Learning Merchant Skills in the Northern Netherlands in the Sixteenth Century," in *Education and Learning in the Netherlands 1400–1600. Essays in Honour of Hilde de Ridder- Symeons*, ed. Koen Goodriaan, Jaap van Moolenbroek, and Ad Tervoort(Leiden: Brill, 2004), pp. 235–241.

11) Raymond de Roover, "Aux origins d'une technique intellectuelle. La formation et l'expansion de la comptabilitéàpartie double," *Annales d'histoire économique et sociale* 9, no. 45(1937): p. 285; M. F. Bywater and B. S. Yamey, *Historic Accounting Literature: A Companion Guide*(London: Scolar Press, 1982), p. 46; Yamey, "Bookkeeping and the Rise of Capitalism," p. 106.

12) Yamey, "Bookkeeping and the Rise of Capitalism," 237; Bywater and Yamey, *Historic Accounting Literature*, pp. 54–55, 80.

13) Yamey, *Art and Accounting*, p. 115에서 인용. 이 이미지는 Francesco Colonna의 *Hypnerotomachia Poliphili*(Venice: Aldus Manutius, 1499)에 실린 상형 문자에서 나온 것으로 보인다.

14) O. ten Have, "Simon Stevin of Bruges," in *Studies in the History of Accounting*, ed. A. C. Littleton and B. S. Yamey(New York: Arno Press, 1978), p. 236; J. T. Devreese and G. Vanden Berghe, *"Magic Is No Magic," the Wonderful World of Simon Stevin*(Boston: Southampton, 2008), pp. 201–212.

15) Bywater and Yamey, *Historic Accounting Literature*, p. 87.

16) 같은 책, pp. 16, 120; Ten Have, "Simon Stevin of Bruges," pp. 242, 244; Geijsbeek, *Ancient Double-Entry Bookkeeping*, p. 114; Kees Zandvliet, *Maurits Prins van Oranje* [*Exhibition catalogue Rijksmuseum*](Amsterdam: Rijksmuseum Amsterdam/Waanders Uitgevers Zwolle, 2000), pp. 276–277.

17) Barlaeus, *Marie de Medicis entrant dans l'Amsterdam*, pp. 16, 59–63에서 인용.

18) J. Matthijs de Jongh, "Shareholder Activism at the Dutch East India Company in 1622: *Redde Rationem Villicationis Tuae! Give an Account of Your Stewardship!*"(paper presented at the Conference on the Origins and History of Shareholder Advocacy, Yale School of Management, Millstein Center for Corporate Governance and Performance, November 6–7, 2009), pp. 1–56; *A Translation of the Charter of the Dutch East India Company*(*Verenigde Oostindische Compagnie, or VOC*), trans. Peter Reynders(Canberra: Map Division of the Australasian Hydrographic Society, 2009).

19) *A Translation of the Charter of the Dutch East India Company*, p. 3.

20) Jeffrey Robertson and Warwick Funnell, "The Dutch East India Company and Accounting for Social Capital at the Dawn of Modern Capitalism 1602–1623," *Accounting Organizations and Society* 37, no. 5(2012): pp. 342–360.

21) Schama, *The Embarrassment of Riches*, 338–339; De Jongh, "Shareholder Activism at the Dutch East India Company in 1622," p. 16.

22) Kristof Glamann, *Dutch Asiatic Trade 1620–1740*(The Hague: Martinus Nijhof, 1981), p. 245.

23) De Jongh, "Shareholder Activism at the Dutch East India Company in 1622," p. 22.

24) 같은 책, pp. 22–23, 31.

25) Glamann, *Dutch Asiatic Trade 1620–1740*, p. 252.

26) 같은 책, pp. 253–254.

27) 같은 책, pp. 253–256에서 인용.

28) 같은 책, pp. 257–261.

29) Pieter de la Court and Jan de Witt, *The True Interest and Political Maxims of the Republic of Holland*(London: John Campbell, 1746), pp. 4–6, 49–50. 상업적 덕목에 대한 새로운 태도들에 대해서는 J. G. A. Pocock, *The Machiavellian Moment: Florentine Political Thought and the Atlantic Republican Tradition*(Princeton, NJ: Princeton University Press, 1975), p. 478 참조.

30) Antonin Lefèvre Pontalis, *Vingt années de république parlementaire au dix-septième siècle. Jan de Witt, Grand Pensionnaire de Hollande*(Paris: E. Plon, Nourrit & Cie, 1884), 1: pp. 313–318; Herbert H. Rowen, *John de Witt, Grand Pensionary of Holland 1625–1672*(Prince ton, NJ: Prince ton University Press, 1978), pp. 391–398, 특히 p. 393.

31) Pontalis, *Jan de Witt*, 1:88–89; Jan de Witt, *Elementa curvarum linearum liber primus*, trans. and ed. Albert W. Grootendorst and Miente Bakker(New York: Springer Verlag, 2000), p. 1.

6장

1) Louis XIV, *Mémoires for the Instruction of the Dauphin*, trans. and ed. Paul Sonnino(New York: Free Press, 1970), p. 64.

2) Jacob Soll, *The Information Master: Jean-Baptiste Colbert's Secret State Information System*(Ann Arbor: University of Michigan Press, 2009), pp. 3–15; Daniel Dessert, *Colbert ou le serpent venimeux*(Paris: Éditions Complexe, 2000), p. 44. 콜베르에 대한 전기는, Inès Murat, *Colbert*, trans. Robert Francis Cook and Jeannie Van Asselt(Charlottesville: University Press of Virginia, 1984)와 Meyer, *Colbert*(Paris: Hachette, 1981) 참조. 콜베르 정부에 대한 가장 훌륭한 저작으로는 Daniel Dessert and Jean-Louis Journet, "Le lobby Colbert: un Royaume, ou une affaire de famille?" *Annales. Histoire, Sciences sociales* 30, no. 6(1975): pp. 1303–1336; *Colbert 1619–1683*(Paris: Ministère de la Culture, 1983); Douglas Clark Baxter, *Servants of the Sword: French Intendants of the Army 1630–1670*(Urbana: University of Illinois Press, 1976)이 있음.

3) Dessert, *Colbert ou le serpent venimeux*, p. 43.

4) François de Dainville, *L'éducation des jésuites XVI–XVIII siècles*, ed. Marie-Madeleine Compère(Paris: Éditions de Minuit, 1978), pp. 315–322.

5) Dessert, *Colbert ou le serpent venimeux*, pp. 44–45.

6) Pierre Jeannin, *Merchants of the Sixteenth Century*, trans. Paul Fittingoff(New York: Harper and Row, 1972), pp. 91–103.

7) Colbert to Le Tellier, June 23, 1650, in Jean-Baptiste Colbert, *Lettres, instructions et mémoires*, ed. Pierre Clement(Paris: Imprimerie Impériale, 1865), 1:14; David Parrott, *Richelieu's Army: War, Government and Society in France 1624–1642*(Cambridge: Cambridge University Press, 2001), pp. 370–375; Murat, *Colbert*, p. 8.

8) Jean Villain, *Mazarin, homme d'argent*(Paris: Club du Livre d'Histoire, 1956); Gabriel-Jules, comte de Cosnac, *Mazarin et Colbert*(Paris: Plon, 1892), vol. 1; Murat, *Colbert*, pp. 22–25.

9) 1651년 9월 31일자 마자랭에게 보낸 콜베르의 서한(Colbert, *Lettres*, 1: pp. 132–141) 및 1652년 9월 14일자 마자랭에게 보낸 콜베르의 서한(Cosnac, *Mazarin et Colbert*, 1: p. 324). 마자랭의 재정에 관해서는 Dessert, *Colbert ou le serpent venimeux*, 52; J. A Bergin, "Cardinal Mazarin and His Benefices," *French History* 1, no. 1(1987): pp. 3–26 참조.

10) 1652년 9월 14일자 마자랭에게 보낸 콜베르의 서한(Cosnac, *Mazarin et Colbert*, 1: p. 324); Daniel Dessert, *Argent, pouvoir, et société au Grand Siècle*(Paris: Fayard, 1984), p. 294.

11) 1654년 7월 27일자 마자랭에게 보낸 콜베르의 서한(Cosnac, *Mazarin et Colbert*, 1:324).

12) Smith, *Wealth of Nations*, p. 446.

13) Marie de Rabutin-Chantal de Sévigné, *Lettres*, ed. M. Suard(Paris: Firmin Didot, 1846), p. 59.

14) 같은 책, p. 63.

15) Dessert, *Argent, pouvoir et société au grand Siècle*, pp. 210–237, 300; Murat, *Colbert*, pp. 61–63; Jean-Baptiste Colbert, "Arrestation de Fouquet; Mésures préparatoires," 1661, in Colbert, *Lettres*, 2:cxcvi.

16) Pierre-Adolphe Chéruel, ed., *Mémoires sur la vie publique et privée de Fouquet, Surintendant des finances. D'après ses lettres et des pièces inédites conservées à la Bibliothèque Impériale*(Paris: Charpentier Éditeur, 1862), 1:489.

17) Dessert, *Colbert ou le serpent venimeux*, p. 34; Colbert, *Lettres*, 7:cxcvi.

18) Colbert, "Mémoires sur les affaires de finances de France pour servir à l'histoire," 1663, in Colbert, *Lettres*, 2:1, section 2, pp. 17–68. *Colbert ou le serpent venimeux*, pp.

17–37에서 이 글에 대한 Dessert의 분석도 참조.

19) Colbert, "Mémoires sur les affaires de finances de France pour servir à l'histoire," pp. 19–20, 30–32, 50–51.

20) 같은 책, pp. 40–45.

21) 같은 책, pp. 44–45.

22) Louis XIV, *Instructions of the Dauphin*, p. 29에서 인용; 1661년 루이 14세가 모후인 안느 도트리슈에게 보낸 서신(Murat, *Colbert*, p. 69에서 인용); Colbert, *Lettres*, 2:1, ccxxvi–cclvii; 1670년 5월 24일자 서신 여백에 루이가 쓴 답장, 콜베르가 루이 14세에게 보내는 1670년 5월 22일자 서신, ccxxviii; 콜베르가 루이 14세에게 보내는 1673년 5월 24일자 서신과 괄호 안에 날짜가 기입되지 않은 루이의 여백 답신, ccxxxii. Richard Bonney, "Vindication of the Fronde? The Cost of Louis XIV's Versailles Building Programme," *French History* 21, no. 2(2006): p. 212도 참조.

23) 콜베르의 2절판 행정 자료는 Charles de La Roncière and Paul M. Bondois, *Catalogue des Manuscrits de la Collection des Mélanges Colbert*(Paris: Éditions Ernest Leroux, 1920), pp. 1–100 참조.

24) Colbert, "Mémoire pour l'instruction du Dauphin," Colbert, *Lettres*, 2:1, ccvx and ccxvii에서 인용한 1665년 콜베르가 손으로 쓴 원고.

25) Colbert, *Lettres*, 콜베르가 루이 14세에게 쓴 서신, "Au Roi. Pour le Conseil Royal," 2:1, cci.

26) Bnf Ms. Fr. 6769-91. 1680년에 대한 노트의 수치들은 *Lettres*, 2:2, 771–782; "Receuil de Finances de Colbert"에 나와 있다. Bnf. Ms. Fr. 7753. 개인적 메모장과 노트에 관해서는 Peter Stallybrass, Roger Chartier, J. Franklin Mowrey, and Heather Wolfe, "Hamlet's Tables and the Technologies of Writing in Renaissance England," *Shakespeare Quarterly* 55, no. 4(2004): pp. 379–419 참조.

27) Jean-Baptiste Colbert, "Abrégé des finances 1665," Bnf. Ms. Fr. 6771, fols. 4-verso–7-recto; "Abrégé des finances 1671," Bnf. Ms. Fr. 6777, final "table." Colbert, *Lettres*, 2:2, pp. 771–783에는 1680년 메모장의 수치들을 포함하고 있으나 눈에 띄는 장식에 대한 언급은 없다.

28) Clément, in Colbert, *Lettres*, 7:xxxviii.

29) Claude Le Pelletier, "Mémoire présenté au Roi par M. Le Pelletier, après avoir quitté les finances, par lequel il rend compte de son administration," June 1691, in Arthur André Gabriel Michel de Boislisle and Pierre de Brotonne, eds., *Correspondance des Contrôleurs Généraux des Finances*(Paris: Imprimérie Nationale, 1874), 1:544; Lionel Rothkrug, *Opposition to Louis XIV: The Political and Social Origins of the French Enlightenment*(Princeton, NJ: Princeton University Press, 1965), pp. 212–213.

1) J. E. D. Binney, *British Public Finance and Administration 1774–92*(Oxford: Oxford University Press, 1958), p. 5.

2) Paul Seaward, "Parliament and the Idea of Political Accountability in Early Modern Britain," in *Realities of Representation: State Building in Early Modern Europe and Europe an America*, ed. Maija Jansson(New York: Palgrave Macmillan, 2007), pp. 55–56에서 인용.

3) Samuel Pepys, *Diary*, Thurs 21 December 1665; Sunday 4 March 1665/6; and Friday 2 March 1665/6. 새뮤얼 피프스의 일기는 온라인으로도 찾을 수 있다(www.pepysdiary.com).

4) Henry Roseveare, *The Treasury, 1660–1870: The Foundations of Control*(London: Allen and Unwin, 1973), pp. 1, 21–28.

5) William Peter Deringer, "Calculated Values: The Politics and Epistemology of Economic Numbers in Britain, 1688–1738"(PhD diss., Princeton University, 2012), p. 79; Raymond Astbury, "The Renewal of the Licensing Act in 1693 and Its Lapse in 1695," *The Library* 5, no. 4(1978): p. 311; Charles Davenant, *Discourses on the Publick Revenues*(London: James Knapton, 1698), 1:266, pp. 14–15.

6) *The Mercator* 36, August 13–15, 1713, Deringer, "Calculated Values," p. 222에서 인용.

7) Angus Vine, "Francis Bacon's Composition Books," *Transactions of the Cambridge Bibliographical Society* 14, no. 1(2008): pp. 1–31; Margaret C. Jacob, *Scientific Culture and the Making of the Industrial West*(Oxford: Oxford University Press, 1997), pp. 29–33; Thomas Hobbes, *Leviathan*, ed. Richard Tuck(Cambridge: Cambridge University Press, 1996), chap. 4, p. 29; chap 5., p. 31.

8) William Coxe, *Memoirs of the Life and Administration of Sir Robert Walpole* (London: Longman, Hurst, Reese, Orme and Brown, 1816), 1:2.

9) Robert Walpole, *A State of the Five and Thirty Millions Mention'd in the Report of a Committee of the House of Commons*(London: E. Baldwin, 1712), p. 2.

10) 같은 책, pp. 4–5; Hubert Hall, "The Sources for the History of Sir Robert Walpole's Financial Administration," *Transactions of the Royal Historical Society* 4, no. 1(1910): p. 34.

11) John Brewer, *The Sinews of Power: War, Money and the English State 1688–1783*(New York: Alfred A. Knopf, 1989), pp. 116–117.

12) Jeremy Black, *Robert Walpole and the Nature of Politics in Early Eighteenth Century England*(New York: St. Martin's Press, 1990), p. 27.

13) Norris Arthur Brisco, *The Economic Policy of Robert Walpole*(New York: Columbia

University Press, 1907), pp. 43–45; Richard Dale, *The First Crash: Lessons from the South Sea Bubble*(Princeton, NJ: Princeton University Press, 2004), p. 74.

14) Dale, *The First Crash*, p. 130. 18세기 프랑스의 산업 성장에 대한 대안적 관점은 Jeff Horn, *The Path Not Taken: French Industrialization in the Age of Revolution*(Cambridge, MA: MIT Press, 2008) 참조.

15) Dale, *The First Crash*, p. 82. Deringer, "Calculated Values," pp. 39–47.

16) Deringer, "Calculated Values," pp. 85–88; Archibald Hutcheson, *A Collection of Calculations and Remarks Relating to the South Sea Scheme & Stock, Which have been already Published with an Addition of Some Others, which have not been made Publick 'till Now*(London, 1720)에서 인용.

17) Deringer, "Calculated Values," p. 84.

18) J. H. Plumb, *Sir Robert Walpole: The Making of a Statesman*(Boston: Houghton Mifflin, 1956), 1: pp. 306–319.

19) 같은 책, 1: p. 302.

20) Deringer, "Calculated Values," p. 145; John Trenchard, *An Examination and Explanation of the South Sea Company's Scheme for Taking in the Publick Debts. Shewing, That it is Not Encouraging to Those Who Shall Become Proprietors of the Company, at Any Advanced Price. And That it is Against the Interest of Those Proprietors Who Shall Remain with Their Stock Till They are Paid Off by the Government, That the Company Should Make Annually Great Dividend Than Their Profits Will Warrant. With Some National Considerations and Useful Observations*(London, 1720), pp. 8, 16–17, 25–26에서 인용.

21) Edward Pearce, *The Great Man: Sir Robert Walpole: Scoundrel, Genius and Britain's First Prime Minister*(London: Jonathan Cape, 2007), p. 427.

22) Helen Paul, "Limiting the Witch-Hunt: Recovering from the South Sea Bubble," *Past, Present and Policy Conference* 3–4(2011): p. 2 및 John Richard Edwards, "Teaching 'merchants accompts' in Britain During the Early Modern Period," *Cardiff Business School Working Paper Series in Accounting and Finance* A2009/2(2009), p. 20에서 인용; Deringer, "Calculated Values," p. 146.

23) Paul, "Limiting the Witch-Hunt," p. 7; Pearce, *The Great Man*, 95; John Carswell, *The South Sea Bubble*(Stanford, CA: Stanford University Press, 1960), pp. 260–261.

24) Plumb, *Sir Robert Walpole*, 1:332.

25) Deringer, "Calculated Values," p. 149; Carswell, *The South Sea Bubble*, p. 237; Paul, "Limiting the Witch-Hunt," p. 3.

26) Thomas Gordon, *Cato's Letters*(Saturday, January 19, 1723), Liberty Fund, http:// oll.libertyfund.org/index, IV: no. 112.

27) Brisco, *The Economic Policy of Robert Walpole*, p. 61; Black, *Robert Walpole*, p. 27.

28) Brisco, *The Economic Policy of Robert Walpole*, pp. 62–65; Black, *Robert Walpole*, p. 29.

29) Samuel Johnson, *London*(1738), ed. Jack Lynch, http://andromeda.rutgers. edu/~jlynch/Texts/london.html; Henry Fielding, *Shamela*, ed. Jack Lynch, http://andromeda.rutgers.edu/~jlynch/Texts/shamela.html.

8장

1) Eric Hobsbawm, *Industry and Empire: The Birth of the Industrial Revolution*(New York: Free Press, 1998), xi.

2) Roger North, *The Gentleman Accomptant*(London, 1714), i recto–v recto, pp. 1–2; Binney, *British Public Finance and Administration*, p. 256.

3) Edwards, "Teaching 'merchants accompts' in Britain During the Early Modern Period," pp. 1, 13–17; N. A. Hans, *New Trends in Education in the Eighteenth Century*(London: Routledge & Keegan Paul, 1951), pp. 66–69, 92–93.

4) Edwards, "Teaching 'merchants accompts' in Britain During the Early Modern Period," pp. 25–27.

5) Margaret C. Jacob, "Commerce, Industry and the Laws of Newtonian Science: Weber Revisited and Revised," *Canadian Journal of History* 35, no. 2(2000): pp. 272–292; Jan de Vries, "The Industrial Revolution and the Industrious Revolution," *Journal of Economic History* 54, no. 2(1994): pp. 249–270.

6) Edwards, "Teaching 'merchants accompts' in Britain During the Early Modern Period," p. 19.

7) Richard Bentley, *Sermons Preached at Boyle's Lecture*, ed. Alexander Dyce(London: Francis Macpherson, 1838), pp. 227–228에서 인용; Margaret Jacob, *The Newtonians and the English Revolution 1689–1720*(Ithaca, NY: Cornell University Press, 1976), p. 160; Deborah Harkness, "Accounting for Science: How a Merchant Kept His Books in Elizabethan London," in *Self-Perception and Early Modern Capitalists*, ed. Margaret Jacob and Catherine Secretan(London: Palgrave Macmillan, 2008), pp. 214–215.

8) Matthew Kadane, *The Watchful Clothier: The Life of an Eighteenth- Century Protestant Capitalist*(New Haven, CT: Yale University Press, 2013), p. 45; Adam Smyth, *Autobiography in Early Modern Britain*(Cambridge: Cambridge University Press, 2010), chap. 2.

9) Kadane, *The Watchful Clothier*, pp. 162, 169.

10) Josiah Wedgwood, *Correspondence of Josiah Wedgwood*, ed. Katherine Eufemia Farrer(Cambridge: Cambridge University Press, 2010), 1:6. 1762년 10월 26일 웨지우드가 벤틀리에게 보내는 서신.

11) 같은 책에 실린 웨지우드가 벤틀리에게 보내는 서신[1769년 10월 1일자(1:297), 1770년 9월 3일(1:375)], 웨지우드가 동생인 존 웨지우드에게 보내는 서신[1766년 6월 4일(1:87), 1765년 3월(1:39)]. Sidney Pollard, *The Genesis of Modern Management: A Study of the Industrial Revolution in Great Britain*(London: Edward Arnold, 1965), p. 211도 참조.

12) Yamey, *Art and Accounting*, p. 36.

13) Pollard, *The Genesis of Modern Management*, p. 210.

14) 같은 책, pp. 222–223.

15) James Watt Papers, 제임스 와트가 아버지에게 보낸 서신들, 1754–1774, Birmingham City Library.

16) A. E. Musson and Eric Robinson, *Science and Technology in the Industrial Revolution*(Manchester, UK: Manchester University Press, 1969), pp. 210–211; Pollard, *The Genesis of Modern Management*, pp. 214, 229, 231.

17) 조사이어 웨지우드가 토마스 벤틀리에게 보낸 1770년 8월 2일자 서신 인용(Wedgwood, *Correspondence*, 1:357). Brian Dolan, *Josiah Wedgwood: Entrepreneur to the Enlightenment*(London: Harper Perennial, 2005), p. 288; Nancy F. Koehn, "Josiah Wedgwood and the First Industrial Revolution," in *Creating Modern Capitalism: How Entrepreneurs, Companies, and Countries Triumphed in Three Industrial Revolutions*, ed. Thomas K. McCraw(Cambridge, MA: Harvard University Press, 1997), p. 40도 참조.

18) 1769년 9월 27일자 웨지우드가 벤틀리에게 보낸 서신(Wedgwood, *Correspondence*, 1: 291); Koehn, "Josiah Wedgwood and the First Industrial Revolution," p. 45.

19) Neil McKendrick, "Josiah Wedgwood and Cost Accounting in the Industrial Revolution," *Economic History Review* 23, no. 1(1970): p. 49에 인용. 또한 웨지우드가 벤틀리에게 보낸 1772년 8월 23일자 서한도 참조(Wedgwood, *Correspondence*, 1:477).

20) McKendrick, "Josiah Wedgwood and Cost Accounting in the Industrial Revolution," pp. 50–54.

21) 같은 책, pp. 54–55.

22) Dolan, *Josiah Wedgwood*, p. 40; McKendrick, "Josiah Wedgwood and Cost Accounting in the Industrial Revolution," pp. 58–59.

23) McKendrick, "Josiah Wedgwood and Cost Accounting in the Industrial Revolution," pp. 60–62.

24) T. S. Ashton, *Economic Fluctuations in England, 1700–1800*(Oxford: Oxford

University Press, 1959), 128; McKendrick, "Josiah Wedgwood and Cost Accounting in the Industrial Revolution," p. 64.

25) Dolan, *Josiah Wedgwood*, p. 52.

26) Carl B. Cone, "Richard Price and Pitt's Sinking Fund of 1786," *Economic History Review* 4, no. 2(1951): p. 243; Peter Dickson, *The Financial Revolution in England: A Study in the Development of Public Credit 1688–1756*(New York: St. Martin's Press, 1967).

27) Binney, *British Public Finance and Administration*, pp. 254, 207–208, 254.

28) 같은 책, p. 254.

29) 같은 책.

30) Wedgwood, *Correspondence*, 웨지우드가 벤틀리에게 보낸 1780년 6월 1일자 서한 (2:469); 웨지우드가 벤틀리에게 보낸 1780년 6월 5일자 서한(2:468); 조사이어 웨지우드 2세가 웨지우드에게 보낸 1790년 7월 5일자 서한(3:149); 조사이어 웨지우드 2세가 웨지우드에게 보낸 1789년 7월 28일자 서한(3:95).

31) 웨지우드가 프리스틀리에게 보낸 1791년 11월 30일자 서한. Wedgwood, *Correspondence*, 3:178.

32) Dolan, *Josiah Wedgwood*, p. 368.

33) 같은 책, p. 380.

34) Adam Smith, *Wealth of Nations*, 3: pp. 3, 2; 4: pp. 5, 34.

35) Jeremy Bentham, *An Introduction to the Principles of Morals and Legislation*(1789), pp. 1–13.

9장

1) 계몽주의와 재무 논쟁의 중심지로서 프랑스의 역할에 관한 정보는 Robert Darnton, "Trends in Radical Propaganda on the Eve of the French Revolution(1782–1788)"(박사학위 청구논문, Oxford University, 1964), pp. 196–232; John Shovlin, *The Political Economy of Virtue: Luxury, Patriotism, and the Origins of the French Revolution*(Ithaca, NY: Cornell University Press, 2006), p. 148 참조.

2) Marc Nikitin, "The Birth of a Modern Public Sector Accounting System in France and Britain and the Influence of Count Mollien," *Accounting History* 6, no. 1(2001): pp. 75–101; Yannick Lemarchand, "Accounting, the State and Democracy: A Long-Term Perspective on the French Experiment, 1716–1967," *LEMNA* WP 2010 43(2010): pp. 1–26; Seaward, "Parliament and the Idea of Political Accountability in Early Modern Britain," p. 59. 영어로 accountability는 분명 재무적 책임성과 정치적 책임성을 모두 의미했다. 로망스어

로 accountability는 여전히 'responsibility'로 번역된다. OED에서 'Accountability' 항목도 참조. 영국의 공공회계에 관해서는, William F. Willoughby, Westel W. Willoughby, and Samuel Mc-Cune Lindsay, *The System of Financial Administration of Great Britain: A Report*(New York: D. Appleton, 1917); P. G. M. Dickson, *The Financial Revolution in England*, p. 81; John Torrance, "Social Class and Bureaucratic Innovation: The Commissioners for Examining the Public Accounts 1780–1787," *Past and Present* 78(1978): p. 65; Henry Roseveare, *The Treasury, 1660–1870*, p. 1 참조.

3) Yannick Lemarchand, "Introducing Double-Entry Bookkeeping in Public Finance," *Accounting, Business, and Financial History* 9(1999): pp. 228–229. 포스터에 대해서는 "Modelles des Registres Journaux que le Roy, en son Conseil, Veut et ordonne estre tenus par les Receveurs Généraux des Finances, Caissier de leur Caisse commune, Commis aux Recettes générales, Receveurs des Tailles, Et autres Receveurs des Impositions(...). Execution de l'Edit du mois du juin 1716. des Déclarations des 10 Juin 1716. 4 Octobre & 7 Décembre 1723. Et de l'Arrest du Conseil du 15 Mars 1724 portant Réglement pour la tenuë desdits Registres-Journaux(1724)" 참조.

4) Yannick Lemarchand, "Comptabilité, discipline, et finances publiques: Un expérience d'introduction de la partie double sous la Régence," *Politiques et Management Public* 18, no. 2(2000): pp. 93–118.

5) Claude Pâris La Montagne, "Traitté des Administrations des Recettes et des Dépenses du Royaume,"(1733) AN 1005, II: pp. 3–8, 48–49, 55, 66, 336. 이 논문이 원고에 표시된 1733년보다 먼저 작성된 것인지는 분명하지 않다. 1720년대 파리 형제의 회계 개혁은, *Declaration du Roy concernant la tenue des Registres Journaux*(Versailles: October 4, 1723)을 참고. 이 선언문은 "우리 금융기관과 징세 청부업자와 공공기금 보관소에서 일하는 모든 회계사와 회계 담당자, 재산관리인, 경리, 회계사 보조들"은 '일일 기록부'를 작성함으로써 일상적인 복식 회계의 엄격한 법을 따라야 한다고 성문화했다.

6) Pâris La Montagne, "Traitté des Administrations des Recettes et des Dépenses du Royaume," p. 128.

7) Jean-Claude Perrot, *Une histoire intellectuelle de l'économie politique XVIIe–XVIIIe siècle*(Paris: Éditions de l'EHESS, 1992), p. 162; Sophus Reinert, *Translating Empire: Emulation and the Origins of Political Economy*(Cambridge, MA: Harvard University Press, 2011), p. 177; Steven L. Kaplan, *Bread, Politics, and Political Economy in the Reign of Louis XIV*(The Hague: Martinus Nijhof, 1976), 2: pp. 660–675.

8) David Hume, "Of Public Credit," in *Essays, Moral, Political and Literary*, 2:ix, 2, and 2:x, 28; J. G. A. Pocock, *The Machiavellian Moment*, pp. 496–497; Istvan Hont, "The Rhapsody of Public Debt: David Hume and Voluntary State Bankruptcy," in *Jealousy of*

Trade: International Competition and the Nation-State in Historical Perspective, ed. Istvan Hont(Cambridge, MA: Belknap Press of Harvard Press, 2005), p. 326; Eugene Nelson White, "The French Revolution and the Politics of Government Finance, 1770–1815," *Journal of Economic History* 55, no. 2(1995): p. 229; Michael Sonenscher, *Before the Deluge: Public Debt, Inequality, and the Intellectual Origins of the French Revolution*(Princeton, NJ: Princeton University Press, 2007), pp. 1–3; Dan Edelstein, *The Terror of Natural Right: Republicanism, the State of Nature and the French Revolution*(Chicago: University of Chicago Press, 2009), p. 102; Edmund Burke, *Reflections on the French Revolution, in Readings in Western Civilization: The Old Regime and the French Revolution*, ed. Keith Michael Baker(Chicago: University of Chicago Press, 1987), p. 432.

9) White, "The French Revolution and the Politics of Government Finance," pp. 230–231; Léonard Burnand, *Les Pamphlets contre Necker. Médias et imginaire politique au XVIIIe siècle*(Paris: Éditions Classiques Garnier, 2009), p. 81; René Stourm, *Les finances de l'Ancien Régime et de la Révolution. Origines du système actuel*(first printing 1885; New York: Burt Franklin, 1968), 2:188.

10) J. F. Bosher, *French Finances 1770–1795: From Business to Bureaucracy* (Cambridge: Cambridge University Press, 1970), pp. 23–25; Joël Félix, *Finances et politiques au siècle des Lumières. Le ministère L'Averdy, 1763–1768*(Paris: Comité pour l'Histoire Économique et Financière de la France, 1999), pp. 144–145.

11) Jean Egret, *Necker, ministre de Louis XVI 1776–1790*(Paris: Honoré Champion, 1975), pp. 123, 170; Michel Antoine, *Le coeur de l'État*(Paris: Fayard, 2003), pp. 506–519; Burnand, *Les pamphlets*, pp. 80–81; Jean Egret, *Parlement de Dauphiné et les affaires publiques dans la deuxième moitié du XVIIIe siècle*(Paris: B. Arthaud, 1942), 2:133–140; Marie-Laure Legay, "The Beginnings of Public Management: Administrative Science and Political Choices in the Eighteenth Century in France, Austria, and the Austrian Netherlands," *Journal of Modern History* 81, no. 2(2009): p. 280; Shovlin, *The Political Economy of Virtue*, p. 148.

12) Charles Alexandre, vicomte de Vergennes, "Lettre de M. le marquis de Caraccioli à M. d'Alembert," in *Collection complette de tous les ouvrages pour et contre M. Necker, avec des notes critiques, politiques et secretes*(Utrecht, 1782), 3:63; Louis-Petit de Bachaumont et al., *Mémoires secrets pour servir à l'histoire de la République des lettres en France*(London: John Adamson, 1784), 15:56.

13) Egret, *Necker*, p. 61. Burnand, *Les Pamphlets contre Necker*, p. 95; 오제아르는 많은 선동적 팸플릿의 저자였다. Bachaumont, *Mémoires secrets pour servir à l'histoire de la République des lettres en France*, 15:152. "Lettre de M. Turgot à M. Necker," in *Collection*

Complette, 1:8에서 인용.

14) "Lettre de M. Turgot à M. Necker," in *Collection Complette*, 1:8; Jacques-Mathieu Augéard, *Mémoires Sécrets*(Paris: Plon, 1866), p. 136. Burnand, *Les Pamphlets contre Necker*, pp. 96, 108–110도 참조.

15) Michel Antoine, *Le coeur de l'État*, pp. 506–519; Burnand, *Les Pamphlets contre Necker*, pp. 80–81; Jacques Necker, *Sur le Compte Rendu au Roi en 1781. Nouveaux éclaircissemens par M. Necker*(Paris: Hôtel de Thou, 1788), pp. 7–8; Stourm, *Les finances de l'Ancien Régime et de la Révolution*, 2:194–197; Robert D. Harris, "Necker's Compte Rendu of 1781: A Reconsideration," *Journal of Modern History* 42, no. 2(1970): pp. 161–183; Robert Darnton, "The Memoirs of Lenoir, Lieutenant of Police of Paris, 1774–1785," *English Historical Review* 85, no. 336(1970): p. 536; Egret, *Necker*, p. 170; Jeremy Popkin, "Pamphlet Journalism at the End of the Old Regime," *Eighteenth-Century Studies* 22, no. 3(1989): p. 359. 네케르의 흑자 수치는 Jacques Necker, *Compte rendu au roi*(Paris: Imprimerie du Cabinet du Roi, 1781), p. 3 참조. 1리브르 = 순금 0.29그램, 1리브르 = 20솔(sol) 또는 수(sou), 1수(sou) = 12드니에(denier)이다.

16) 정치 문화에 수학과 사회과학이 등장한 것과 관련된 내용은 Keith Michael Baker, "Politics and Social Science in Eighteenth-Century France: The 'Société de 1789,'" in *French Government and Society 1500–1850: Essays in Memory of Alfred Cobban*, ed. J. F. Bosher(London: Athlone Press, 1973), p. 225 참조.

17) Necker, *Compte rendu au roi*, pp. 2–4; Munro Price, *Preserving the Monarchy: The Comte de Vergennes 1784–1787*(Cambridge: Cambridge University Press, 1995), pp. 55–56.

18) Necker, *Compte rendu au roi*, pp. 3–5, 104.

19) 같은 책, p. 45.

20) 같은 책, pp. 10, 116; Egret, *Necker*, p. 200.

21) Burnand, *Les Pamphlets contre Necker*, p. 96; Jean-Claude Perrot, "Nouveautés: L'économie politique et ses livres," in *L'Histoire de l'édition française*, ed. Roger Chartier et Henri-Jean Martin(Paris: Fayard/Promodis, 1984), 2:322; Stourm, *Les finances de l'Ancien Régime et de la Révolution*, p. 191; Charles-Joseph Mathon de la Cour, *Collection de Compte-Rendu, pièces authentiques, états et tableaux, concernant les finances de France depuis 1758 jusqu'en 1787*(Paris: Chez Cuchet, Chez Gatteu, 1788), iii–iv.

22) Bosher, *French Finances*, p. 126; Legay, "Beginnings of Public Management," p. 285. "1779년 10월 17일 회계에 관한 선언 서문에서, 네케르는 왕실 국고의 회계 시스템의 결함이 어떻게 정부 회계 관리를 불가능하게 만들었는지 지적했다. 네케르는 재무부가 '불완전한 정보'를 가지고 있으며 많은 지출에 '흔적'이 없다고 지적했다. 정확한 결과를 얻기 위해서는 '장대한

작업'이 필요할 것이라고 네케르는 경고했다." Stourm, *Les finances de l'Ancien Régime et de la Révolution*, 2:9에서 인용; M. A. Bailly, *Histoire financière de la France depuis l'origine de la Monarchie jusqu'à la fin de 1786. Un tableau général des anciennes impositions et un état des recettes et des dépenses du trésor royal à la même époque*(Paris: Moutardier, 1830), 1:238; Egret, *Necker*, 177. 베르젠이 루이 16세에게 보내는 1781년 5월 3일자 서한에서 인용. Jean-Louis Soulavie, *Mémoires historiques et politiques du règne de Louis XVI*(Paris: Treuttel et Würtz, 1801), 4: pp. 149–159.

23) Renée-Caroline, marquise de Créquy, *Souvenirs de 1710 à 1803*(Paris: Garnier Frères, 1873), 7: pp. 33–36.

24) "Les pourquoi, ou la réponse verte," in *Collection complette*, 3: p. 141.

25) Charles Alexandre, vicomte de Calonne, *Réponse de M. de Calonne à l'Écrit de M. Necker; contenant l'Examen des comptes de la situation des Finances Rendus en 1774, 1776, 1781, 1783 & 1787 avec des Observations sur les Résultats de l'Assemblée des Notables*(London: T. Spilsbury, 1788), pp. 6, 51. 칼론이 작성한 많은 표가 포함된 부록(Pièces justificative ou accessoires)과 함께 한 부가 프린스턴 대학의 희귀서적컬렉션에 보관되어 있다.

26) Desrosières, *The Politics of Large Numbers*, p. 31.

27) *Courrier d'Avignon*, April 22, 1788, pp. 134–135.

28) François-Auguste-Marie-Alexis Mignet, *History of the French Revolution, from 1789–1814*(London: George Bell and Sons, 1891), p. 36.

29) Seaward, "Parliament and the Idea of Political Accountability in Early Modern Britain," p. 59; "Of Accountability," *Authentic Copy of the New Constitution of France, Adopted by the National Convention, June 23, 1793*(London: J. Debrett, 1793), 15, clauses 105–106. OED는 이 단어가 영문에 최초로 등장한 것을 1794년으로 밝히고 있다; *Constitution of 1791*: "장관이나 총책임자가 서명한 각 부처의 지출에 대한 상세한 기록을 매 입법부 회의 시작 때마다 유인물로 공개해야 한다. (260) 각종 세금과 국가 세입에 대한 수입 보고서의 경우도 마찬가지다. 그러한 지출 및 수입 보고서는 본성에 따라 구분해야 하며, 매년 지역마다 수입 총액과 지출 총액을 표시해야 한다. 궁전과 행정 기관 및 기타 기관과 관련한 각 부서의 특별 지출도 마찬가지로 공개해야 한다(5, 3)."

30) *Convention Nationale: Projet d'organisation du Bureau de Comptabilité*(Paris: Par Ordre de la Convention Nationale, 1792), pp. 25, 28, Maclure Collection, 1156:1, University of Pennsylvania, Special Collections Library; Antoine Burté, "Pour L'Assemblée Nationale. Observations rapides sur les conditions d'eligibilité des Commissaires de la Comptabilité"(Paris: Imprimérie Nationale, 1792), pp. 5–13, Maclure Collection, 735:5, University of Pennsylvania, Special Collections Library.

31) Isser Woloch, *The New Régime: Transformations of the French Civic Order,*

1789–1820s(New York: W. W. Norton, 1994), p. 40; "Compte rendu par le Ministre de la Marine à l'Assemblée Nationale 31 Oct. 1791"(Paris: Imprimérie Nationale, 1791), Maclure 974:19, University of Pennsylvania, Special Collections Library.

10장

1) Previts and Merino, *A History of Accountancy in the United States*, pp. 15–17에서 인용; Bernard Bailyn, *The New England Merchants in the Seventeenth Century*(New York: Harper Torchbook, 1964), p. 170.

2) W. T. Baxter, "Accounting in Colonial America," in *Studies in the History of Accounting*, ed. Littleton and Yamey, p. 278.

3) Previts and Merino, *A History of Accountancy in the United States*, pp. 17, 21에서 인용.

4) John Mair, *Book-Keeping Methodiz'd; or A methodical treatise of MERCHANT-AC-COMPTS, according to the Italian Form*(Edinburgh: W. Sands, A. Murray, and J. Cochran, 1765) 표지화 및 p. 4. 필라델피아 도서관주함. Am 1765 Mai Dj.8705.M228 1765.

5) Baxter, "Accounting in Colonial America," p. 279.

6) 같은 책.

7) Max Weber, *The Protestant Ethic and the Spirit of Capitalism*, pp. 50–67.

8) Benjamin Franklin, *The Autobiography and Other Writings on Politics, Economics and Virtue*, ed. Alan Houston(Cambridge: Cambridge University Press, 2004), pp. 34–35.

9) Benjamin Franklin, *Papers of Franklin*, ed. by Leonard W. Lebaree and Whitfield Bell Jr.(New Haven, CT: Yale University Press, 1960), 1:128; Franklin, *Autobiography*, p. 81.

10) Franklin, *Papers of Benjamin Franklin*, 5: pp. 165–167.

11) 같은 책, 5: pp. 174–175.

12) Benjamin Franklin, *DIRECTIONS to the DEPUTY POST-MASTERS, for keeping their ACCOUNTS*(Broadside, Philadelphia, 1753), Pennsylvania Historical Society, Ab [1775]–35, 61×48 cm; *The Ledger of Doctor Benjamin Franklin, Postmaster General, 1776. A Facsimile of the Original Manuscript Now on File on the Records of the Post Office Department of the United States*(Washington, DC, 1865).

13) *The Ledger of Doctor Benjamin Franklin*, pp. 127, 172–173.

14) Benjamin Franklin and George Simpson Eddy, "Account Book of Benjamin Franklin Kept by Him During His First Mission to England as Provincial Agent 1757–1762,"

Pennsylvania Magazine of History and Biography 55, no. 2(1931): pp. 97–133; Ellen R. Cohn, "The Printer at Passy," in *Benjamin Franklin in Search of a Better World*, ed. Page Talbott(New Haven, CT: Yale University Press, 2005), pp. 246–250.

15) Stacy Schiff, *A Great Improvisation: Franklin, France, and the Birth of America*(New York: Henry Holt, 2005), pp. 87, 268; 1780년 2월 21일과 1781년 4월 10일 프랭클린과 네케르 간의 서신. Benjamin Franklin, *The Writings of Benjamin Franklin*, ed. Albert Henry Smyth(New York: Macmillan, 1907), 8:581–583에서 인용.

16) Stephanie E. Smallwood, *Saltwater Slavery: A Middle Passage from Africa to American Diaspora*(Cambridge, MA: Harvard University Press, 2008), p. 98.

17) William Peden, "Thomas Jefferson: The Man as Reflected in His Account Books" *Virginia Quarterly Review* 64, no. 4(1988): pp. 686–694; Thomas Jefferson, *The Works of Thomas Jefferson*, Federal Edition(New York: G. P. Putnam's Sons, 1904–1905). II "inscription for an african slave" : 1.

18) 워싱턴의 모든 회계기록은 온라인에서 찾을 수 있다. http://memory.loc.gov/ammem/gwhtml/gwseries5.html .

19) Previts and Merino, *A History of Accountancy in the United States*, p. 46; Jack Rakove, *Revolutionaries: A New History of the Invention of America*(New York: Houghton Mifflin Harcourt, 2010), p. 233.

20) Marvin Kitman, *George Washington's Expense Account*(New York: Grove Press, 1970), p. 15.

21) *Accounts of G. Washington with the United States, Commencing June 1775, and Ending June 1783, Comprehending a Space of 8 Years*(Washington, DC: Treasury Department, 1833), pp. 65–66.

22) 같은 책, pp. 5–6; Kitman, *George Washington's Expense Account*, pp. 127–129, 276.

23) Thomas K. McCraw, *The Founders and Finance: How Hamilton, Gallatin, and Other Immigrants Forged a New Economy*(Cambridge, MA: Harvard University Press, 2012), pp. 65–66.

24) Michael P. Schoderbek, "Robert Morris and Reporting for the Treasury Under the U.S. Continental Congress," *Accounting Historians Journal* 26, no. 2(1999): pp. 5–7.

25) 같은 책, pp. 7–8; Charles Rappleye, *Robert Morris: Financier of the American Revolution*(New York: Simon and Schuster, 2010), p. 231.

26) Rappleye, *Robert Morris*, p. 234; Schoderbek, "Robert Morris and Reporting for the Treasury Under the U.S. Continental Congress," pp. 10-11.

27) Schoderbek, "Robert Morris and Reporting for the Treasury Under the U.S. Conti-

nental Congress," p. 12.

28) 같은 책, p. 16-17.

29) Robert Morris, *A State of the Receipts and Expenditures of Public Monies upon Warrants from the Superintendent of Finance, from the 1st of January, 1782, to the 1st of January 1783.* Schoderbek, "Robert Morris and Reporting for the Treasury Under the U.S. Continental Congress," pp. 18, 28에 인용.

30) McCraw, *The Founders and Finance*, p. 16에서 인용.

31) 같은 책, pp. 17–18.

32) 같은 책, pp. 24, 54.

33) Jack Rackove, *Original Meanings: Politics and Ideas in the Making of the Constitution*(New York: Vintage Books, 1997), p. 236.

34) Ron Chernow, *Alexander Hamilton*(New York: Penguin Books, 2004), p. 249.

35) 한때 하버드 대학에서 불어를 가르쳤고 미국 역사상 가장 오랫동안 재무장관을 지낸 제네바 출신 Albert Gallatin은 1796년 *Sketch of the Finances of the United States*을 썼다; *Journal of the First Session of the Second House of Representatives of the Commonwealth of Pennsylvania*(Philadelphia: Francis Bailey and Thomas Lang, 1791), "Appendix"의 마지막 두 페이지; John Nicholson, *Accounts of Pennsylvania*(Philadelphia: Comptroller-General's Office, 1785), 1 of the "Advertisement."

11장

1) Lady Holland, *A Memoir of the Reverend Sydney Smith*(London: Longman, Brown, Green and Longmans, 1855) 2:215.

2) Hugh Coombs, John Edwards, and Hugh Greener, eds., *Double-Entry Bookkeeping in British Central Government, 1822–1856*(London: Routledge, 1997), pp. 3–5.

3) John Bowring, *Report on the Public Accounts of the Netherlands*(London: House of Commons, 1832); Nikitin, "The Birth of a Modern Public Sector Accounting System in France and Britain," p. 90. John Bowring, *Report of the Public Accounts of France to the Right Honorable the Lords Commissioners of His Majesty's Treasury*(London: House of Commons, 1831), pp. 3–7에서 인용.

4) Oliver Evans, "Steamboats and Steam Wagons," *Hazard's Register of Pennsylvania* 16(July-January 1836): p. 12.

5) Hobsbawm, *Industry and Empire*, pp. 88, 93.

6) Previts and Merino, *A History of Accountancy in the United States*, pp. 69, 110,

134; Alfred D. Chandler, *The Visible Hand: The Managerial Revolution in American Business*(Cambridge, MA: Harvard University Press, 1977), pp. 122.

7) Theodore M. Porter, *Trust in Numbers: The Pursuit of Objectivity in Science and Public Life*(Princeton, NJ: Princeton University Press, 1995), p. 60.

8) 같은 책, pp. 87–88.

9) Chandler, *The Visible Hand*, pp. 11, 110; Vanessa Ogle, *Contesting Time: The Global Struggle for Uniformity and Its Unintended Consequences, 1870s–1940s*(Cambridge, MA: Harvard University Press, forthcoming).

10) Chandler, *The Visible Hand*, pp. 110–112; Previts and Merino, *A History of Accountancy in the United States*, p. 99.

11) Previts and Merino, *A History of Accountancy in the United States*, p. 112에서 인용; Mark Twain, Letter to *The San Francisco Alta California*, May 26, 1867.

12) "Reports of Cases Decided on All the Courts of Equity and Common Law in Ireland for the Year 1855," *The Irish Jurist* 1(1856): pp. 386–387; *Times of London*, February 18, 1856; *The Dictionary of National Biography*, ed. Sydney Lee(New York: Macmillan, 1897), 50: p. 103에서 디킨스 인용.

13) Brown, *A History of Accounting and Accountants*, chaps. 3–4; Previts and Merino, *A History of Accountancy in the United States*, p. 69.

14) Brown, *A History of Accounting and Accountants*, p. 285.

15) David Grayson Allen and Kathleen McDermott, *Accounting for Success: A History of Price Water house in America 1890–1990*(Cambridge, MA: Harvard Business School Press, 1993), p. 4; Previts and Merino, *A History of Accountancy in the United States*, p. 99; Porter, *Trust in Numbers*, pp. 91, 103.

16) Allen and McDermott, *Accounting for Success*, pp. 14, 34.

17) John Moody, *How to Analyze Railroad Reports*(New York: Analyses, 1912), pp. 18–21; Previts and Merino, *A History of Accountancy in the United States*, p. 216.

18) Previts and Merino, *A History of Accountancy in the United States*, p. 157.

19) 같은 책, pp. 116–117.

20) 같은 책, p. 98.

21) 같은 책, 132; D. A. Keister, "The Public Accountant," *The Book-Keeper* 8, no. 6(1896): pp. 21–23.

22) Charles Waldo Haskins, *Business Education and Accountancy*(New York: Harper & Brothers, 1904), pp. 32, 54.

23) Charles Waldo Haskins, *How to Keep Household Accounts: A Manual of Family Accounts*(New York: Harper & Brothers, 1903), v, 13–14.

12장

1) Honoré de Balzac, *L'Interdiction*(Paris: Éditions Garnier Frères, 1964), p. 37.

2) Charles Dickens, *A Christmas Carol*(Clayton, DE: Prestwick House, 2010), p. 21.

3) Charles Dickens, *Little Dorrit*, ed. by Peter Preston(Ware, UK: Wordsworth Editions, 1996), p. 102.

4) Henry David Thoreau, *Walden or Life in the Woods*(Mansfield Centre, CT: Martino, 2009), p. 26.

5) 같은 책, pp. 17, 28.

6) Amanda Vickerey, "His and Hers: Gender, Consumption and House hold Accounting in Eighteenth-Century England," *Past and Present* 1, Supplement 1(2006): pp. 12–38.

7) Porter, *Trust in Numbers*, pp. 17–30.

8) Thomas Malthus, *An Essay on the Principle of Population*(New York: Oxford University Press, 1999), p. 61.

9) Janet Browne, "The Natural Economy of House holds: Charles Darwin's Account Books," in *Aurora Torealis: Studies in the History of Science and Ideas in the Honor Tore Frängsmyr*, ed. Marco Beretta, Karl Grandin, and Svante Lindqvist(Sagamore Beach, MA: Watson, 2008), p. 104.

10) Francis Darwin, ed., *The Life and Letters of Charles Darwin*(London, 1887), 3: pp. 178–179에 재현된 설문지. 모든 인용은 거기서 나온 것이다.

11) Browne, "The Natural Economy of House holds," pp. 88–99.

12) 같은 책, pp. 92–94.

13) 같은 책, p. 97; Charles Darwin, *The Descent of Man, and Selection in Relation to Sex*(London: John Murray, 1871), 1:167–182.

14) Joseph Conrad, *Heart of Darkness*, ed. Ross C. Murfin(Boston: Bedford/St. Martin's, 1989), p. 33.

15) Rosita S. Chen and Sheng-Der Pan, "Frederick Winslow Taylor's Contributions to Cost Accounting," *Accounting Historians Journal* 7, no. 2(1980): p. 2.

16) Daniel J. Boorstin, *The Americans: The Democratic Experience*(New York: Vintage Books, 1973).

17) *Auschwitz USA*(Lanham, MD: Hamilton Books, 2010), p. 31에서 John Huer가 인용.

18) Alfred C. Mierzejewski, *Most Valuable Asset of the Reich: A History of the German National Railway*(Chapel Hill: University of North Carolina Press, 2000), 2: pp. 20-21.

13장

1) Allen and McDermott, *Accounting for Success*, pp. 32–37.

2) 같은 책, p. 31.

3) 같은 책, pp. 45, 61.

4) William Z. Ripley, "Stop, Look, Listen! The Shareholder's Right to Adequate Information," *Atlantic Monthly*, January 1, 1926.

5) Allen and McDermott, *Accounting for Success*, p. 67.

6) 같은 책, p. 64; John Kenneth Galbraith, *The Great Crash of 1929*(New York: Houghton Mifflin Harcourt, 2000), p. 64.

7) Previts and Merino, *A History of Accountancy in the United States*, p. 275.

8) Securities Act of 1933, www.sec.gov/about/laws/sa33.pdf, section 19; Stephen A. Zeff, "The SEC Rules Historical Cost Accounting: 1934 to the 1970s," *Accounting and Business Research* 37, suppl. 1(2007): p. 1; Mike Brewster, *Unaccountable: How the Accounting Profession Forfeited a Public Trust*(Hoboken, NJ: John Wiley & Sons, 2003), p. 81.

9) Allen and McDermott, *Accounting for Success*, p. 71; Previts and Merino, *A History of Accountancy in the United States*, pp. 70, 270.

10) Kees Camfferman and Stephen A. Zeff, *Financial Reporting and Global Capital Markets: A History of the International Accounting Standards Committee 1973–2000*(Oxford: Oxford University Press, 2006), pp. 21–24; "The Norwalk Agreement," www.fasb.org/news/memorandum.pdf.

11) Barbara Ley Toffler, *Final Accounting: Ambition, Greed and the Fall of Arthur Andersen*(New York: Crown, 2003), p. 18; Robert A. G. Monks and Nell Minow, *Corporate Governance*(New York: John Wiley & Sons, 2008), p. 563.

12) Toffler, *Final Accounting*, pp. 28, 41.

13) 같은 책, p. 14.

14) Allen and McDermott, *Accounting for Success*, pp. 171–172.

15) 같은 책, p. 173.

16) 같은 책, pp. 175–181.

17) Philip G. Joyce, *Congressional Budget Office: Honest Numbers, Power, and Policymaking*(Washington, DC: Georgetown University Press, 2011), pp. 16–17.

18) Richard Cantor and Frank Packer, "Sovereign Credit Ratings," *Current Issues in Economics and Finance of the Federal Reserve Board of New York* 1, no. 3(1995): p. 41.

19) Allen and McDermott, *Accounting for Success*, p. 181.

20) Mark Stevens, *The Big Six: The Selling Out of America's Accounting Firms*(New York: Simon and Schuster, 1991), p. 28.

21) Richard Melcher, "Where Are the Accountants?" *BusinessWeek*, October 5, 1998.

22) Toffler, *Final Accounting*, p. 203.

23) 같은 책, p. 138

24) William Jefferson Clinton, "Statement on Signing the Gramm-Leach-Bliley, Act November 12, 1999," www.presidency.ucsb.edu/ws/?pid=56922 .

25) WorldCom, Waste Management와 관련한 Andersen에 대해 SEC가 부과한 혐의는 www.sec.gov/litigation/complaints/comp17753.htm과 www.sec.gov/litigation/litreleases/lr17039.htm을 참조.

26) Toffler, *Final Accounting*, p. 217.

27) 같은 책, p. 213.

28) Elizabeth Bumiller, "Bush Signs Bill Aimed at Fraud in Corporations," *New York Times*, July 31, 2002. 2002년에 부시 대통령이 SEC 재정 지원을 27퍼센트 삭감하여, 하베이 피트 의장이 "행정부의 재정 지원 수준으로는 중요한 사업을 실시할 수 없다"고 경고한 것도 주목할 것: Stephen Labaton, "Bush Tries to Shrink S.E.C. Raise Intended for Corporate Cleanup," *New York Times*, October 19, 2002.

29) Adam Jones, "Auditors Criticized for Role in Financial Crisis," *Financial Times*, March 30, 2011; Adam Jones, "Big Four Rivals Welcome Audit Shakeup," *Financial Times*, February 2, 2013.

30) Andrew Ross Sorkin, "Realities Behind Prosecuting Big Banks," *New York Times*, March 11, 2013.

31) Matt Taibbi, "The People vs. Goldman Sachs," Rolling Stone, May 11, 2011; "Government Accounting Book-Cooking Guide: The Public Sector Has Too Much Freedom to Dress Up the Accounts," *Economist*, April 7, 2012; Peter J. Henning, "Justice Department Again Signals Interest to Pursue Financial Crisis Cases," *New York Times*, August 26, 2013.

결론

1) Dickens, *Little Dorrit*, p. 107.

2) "Government Accounting Book-Cooking Guide: The Public Sector Has Too Much Freedom to Dress Up the Accounts," *Economist*, April 7, 2012.

3) "An Aberrant Abacus: Coming to Terms with China's Untrustworthy Numbers," *Economist*, May 1, 2008; Timothy Irwin, "Accounting Devices and Fiscal Illusions," *IMF*

Staff Discussion Note, March 28, 2012, www.imf.org/external/pubs/ft/sdn/2012/sdn1202. pdf; Alan J. Blinder, "Financial Collapse: A Ten-Step Recovery Plan," *New York Times*, January 19, 2013.

4) Jean-Baptiste Say, *Traité d'économie politique ou simple exposition de la manière dont se forment, se distribuent et se composent les richesses*(Paris: Crapalet, 1803).

Aho, J. A. *Confession and Bookkeeping: The Religious, Moral, and Rhetorical Roots of Modern Accounting.* Albany: State University of New York Press, 2005.

Alberti, Leon Battista. *The Family in Renaissance Florence.* Book 3. Translated by Renée Neu Watkins. Long Grove, IL: Waveland Press, 1994.

Alcott, Louisa May. *Little Women.* Boston: Roberts Brothers, 1868.

Allen, David Grayson, and Kathleen McDermott. *Accounting for Success: A History of Price Water house in America 1890–1990.* Cambridge, MA: Harvard Business School Press, 1993.

Antoine, Michel. *Le coeur de l'État.* Paris: Fayard, 2003.

Arcelli, Federico. *Il banchiere del Papa: Antonio della Casa, mercante e banchiere a Roma, 1438–1440.* Soveria Manelli, Italy: Rubbettino Editore, 2001.

Aristotle. *The Athenian Constitution.* Translated by P. J. Rhodes. London: Penguin Books, 1984.

———. *Nichomachean Ethics.* Translated by H. Rackham. Cambridge, MA: Loeb Classical Library, 1926.

Ashton, T. S. *Economic Fluctuations in England, 1700–1800.* Oxford: Oxford University Press, 1959.

Astbury, Raymond. "The Renewal of the Licensing Act in 1693 and Its Lapse in 1695." *The Library* 5, no. 4(1978): 296–322.

Augéard, Jacques-Mathieu. *Letter from Monsieur Turgot to Monsieur Necker.* 1780.

———. *Mémoires Sécrets.* Paris: Plon, 1866.

Augustus. *Res gestae divi Augusti.* Translated by P. A. Brunt and J. M. Moore. Oxford: Oxford University Press, 1973.

Authentic Copy of the New Constitution of France, Adopted by the National Convention, June 23, 1793. London: J. Debrett, 1793.

Bachaumont, Louis-Petit de. *Mémoires secrets pour servir à l'histoire de la République des lettres en France*. 36 vols. London: John Adamson, 1777–1787.

Bailly, M. A. Histoire financière de la France depuis l'origine de la Monarchie jusqu' à la fi n de 1786. *Un tableau général des anciennes impositions et un état des recettes et des dépenses du trésor royal à la même époque*. 2 vols. Paris: Moutardier, 1830.

Bailyn, Bernard. *The New England Merchants in the Seventeenth Century*. New York: Harper Torchbook, 1964.

Baker, Keith Michael. "Politics and Social Science in Eighteenth-Century France: The 'Société de 1789.'" In *French Government and Society 1500–1850: Essays in Memory of Alfred Cobban*, edited by J. F. Bosher, 208–230. London: Athlone Press, 1973.

Balzac, Honoré de. *L'Interdiction*. Paris: Éditions Garnier Frères, 1964.

Barlaeus, Caspar. *Marie de Medicis entrant dans l'Amsterdam; ou Histoire de la reception faicte à la Reyne Mere du Roy très-Chrestien, par les Bourgmaistres et Bourgeoisie de la Ville d'Amsterdam*. Amsterdam: Jean & Corneille Blaeu, 1638.

Bautier, Robert-Henri. "Chancellerie et culture au moyen age." In vol. 1 of *Chartes, sceaux et chancelleries: Études de diplomatique et de sigillographie médiévales*, edited by Robert-Henri Bautier, 47–75. Paris: École des Chartes, 1990.

Baxter, Douglas Clark. *Servants of the Sword: French Intendants of the Army 1630–1670*. Urbana: University of Illinois Press, 1976.

Baxter, W. T. "Accounting in Colonial America." In *Studies in the History of Accounting*, edited by Charles Littleton and Basil S. Yamey, 272–287. New York: Arno Press, 1978.

Bentham, Jeremy. *An Introduction to the Principles of Morals and Legislation*. 1789.

Bentley, Richard. *Sermons Preached at Boyle's Lecture*. Edited by Alexander Dyce. London: Francis Macpherson, 1838.

Bergin, J. A. "Cardinal Mazarin and His Benefices." *French History* 1, no. 1(1987): 3–26.

Binney, J. E. D. *British Public Finance and Administration 1774–92*. Oxford: Oxford University Press, 1958.

Black, Jeremy. *Robert Walpole and the Nature of Politics in Early Eighteenth Century England*. New York: St. Martin's Press, 1990.

Blinder, Alan J. "Financial Collapse: A Ten-Step Recovery Plan." *New York Times*, January 19, 2013.

Bocaccio, Giovanni. *The Decameron*. Translated by J. M. Rigg. London: A. H. ullen, 1903.

Boeckh, Augustus. *The Public Economy of Athens*. London: John W. Parker, 1842.

Boislisle, Arthur André Gabriel Michel de, and Pierre de Brotonne, eds. *Correspondance des Contrôleurs Généraux des Finances*. 3 vols. Paris: Imprimérie Nationale, 1874.

Bondi, Yuri. "Schumpeter's Economic Theory and the Dynamic Accounting View of the

Firm: Neglected Pages from the *Theory of Economic Development.*" *Economy and Society* 37, no. 4(2008): 525–547.

Bonney, Richard. "Vindication of the Fronde? The Cost of Louis XIV's Versailles Building Programme." *French History* 21, no. 2(2006): 205–225.

Boorstin, Daniel J. *The Americans: The Democratic Experience.* New York: Vintage Books, 1973.

Bosher, J. F. *French Finances 1770-1795: From Business to Bureaucracy.* Cambridge: Cambridge University Press, 1970.

Bowring, John. *Report of the Public Accounts of France to the Right Honorable the Lords Commissioners of His Majesty's Treasury.* London: House of Commons, 1831.

———. *Report on the Public Accounts of the Netherlands.* London: House of Commons, 1832.

Braudel, Fernand. *Civilisation materielle, économie et capitalisme XVe– XVIIIe siècle.* 2 vols. Paris: Armand Colin, 1979.

Brewer, John. *The Sinews of Power: War, Money and the English State 1688–1783.* New York: Alfred A. Knopf, 1989.

Brewster, Mike. *Unaccountable: How the Accounting Profession Forfeited a Public Trust.* Hoboken, NJ: John Wiley & Sons, 2003.

Brisco, Norris Arthur. *The Economic Policy of Robert Walpole.* New York: Columbia University Press, 1907.

Brown, Richard. *A History of Accounting and Accountants.* Edinburgh: T. C. & E. C. Jack, 1905.

Browne, Janet. "The Natural Economy of House holds: Charles Darwin's Account Books." In *Aurora Torealis: Studies in the History of Science and Ideas in the Honor Tore Frängsmyr,* edited by Marco Beretta, Karl Grandin, and Svante Lindqvist, 87–110. Sagamore Beach, MA: Watson, 2008.

Bumiller, Elizabeth. "Bush Signs Bill Aimed at Fraud in Corporations." *New York Times,* July 31, 2002.

Burke, Edmund. *Reflections on the French Revolution.* In *Readings in Western Civilization: The Old Regime and the French Revolution,* edited by Keith Michael Baker. Chicago: University of Chicago Press, 1987.

Burke, Peter. *The Fortunes of the Courtier: The European Reception of Castiglione's Cortegiano.* Cambridge: Polity Press, 1995.

———. *A Social History of Knowledge from Gutenberg to Diderot.* Cambridge: Polity Press, 2000.

Burnand, Léonard. *Les Pamphlets contre Necker. Médias et imginaire politique au XVIIIe siècle.* Paris: Éditions Classiques Garnier, 2009.

Burté, Antoine. *Pour L'Assemblée Nationale. Observations rapides sur les conditions d'eligibilité des Commissaires de la Comptabilité.* Paris: Imprimérie Nationale, 1792.

―――. "Rapid Observations on the Conditions of Eligibility of the Commissars of Accountability." 1792. University of Pennsylvania, Special Collections Library, Maclure 735:5.

Bywater, M. F., and B. S. Yamey. *Historic Accounting Literature: A Companion Guide.* London: Scholar Press, 1982.

Calabria, Antonio. *The Cost of Empire: The Finances of the Kingdom of Naples in the Time of the Spanish Rule.* Cambridge: Cambridge University Press, 1991.

Camfferman, Kees, and Stephen A. Zeff. *Financial Reporting and Global Capital Markets: A History of the International Accounting Standards Committee 1973–2000.* Oxford: Oxford University Press, 2006.

Cantor, Richard, and Frank Packer. "Sovereign Credit Ratings." *Current Issues in Economics and Finance of the Federal Reserve Board of New York* 1, no. 3(1995): 37–54.

Carande, Ramon. *Carlos V y sus banqueros. Los caminos del oro y de la plata(Deuda exterior y tesoros ultramarinos).* Madrid: Sociedad de Estudios y Publicaciones, 1967.

Carmona, Salvador, and Mahmous Ezzamel. "Ancient Accounting." In *The Routledge Companion to Accounting History*, edited by John Richard Edwards and Stephen P. Walker. Oxford: Routledge, 2009.

Carruthers, Bruce G., and Wendy Nelson Espeland. "Accounting for Rationality: Double-Entry Bookkeeping and the Rhetoric of Economic Rationality." *American Journal of Sociology* 97, no. 1(1991): 30–67.

Carswell, John. *The South Sea Bubble.* Stanford, CA: Stanford University Press, 1960.

Carter, F. E. L., and D. E. Greenway. *Dialogus de Scaccario(the Course of the Exchequer), and Constitutio Domus Regis(The Establishment of the Royal House hold).* London: Charles Johnson, 1950.

Castiglione, Baldesar. *The Book of the Courtier.* Translated and edited by George Bull. London: Penguin Books, 1976.

Cervantes Saavedra, Miguel de. *The History of don Quixote de la Mancha.* London: James Burns, 1847.

Chandler, Alfred D. *The Visible Hand: The Managerial Revolution in American Business.* Cambridge, MA: Harvard University Press, 1977.

Chatfield, Michael. *A History of Accounting Thought.* Hisdale, IL: Dryden Press, 1974.

Chen, Rosita S., and Sheng-Der Pan. "Frederick Winslow Taylor's Contributions to Cost Accounting." *The Accounting Historians Journal* 7, no. 2(1980): 1–22.

Chernow, Ron. *Alexander Hamilton*. New York: Penguin Books, 2004.

Chéruel, Pierre-Adolphe, ed. *Mémoires sur la vie publique et privée de Fouquet, Surintendant des finances. D'après ses lettres et des pièces inédites conservées à la Bibliothèque Impériale*. 2 vols. Paris: Charpentier Éditeur, 1862.

Cicero. *The Orations of Marcus Tullius Cicero(Philippics)*. Translated by C. D. Yonge. London: Henry J. Bohn, 1852.

Clanchy, M. T. *From Memory to Written Record: England 1066–1307*. London: Blackwell, 1979.

Clinton, William Jefferson. *Statement on Signing the Gramm-Leach-Bliley Act*. November 12, 1999. www.presidency.ucsb.edu/ws/?pid=56922.

Cohen, Patricia Cline. *A Calculating People: The Spread of Numeracy in Early America*. Chicago: University of Chicago Press, 1982.

Cohn, Ellen R. "The Printer at Passy." In *Benjamin Franklin in Search of a Better World*, edited by Page Talbott, 236–259. New Haven, CT: Yale University Press, 2005.

Colbert, Jean-Baptiste. *Abrégé des finances 1665*. Bnf. Ms. Fr. 6771, fols. 4 verso–7recto.

———. *Abrégé des finances 1671*. Bnf. Ms. Fr. 6777, final "table."

———. *Lettres, instructions et mémoires*. Edited by Pierre Clement. 7 vols. Paris: Imprimerie Impériale, 1865.

———. *Receuil de Finances de Colbert*. Bnf. Ms. Fr. 7753.

Colbert 1619–1683. Paris: Ministère de la Culture, 1983.

Colinson, Robert. *Idea rationaria, or the Perfect Accomptant*. Edinburgh: David Lindsay, 1683.

Collection complette de tous les ouvrages pour et contre M. Necker, avec des notes critiques, politiques et secretes. 3 vols. Utrecht, 1782.

Colonna, Francesco. *Hypnerotomachia Poliphili*. Venice: Aldus Manutius, 1499.

Compte rendu par le Ministre de la Marine a l'Assemblee Nationale 31 Oct. 1791. Paris: Imprimérie Nationale, 1791. University of Pennsylvania, Special Collections Library, Maclure 974:19.

Cone, Carl B. "Richard Price and Pitt's Sinking Fund of 1786." *Economic History Review* 4, no. 2(1951): 243–251.

Conrad, Joseph. *Heart of Darkness*. Edited by Ross C. Murfin. Boston: Bedford/St. Martin's, 1989.

Convention Nationale: Projet d'organisation du Bureau de Comptabilité. Paris: Par Ordre de la Convention Nationale, 1792. University of Pennsylvania, Special Collections Library, Maclure 1156:1.

Cook, Harold John. *Matters of Exchange: Commerce, Medicine, and Science in the Dutch Golden Age*. New Haven, CT: Yale University Press, 2007.

Coombs, Hugh, John Edwards, and Hugh Greener, eds. *Double-Entry Bookkeeping in British Central Government, 1822–1856*. London: Routledge, 1997.

Cosnac, Gabriel-Jules, comte de. *Mazarin et Colbert*. 2 vols. Paris: Plon, 1892.

Coxe, William. *Memoires of the Life and Administration of Sir Robert Walpole*. 4 vols. London: Longman, Hurst, Reese, Orme and Brown, 1816. Dainville, François de. *L'éducation des jésuites XVI–XVIII siècles*. Edited by Marie-Madeleine Compère. Paris: Éditions de Minuit, 1978.

Dale, Richard. *The First Crash: Lessons from the South Sea Bubble*. Princeton, NJ: Princeton University Press, 2004.

Dante. *The Divine Comedy*. Translated by Allen Mandelbaum. 3 vols. Berkeley: University of California Press, 1981.

———. *The Inferno*. Translated by Robert Pinsky. New York: Farrar, Straus and Giroux, 1995.

Darnton, Robert. "The Memoirs of Lenoir, Lieutenant of Police of Paris, 1774–1785." *English Historical Review* 85, no. 336(1970): 532–559.

———. "Trends in Radical Propaganda on the Eve of the French Revolution(1782–1788)." DPhil diss., Oxford University, 1964.

Darwin, Charles. *The Descent of Man, and Selection in Relation to Sex*. Vol. 1. London: John Murray, 1871.

———. *On the Origin of the Species*. London, 1859.

Darwin, Francis, ed. *The Life and Letters of Charles Darwin*. Vol. 3. London, 1887.

Davenant, Charles. *Discourses on the Publick Revenues*. 2 vols. London: James Knapton, 1698.

Davids, Karel. "The Bookkeepers Tale: Learning Merchant Skills in the Northern Netherlands in the Sixteenth Century." In *Education and Learning in the Netherlands 1400–1600. Essays in Honour of Hilde de Ridder-Symeons*, edited by Koen Goodriaan, Jaap van Moolenbroek, and Ad Tervoort, 235–251. Leiden: Brill, 2004.

De Calonne, Vicomte, Charles Alexandre. *Réponse de M. de Calonne à l'Écrit de M. Necker; contenant l'Examen des comptes de la situation des Finances Rendus en 1774, 1776, 1781, 1783 & 1787 avec des Observations sur les Résultats de l'Assemblée des Notables*. London: T. Spilsbury, 1788.

Declaration du Roy concernant la tenue des Registres Journaux. Versailles: October 4, 1723.

De Cosnac, Comte, Gabriel-Jules. *Mazarin et Colbert.* 2 vols. Paris: Plon, 1892.

De Créquy, Marquise, Renée-Caroline. *Souvenirs de 1710 à 1803.* 10 vols. Paris: Garnier Frères, 1873.

De Diego, José Luis Rodríguez, ed. *Instrucción para el gobierno del archivo de Simancas(año 1588)* Madrid: Dirección General de Bellas Artes y Archivos, 1989.

————. "La formación del Archivo de Simancas en el siglo xvi. Función y orden interno." In *El libro antiguo español IV,* edited by María Luisa López Vidriero and Pedro M. Cátedra. Salamanca: Ediciones Universidad de Salamanca, 1998.

De Diego, José Luis Rodríguez, and Francisco Javier Alvarez Pinedo. *Los Archivos de Simancas.* Madrid: Lunwerg Editores, 1993.

Defoe, Daniel. *The Complete English Tradesman.* Edinburgh, 1839.

————. *The Life and Strange Surprizing Adventures of Robinson Crusoe.* London: Taylor, 1719.

De Jongh, J. Matthijs. "Shareholder Activism at the Dutch East India Company in 1622: *Reddo Rationem Villicationis Tuae! Give an Account of Your Stewardship!*" Paper presented at the Conference on the Origins and History of Shareholder Advocacy, Yale School of Management, Millstein Center for Corporate Governance and Per for mance, November 6 and 7, 2009.

De la Court, Pieter, and Jan de Witt. *The True Interest and Po liti cal Maxims of the Republic of Holland.* London: John Campbell, 1746.

Della Mirandola, Giovanni Pico. *On The Dignity of Man.* Translated by Charles Glenn Wallis, Paul J. W. Miller, and Douglas Carmichael. Indianapolis: Hackett, 1998.

Delumeau, Jean. *Sin and Fear: The Emergence of a Western Guilt Culture 13th–18th Centuries.* Translated by Eric Nicholson. New York: St. Martin's Press, 1990.

Deringer, William Peter. "Calculated Values: The Politics and Epistemology of Economic Numbers in Britain, 1688–1738." PhD diss., Princeton University, 2012.

De Roover, Florence Edler. "Francesco Sassetti and the Downfall of the Medici Banking House." *Bulletin of the Business Historical Society* 17, no. 4(1943): 65–80.

De Roover, Raymond. "Aux origins d'une technique intellectuelle. La formation et l'expansion de la comptabilité à partie double." *Annales d'histoire économique et sociale* 9, no. 45(1937): 270–298.

————. "The Development of Accounting Prior to Luca Pacioli." In *Business, Banking and Economic Thought in Late Medieval and Early Modern Europe: Selected Studies of*

Raymond de Roover, edited by Julius Kirschner, 119–180. Chicago: University of Chicago Press, 1974.

————. "The Development of Accounting Prior to Luca Pacioli According to the Account-Books of Medieval Merchants." In *Studies in the History of Accounting*, edited by A. C. Littleton and B. S. Yamey, 114–174. London: Richard D. Irwin, 1956.

————. *Money, Banking and Credit in Medieval Bruges*. Cambridge, MA: The Medieval Academy of America, 1948.

————. *The Rise and Decline of the Medici Bank 1397–1494*. Cambridge, MA: Harvard University Press, 1963.

Desan, Philippe. *L'imaginaire économiqe de la Renaissance*. Paris: Presses Université de Paris-Sorbonne, 2002.

De Solórzano, Bartolomé Salvador. *Libro de Caxa y Manual de cuentas de Mercaderes, y otras personas, con la declaracion dellos*. Madrid: Pedro Madrigal, 1590.

Desrosières, Alain. *The Politics of Large Numbers: A History of Statistical Reasoning*. Translated by Camille Nash. Cambridge, MA: Harvard University Press, 1998.

Dessert, Daniel. *Argent, pouvoir, et société au Grand Siècle*. Paris: Fayard, 1984.

————. *Colbert ou le serpent venimeux*. Paris: Éditions Complexe, 2000.

Dessert, Daniel, and Jean-Louis Journet. "Le lobby Colbert." *Annales* 30, no. 6(1975): 1303–1329.

De Vergennes, Vicomte, Charles Alexandre. "Lettre de M. le marquis de Caraccioli à M. d'Alembert." In *Collection complette de tous les ouvrages pour et contre M. Necker, avec des notes critiques, politiques et secretes*. Vol. 3, 42–64. Utrecht, 1782.

Devreese, J. T., and G. Vanden Berghe, "*Magic Is No Magic,*" *The Wonderful World of Simon Stevin*. Boston: WIT Press, 2008.

De Vries, Jan. "The Economic Crisis of the Seventeenth Century After Fifty Years." *Journal of Interdisciplinary History* 40, no. 2(2009): 151–194.

————. "The Industrial Revolution and the Industrious Revolution." *Journal of Economic History* 54, no. 2(1994): 249–270.

De Vries, Jan, and Ad van der Woude. *The First Modern Economy: Success, Failure, and Perseverance of the Dutch Economy, 1500–1815*. Cambridge: Cambridge University Press, 1997.

De Witt, Jan. *Elementa curvarum linearum liber primus*. Translated and edited by Albert W. Grootendorst and Miente Bakker. New York: Springer Verlag, 2000.

De Witt, Johan. *Treatise on Life Annuities*. 1671. www.stat.ucla.edu/history/dewitt.pdf.

Dickens, Charles. *A Christmas Carol*. Clayton, DE: Prestwick House, 2010.

————. *Little Dorrit*. Edited by Peter Preston. Ware, UK: Wordsworth Editions, 1996.

Dickinson, Arthur Lowes. *Accounting Practice and Procedure*. New York: Ronald Press, 1918.

Dickson, Peter G. M. *The Financial Revolution in England: A Study in the Development of Public Credit 1688–1756*. London: Macmillan, 1967.

Dictionary of National Biography. Edited by Sydney Lee. Vol. 50. London: Smith, Elder, 1897.

Dobija, Dorota. *Early Evolution of Corporate Control and Auditing: The British East India Company*(1600–1643 CE). July 16, 2011. http://ssrn.com/abstract=1886945.

Dolan, Brian. *Josiah Wedgwood: Entrepreneur to the Enlightenment*. London: Harper Perennial, 2005.

Donoso Anes, Rafael. "Accounting for the Estates of Deceased Travellers: An Example of Early Spanish Double- Entry Bookkeeping." *Accounting History* 7, no. 1(2002): 80–99.

————. "The Casa de la Contratación de Indias and the Application of the Double Entry Bookkeeping to the Sale of Precious Metals in Spain 1557–83." *Accounting, Business and Financial History* 4, no. 1(1994): 83–98.

————, *Una Contribución a la Historia de la Contabilidad. Análisis de las Práticas Contables Desarrolladas por la Tesorería de la Casa de la Contratación de la Indias en Sevilla, 1503–1717*. Seville: Universidad de Sevilla, 1996.

Durham, John W. "The Introduction of 'Arabic' Numerals in European Accounting." *Accounting Historians Journal* 19, no. 2(1992): 25–55.

The Economist. "An Aberrant Abacus: Coming to Terms with China's Untrustworthy Numbers," May 1, 2008.

————. "Government Accounting Book-Cooking Guide: The Public Sector Has Too Much Freedom to Dress Up the Accounts," April 7, 2012.

Edelstein, Dan. *The Terror of Natural Right: Republicanism, the State of Nature and the French Revolution*. Chicago: University of Chicago Press, 2009.

Edwards, John Richard. "Teaching 'Merchants Accompts' in Britain During the Early Modern Period." *Cardiff Business School Working Paper Series in Accounting and Finance* A2009/2(2009): 1–38.

Edwards, John Richard, and Stephen P. Walker, eds. *The Routledge Companion to Accounting History*. London: Routledge, 2009.

Egret, Jean. *Necker, ministre de Louis XVI 1776–1790*. Paris: Honoré Champion, 1975.

————. *Parlement de Dauphiné et les affaires publiques dans la deuxième moitié du XVIIIe siècle*. 2 vols. Paris: B. Arthaud, 1942.

Erasmus, Desiderius. *The Education of a Christian Prince*. Edited and translated by Lisa Jardine. Cambridge: Cambridge University Press, 1997.

Evans, Oliver. "Steamboats and Steam Wagons." *Hazard's Register of Pennsylvania* 16(July–January 1836): 12.

The Federalist(The Gideon Edition). Edited by George W. Carey and James Mc-Clellan. Indianapolis, IN: Liberty Fund, 2001.

Félix, Joël. *Finances et politiques au siècle des Lumières. Le ministère L'Averdy*, 1763–1768. Paris: Comité pour l'Histoire Économique et Financière de la France, 1999.

Ficino, Marsilio. *Epistle to Giovanni Rucellai*. In *The Renewal of Pagan Antiquity: Contributions to the Cultural History of the European Renaissance*, edited by Aby Warburg and translated by David Britt, 222–264. Los Angeles: Getty Research Institute, 1999.

Fielding, Henry. *Shamela*. Edited by Jack Lynch. http://andromeda.rutgers.edu/~jlynch/ Texts/shamela.html.

Financial Accounting Standards Board and the International Accounting Standards Board. *The Norwalk Agreement*. Norwalk, CT, 2002. www.fasb.org/news/memorandum.pdf .

Finley, Moses I. *The Ancient Economy*. Berkeley: University of California Press, 1973.

Franklin, Benjamin. *The Autobiography and Other Writings on Politics, Economics and Virtue*. Edited by Alan Houston. Cambridge: Cambridge University Press, 2004.

———. *Directions to the Deputy Post-Masters, for Keeping Their Accounts*. Broadside, Philadelphia, 1753. Pennsylvania Historical Society, Ab [1775].

———. *Instructions Given by Benjamin Franklin, and William Hunter, Esquires, His Majesty's Deputy Post-Masters General of All his Dominions on the Continent of North America*. University of Pennsylvania Library, 1753.

———. *The Ledger of Doctor Benjamin Franklin, Postmaster General, 1776. A Facsimile of the Original Manuscript Now on File on the Records of the Post Office Department of the United States*. Washington, DC, 1865.

———. *Papers of Franklin*. Edited by Leonard W. Lebaree and Whitfield Bell Jr. 40 vols. New Haven, CT: Yale University Press, 1960.

———. *The Writings of Benjamin Franklin*. Edited by Albert Henry Smyth. 10 vols. New York: Macmillan, 1907.

Franklin, Benjamin, and George Simpson Eddy. "Account Book of Benjamin Franklin Kept by Him During His First Mission to England as Provincial Agent 1757–1762." *Pennsylvania Magazine of History and Biography* 55, no. 2(1931): 97–133.

Fritschy, Wantje. "The Efficiency of Taxation in Holland." In *The Political Economy of the Dutch Republic*, edited by Oscar Gelderblom. London: Ashgate, 2009.

————. "'A Financial Revolution' Reconsidered: Public Finance in Holland During the Dutch Revolt 1568–1648." *Economic History Review* 56, no. 1(2003): 57–89.

————. "Three Centuries of Urban and Provincial Public Debt: Amsterdam and Holland." In *Urban Public Debts: Urban Government and the Market for Annuities in Western Europe*(14th–18th Centuries), edited by M. Boone, K. Davids, and P. Janssens, 75–92. Turnhout: Brepols, 2003.

Galbraith, John Kenneth. *The Great Crash of 1929*. New York: Houghton, Mifflin, Harcourt, 2000.

Gallatin, Albert. *Sketch of the Finances of the United States*. New York, 1796.

Geijsbeek, John B. *Ancient Double-Entry Bookkeeping: Luca Pacioli's Treatise 1494*. Denver, 1914.

Gelderblom, Oscar. "The Governance of Early Modern Trade: The Case of Hans Thijs, 1556–1611." *Enterprise and Society* 4, no. 4(2003): 606–639.

Gibbon, Edward. *History of the Decline and Fall of the Roman Empire*. 4th ed. 6 vols. London: W. and T. Cadell, 1781–1788.

Glamann, Kristof. *Dutch Asiatic Trade 1620–1740*. The Hague: Martinus Nijhof, 1981.

Goldberg, Louis. *Journey into Accounting Thought*. Edited by Stewart A. Leech. London: Routledge, 2001.

Goodman, David C. *Power and Penury: Government, Technology and Science in Philip II's Spain*. Cambridge: Cambridge University Press, 1988.

Grafton, Anthony. *Leon Battista Alberti: Master Builder of the Renaissance*. London: Allen Lane/Penguin Press, 2000.

Graves, Robert. *I Claudius*. London: Arthur Barker, 1934.

Grendler, Paul F. *Schooling in Renaissance Italy: Literacy and Learning 130–1600*. Baltimore: Johns Hopkins University Press, 1989.

Gutkind, Curt S. *Cosimo de' Medici: Pater Patriae, 1389–1464*. Oxford: Clarendon Press, 1938.

Hall, Hubert. "The Sources for the History of Sir Robert Walpole's Financial Administration." *Transactions of the Royal Historical Society* 4, no. 1(1910): 33–45.

Hamilton, Alexander. *The Papers of Alexander Hamilton*. Edited by Harold C. Syrett et al. 26 vols. New York: Columbia University Press, 1961–1979.

Hans, N. A. *New Trends in Education in the Eighteenth Century*. London: Routledge & Keegan Paul, 1951.

Harkness, Deborah. "Accounting for Science: How a Merchant Kept His Books in Elizabethan London." In *Self-Perception and Early Modern Capitalists*, edited by Margaret

Jacob and Catherine Secretan, 205–228. London: Palgrave Macmillan, 2008.

Harris, Robert D. "Necker's Compte Rendu of 1781: A Reconsideration." *Journal of Modern History* 42, no. 2(1970): 161–183.

Haskins, Charles Waldo. *Business Education and Accountancy.* New York: Harper & Brothers, 1904.

———. *How to Keep Household Accounts: A Manual of Family Accounts.* New York: Harper & Brothers, 1903.

Henning, Peter J. "Justice Department Again Signals Interest to Pursue Financial Crisis Cases." *New York Times,* August 26, 2013.

Hernández-Esteve, Esteban. "The Life of Bartolomé Salvador de Solórzano: Some Further Evidence." *Accounting Historians Journal* 1(1989): 87–99.

———. "Pedro Luis de Torregrosa, primer contador del libro de Caxa de Felipe II: Introducción de la contabilidad por partida doble en la Real Hacienda de Castilla(1592)." *Revista de Historia Económica* 3, no. 2(1985): 221–245.

Hobbes, Thomas. *Leviathan.* Edited by Richard Tuck. Cambridge: Cambridge University Press, 1996.

Hobsbawm, Eric. *Industry and Empire: The Birth of the Industrial Revolution.* New York: Free Press, 1998.

Holland, Saba, Lady. *A Memoir of the Reverend Sydney Smith.* 2 vols. London: Longman, Brown, Green and Longmans, 1855.

Hont, Istvan. "The Rhapsody of Public Debt: David Hume and Voluntary State Bankruptcy." In *Jealousy of Trade: International Competition and the Nation-State in Historical Perspective,* edited by Istvan Hont, 325–253. Cambridge, MA: Belknap Press of Harvard University Press, 2005.

Horn, Jeff. *The Path Not Taken: French Industrialization in the Age of Revolution.* Cambridge, MA: MIT Press, 2008.

Huer, John. *Auschwitz USA.* Lanham, MD: Hamilton Books, 2010.

Hume, David. "Of Public Credit." In *Essays, Moral, Political and Literary.* Vol. 2, *Political Discourses.* Edinburgh: Fleming, 1752.

Hutcheson, Archibald. *A Collection of Calculations and Remarks Relating to the South Sea Scheme & Stock, Which have been already Published with an Addition of Some Others, which have not been made Publick 'till Now.* London, 1720.

———. *Some Calculations and Remarks Relating to the Present State of the Public Debts and Funds.* London, 1718.

———. *Some Calculations Relating to the Proposals Made by the South Sea Company and the Bank of England, to the House of Commons.* London: Morphew, 1720.

The Irish Jurist: Reports of Cases Decided on All the Courts of Equity and Common Law in Ireland for the Year 1855. Dublin, 1849–1855.

Irwin, Timothy. "Accounting Devices and Fiscal Illusions." *IMF Staff Discussion Note,* March 28, 2012. www.imf.org/external/pubs/ft/sdn/2012/sdn1202.pdf.

Jacob, Margaret C. "Commerce, Industry and the Laws of Newtonian Science: Weber Revisited and Revised." *Canadian Journal of History* 35, no. 2(2000): 272–292.

———. *The Newtonians and the English Revolution 1689–1720.* Ithaca, NY: Cornell University Press, 1976.

———. *Scientific Culture and the Making of the Industrial West.* Oxford: Oxford University Press, 1997.

Jeannin, Pierre. *Merchants of the Sixteenth Century.* Translated by Paul Fittingoff. New York: Harper and Row, 1972.

Jefferson, Thomas. "Inscription for an African Slave." In *The Works of Thomas Jefferson,* Federal Edition, vol. 2. New York: G. P. Putnam's Sons, 1904–1905.

Johnson, Samuel. *London: A Poem.* London: R. Dodsley, 1738. Edited by Jack Lynch. http://andromeda.rutgers.edu/~jlynch/Texts/london.html.

Jones, Adam. "Auditors Criticized for Role in Financial Crisis." *Financial Times,* March 30, 2011.

———. "Big Four Rivals Welcome Audit Shake-Up." *Financial Times,* February 2, 2013.

Jouanique, Pierre. "Three Medieval Merchants: Francesco di Marco Datini, Jacques Coeur, and Benedetto Cotrugli." *Accounting, Business and Financial History* 6, no. 3(1996): 261–275.

Journal of the First Session of the Second House of Representatives of the Commonwealth of Pennsylvania. Philadelphia: Francis Bailey and Thomas Lang, 1791.

Joyce, Philip G. *Congressional Budget Office: Honest Numbers, Power, and Policymaking.* Washington, DC: Georgetown University Press, 2011.

Kadane, Matthew. *The Watchful Clothier: The Life of an Eighteenth-Century Protestant Capitalist.* New Haven, CT: Yale University Press, 2013.

Kamen, Henry. *Philip of Spain.* New Haven, CT: Yale University Press, 1997.

Kaplan, Steven L. *Bread, Politics, and Political Economy in the Reign of Louis XIV.* 2 vols. The Hague: Martinus Nijhof, 1976.

Keister, D. A. "The Public Accountant." *The Book-Keeper* 8, no. 6(1896): 21–23.

Kitman, Marvin. *George Washington's Expense Account.* New York: Grove Press, 1970.

Koehn, Nancy F. "Josiah Wedgwood and the First Industrial Revolution." In *Creating Mod-*

ern Capitalism: How Entrepreneurs, Companies, and Countries Triumphed in Three Industrial Revolutions, edited by Thomas K. McCraw, 19–48. Cambridge, MA: Harvard University Press, 1997.

Labaton, Stephen. "Bush Tries to Shrink S.E.C. Raise Intended for Corporate Cleanup." New York Times, October 19, 2002.

Landes, David. The Wealth and Poverty of Nations: Why Some Are Rich and Some Are Poor. New York: W. W. Norton, 1998.

La Roncière, Charles de, and Paul M. Bondois. Catalogue des Manuscrits de la Collection des Mélanges Colbert. Paris: Éditions Ernest Leroux, 1920.

Lee, Geoffrey Alan. "The Coming of Age of Double Entry: The Giovanni Farolfi Ledger of 1299–1300." Accounting Historians Journal 4, no. 2(1977): 79–95.

———. "The Development of Italian Bookkeeping 1211–1300." Abacus 9, no. 2(1973): 137–155.

———. "The Oldest Europe an Account Book: A Florentine Bank Ledger of 1211." Nottingham Medieval Studies 16, no. 1(1972): 28–60.

Legay, Marie-Laure. "The Beginnings of Public Management: Administrative Science and Political Choices in the Eighteenth Century in France, Austria, and the Austrian Netherlands." Journal of Modern History 81, no. 2(2009): 253–293.

———, ed. Dictionnaire historique de la comptabilité publique 1500–1850. Rennes: Presses Universitaires de Rennes, 2010.

Lemarchand, Yannick. "Accounting, the State and Democracy: A Long-Term Perspective on the French Experiment, 1716–1967," LEMNA WP 2010 43(2010): 1–26.

———."Comptabilité, discipline, et finances publiques: Une expérience d'introduction de la partie double sous la Régence." Politiques et Management Public 18, no. 2(2000): 93–118.

———. "Introducing Double-Entry Bookkeeping in Public Finance." Accounting, Business, and Financial History 9(1999): 225–254.

Lesger, Clé. The Rise of the Amsterdam Market and Information Exchange: Merchants, Commercial Expansion and Change in the Spatial Economy of the Low Countries c.1550–1630. Translated by J. C. Grayson. London: Ashgate, 2006.

Littleton, A. C. Accounting Evolution to 1900. New York: American Institute, 1933.

Littleton, Charles, and Basil S. Yamey, eds. Studies in the History of Accounting. New York: Arno Press, 1978.

Littleton, Charles, and V. K. Zimmerman. Accounting Theory: Continuity and Change. Englewood Cliff s, NJ: Prentice Hall, 1962.

Locke, John. *Two Treatises of Government.* Edited by Peter Laslett. Cambridge: Cambridge University Press, 1988.

Louis XIV. *Mémoires for the Instruction of the Dauphin.* Translated and edited by Paul Sonnino. New York: Free Press, 1970.

Lovett, A. W. "The Castillian Bankruptcy of 1575." *Historical Journal* 23, no. 4(1980): 899–911.

———. "Juan de Ovando and the Council of Finance(1573–1575)." *Historical Journal* 15, no. 1(1972): 1–21.

Lynch, Jack. *The Hispanic World in Crisis and Change, 1598–1700.* Oxford: Oxford University Press, 1992.

Machiavelli. *The Discourses.* Translated by Leslie J. Walker. London: Penguin Books, 1983.

Madox, Thomas. *The Anqituities and the History of the Exchequer of the Kings of England.* London: Matthews and Knaplock, 1711.

Mair, John. *Book-Keeping Methodiz'd; or A Methodical Treatise of Merchant-Accompts, According to the Italian Form.* Edinburgh: W. Sands, A. Murray, and J. Cochran, 1765.

Malthus, Thomas. *An Essay on the Principle of Population.* New York: Oxford University Press, 1999.

Manzoni, Domenico. *Quaderno doppio col suo giornale.* Venice: Comin de Tridino, 1540.

Marshall, Richard K. *The Local Merchants of Prato: Small Entrepreneurs in the Late Medieval Economy.* Baltimore: Johns Hopkins University Press, 1999.

Martinelli, Alvaro. "The Ledger of Cristianus Lomellinus and Dominicus De Garibaldo, Stewards of the City of Genoa(1340–41)." *Abacus* 19, no. 2(1983): 83–118.

Martines, Lauro. *The Social World of the Florentine Humanists 1390–1460.* Princeton, NJ: Princeton University Press, 1963.

Mathon de la Cour, Charles-Joseph. *Collection de Compte-Rendu, pièces authentiques, états et tableaux, concernant les finances de France depuis 1758 jusqu'en 1787.* Paris: Chez Cuchet, Chez Gatteu, 1788.

Maynwaring, Arthur. *A Letter to a Friend Concerning the Publick Debts, particularly hat of the Navy.* London, 1711.

McCraw, Thomas K. *The Founders and Finance: How Hamilton, Gallatin, and Other Immigrants Forged a New Economy.* Cambridge, MA: Harvard University Press, 2012.

McKendrick, Neil. "Josiah Wedgwood and Cost Accounting in the Industrial Revolution." *Economic History Review* 23, no. 1(1970): 45–67.

Melcher, Richard. "Where Are the Accountants?" *BusinessWeek*, October 5, 1998.

Melis, Federigo. *Documenti per la storia economica dei secoli XIII–XVI.* Firenze: Olschki,

1972.

————. *Storia della ragioneria*. Bologna: Cesare Zuffi , 1950.

Meyer, Jean. *Colbert*. Paris: Hachette, 1981.

Mierzejewski, Alfred C. *Most Valuable Asset of the Reich: A History of the German National Railway*. 2 vols. Chapel Hill: University of North Carolina Press, 2000.

Mignet, François-Auguste-Marie-Alexis. *History of the French Revolution, from 1789–1814*. London: George Bell and Sons, 1891.

Modelles des Registres Journaux que le Roy, en son Conseil, Veut et ordonne estre tenus par les Receveurs Généraux des Finances, Caissier de leur Caisse commune, Commis aux Recettes générales, Receveurs des Tailles, Et autres Receveurs des Impositions . . . Execution de l'Edit du mois du juin 1716. des Déclarations des 10 Juin 1716. 4 Octobre & 7 Décembre 1723. Et de l'Arrest du Conseil du 15 Mars 1724 portant Réglement pour la tenuë desdits Registres-Journaux. 1724.

Molho, Anthony. "Cosimo de' Medici: *Pater Patriae or Padrino?*" In *The Italian Re nais sance: The Essential Readings*, edited by Paula Findlen, 64–90. Malden, MA: Wiley-Blackwell, 2002.

————. *Firenze nel quattrocento*. Rome: Edizioni di Storia e Letteratura, 2006.

Monks, Robert A. G., and Nell Minow. *Corporate Governance*. New York: John Wiley & Sons, 2008.

Montaigne, Michel de. *The Complete Essays*. Translated by M. A. Screech. London: Penguin, 2003.

Moody, John. *How to Analyze Railroad Reports*. New York: Analyses, 1912.

Morineau, Michel. "Or brésilien et gazettes hollandaises." *Revue d'Histoire Moderne et Contemporaine* 25, no. 1(1978): 3–30.

Morris, Robert. *A general View of Receipts and Expenditures of Public Monies, by Authority from the Superintendent of Finance, from the Time of his entering on the Administration of the Finances, to the 31st December, 1781*. Philadelphia: Register's Office, 1782.

————. *A State of the Receipts and Expenditures of Public Monies upon Warrants from the Superintendent of Finance, from the 1st of January, 1782, to the 1st of January 1783*. Philadelphia: Register's Office, 1783.

Murat, Inès. *Colbert*. Translated by Robert Francis Cook and Jeannie Van Asselt. Charlottesville: University Press of Virginia, 1984.

Musson, A. E., and Eric Robinson. *Science and Technology in the Industrial Revolution*. Manchester, UK: Manchester University Press, 1969.

The Necessary Discourse. 1622.

Necker, Jacques. *Compte rendu au roi.* Paris: Imprimerie du Cabinet du Roi, 1781.

————. *De l'administration des finances de la France.* 1784.

————. *Nouveaux éclaircissemens par M. Necker.* Paris: Hotel de Th ou, 1788.

————. *Sur le Compte Rendu au Roi en 1781. Nouveaux éclaircissemens par M. Necker.* Paris: Hôtel de Thou, 1788.

Nicholson, John. *Accounts of Pennsylvania.* Philadelphia: Comptroller-General's Office, 1785.

Nikitin, Marc. "The Birth of a Modern Public Sector Accounting System in France and Britain and the Influence of Count Mollien." *Accounting History* 6, no. 1(2001): 75–101.

North, Roger. *Gentleman Accomptant.* London: E. Curll, 1714.

Ogle, Vanessa. *Contesting Time: The Global Struggle for Uniformity and Its Unintended Consequences, 1870s–1940s.* Cambridge, MA: Harvard University Press, forthcoming.

Oldroyd, David. "The Role of Accounting in Public Expenditure and Monetary Policy in the First Century AD Roman Empire." *Accounting Historians Journal* 22, no. 2(December 1995): 117–129.

Origo, Iris. *The Merchant of Prato: Daily Life in a Medieval Italian City.* London: Penguin Books, 1992.

Pâris La Montagne, Claude. *Traitté des Administrations des Recettes et des Dépenses du Royaume.* 1733. Archives Nationales, 1005, 2.

Parker, Geoffrey. *The Grand Strategy of Philip II.* New Haven, CT: Yale University Press, 1998.

Parks, Tim. *Medici Money: Banking, Metaphysics and Art in Fifteenth-Century Florence.* New York: W. W. Norton, 2006.

Parrott, David. *Richelieu's Army: War, Government and Society in France 1624–1642.* Cambridge: Cambridge University Press, 2001.

Paul, Helen. "Limiting the Witch-Hunt: Recovering from the South Sea Bubble." *Past, Present and Policy Conference* 3–4(2011): 1–12.

Pearce, Edward. *The Great Man: Sir Robert Walpole: Scoundrel, Genius and Britain's First Prime Minister.* London: Jonathan Cape, 2007.

Peden, William. "Thomas Jefferson: The Manas Reflected in His Account Books." *Virginia Quarterly Review* 64, no. 4(1988): 686–694.

Pepys, Samuel. *Diary of Samuel Pepys.* www.pepysdiary.com.

Peragallo, Edward. *Origin and Evolution of Double Entry Bookkeeping: A Study of Italian Practice from the Fourteenth Century.* New York: American Institute, 1938.

Perrot, Jean-Claude. "Nouveautés: L'économie politique et ses livres." In L'*Histoire de l'édition française*, edited by Roger Chartier and Henri-Jean Martin. Vol. 2, 298–328. Paris: Fayard/Promodis, 1984.

——. *Une histoire intellectuelle de l'économie politique XVIIe–XVIIIe siècle*. Paris: Éditions de l'EHESS, 1992.

Pico della Mirandola, Giovanni. *On the Dignity of Man*. Translated by Charles Glenn Wallis, Paul J. W. Miller, and Douglas Carmichael. Indianapolis, IN: Hackett, 1998.

Plato. *The Republic*. Book 7. Translated by Benjamin Jowett. Oxford: Oxford University Press, 1892.

Pliny the Elder. *Natural History*. Translated by H. Rackham. Cambridge, MA: Loeb Classical Library, 1942.

Plumb, J. H. *Sir Robert Walpole: The Making of a Statesman*. 2 vols. Boston: Houghton Mifflin, 1956.

Pocock, J. G. A. *The Machiavellian Moment: Florentine Political Thought and the Atlantic Republican Tradition*. Princeton, NJ: Princeton University Press, 1975.

Pollard, Sidney. *The Genesis of Modern Management: A Study of the Industrial Revolution in Great Britain*. London: Edward Arnold, 1965.

Pontalis, Antonin Lefèvre. *Vingt années de république parlementaire au dix-septième siècle. Jan de Witt, Grand Pensionnaire de Hollande*. 2 vols. Paris: E. Plon, Nourrit, 1884.

Poole, Stafford. *Juan de Ovando: Governing the Spanish Empire in the Reign of Philip II*. Norman: University of Oklahoma Press, 2004.

Poovey, Mary. *A History of the Modern Fact: Problems of Knowledge in the Sciences of Wealth and Society*. Chicago: University of Chicago Press, 1998.

Popkin, Jeremy. "Pamphlet Journalism at the End of the Old Regime." *Eighteenth-Century Studies* 22, no. 3(1989): 351–367.

Porter, Theodore M. *Trust in Numbers: The Pursuit of Objectivity in Science and Public Life*. Princeton, NJ: Princeton University Press, 1995.

Previts, Gary John, and Barbara Dubis Merino. *A History of Accountancy in the United States*. Columbus: Ohio State University Press, 1998.

Price, Munro. *Preserving the Monarchy: The Comte de Vergennes 1784–1787*. Cambridge: Cambridge University Press, 1995.

Price, Richard. *Two Tracts on Civil Liberty, the War with America, and the Debts and Finances of the Kingdom with a General Introduction and Supplement*. London: T. Cadell, 1778.

Quattrone, Paolo. "Accounting for God: Accounting and Accountability Practices in the

Society of Jesus(Italy, XVI–XVII centuries)." *Accounting Organizations and Society* 29, no. 7(2004): 647–683.

Rakove, Jack. *Original Meanings: Politics and Ideas in the Making of the Constitution.* New York: Vintage Books, 1997.

———. *Revolutionaries: A New History of the Invention of America.* New York: Houghton Mifflin Harcourt, 2010.

Rappleye, Charles. *Robert Morris: Financier of the American Revolution.* New York: Simon and Schuster, 2010.

Reales Ordenancas y Pragmáticas 1527–1567. Valladolid, Spain: Editorial Lex Nova, 1987.

Reinert, Sophus. *Translating Empire: Emulation and the Origins of Political Economy.* Cambridge, MA: Harvard University Press, 2011.

Richardson, Samuel. *Pamela; or, Virtue Rewarded.* London: Riverton and Osborn, 1741.

Ripley, William Z. "Stop, Look, Listen! Th e Shareholder's Right to Adequate Information," *Atlantic Monthly*, January 1, 1926.

Robertson, Jeffrey, and Warwick Funnell. "The Dutch East India Company and Accounting for Social Capital at the Dawn of Modern Capitalism 1602–1623." *Accounting Organizations and Society* 37, no. 5(2012): 342–360.

Roseveare, Henry. *The Treasury, 1660–1870: The Foundations of Control.* London: Allen and Unwin, 1973.

Rothkrug, Lionel. *Opposition to Louis XIV: The Political and Social Origins of the French Enlightenment.* Princeton, NJ: Princeton University Press, 1965.

Rowen, Herbert H. *John de Witt. Grand Pensionary of Holland 1625–1672.* Princeton, NJ: Princeton University Press, 1978.

Rowland, Ingrid D. *The Culture of the High Renaissance: Ancients and Moderns in Sixteenth-Century Rome.* Cambridge: Cambridge University Press, 1998.

Rubenstein, Nicolai. *The Government of Florence Under the Medici 1434–1494.* Oxford: Oxford University Press, 1998.

Santini, Pietro. "Frammenti di un libro di banchieri fi orentini scritto in volgare nel 1211." *Giornale storico della litteratura italiana* 10(1887): 161–177.

Sarjeant, Thomas. *An Introduction to the Counting House.* Philadelphia: Dobson, 1789.

Savary, Jacques. *Le parfait Pégociant.* Paris, 1675.

Say, Jean-Baptiste. *Traité d'économie politique ou simple exposition de la manière dont se forment, se distribuent et se composent les richesses.* Paris: Crapalet, 1803.

Schaffern, Robert W. *The Penitent's Treasury: Indulgences in Latin Christendom, 1175–1375.* Scranton, PA: University of Scranton Press, 2007.

Schama, Simon. *The Embarrassment of Riches: An Interpretation of Dutch Culture in the Golden Age.* 2nd ed. New York: Vintage, 1997.

Schiff, Stacy. *A Great Improvisation: Franklin, France, and the Birth of America.* New York: Henry Holt, 2005.

Schoderbek, Michael P. "Robert Morris and Reporting for the Treasury Under the U.S. Continental Congress." *Accounting Historians Journal* 26, no. 2(1999): 1–34.

Schumpeter, Joseph A. *History of Economic Analysis.* Edited by Elizabeth Boody Schumpeter. New York: Oxford University Press, 1954.

Seaward, Paul. "Parliament and the Idea of Political Accountability in Early Modern Britain." In *Realities of Representation: State Building in Early Modern Europe and European America,* edited by Maija Jansson, 45–62. New York: Palgrave Macmillan, 2007.

Sebregondi, Ludovica, and Tim Parks, eds. *Money and Beauty: Bankers, Botticelli and the Bonfire of the Vanities.* Florence: Giunti Editore, 2011.

Sévigné, Marie de Rabutin- Chantal. *Lettres de Mme de Sévigné.* Paris: Firmin Didot, 1846.

Shovlin, John. *The Political Economy of Virtue: Luxury, Patriotism, and the Origins of the French Revolution.* Ithaca, NY: Cornell University Press, 2006.

Skinner, Quentin. *The Foundations of Modern Political Thought.* 2 vols. Cambridge: Cambridge University Press, 1978.

Smallwood, Stephanie E. *Saltwater Slavery: A Middle Passage from Africa to American Diaspora.* Cambridge, MA: Harvard University Press, 2008.

Smith, Adam. *An Inquiry into the Nature and Causes of the Wealth of Nations.* Amherst, NY: Prometheus Books, 1991.

Smith, Woodruff D. "The Function of Commercial Centers in the Modernization of European Capitalism: Amsterdam as an Information Exchange in the Seventeenth Century." *Journal of Economic History* 44, no. 4(1984): 985–1005.

Smyth, Adam. *Autobiography in Early Modern Britain.* Cambridge: Cambridge University Press, 2010.

Snell, Charles. *Accompts for landed-men: or, a plain and easie form which they may observe, in keeping accompts of their estates.* London: Thomas Baker, 1711.

Soll, Jacob. "Accounting for Government: Holland and the Rise of Political Economy in Seventeenth Century Europe." *Journal of Interdisciplinary History* 40, no. 2(2009): 215–238.

———. *The Information Master: Jean-Baptiste Colbert's Secret State Information System.* Ann Arbor: University of Michigan Press, 2009.

Sombart, Werner. *Der Moderne Kapitalismus.* 6th ed. Leipzig, 1924.

Sonenscher, Michael. *Before the Deluge: Public Debt, Inequality, and the Intellectual Origins of the French Revolution*. Princeton, NJ: Princeton University Press, 2007.

Sorkin, Andrew Ross. "Realities Behind Prosecuting Big Banks." *New York Times*, March 11, 2013.

Soulavie, Jean-Louis. *Mémoires historiques et politiques du règne de Louis XIV*. 6 vols. Paris: Treuttel et Würtz, 1801.

Stallybrass, Peter, Roger Chartier, J. Franklin Mowrey, and Heather Wolfe. "Hamlet's Tables and the Technologies of Writing in Renaissance England." *Shakespeare Quarterly* 55, no. 4(2004): 379–419.

Stevens, Mark. *The Big Six: the Selling Out of America's Accounting Firms*. New York: Simon and Schuster, 1991.

Stevin, Simon. *Livre de Compte de Prince à la manière de l'Italie*. Leiden: J. Paedts Jacobsz, 1608.

———. *Vorstelicke Bouckhouding op de Italiaensche wyse*. Leiden: Ian Bouwensz, 1607.

Stourm, René. *Les finances de l'Ancien Régime et de la Révolution*. Origins du systeme actuel. 2 vols. New York: Burt Franklin, 1968.

Suetonius. *The Twelve Caesars*. Translated by Robert Graves. Harmondsworth, UK: Penguin Books, 1982.

Sullivan, Ceri. *The Rhetoric of Credit: Merchants in Early Modern Writing*. Madison, WI: Associated University Presses, 2002.

Taibbi, Matt. "The People vs. Goldman Sachs," *Rolling Stone*, May 11, 2011.

Ten Have, O. "Simon Stevin of Bruges." In *Studies in the History of Accounting*, edited by A. C. Littleton and B. S. Yamey, 236–246. New York: Arno Press, 1978.

Thomas, Keith. "Numeracy in Early Modern England." *Transactions of the Royal Historical Society* 37(1987): 103–132.

Thoreau, Henry David. *Walden or Life in the Woods*. Mansfield Centre, CT: Martino, 2009.

Toffler, Barbara Ley. *Final Accounting: Ambition, Greed and the Fall of Arthur Andersen*. New York: Crown, 2003.

Torrance, John. "Social Class and Bureaucratic Innovation: the Commissioners for Examining the Public Accounts 1780–1787." *Past and Present* 78(1978): 56–81.

Tracy, James D. *A Financial Revolution in the Habsburg Netherlands: Renten and Renteniers in the County of Holland, 1515–1565*. Berkeley: University of California Press, 1985.

A Translation of the Charter of the Dutch East India Company(Verenigde Oostindische Compagnie, or VOC). Translated by Peter Reynders. Canberra: Map Division of the

Australasian Hydrographic Society, 2009.

Trenchard, John. *An Examination and Explanation of the South Sea Company's Scheme for Taking in the Publick Debts. Shewing, That it is Not Encouraging to Those Who Shall Become Proprietors of the Company, at Any Advanced Price. And That it is Against the Interest of Those Proprietors Who Shall Remain with their Stock Till they are Paid Off by the Government, That the Company Should Make Annually Great Dividend Than their Profits Will Warrant. With Some National Considerations and Useful Observations.* London, 1720.

Trenchard, John, and Thomas Gordon. *Cato's Letter's, or, Essays on Liberty, Civil and Religious, and Other Important Subjects.* Edited and annotated by Ronald Hamowy. 2 vols. Indianapolis, IN: Liberty Fund, 1995.

Twain, Mark. *Letter to the San Francisco Alta California,* May 26, 1867.

Ungar, Miles. *Magnifico: the Brilliant Life and Violent Times of Lorenzo de'Medici.* New York: Simon and Schuster, 2008.

U.S. Congress. *Securities Act of 1933.* Washington, DC, 1933. www.sec.gov/about/laws/sa33.pdf.

U.S. District Court. *Securities and Exchange Commission v. David F. Myers.* New York and Washington, DC, 2002. www.sec.gov/litigation/complaints/comp17753.htm.

Vasari, Giorgio. *The Lives of the Artists. Translated by Julia Conaway Bonadella and Peter Bonadella.* Oxford: Oxford University Press, 1991.

Vickerey, Amanda. "His and Hers: Gender, Consumption and House hold Accounting in Eighteenth-Century England." *Past and Present* 1(2006): S12–S38.

Villain, Jean. *Mazarin, homme d'argent.* Paris: Club du Livre d'Histoire, 1956.

Vine, Angus. "Francis Bacon's Composition Books." *Transactions of the Cambridge Bibliographical Society* 14, no. 1(2008): 1–31.

Wagenaar, Lodewijk J. "Les mecanismes de la prosperite." In *Amsterdam XVIIe siècle. Marchands et philosophes: les bénéfices de la tolerance,* edited by Henri Mechoulan. Paris: Editions Autrement, 1993.

Walpole, Robert. *A State of the Five and Thirty Millions mention'd in the Report of a Committee of the House of Commons.* London: E. Baldwin, 1712.

Warburg, Aby. "Francesco Sassetti's Last Injunctions to His Sons." In *The Renewal of Pagan Antiquity: Contributions to the Cultural History of the European Renaissance,* translated by David Britt, 222–264. Los Angeles: Getty Research Institute, 1999.

Washington, George. Facsimile of the *Accounts of G. Washington with the United States, Commencing June 1775, and Ending June 1783, Comprehending a Space of 8 Years.*

Washington, DC: Treasury Department, 1833. http://memory.loc.gov/ammem/gwhtml/gwseries5.html.

Watt, James. *James Watt to his father, 21 July 1755.* James Watt Papers, MS 4/11, letters to father, 1754–74, Birmingham City Library.

Weber, Max. *General Economic History.* Translated by Frank Hyneman Knight. New York: Free Press, 1950.

———. *The Protestant Ethic and the Spirit of Capitalism.* Translated by Talcott Parsons. New York: Charles Scribner's Sons, 1958.

———. *The theory of Social and Economic Organizations.* Translated and edited by A. M. Henderson and Talcott Parsons. New York: Free Press, 1947.

Wedgwood, Josiah. *Correspondence of Josiah Wedgwood.* Edited by Katherine Eufemia Farrer. 3 vols. Cambridge: Cambridge University Press, 2010.

White, Eugene Nelson. "The French Revolution and the Politics of Government Finance, 1770–1815." *Journal of Economic History* 55, no. 2(1995): 227–255.

Willoughby, William F., Westel W. Willoughby, and Samuel McCune Lindsay. *The System of Financial Administration of Great Britain: A Report.* New York: D. Appleton, 1917.

Witt, Ronald. "What Did Giovanni Read and Write? Literacy in Early Renaissance Florence." *I Tatti Studies* 6(1995): 83–114.

Woloch, Isser. *The New Régime: Transformations of the French Civic Order, 1789–1820s.* New York: W. W. Norton, 1994.

Yamey, Basil S. *Art and Accounting.* New Haven, CT: Yale University Press, 1989.

———. "Fifteenth and Sixteenth Century Manuscripts on the Art of Bookkeeping." *Journal of Accounting Research* 5, no. 1(1967): 51–76.

———. "Scientific Bookkeeping and the Rise of Capitalism." *Economic History Review* 1, no. 2–3(1949): 99–113.

Ympyn De Christoffels, Yan. *Nieuwe instructie ende bewijs der looffelijcker consten des Rekenboecks. Ghedruckt . . . in . . . Antwerpen: Ten versoecke ende aenlegghene van Anna Swinters, der weduwen wylen Jan Ympyns . . . duer Gillis Copyns van Diest.* Antwerp, 1543.

Zandvliet, Kees. *Maurits Prins van Oranje [Exhibition cata logue Rijksmuseum].* Amsterdam: Rijksmuseum Amsterdam/Waanders Uitgevers Zwolle, 2000.

Zeff, Stephen A. "The SEC Rules Historical Cost Accounting: 1934 to the 1970s." *Accounting and Business Research* 37(2007): S1–S14.

한국 전통 회계는 어떻게 발전해왔는가

전성호(한국학중앙연구원 글로벌 한국학부 부교수)

세계사 속 개성 상인의 복식부기 장부

2014년 2월 27일 한국의 문화재청은 '개성 복식부기 장부'를 '근대문화유산' 제 587호로 등록한다. 등록된 문서는 개성 상인 박재도 가문이 보유했던 회계장부 14권과 다수의 문서 일괄로 1887년에서 1912년까지 25년 동안 발생했던 대략 30만 건의 거래 내역이 총 1,298쪽 분량으로 기재되어 있다. 이 문서들은 일기장(분개장)에서 총계정원장, 대차대조표, 손익계산서, 그리고 이익배분처리서까지 완벽한 세트로 구성되어 있는데, 이는 모든 영업 활동을 복식부기 방식으로 기입한, 국내에서는 물론 세계적으로도 찾아보기 힘든 자료다.

국내에 사개송도치부법(四介松都治簿法)으로 알려진 개성 상인의 회계 기술이 세계에 알려지게 된 계기는, 1916년 현병주가 개성 사람인 김경식(金璟植)·배준여(裵俊汝) 두 사람과 함께 편집한『실용자수사개송도치부법(전)(實用自修四介松都治簿法)(全)』을 덕흥서림(德興書林)에서 발간하면서부터라고 볼 수 있다. 이 책은 본서에 소개된 파치올리의 『산술, 기히, 비율 및 비례 충론』(1494년)처럼 그 당시까지 전통적으로 내려오는 개성 상인들의 복식부기 방법을 개성인의 조언을 받아 교과서 방식의 실무 지침으로 편집한 책이다.

현병주는 그의 저서 제1장 「통론」에서 "조선에도 가치가 있는 부기식(簿記式)은 동양상업(東洋商業)에서 먼저 발명한 것으로, 송도 상업가가 이미 사용하는 사개치부법(四介治簿法)이 있어 멀리 이태리 베니스 정부에서 발명한 신식부기법(新式簿記法)과 부합되야"라는 내용을 언급하였다. 현병주는 개성 상인의 사개치부법이 이탈리아 베네치아(베니스) 부기법보다 200년 먼저 발명되었으며, 그 원리가 서로 일치한다고 주장하였다. 이 사실은 1917년 일본 언론인 다무라 류스이(田村流水)가 쓴 「고려 시대에 복식부기가 있었다(高麗時代に複式簿記あり)」(『동경경제잡지(東京經濟雜誌)』, 76권 제1911호)로 일본 사회에 알려지게 되었다. 이후 1918년 오스트레일리아 회계학 잡지 『연방 회계사(The Federal Accountant)』의 편집 후기에 다음과 같은 기사가 실리면서 한국 고유의 회계 방식이 서구 세계에 알려지기 시작하였다.

경영 방법의 하나인 회계 장부 기록의 기술을 지구상에서 누가 처음으로 생각했을까? 그 누구도 복식부기 기술을 창안하고 사용해온 국가가 한국이라고 생각하지 못했을 것이다. 그러나 한국에 지금 그것이 존재하고 있다.

이 기사를 통해 우리는 서구 유럽이 개성 상인의 복식부기를 알고 얼마나 놀랐는가를 짐작할 수 있다. 1918년 오스트레일리아 회계학 잡지에 소개된 이후 유럽 학자들이 개성 상인의 회계 기술에 대해 언급한 것은 1993년 케임브리지 대학의 잭 구디에 의해서다. 그는 『서양 속의 동양(The East in the West)』에서 최근 인류의 문자 창안 과정에서 정보 전달 체계로서 회계가 중요한 기능을 한 것으로 평가했다. 이어 고고학과 언어학의 연구에서도 회계사학은 매우 중요한 기여를 함에 따라 전반적으로 인류 문명 전체와 합리성 추구와의 관계 정립에 기여하는 성과물들로 동아시아 문명을 주목하고, 한국이 이탈리아보다 200년 앞서 복식부기를 창안한 국가라는 주장을 소개한 바 있다. 잭 구디 논의의 요체는 회계가 문자학(graphonomy)과 고문서학(old manuscript)의 기원이며 인류 문명의 기초라는 주장이다. 인류가 문자와 기록을 발달시킨 이유는 회계 기술을 발전시키기 위해서라는 것이다.

잭 구디에 이어 제레드 다이아몬드도 1997년 『총, 균, 쇠(Guns, Germs, and Steel)』에서 한국의 기록 문화와 한글에 주목한 바 있다. 그는 수메르 문명의 쐐기문자를 회계사적 시각에서 조명하고 인류가 문자를 창안한 이유를 회계에 두었으며, 인류의 문명이 전파된 것도 경제적 거래와 회계 행위 때문이라는 주장을 했다. 또 한글을 인류가 창조할 수 있는 가장 완벽한 소리글자라고 극찬하기도 했다.

사회과학에서 말하는 근내직 경제 행위는, 제조 과정과 판매 과정의 영업 활동을 복식부기로 정리하여, 합리적인 재무보고서, 곧 대차대조표와 손익계산서, 제조원가계산서, 그리고 최종 이익잉여금처분계산서를 남기는 행위를 말한다.

동북아시아 3국인 한국, 중국, 일본은 식민지근대화 논쟁을 오랜 기간 전개해왔다. 그러나 일본이 메이지유신 이후 주도한 근대화 과정에서 복식부기 회계로 합리적인 이윤을 추구해온 경제 주체를 제시한 것을 보지 못했다. 이는 유럽 중심의 세계사를 고찰할 때도 마찬가지다. 자본주의의 이윤을 추구한 15세기 이탈리아 피렌체의 메디치 가문, 특히 코시모 데 메디치(Cosimo de' Medici, 1389~1464년)나 16세기 독일의 거상(巨商) 야코프 푸거(Jacob Fugger the rich, 1459~1526년) 가문, 17세기 영국, 네덜란드, 포르투갈의 동인도회사는 그 세계적 명성에 비해 형편없이 초라한 회계장부를 남기고 있다.

이와 달리 '개성 복식부기 장부'는 20세기 이전, 자본주의적 이윤을 추구한 전 세계의 어떠한 회사 조직보다도 우수한 실무 회계장부를 보여주고 있다. 이는 중국과 일본은 물론이고 유럽의 회계사 연구에서도 찾아볼 수 없는 세계적 자료다.

합리적 자본주의의 실존을 증명하는 회계장부

현재 학계에 알려져 있는 개성 복식부기 장부에는 두 가지가 있다. 하나는 1962년 북한학자 홍희유가 『역사과학』에 소개한, 1786~1947년 기간의 회계장부인 '타급장책(他給長冊: 부채장부)'이다. 현재 북한 사회과학원이 소장하고 있는 이 장부는 최초의 개성 복식부기 회계 장부로 알려져 있다. 다른 하나는 일본 고베 대학이 소장하고 있는 1854~1918년 기간의 회계장부이다.

복식부기는 단일 거래가 차변과 대변으로 분개되고 오늘날 원장에 해당하는 장부로 전기되어야 하는 특성이 있다. 또 장부와 장부 사이의 연관성을 갖추어야 복식부기 기술을 증명할 수 있다. 그러나 고베대학 소장 회계장부는 일기장과 타급장책, 외상장책, 그리고 결산서와의 유기적 연관성을 찾지 못해 '현대적 의미의 복식부기가 아니'라는 회의적인 결론이 났고, 북한 사회과학원 자료는 2,027쪽에 달하는 거대한 분량이지만 한 집안에서 보존되어온 자료가 아니기 때문에 분개장과 대차대조표와 손익계산서의 당기순이익 항목의 유기적 연관성을 추적할 수 없는 한계가 있다.

이와 달리, 14권에 이르는 박재도 집안의 회계장부에는 인삼 제조과정과 판매 과정이 상세히 기록되어 있다. 장부는 일기장(日記帳), 외상(外上)·타급장책(他給長冊), 보조 장부인 각처전답문기등록(各處田畓文記謄錄), 각인물출입기일(各人物出入記一), 각인회계책(各人會計冊), 외상초(外上抄)와 그 외의 어음, 편지, 증서 등으로 구성되어 있는데, 이는 오늘날로 치면 상장기업 회계순환상의 장부 구조에 해당한다. 말하자면 분개장, 총계장원장, 대차대조표, 손익계산서, 이익잉여금처분계산서에 이르기까지 이윤 추구의 전 회계 과정을 복식부기 방식으로 작성하여 대차 균형의 원리와 원가 회계, 그리고 투자자와 경영인과의 이익 배분 계약 관계를 확인시켜주는 것이다. 곧 합리적인 이윤 추구 방식을 한눈에 보여주는 회계장부라고 할 수 있다.

박재도가(家)의 회계장부 집합을 포함해 개성 상인의 세 가지 회계장부 모두 동일한 구조와 형식, 그리고 회계 관련 전문 용어를 구사하고 있다. 그중 박재도가의 회계장부는 앞선 두 장부 집합보다 시대가 늦지만 회계사적으로 보면 두 회계장부와 달리, 일기장에서 최종 손익계산서까지 경제 거래의 전 과정을 추적할 수 있는 완벽히 접합된 회계장부 집합이다.

그간 서구 학계에서 조선은 정체된 사회이며 타율적으로 외부의 힘에 의해서만 변화된 사회로 인식되어 왔다. 이를테면 미국 하버드 대학에서 한국학을 연구해온 카터 에커트 교수는 그의 저서 『제국의 후예(*Offspring of Empire*)』에서 500년간 지속된 조선 사회에서 근대 자본주의의 합리적 이윤 추구 문화를 구하는 것은 연목구어(緣木求魚)와 같다고 했다. 그러나 박재도가의 회계장부 자료를 이용한 최근 경제 사학계와 회계사학계의 연구 결과는 조선 사회가 기존의 인식과 정반대였음을 제시한다. 이처럼 복식부기를 실증하는 회계장부를 통해 한국에서 18세기 후반부터 '합리적 자본주의'가 실존했음을 규명할 수 있게 되었다.

이두(吏讀)로 표기한 재무 책임성

최근 동아시아를 다시 조명하는 미국 캘리포니아 학파를 중심으로 중국 청나라와 일본 도쿠가와를 300년간 평화가 유지된 국가 체제로 재조명하고 있다. 그들의 논의에서 500여 년 간 지속한 조선 사회에 대한 고찰은 빠져 있다. 또 회계와 책임성을 국가 제도와 사회의 장기 지속성의 기초적인 제도로 이해하고, 국가 재정의 안정성과 지속성을 담보하는 회계와 책임성의 역할에 대한 고찰은 찾아보기 힘들다.

조선 사회는 국가 재정의 안정성과 지속성을 창고 관리회계를 통해 확보하고 있었으며, 그 제도는 『만기요람(萬機要覽)』「재용편(財用篇)」

과 『대전회통(大典會通)』 호전(戶典) 창고(倉庫)에 상세히 논의되어 있다. 『만기요람』은 1808년 서영보(徐榮輔)·심상규(沈象奎) 등이 왕명으로 찬진한 책으로, 18세기 후반기부터 19세기 초에 이르는 조선 왕조의 재정과 군정에 관한 내용들이 집약되어 있다. 『대전회통』은 1865년 왕명에 따라 조두순, 김병학 등이 『대전통편』 체제 이후 80년간의 수교, 각종 조례 등을 보첨, 정리한 조선 시대 최후의 통일 법전이다.

흥미로운 점은 국가 재정에서 회계의 책임성과 관련된 규정들은 대부분 소리글자 체제인 이두로 표기했다는 사실이다. 예를 들어 '反作'이라는 회계 부정 관련 조항에서 反(반)의 음은 '반'이 아닌 '번'이며 作(작)의 음은 '작'이 아니라 '질'이라고 하였다. 이두는 훈민정음이 창제되기 이전에 우리의 먼 선조들이 한자를 이용하여 글을 적는 방법의 하나로 발달시킨 것이다. 이것은 버젓한 한자도 아니요, 그렇다고 순수한 국어의 표기도 아닌 매우 특이한 성격의 표기법이다. 이두는 이도(吏道), 이토(吏吐), 이서(吏書) 등으로도 불렸는데 『제왕운기(帝王韻紀)』(1287년)에 이서, 『대명률직해(大明律直解)』(1395년)에 이도, 『세종실록』 및 『훈민정음』의 「정인지 서문」에는 이두로 쓰여 있다. 우리 고유의 회계 용어와 '이두'와의 관련성, 그리고 그 기원을 밝히기는 대단히 어렵다. 그래도 회계학계는 사학계 및 국어학계와 학제간 연구를 통하여 그 기원을 해명해야 한다고 본다. 다음에 소개하는 『용하기』에 기재된 대부분의 회계 용어도 이두로 표기되어 있다.

비영리회계 분야에서 발전한 조선 시대 회계

『대전회통』호전 창고에서는 '虛錄反作者重罰(허록번질자중벌)'이라고 하여, 없는 것을 있다고 기록하는 것은 '허록', 사실과 다른 것을 기록하는 것은 '번질(反作)'로 규정하고 있다. 북한 이두 학자 홍기문에 의하면 '질'은 사람 행동을 지칭하는 순수 우리말로서 '즈시'에서 변한 접미어다. 또한 오늘날 재고조사인 反庫[번고]에 대해『대전회통』에는 反庫[번고]로 읽을 것을 명시하고 있다. 이는 창고에 보관된 물품을 장부의 기록과 대조 검사하는 일을 가리키는 말이다.

일반적으로 회계 이론에서 금전 거래나 현물 거래에서 오고 가는 물건의 흐름을 사람의 행위로 비유하는 것을 '인격화(personification)'라고 한다. 회계에서 거래를 관련 항목으로 분류하기 위해서 계정을 설정하는데, 이 계정을 마치 살아 있는 독립된 사람처럼 취급하는 것은 장부 관리 기법의 근원으로 본다. 이것은 소유자들이 자신을 직접 나타내지 않고 대리인을 두고 행위하는 것과 연관이 있다. 곧 소유와 경영의 분리는 '계정의 인격화'를 통해 실현된다. '계정 인격화'는 소유자 자신을 대표하는 인명 계정과 전혀 다른 개념이다. 이탈리아 베네치아에서 분개장을 기입할 때 차변의 서두에 사람을 지칭하는 'per'를 기록하고, 대변에는 'a'를 단 것도 이러한 계정의 인격화를 의미한다. 한국의 전통 회계에서는 영리조직과 비영리조직, 그리고 국가조직 회계문서 모두 '질(秩)'이라는 용어를 통해 회계이론상 필요한 인격화를 나타내었다. 특히 17세기 전라도 영암의 마을 동계 회계 문서인『용하기』에서도 마치 살아 있는 사람처럼 '-질'이란 명칭을 써서

'전질', '미질', '곡자질', '목맥질', '잉존질' 등 각종 물품에 독립된 인격을 부여하여 계정을 설정하였다.

유교 문명 체계로 대표되는 조선 시대는 고려 시대에 비해 상업 위상이 쇠퇴하고 행정 체계가 발달한 것으로 알려져 합리적인 회계 체계가 존재하는 것에 회의적인 시각이 있을 수 있다. 그러나 회계는 영리를 도모하는 상업용으로만 사용된 것이 아니고 합리적인 국가 행정과 조세 체계에서 주요한 기능을 하는 기술 체계로 사용되었다. 그 때문에 조선 시대 회계는 비영리회계, 특히 정부 회계 분야에서 독특한 발전을 이룩하게 된다. 따라서 유교 문명 체계로 수련된 사족들이 농촌의 일상생활을 근거로 비영리조직을 결성하고 회계 기록을 체계적으로 발달시긴 것은 회계사적으로 조선 사회가 남긴 독특한 특성이다. 이 점은 불교를 기반으로 상인들의 영리 추구를 위해 개발한 고려 시대의 송도사개치부법과 비교하여, 그 배경이 전혀 다르다.

한국 전통 회계의 특징: 유동성 흐름 파악

한국 전통 회계장부는 영리조직이건 비영리조직이건 모두 유동성 흐름에 대한 요약이 강조된 보고서를 작성한다는 특징이 있다. 개성 상인의 회계장부에서 공통적으로 나타나는 것은, 거래 발생 일자별로 질서정연하게 작성된 분개장에 매 거래 16번째 '時在(시재)' 액으로 현금 흐름을 점검하고 있다는 점이다. 통계표 형식을 갖춘 비영리조직 회계 문서 『용하기』도 기본적으로 유동성 흐름에 관한 재무제표의 성격을 갖는다.

『용하기』는 영암의 남평문씨 종족 소유의 자산 운영을 위임받은 '유사(有司)'가 작성한 것으로 매년 엄밀한 회계감사를 받았기에 정확성을 기할 수밖에 없었던 기록이다. 최종적인 유동성 흐름과 재고량을 파악하기 위해 작성한 회계 문서인『용하기』는, 현금과 현금성 자산의 흐름 안에서 재고 자산, 미상환 지대, 외부에서 빌려온 채무, 외부로부터 받을 채권의 요약을 모두 포함한 요약표이다. 『용하기』의 이러한 성격은, 계 구성원으로부터 갹출한 유동성에 대한 유사(有司) 및 담당 임원들의 수탁 책임을 이행하기 위한 보고서라는 점에서 영국형 재무제표와 유사하다. 그러나 이익보다는 유동성에 초점을 맞추고 있기 때문에 유동성주의(liquidity doctrine)의 특성을 지닌 은행용 보고서의 성격도 지니고 있다.

일 년 주기의 유동성 흐름에 초점이 맞추어진『용하기』는, 장기적으로 주식을 발행하여 사업을 확장하는 자금 조달 방식을 지향하고 손익계산서에 보다 관심이 맞추어지는 오늘날의 재무제표로 나아갈 수 없는 기본적인 한계를 가지고 있었다. 이러한 한계에도 불구하고 유동성 현금의 흐름에 관해서는 현대의 현금흐름표와 비교해도 손색이 없을 정도다. 따라서『용하기』는 유동성 파악과 회계라는 오늘날의 회계학의 목적에 매우 적합한 체제를 갖고 있다.

전통 회계 유산이 현대 한국 사회에 던지는 의미

요약된 재무보고서의 성격이 강한 한국 전통 회계 유산들이 오늘날 현대 사회에 던지는 의미를 살펴보자. 한국 전쟁 이후 등장한 대부분의 한국 기업들은 IMF 경제위기까지 은행을 통한 차입 경영에 의존해왔다. 주식회사 형태를 가지고 있지만 내용은 주식회사가 아닌 것이다. 이 회사들이 회계를 수행하는 목적은 차입 은행에 대한 채권 변제 능력을 제시하기 위한 보고서의 작성에 있다. 그 때문에 고정자산 항목에서 비업무용 부동산 보유를 통한 담보 능력을 제시하는 형태로 회계가 이루어져, 회계 보고서는 유동성 현금 흐름 파악에 취약한 성격을 갖는다.

한국 기업은 '안전성'이 취약할뿐더러 소유주의 생명과 관계없이 계속하여 존재할 수 있는 '계속성'이 취약한 상태다. 영리를 추구하는 주식회사가 주주에게 공개할 목적으로 회계 보고서를 작성하지 않고, 은행 차입을 목적으로 고정자산 위주의 회계 보고서를 만드는 역설의 역설을 거듭하고 있는 셈이다. 이 때문에 소유주의 생명과 회사의 생명이 밀접한 연관을 가지면서 계속성이 취약한 기업이 속출하고, 쉽게 소멸하는 풍조가 생긴 것이다.

IMF 위기 이후 한국의 일부 대기업은 건전성과 수익성 위주로 경영 방향을 전환하여 세계 기업과 경쟁할 수 있는 재무구조를 갖추었다. 그러나 중소기업과 가계 부문 그리고 정부 부문의 재무구조는 여전히 취약하며, 특히 가계 부채와 공기업 부채는 한국 경제에 매우 심각한 결과를 초래할지도 모르는 상태이다. 따라서 지금은 500여 년 지속된 조선왕조 체제하에서 만들어진 한국 전통 회계 유산이 현대 사회에 던지는 역사적 교훈을 어느 때보다도 되새겨야 할 때임에 틀림없다.